Eberhard Rossa (Hrsg.)
Die Fundgrube für den Chemie-Unterricht
in der Sekundarstufe I

Die Autoren

Prof. Dr. Eberhard Rossa ist ein erfahrener Chemielehrer und Didaktiker. Er hat an der Erarbeitung zahlreicher Lehrpläne und Lehrwerke mitgearbeitet. In zahlreichen Publikationen führte er seine Leser kurzweilig und attraktiv an das Fach Chemie heran.

Dr. Michael A. Anton ist Leiter der Abteilung „Didaktik und Mathetik der Chemie" an der Ludwig-Maximilians-Universität in München. Er unterrichtete die Fächer Biologie und Chemie in Ansbach und München. Sein besonderes Interesse gilt dem Zusammenwirken von Fach-, Lehr- und Erziehungswissenschaft zu einer gelingenden Lehrerausbildung.

Prof. Dr. Rüdiger Blume ist Professor an der Pädagogischen Hochschule in Bielefeld. Dort leitet er die Arbeitsgruppe „Chemie und Didaktik der Chemie II". Er ist Autor zahlreicher Lehrwerke und chemisch-didaktischer Publikationen sowie an der Erstellung moderner Medien beteiligt (http://dc2.uni-bielefeld.de).

Dr. Horst Fiedrich ist ausgebildeter Chemie- und Physiklehrer. Über viele Jahre war er an der Martin-Luther-Universität Halle tätig. Vor allem beschäftigte er sich mit Biographien bedeutender Chemiker und deren Anekdoten. Eine umfangreiche Sammlung nennt er sein Eigen.

Dr. Erwin Graf ist Leiter des Fachbereichs Chemie und Biologie am Staatlichen Studienseminar für Realschulen in Freiburg i. Breisgau. Seit fast 20 Jahren hat er Generationen künftiger Chemie- und Biologielehrern auf die didaktischen Sprünge geholfen.

Günter Hauschild unterrichtete langjährig in den Fächern Chemie und Biologie. Seine beruflichen Erfahrungen sind in zahlreichen pädagogischen Fachzeitschriften, in Lehrbüchern und Arbeitsheften sowie in Lehrerhandbüchern eingeflossen.

Dr. Bärbel Kadow besitzt langjährige Erfahrungen als Chemie- und Biologielehrerin. Seit vielen Jahren ist sie als Mentorin tätig und unterrichtet an einem Gymnasium in Berlin. Sie ist Mitautorin eines Chemie-Lehrwerkes.

Michaela Kramer ist ausgebildete Biologie- und Chemielehrerin an einem Gymnasium in Euskirchen. Ihr besonderes Augenmerk gilt originellen Stundeneinstiegen und den vielfältigen Möglichkeiten der Motivation von Schülern für ihre Fächer.

Prof. Dr. Klaus-Dieter Schleinitz war viele Jahre als ordentlicher Professor für Instrumentelle Analytik an der Humboldt-Universität in Berlin tätig. Er bildete Chemie-Lehrer aus, war in der Lehrerfort- und Weiterbildung tätig und darüber hinaus Mitbegründer und langjähriger Leiter der „Chemischen Schülergesellschaft" (Humboldt-Uni Berlin).

Dr. Heinrich Schönemann unterrichtete langjährig das Fach Chemie und ist Fachleiter für Chemie an einem Studienseminar in Oberhausen. Seine Erfahrungen konnte er in zahlreichen Lehrwerken und didaktischen Publikationen einbringen.

Eberhard Rossa (Hrsg.)

Die Fundgrube für den Chemie-Unterricht
in der Sekundarstufe I

Cornelsen online http://www.cornelsen.de

Gedruckt auf chlorfrei gebleichtem Papier
ohne Dioxinbelastung der Gewässer

Die Deutsche Bibliothek – CIP-Einheitsaufnahme

Die **Fundgrube für den Chemie-Unterricht**
in der Sekundarstufe I/Hrsg.: Eberhard Rossa. –
Berlin : Cornelsen Scriptor, 2001
ISBN 3-589-21400-7

Dieses Werk berücksichtigt die Regeln der reformierten
Rechtschreibung und Zeichensetzung.

5.	4.	3.	2.	1.	✔	€	Die letzten Ziffern bezeichnen
05	04	03	02	01			Zahl und Jahr des Drucks.

© 2001 Cornelsen Verlag Scriptor GmbH & Co. KG, Berlin
Das Werk und seine Teile sind urheberrechtlich geschützt. Jede Verwertung in anderen
als den gesetzlich zugelassenen Fällen bedarf deshalb der vorherigen schriftlichen Einwilligung des Verlags.
Redaktion: Stefan Giertzsch, Berlin
Herstellung: Brigitte Bredow, Berlin
Umschlagentwurf: Bauer + Möhring, Berlin, unter Verwendung
einer Zeichnung von Klaus Puth, Mühlheim
Satz: FROMM MediaDesign GmbH, Selters/Ts.
Druck und Bindung: Clausen & Bosse, Leck
Printed in Germany
ISBN 3-589-21400-7
Bestellnummer 214007

Inhalt

Vorwort 10

1 Chemischen Reaktionen auf der Spur 12
1.1 Eine Welt ohne Chemie gibt es nicht 12
1.2 Schüler wollen wissen, was Chemiker tun 13
    1.2.1 Alltägliches: Chemische Reaktionen erlebend erfahren . 15
1.3 Faszination Feuer 17
1.4 Lehrer Lämpel widerfährt eine chemische Reaktion 18
1.5 Ungewöhnlicher und doch klassischer Zugang 19
Die Anekdote 25
Der Rückblick 25

2 Wasser – nichts als Wasser? 26
2.1 Das Wunder der Wasserstoffbrücken 26
2.2 Fall-out im Fluss 28
2.3 Hurra, der Lachs ist da! 31
2.4 Ein Weiher im Wohnzimmer 35
    2.4.1 Projekt: „Man sieht es dem Wasser nicht an" 37
2.5 Der pH-Wert – das Zünglein an der Waage 39
2.6 Einer vom schmutzigen Dutzend: PCB 44
    2.6.1 Was eine POP-Kommission mit der Chemie zu tun hat? 44
    2.6.2 Zwischen Furcht und guter Hoffnung 45
    2.6.3 Ein Happyend in Sicht? 49
    2.6.4 Einiges zur Toxizität bei Mensch und Tier 50
Die Anekdote 51
Der Rückblick 51

3 Trockener Stoff am nassen Element – Die chemische Gleichung 52
3.1 „... geradezu wie eine Harpune ..." 52
3.2 Wortlose, aber laute Einstimmung 53
    3.2.1 Die Wassersynthese als Objekt technischer Knobelei 54
3.3 Die Knallgasreaktion wird gezähmt 55
3.4 Von der Makro- in die Mikrowelt und zurück 55
    3.4.1 Gilt eines für alle? 56
3.5 Zweifel säen und ausräumen 57
    3.5.1 Einige Bemerkungen zur Weiterführung 58
Die Anekdote 59
Der Rückblick 59

4 Den Sauerstoff zieht es zum Unedlen – Redoxvorgänge ... 62
4.1 Ein altes Thema – neu arrangiert ... 62
4.2 Sauerstoff im Dreieckskonflikt ... 63
    4.2.1 Sind alle Edlen träge und alle Trägen edel? (nach Primo Levi) ... 63
    4.2.2 Der Sauerstoff wird zum „Schiedsrichter" ... 66
4.3 Eine Spendenaffäre ... 68
    4.3.1 Fachworte behutsam anwenden ... 68
    4.3.2 Ist der Spender immer edler als der Empfänger? ... 68
4.4 Ein Edelstein in der Redoxreihe? ... 69
    4.4.1 Der Unvergängliche, der sich in Luft auflöst ... 69
    4.4.2 Wohin mit ihm in der Redoxreihe? ... 69
    4.4.3 Kohlenstoff – in die Zange genommen ... 70
4.5 Wasser in der Redoxreihe? ... 70
    4.5.1 Wie edel ist der Wasserstoff? ... 70
Die Anekdote ... 71
Der Rückblick ... 71
Ein Elemente-Rätsel ... 74

5 Metalle im „Kampf" um Elektronen und Sauerstoff ... 77
5.1 Von Lichtenberg – Figuren oder Blitz – Blumen ... 77
5.2 Vom Nutzen der Induktion und der Deduktion ... 79
5.3 Der Elektronentransfer – Merkmal elektrochemischer Vorgänge ... 79
5.4 Atome und ihre Ionen im Gleichgewicht ... 81
5.5 Elektronen auf Talfahrt ... 83
5.6 Auf langem Weg zu Tale ... 85
5.7 Vom Daniell-Element zum Kohle-Element ... 87
Die Anekdote ... 88
Der Rückblick ... 88

6 Salze ... 90
6.1 Artverwandt und doch verschieden ... 90
6.2 Salze – mehr als Kochsalz ... 91
6.3 Viele Wege führen nach Rom – wie Salze entstehen ... 92
6.4 Wie Salze aufgebaut sind: Die ionische Bindung ... 94
6.5 Sind alle Salze leicht löslich? ... 94
6.6 Die Schwerlöslichkeit von Salzen wirkt sich auf die Umwelt aus ... 95
6.7 Ein segensreicher Mechanismus ... 96
6.8 Wie entstehen Salzlager? ... 96

6.9 Salz ist unter hohem Druck plastisch –
wie Salzstöcke entstehen 98
6.10 Wie man Salze gewinnt 98
6.11 Warum sind Salze für den Menschen so wichtig? 99
6.12 Salze im Alltag: Mischungseffekte in Salzlösungen
und Salzschmelzen 101
6.13 Der Salzgehalt im Meer hat Auswirkungen auf das Klima 102
6.14 Ohne Salz kein Leben 103
Die Anekdote 104
Der Rückblick 104

7 Katalyse 106
7.1 Eine segensreiche Hemmschwelle 106
7.2 Aktivierungsenergie am Heber-Modell 110
7.3 Knallgas auf leisen Sohlen 112
7.4 Die Katalyse 113
7.5 Wie der Katalysator eine Reaktion „arrangiert" 115
7.6 Wie Phönix aus der Asche 118
7.7 Der sanfte Weg 119
Die Anekdote 121
Der Rückblick 121

8 Eine Nachhilfestunde für Dr. WATSON in Sachen Isomerie 123
8.1 Die Motivierung kann Zünglein an der Waage sein 123
8.2 Was vorausging 123
8.3 Zur Konzeption der vorgestellten Stunden 124
   8.3.1 Zeit sparen heißt: sich Zeit nehmen 124
   8.3.2 Der Detektiv im Chemiker 125
   8.3.3 Lösungen spielend selber finden 126
   8.3.4 Auf das richtige Beispiel kommt es an 126
8.4 Aus dem Stundenverlauf 127
   8.4.1 Ein „krimineller" Einstieg 127
   8.4.2 Der unbekannten Substanz auf der Spur 127
   8.4.3 Ein problematischer Fall und seine Lösung 128
8.5 Tafelbild 129
8.6 Tipps zur Umsetzung 129
8.7 Anhang 130
   8.7.1 Eine Nachhilfestunde für Dr. WATSON 130
   8.7.2 Weg zur Identifizierung einer chemischen Verbindung . 131
Die Anekdote 132
Der Rückblick 133

9 Das Fetthärtungsverfahren am Beispiel der Margarine ... 135
9.1 Einleitung ... 135
9.2 Was man über Margarine und ihre Bestandteile wissen sollte ... 136
    9.2.1 Die Bestandteile der Margarine ... 136
    9.2.2 Die Konsistenz von Fetten ... 136
    9.2.3 Änderungsmöglichkeiten der Fettkonsistenz ... 137
9.3 Voraussetzungen für die Stunden ... 137
9.4 Überlegungen zu den durchgeführten Experimenten ... 138
9.5 Aus dem Stundenverlauf ... 139
    9.5.1 Ein werbender Einstieg ... 139
    9.5.2 Auf den Anteil an ungesättigten Fettsäuren kommt es an ... 140
    9.5.3 Modelle erleichtern das Verständnis ... 141
    9.5.4 Der Bogen schließt sich ... 142
Die Anekdote ... 142
Der Rückblick ... 142
Arbeitsblatt 1 ... 145
Arbeitsblatt 2 ... 146
Arbeitsblatt 3 ... 147

10 Wöhlers Harnstoff und die Enzymdiagnostik ... 148
10.1 Harnstoff im Experiment ... 148
10.2 Die Wöhlersche Harnstoffsynthese ... 149
10.3 Ist in Wöhlers Produktmischung wirklich Harnstoff drin? ... 150
    10.3.1 Die Biuretreaktion ... 150
    10.3.2 Enzymtest mit Urease ... 151
10.4 Enzymatischer Nachweis eines chemischen Gleichgewichts ... 152
10.5 Experimente mit Urease für Leute, die Experten werden wollen ... 153
Die Anekdote ... 157
Der Rückblick ... 158

11 Biochemie ... 160
11.1 Sind Lebewesen chemische Maschinen? ... 160
11.2 Zur Entwicklung der Biochemie ... 161
    11.2.1 Von den Ur-Anfängen 161
    11.2.2 ... bis zur Gegenwart ... 162
    11.2.3 Biochemie ist Hightech-Forschung ... 163
    11.2.4 Die Entwicklung der Biochemie ist ohne Computereinsatz nicht denkbar ... 164
11.3 Biochemie contra Chemie? ... 165

    11.3.1 Ersetzen biochemische Reaktionen
         bald die klassische chemische Synthese? 165
    11.3.2 Ein praktisches Beispiel aus dem Labor
         des Autors: Biochemie kontra Chemie 165
11.4 Lohnt es sich, Biochemie in der Schule zu lernen? 166
    11.4.1 Eine faszinierende Welt ist zu erschließen 166
    11.4.2 Die Lehrinhalte der Biochemie 168
    11.4.3 Biochemischer Unterricht kann nur
         exemplarisch sein 168
    11.4.4 Zur abkürzenden Schreibweise
         biochemischer Formeln 169
    11.4.5 Experimentelle Biochemie in der Schule? 170
11.5 Was tun? 171
Die Anekdote 171
Der Rückblick 172

12 Ökobilanzen 173
12.1 Eine kurze Sachinformation 173
    12.1.1 Vom diffusen Gewissen zum konkreten Wissen 173
    12.1.2 Die Ökobilanz oder Produktlinienanalyse (PLA) 174
    12.1.3 Zielstellung von Ökobilanzen 175
    12.1.4 Die Abwägung von Umweltbelastungen –
         ein schwieriges Unterfangen 176
12.2 Vorschläge für Projekte 181
    12.2.1 Projekt 1: Getränkeverpackungen 181
    12.2.2 Projekt 2: Buchverpackungen aus Papier und PE 190
    12.2.3 Projekt 3: Biodiesel 198
Die Anekdote 202

13 Zu den Ursprüngen der Worte 203
13.1 Die Wurzeln der Wörter freilegen heißt,
     sie verstehen lehren 203
13.2 Ammoniak – ein Wortfossil 205
13.3 Atom – das Unteilbare 205
13.4 Wie die Elemente zu ihren Namen kamen 206
13.5 Von „alten" Metallen und neuen Wochentagen 215
13.6 Vom Wandel der Definitionen 216
13.7 Viermal sauer, zweimal flüchtig – dies alles in Einem 218
13.8 Die Evolution des Säurebegriffs 218

14 Heiterer Ausklang (Anekdoten) 221

Literaturverzeichnis 235
Register 238

Vorwort

Ein Berliner Schüler zog vor Gericht. Er wollte vom Chemieunterricht befreit werden. Galt seine Abneigung der Chemie oder seinem Chemie*unterricht*? Nehmen wir den zweiten Fall an. Zu Gunsten des jungen Mannes denken wir ihn uns aufgeschlossen und interessiert. Nun mahnt uns der berühmte SALZMANN aus dem thüringischen Schnepfenthal: *„Von allen Untugenden und Fehlern seiner Zöglinge muss der Erzieher den Grund in sich selbst suchen."* Und so fangen wir bei „uns und unserem Tun" an.

War schon der Beginn misslungen? Versuchen wir es doch einmal anders. Greifen wir auf das alte Vorurteil von der knallenden und stinkenden Chemie zurück.

Das erste Licht auf chemische Vorgänge soll der berühmte „Pulverblitz" werfen, mit dem Lehrer Lämpel so arg mitgespielt wurde. Den zweiten Teil des Vorurteils kehren wir jedoch total um: Aus übelriechender Buttersäure und Alkohol kreieren wir *Ananasduft* – oder vielleicht auch *Kaugummiaroma* aus Methanol und Salicylsäure.

Dann folgen chemische Reaktionen, mit denen *gebaut, gewärmt, gekühlt, gekocht, geheilt, gereinigt, geklebt, gepflegt und verschönt* werden kann.

Zurück zu unserem jungen Mann. Zumindest das Denken in chemischen Sachverhalten erlebte er nicht als eine „der größten Vergnügungen der menschlichen Rasse" (BRECHT). Leider lässt sich der Spaß am Denken nicht auf Rezept verordnen, und so lassen wir es bei Anregungen bewenden, die auf Erfahrung basieren.

Die *Gliederung* bietet viele Themen, die Neugier wecken. Ungewöhnliche Vergleiche „entkrampfen" das Denken wie z. B. das Bild vom freiwilligen Bergabtransport bei elektrochemischen Reaktionen.

Manchmal wird Gewohntes auf den Kopf gestellt. So werden *Redoxvorgänge* aus der „Sicht" des Sauerstoffs betrachtet. Er „entscheidet", was edler ist. Die Erfahrung „lehrt", dass z. B. Zink edler als Eisen sein muss, denn warum sonst verzinkt man Eisen? Mit dem Überkreuzversuch belehren sich die Lernenden selbst eines Besseren.

Ist unser junger Mann für Ironie empfänglich, dann lächelt er vielleicht über den Vergleich zwischen der Sauerstoffübertragung und der Spendenaffäre mit dem Fazit, dass – anders als in der Lebenswelt – chemische Vorgänge „jenseits von gut und böse" sind.

Vielleicht fasziniert den jungen Mann die Geschichte. Dann könnten ihn *wissenschaftliche Sensationen von gestern* in den Bann ziehen, die in die Gegenwart geholt werden. So wird z. B. die WÖHLERsche *Harnstoffsynthese* mit dem Schlüssel-Schloss-Prinzip Emil FISCHERs und der modernen *Enzymdiagnostik* verknüpft, und das klassische Experiment WÖHLERs wird zur „Tatortbesichtigung".

Spannungsmomente eines Krimis bietet auch die Nachhilfestunde für Dr. Watson, die uns recht vergnüglich auf die Spur der *Isomerie* führt.
Was wäre eine Fundgrube ohne *ökologische* Themen. Aus dem häuslichen Aquarium lassen sich ökologische Sachverhalte „herausfischen". Kenntnisse über *Vorgänge in wässriger Lösung* sind ein ebenso wertvoller „Fang". Vorbeugend gegen *Öko-Irrtümer* könnte z. B. der Streit zwischen Pfandflasche und Getränkekarton um das Ökosiegel wirken. Unser Favorit, die Pfandflasche, erzielt nur ein mageres Unentschieden. Wer Vertreter des „*schmutzigen Dutzends*" – *die polyzyclischen Biphenyle (PCB)* – auf ihrer Reise um den Globus durch die Nahrungskette bis zur Ansammlung in der Muttermilch verfolgen will, findet dazu einen Sketch.
Vielleicht hat unser junger Mann Interesse am Wort. Dann könnten ihn die Aufschlüsse über die Herkunft unserer Fachwörter faszinieren. Hier erlebt man, dass die Sprache für uns „dichtet und denkt", wie uns SCHILLER wissen ließ. So wird unser Wissen „ganz nebenbei" bereichert.
Schließlich sollen die Anekdoten die heitere Note des Büchleins verstärken. Geben wir wieder SALZMANN das Wort: „In einer heiteren Stunde ist man unter seinen Zöglingen allmächtig."

Den Autorinnen und Autoren der Beiträge sei herzlich für ihr Engagement gedankt. Ein besonderer Dank gilt Frau Erika SICHELSCHMIDT und Herrn Helmut DREIßIG von der Redaktion Physik/Chemie des Cornelsen Verlages, die uns ihren Bildfundus öffneten.
Den Leserinnen und Lesern wünsche ich ein ähnliches Vergnügen wie ich es empfand, als ich mir die einzelnen Beiträge zu Gemüte führte.

Eberhard Rossa

1 Chemischen Reaktionen auf der Spur

Erwin Graf

1.1 Eine Welt ohne Chemie gibt es nicht

Können wir nicht ganz auf den Chemieunterricht verzichten, wenn er schon nicht das „bringt", was von ihm erwartet wird? Und wenn schon etwas Chemie in der Schule sein muss – sollte dann der Chemieunterricht nicht im doppelten Sinne aufgehoben werden in einem Unterrichtsfach mit einem Namen wie „Natur", „Science", „Naturphänomene" oder „Integrierte Naturwissenschaften"? Ist Chemie für die Bildung junger Menschen überhaupt notwendig – kann Chemie überhaupt einen Beitrag zur Bildung leisten? Und wenn schon Chemie – ist dann das Thema chemische Reaktionen verzichtbar und sollten nicht eher *Phänomene* einen deutlich projektorientiert zu gestaltenden Chemieunterricht prägen und so die Schülerinnen und Schüler „bei der Stange halten", wie gelegentlich zu hören ist?

Diese und viele andere Fragen stellen sich, wenn es um die Herausforderungen geht, denen sich Schule heute im Spannungsfeld zwischen *„individueller Bildung"* (pädagogischer Auftrag) und *„Schlüsselqualifikationen"* (Erwartungen der Abnehmer) ausgesetzt sieht. Bevor in diesem Kapitel auf einzelne Aspekte näher eingegangen wird, ist es dem Verfasser wichtig zu betonen: Chemie ist ein Stück Kulturgeschichte, und ein Mindestmaß an chemischem Wissen ist unverzichtbar für die Sicht des Menschen, der Welt und ein verantwortliches Leben in einer Industrie- und Dienstleistungsgesellschaft, die sich immer mehr von einer Informations- zu einer *Wissensgesellschaft* wandelt. Diese hier in aller Kürze umrissene Position liegt diesem Beitrag zugrunde und soll wenigstens in Ansätzen im Folgenden näher ausgeführt werden.

In allen Bereichen der Realität, wie wir sie aus eigener Erfahrung kennen, laufen ständig chemische Reaktionen ab – für uns Erwachsene, zudem für Chemielehrerinnen und Chemielehrer, ist dies eine Selbstverständlichkeit. Ob ein Flugzeug startet, die Gasheizung im Haus gute Dienste leistet, ein Kaminfeuer brennt, eine warme Mahlzeit – ob im Mikrowellen-, Gas- oder Elektroherd – zubereitet wird oder eine Silvesterrakete gestartet wird – ohne chemische Reaktionen geht vieles einfach nicht. Auch kein Bohnensamen keimt, keine Blume blüht und kein Grashalm wächst ohne chemische Reaktionen, kein Apfelbaum trägt Früchte ohne chemische Reaktionen und auch kein Gedanke in unserem Gehirn ist möglich, ohne dass chemische Reaktionen ablaufen. Selbst die Gesteine und Mineralien, die sich in Urzeiten bildeten, sind auf chemische Vorgänge zurückzuführen – *für Chemie gibt es auch in der Natur einfach keinen Ersatz!*

Selbst in entfernten Galaxien, viele Lichtjahre von unserem kleinen Heimatplaneten Erde entfernt, sind chemische Reaktionen zu erwarten – auch dann, wenn wir bislang so gut wie nichts von deren Existenz wissen.

In Technik, Alltag und allen Lebewesen sind chemische Reaktionen allgegenwärtig, den Menschen jedoch nicht immer bewusst – es sei denn, sie haben gelernt, die Welt auch „mit chemischen Augen" zu sehen. Die Heranwachsenden heranzuführen, die uns umgebende (äußere) Realität zunehmend differenzierter und auch „mit chemischen Augen" zu sehen und somit zu (innerer) Wirklichkeit werden zu lassen, zählt somit zu einer der zentralsten Aufgaben des Chemieunterrichts.

In diesem Kapitel sollen didaktische Wege aufgezeigt, aber auch Anregungen und Tipps gegeben werden, wie dieser für eine zukunftsorientierte *Bildung* wichtige Erkenntnisprozess bei Jugendlichen am Beispiel „chemische Reaktionen" gefördert werden kann.

So wichtig jedoch chemische Reaktionen und ihr Verständnis für den Menschen auch sind: Im Chemieunterricht sollte das Kind nicht mit dem Bade ausgekippt werden, d. h. im Sinne des *„methodischen Dreischritts" (Johann Heinrich* PESTALOZZI: *„wecken → üben → reflektieren")* sollten zunächst die Phänomene im Sinne von Wagenschein – möglichst vielfältig und unvermittelt – zur Sprache kommen, gesichtet und erst in einem weiteren Schritt kognitiv aufgearbeitet werden *(WAGENSCHEIN 1992).*

1.2 Schüler wollen wissen, was Chemiker tun

Fragt man Schülerinnen und Schüler der Sekundarstufe I, bevor sie selbst Chemieunterricht haben, nach ihren Wünschen und Erwartungen an künftigen Chemieunterricht, so erhält man überaus interessante Antworten. Einige sind in Bild 1 auf der folgenden Seite zusammengestellt.

Und fragt man Schülerinnen und Schüler in den ersten Stunden des Chemieunterrichts nach der Fachbeliebtheit, so zählt Chemie keineswegs zu den unbeliebten Fächern – im Gegenteil! So gut wie keine Hinweise für das oft beklagte „schlechte Image des Chemieunterrichts", auf „kein Bock auf Chemie" und auch kein „Frust im Chemieunterricht". Und ich gehe noch einen Schritt weiter und wage zu behaupten: Chemie ist lernfreundlicher als gemeinhin dar-

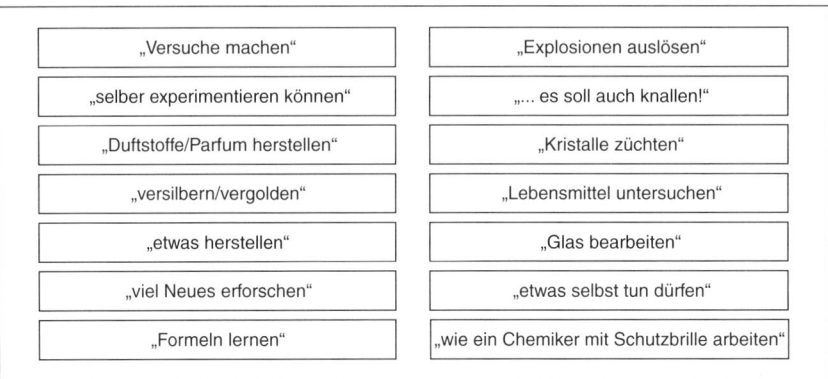

Bild 1: *Erwartungen von Lernenden an künftigen Chemieunterricht (Klassenstufe 6; Auswahl)*

gestellt, Chemie kann man auch als Schüler verstehen und es hilft wenig, Chemie und Chemieunterricht zu verdammen. Und nicht wenige Schüler, so meine Erfahrungen, haben viel Freude am Chemieunterricht, bringen den Themen großes Interesse entgegen, wollen auch komplexe Sachverhalte wenigstens annähernd verstehen lernen – aber nur dann, wenn sie einen *Sinn* darin sehen.

Um das Interesse der Lernenden zu fördern, darf Chemie nicht allein als Naturwissenschaft, sondern muss vielmehr als *Kulturwissenschaft* verstanden und somit der Chemieunterricht aus seiner nicht selten lebensunwirklichen Realität herausgelöst werden, d. h. auch der historisch-gesellschaftlich-kulturelle Kontext darf im Chemieunterricht nicht ausgeklammert werden – im Gegenteil (BUCK, 1999, S. 10 und KUTSCHMANN, 1999, S. 12).
Diese veränderte Sichtweise von Chemie bzw. Chemieunterricht erwarten auch viele unserer Schüler, wie anhand der in Bild 1 abgedruckten Schüleraussagen leicht erkennbar wird.

Den idealen und für alle Zeit gültigen Zugang – im Sinne eines „Goldenen Schnitts" – zur chemischen Reaktion und dem tieferen Verständnis chemischer Vorgänge gibt es im Chemieunterricht der Sekundarstufe I sicherlich nicht, da die *sozial-kulturellen Kontexte*, die Vorerfahrungen, die Interessenlagen und Bedürfnisse, aber auch das Vorwissen der Lernenden in verschiedenen Klassen unterschiedlicher Schularten und Länder sehr unterschiedlich sein dürfte. Zudem sollten die besonderen Schwerpunkte, Interessen und Bedürfnisse der unterschiedlichen Lehrpersonen nicht gänzlich außen vor bleiben, denn auch Chemieunterricht lebt von der Kommunikation und der „Funke" springt am ehesten auf die Schülerinnen und Schüler über, wenn es der Lehrperson gelingt, den Lerngegenstand nicht nur fragwürdig zu machen, sondern auch Interessen der Lernenden wahrzunehmen und die sachbezogene Motivation für Chemisches in den Heranwachsenden flankierend unterstützt.

Deshalb werden im Folgenden verschiedene Wege vorgeschlagen, wie man im Unterricht zum Thema „chemische Reaktion" didaktisch hinführen und den Unterrichtsgegenstand nicht nur anschaulich, sondern auch fragwürdig gestalten und den Lernenden somit zu inneren *Anschauungen* im Sinne kognitiver Operationen verhelfen kann. Natürlich ist es auch möglich, verschiedene didaktische Wege miteinander zu kombinieren und so nicht nur *forschend-entdeckendes, selbst-gesteuertes Lernen* zu ermöglichen, sondern auch die Entstehung von *nachhaltigem, ausbaufähigem aktivem Wissen* zu fördern.

Über den Anfangsunterricht Chemie hinaus spielt das Konzept „chemische Reaktion" auch im Chemieunterricht für Fortgeschrittene eine zentrale Rolle. Dieser letztgenannte Aspekte soll deshalb in diesem Beitrag nicht ausgeklammert werden, kann jedoch infolge des zur Verfügung stehenden Raumes nur in Ansätzen bearbeitet werden.

1.2.1 Alltägliches: Chemische Reaktionen erlebend erfahren

Chemische Reaktionen sind aus der Lebenswelt der Menschen heute kaum wegzudenken, wenn auch nicht immer bewusst. So bietet es sich an, alltäglich-lebensweltliche chemische Reaktionen als Ausgangspunkt für das Verstehen von chemischen Vorgängen im Chemieunterricht auszuwählen, aufzugreifen und zu thematisieren. Natürlich lässt sich auch auf die Frage, „Was machen Chemiker eigentlich?" sehr unterschiedlich antworten – auch das könnte ein deutlich *experimentell gestützter Zugang zur chemischen Reaktion* sein. Mögliche Antworten, **wozu** chemische Reaktionen eigentlich gut sind und von uns Menschen gezielt genutzt werden, sind beispielsweise im Bild 2 auf der folgenden Seite grafisch dargestellt.

Experimentelle Beispiele für entsprechende **schülernahe Anknüpfungspunkte** von chemischen Reaktionen an Phänomenen des lebensweltlichen Alltags könnten demnach – ohne Anspruch auf Vollständigkeit – sein (vgl. u. a. BUKATSCH/GLÖCKNER 1977):

- Entzünden eines Streichholzes bzw. Feuerzeuges
- Abbrennen einer Kerze (vgl. *Michael* FARADAY: Geschichte einer Kerzenflamme)
- Bestimmen der Brenndauer einer Kerze unter Bechergläsern unterschiedlicher Größe
- Erhitzen von Zucker im Reagenzglas
- Aktivieren eines „chemischen Wärmekissens"
- Entzünden einer Wunderkerze
- Ausblasen von „magischen Kerzen" (in Geschenkartikelläden erhältlich)
- Anzünden eines Tisch-Feuerwerks
- Entzünden eines Camping-Brenners
- Entzünden von Esbit
- Trockene Destillation von Holz im Reagenzglas

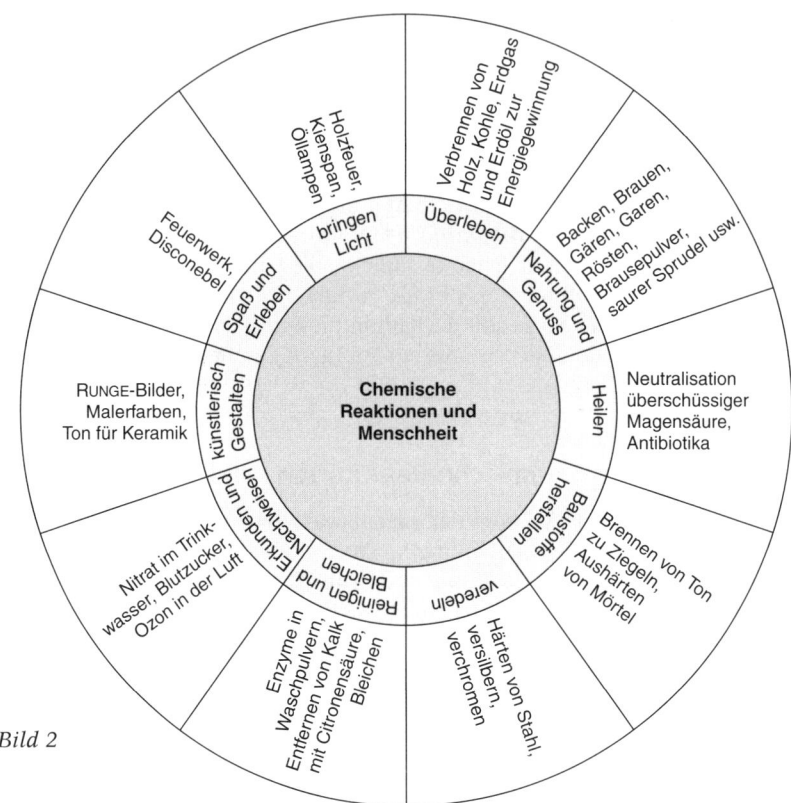

Bild 2

- Entzündungsversuche an grobem, mittelfeinem und feinem Holz
- Holzkohle oder Kohle entzünden (Entzündungsversuche: a) mit Streichholz; b) mit Brenner)
- Herstellen von Gips-Modellen
- Auflösen von Brausepulver in Wasser
- Bereiten von Saurem Sprudel mit einem „Soda-Stream"
- Anrühren und Backen eines kleinen Rührkuchens
- Entzünden von Stahlwolle (lockerer Bausch)
- Herstellen von Magnesia für den Sportunterricht: Verbrennen von Magnesium
- Explosionsversuche mit Benzin (Explosionsrohr; Simulation der Vorgänge im Benzinmotor)
- Verkupfern oder Versilbern von kleinen Metallgegenständen
- Demonstration einer Mehl- oder Kohlestaubexplosion (Bild 3)
- Zündversuche von Schwarzpulver mit unterschiedlicher Zusammensetzung

- Entzünden von Benzin im Becherglas bzw. Porzellanschale mittels brennendem Span
- Entfernen von Tinte mit Tintenkiller ...

Die genannten Beispiele, größtenteils aus der unmittelbaren Lebens- und Erfahrungswelt der Jugendlichen, ließen sich fast beliebig fortsetzen und sollten zu einer breiten *gemeinsamen Erlebnis- und Erfahrungsgrundlage* für den aufbauenden Chemieunterricht werden, in dem das Konzept „chemische Reaktion" systematisch aufgebaut, konstruktiv erweitert und systematisch vertieft wird.

Man sollte hier noch diesen oder jenen *physikalischen* Vorgang bringen, damit keine verengte Sicht zustande kommt, z. B. ein Magnesia-Stäbchen zur Weißglut erhitzen oder eine schöne Flammenfärbung zeigen.

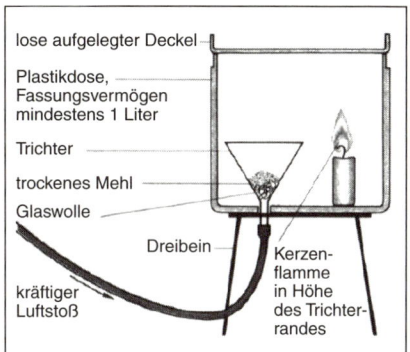

Bild 3: Staubexplosion mit Mehl

1.3 Faszination Feuer

Für uns ist es heute kein Problem, ein Feuer zu machen. Für die Menschen in der Steinzeit war das Entfachen eines Feuers ein großes Problem – aber sie lösten es: Sie wussten auf Grund ihrer Erfahrung, dass beim kräftigen, schnellen Reiben von *trockenem Hartholz* (z. B. Buche, Eiche, Spitzahorn) an trockenem Weichholz (z. B. Kiefer, Fichte, Tanne) das weichere Holz allmählich zu glimmen beginnt. In das glimmende Weichholz wurde dann *getrockneter Baumpilz* („Zunder"; getrockneter Baumschwamm) gegeben und vorsichtig in die Glut geblasen, die dann trockenes Heu und gröbere Holzstücke entzündete (Entzündungstemperatur; Zerteilungsgrad).

Diese historisch-genetische Vorgehensweise lässt sich durch Versuche im Unterricht anschaulich und sehr an den Erfordernissen und Bedürfnissen von Menschen orientiert nachvollziehen, wobei dieses Anliegen durch einen thematisch orientierten Besuch in einem Museum für Ur- und Frühgeschichte gezielt gefördert werden kann.

Eine weitere Möglichkeit des Feuer machens in der Steinzeit bestand darin, Feuersteine (Kieselsteine) gegen einen harten Gegenstand (z. B. Granitstein) zu schlagen und so Funken zu erzeugen. Lenkte man die beim Schlagen ent-

stehenden Funken auf „Zunder", so entzündete sich dieser und die kleine Flamme konnte zu einem großen Feuer ausgebaut werden.
Auch dieses Vorgehen lässt sich mit schulischen Mitteln gut zeigen und daran anschaulich verdeutlichen, dass durch Feuer nicht nur bestimmte Stoffe oder Materialien verändert werden, sondern mit ihm auch Wärme- und Lichterscheinungen verbunden sind, d. h. durch Feuer konnten unsere Vorfahren nicht nur die Nahrung erhitzen und sich am Feuer – als Mittelpunkt einer Höhle – wärmen, sondern gleichzeitig durch den Schein der lodernden Flammen wilde Tiere vom Aufenthaltsort fernhalten. Das „Hüten" eines Feuers war somit eine überaus wichtige, verantwortungsvolle Aufgabe, die in der Steinzeit vermutlich im Wesentlichen den Frauen und Älteren zukam.
Erst mit der Erfindung des chemischen Apparates „Streichholz" – im Europa des 19. Jahrhunderts – war Feuer jederzeit, überall und für alle verfügbar. Die Erfindung des Streichholzes war im Übrigen ein überaus interessanter historisch-kultureller Prozess (BÜHLER/GRAF 2000).

1.4 Lehrer Lämpel widerfährt eine chemische Reaktion

Wie bei jedem Unterricht ist eine Problemsituation im Sinne der Motivationstheorien von BERLYNE und FESTINGER hilfreich, damit es zu einer kognitiven Dissonanz im Lernenden kommt (vgl. BERLYNE 1974). Diese „kognitiv-emotionale Schieflage" lässt ein Problem entstehen, das subjektiv gelöst werden will, d. h. derartige Situationen wirken in der Regel nicht nur interesse-, sondern lernförderlich (motivierend) – auch bei Jugendlichen. Besonders gut gelingt dies, wenn wir den Chemieunterricht gleichzeitig schüler- und problemorientiert gestalten und etwa wie folgt strukturieren (vereinfachtes Artikulationsmodell; vgl. GRAF 1999, S. 30 ff.):

Unterrichtseinstieg: Vorlesen des 4. Streiches von Max und Moritz aus dem Buch von Wilhelm Busch, eventuell visuell unterstützt durch eine Farbfolie, die auf den OHP gelegt und sukzessive aufgedeckt wird.

Problemfindung bzw. -stellung sowie Hypothesenbildung: Ursache des „Pulverblitzes"

Problemklärung: Schwarzpulver – Zusammensetzung, Reaktionsauslösung

Sicherung, Übung und Transfer: Schüler- und/oder Demonstrationsversuche zu endo- und exothermen Vorgängen inkl. Auswertung

1.5 Ungewöhnlicher und doch klassischer Zugang

Die Versuchsauswahl ist zweifelsohne sehr groß, allerdings bieten sich bestimmte Versuche besonders an. Geeignete klassische, in der schulischen Unterrichtspraxis *bewährte Versuche* zum Themengebiet „Einführung chemische Reaktion" bzw. „exo- und endotherme Reaktionen" sind im Folgenden kurz – und in *didaktisch fokussierter Auswahl* – skizziert, wobei optisch, akustisch, haptisch und olfaktorisch wahrnehmbare (Überraschungs-)Effekte genutztwerden können. Wir wissen seit einigen Jahren zunehmend genauer, wie wichtig emotionale Aspekte, die durch einen besonderen Teil unseres Gehirns, das *limbo-kortikale System,* gesteuert werden, für das Lernen im Fach Chemie sind.

Damit die folgenden Experimente an den Schülerinnen und Schülern nicht unreflektiert „vorbei rauschen", sollten sie in eine *Vor-Ordnung* gebracht werden. Dies erleichtert auch eine erste geistige Verarbeitung der Eindrücke und ist ein „Sprungbrett" für die weitere Arbeit an den Begriffen.

Eine Möglichkeit von vielen bieten folgende *Gesichtspunkte.* Sie sollen selbstverständlich nur nach Maßgabe der jeweiligen Bedingungen ausgeschöpft werden.

a) Manche Reaktionen spenden, andere verbrauchen Wärme

■ *Beispiele für Wärme liefernde Vorgänge*
Paradebeispiel: Brenner in Funktion

Weitere Beispiele:

Versuch 1: Reaktion von Eisenpulver (am besten Ferrum reductum) mit Schwefelpulver (Schülerversuch)

Hinweise: Dieser Versuch, vom Heidelberger Chemiedidaktiker Peter BUCK einmal als „Unversuch" bezeichnet, hat im Chemieunterricht durchaus seinen berechtigten didaktischen Ort, wenn er nicht die Antworten auf alle chemischen Fragen geben soll, sondern im Kontext anderer Versuche der Annäherung an die typisch chemische Sichtweise der Welt dient. Der Versuch kann auch in einem schwer schmelzbaren Reagenzglas durchgeführt werden.

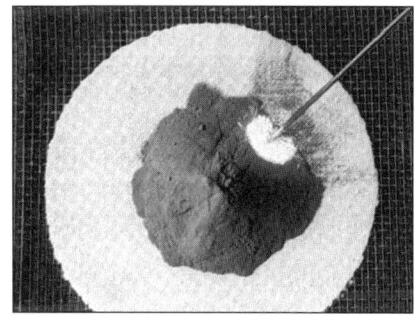

Bild 4

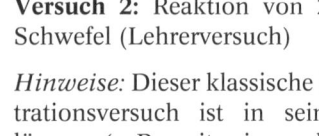

Versuch 2: Reaktion von Zink mit Schwefel (Lehrerversuch)

Hinweise: Dieser klassische Demonstrationsversuch ist in seiner Auslösung (z. B. mit einer glühenden Stricknadel) für Schüler nicht nur äußerst faszinierend, sondern auch erkenntnisförderlich. Auf ihn sollte keinesfalls im Chemieunterricht verzichtet werden.

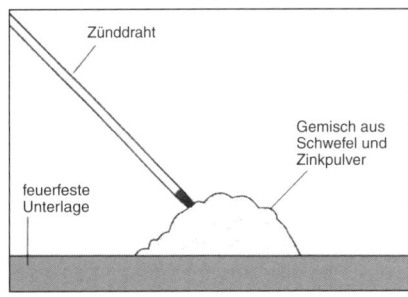

Bild 5

Versuch 3: Reaktion von Magnesium (Band) mit Sauerstoff (Schülerversuch)

Hinweise: Da bei der Verbrennung von Magnesium große Energiemengen auch in Form von grell-weißem Licht freigesetzt werden, müssen die Schüler vor Versuchsbeginn darauf aufmerksam gemacht werden, nicht direkt in das grelle Licht zu sehen und den Brenner sofort zu entfernen.

Bild 6

Versuch 4: Reaktion von weißem Kupferoxid mit Wasser

Hinweise: Die exotherme Reaktion kann festgestellt werden, wenn das Reagenzglas von einem Schüler vorsichtig gehalten wird. Mit Hilfe eines Thermofühlers kann die stark exotherme Reaktion ebenfalls verfolgt und ggf. mittels PC gemessen und durch einen angeschlossenen Drucker aufgezeichnet werden. Nähere Hinweise hierzu in NiU-Chemie 10 (1999) Nr. 54, S. 30 ff.

■ *Beispiele für Wärme verbrauchende Vorgänge*

Versuch 5: Thermisch induzierte Umwandlung von blauem in weißes Kupfersulfat

Hinweise: Dieser Vorgang kann das Bindeglied zu Versuch 6 bilden. Ein Hinweis auf umkehrbare Vorgänge wäre bedenkenswert.

1.5 Ungewöhnlicher und doch klassischer Zugang

Versuch 6: Festfrieren eines Erlenmeyerkolbens an einem feuchten Karton

Hinweise: Dieser herrliche Überraschungsversuch räumt mit dem Irrtum auf, dass jeder endotherme Vorgang erst durch Erhitzen „angeschoben" werden muss. Die anfängliche Verblüffung weicht leicht dem Verstehen, wenn der Hinweis folgt, dass die Wärme aus der Umgebung aufgenommen wird.
Man sollte zeigen, dass wir hier nicht auf einen „Exoten" unter den Naturvorgängen gestoßen sind. Auch physikalische Vorgänge sind mit einem solchen Effekt verbunden, so z. B. das Verdunsten von Wasser. Sehr nützlich sind die Kältepackungen der Ersten Hilfe. Im inneren Beutel befindet sich Ammoniumnitrat, in der äußeren Hülle blau gefärbtes Wasser. Drückt man den inneren Beutel bis er platzt, so löst sich das Ammoniumnitrat unter starker Abkühlung (ROESKY/MÖCKEL 1994, S.220).
Da o. g. Experiment nicht allgemein bekannt ist, wird es hier beschrieben:
Je 10 g Eisen(II)-nitrat-Nonahydrat und Kristallsoda werden in einem trockenen Erlenmeyerkolben (100 ml), der auf feuchtem Karton steht, durch Schütteln (10 bis 20) Sekunden gut vermischt. Die Temperaturänderung im Gefäß wird verfolgt. Je nach Situation können die Begriffe *exo-* und *endotherm* verwendet werden (NiU-Chemie 10 (1999) Nr. 54, S. 32).

b) Spontan oder nicht? – Das ist die Frage.

Wenn von „Aktivieren" gesprochen wird, so ist zunächst die Alltagsbedeutung gemeint.
Beispiele für spontan ablaufende Vorgänge sind mit der Reaktion von Kupfersulfat und Wasser und dem „Tiefkühlversuch" schon gegeben. Das bereits verwandte Kupfersulfat (oder auch Kupferchlorid) kann auch zu einem „*Hauptdarsteller des Paradebeispiels*" gewählt werden.

Versuch 7: Abscheiden von Kupfer aus einer Kupfersalzlösung durch Eisen

Weitere schöne Beispiele, die sich auch als Schülerexperimente eignen, sind die Reaktion von Brausepulver mit Wasser, die „Beseitigung" von Kesselstein durch einen handelsüblichen „Kalklöser" oder das Erstarren von Gipspulver beim Vermischen mit Wasser.

Das Problem der „*Aktivierung*" begegnete den Schülerinnen und Schülern schon beim berühmten „Pulverblitz". Die bereits erwähnten Versuche 1 bis 3 sind weitere geeignete Beispiele.
Eventuell kann gezeigt werden, dass die Aktivierung nicht nur durch Erhitzen, sondern auch durch *Schlag oder Stoß* zustande kommen kann. Das Knallen mit den allseits bekannten Zündblättchen oder der Airbag seien genannt. Näher sollte hier auf dessen Wirkprinzip nicht eingegangen werden.

Die Bedeutung der *Temperatur* für die Aktivierung kommt sehr schön beim Löschen von Branntkalk heraus, wenn die „Unterkühlung" einer ansonsten spontan ablaufenden Reaktion gezeigt wird.

Versuch 8: Löschen und „totlöschen" von Branntkalk

In je ein Becherglas (250 ml) kommen 2 cm hoch frische Branntkalkstückchen ([C] Schutzbrille, hitzebeständige Unterlage) und je ein Thermometer (Messbereich bis etwa 150 °C).
In das eine Glas wird so viel Wasser hinzu gegeben, dass es die Branntkalkstücke etwa 0,5 cm überdeckt. Im anderen Glas soll das Wasser mindestens 6 cm überstehen.
Bei diesem Experiment wird deutlich, dass eine bestimmte Temperatur erreicht werden muss, damit die Reaktion in Gang kommt.

c) Mit Hilfe chemischer Reaktionen nützliche Dinge erzeugen

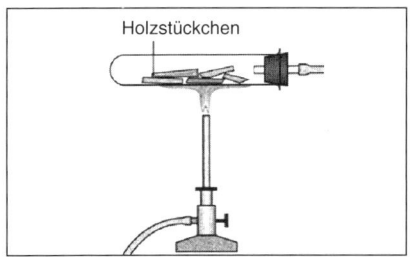

Bild 7

Versuch 9: Herstellen von Holzkohle durch trockene Destillation von Holz (Schülerversuch)

Hinweise: Dieser einfache, nur wenige Minuten in Anspruch nehmende Schülerversuch, kann mit verschiedenen Holzarten (Fichte, Tanne, Lärche, Buche etc.) und Holz unterschiedlichen Wassergehaltes durchgeführt werden. Erfahrungsgemäß lassen sich anhand der Versuche sehr unterschiedliche, mitunter überraschende Ergebnisse visualisieren. Meist gelingt es den Schülern auch, die „Zersetzungsgase" an der Reagenzglasmündung zu entzünden.
Dieses kleine Modell eines Kohlenmeilers liefert auch brennbares Gas.

Versuch 10: Herstellung von Pfirsicharoma (Buttersäureethylester; Demonstrationsversuch)

Man mischt in einem Rundkolben (100 ml) 10 ml konzentrierte Essigsäure mit 10 ml Buttersäure. Anschließend fügt man vorsichtig 2 ml konzentrierte Schwefelsäure und zwei Siedesteinchen hinzu, verschließt den Rundkolben mit einem Rückflusskühler und kocht das Gemisch ca. 10 Minuten.

1.5 Ungewöhnlicher und doch klassischer Zugang

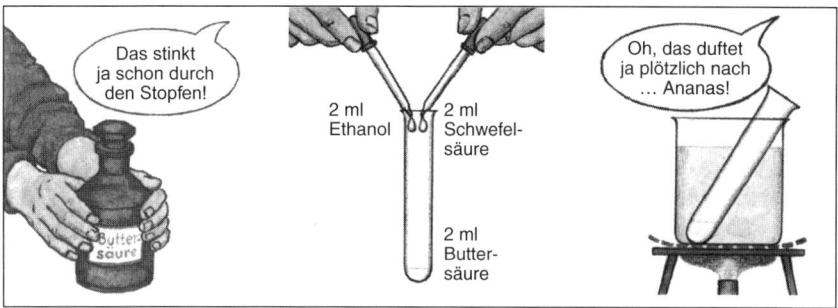

Bild 8

Nach dem Abkühlen gießt man den Kolbeninhalt in 50 ml Wasser. Infolge der geringen Dichte des Esters schwimmt dieser auf dem Wasser und kann mit Hilfe eines Lebensmittelfarbstoffes angefärbt werden. Der Ester riecht sehr angenehm nach Pfirsich.

d) Manche Reaktionen lassen sich durch so genannte Katalysatoren beschleunigen

„Katalysator" wird hier noch umgangssprachlich verwendet. Sind aus dem Biologieunterricht Enzyme bekannt, so sollte dieses Wissen einbezogen werden.

Versuch 11: Freisetzung und Nachweis von Sauerstoff aus Wasserstoffperoxid (Schülerversuch), siehe auch Bild 12a und b auf S. 120.

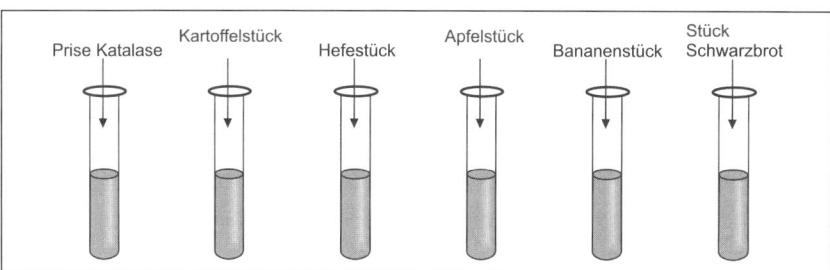

Bild 9

Hinweise: Für die Schülerversuche reicht eine 3- bis 5-prozentige H_2O_2-Lösung völlig aus. Die Versuche sind ungefährlich und für die Lernenden überaus erstaunlich. Das Enzym Katalase, das für die katalytische Zersetzung in Lebewesen verantwortlich ist, kommt in allen lebenden eukaryotischen Zellen vor, so auch in Kartoffeln, Erbsen etc. Der Sauerstoffnachweis erfolgt über die bekannte Glimmspanprobe.

e) An vielen chemischen Vorgängen ist die Luft beteiligt

Versuch 12: Entzünden eines Teelichtes und bestimmen der Brenndauer unter unterschiedlich großen Bechergläsern (Schülerversuch)

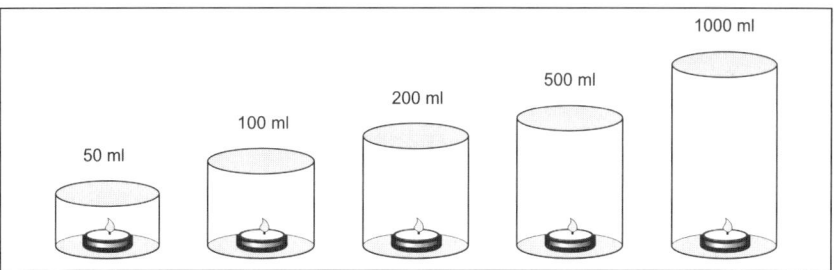

Bild 10

Hinweise: Das Entzünden eines Teelichtes und das Ermitteln der Brenndauer in unterschiedlichen Luftvolumina ist für Schüler überaus reizvoll; die Brenndauer des Teelichtes kann gemessen, die Ergebnisse zwischen den verschiedenen Schülergruppen verglichen, Fehlerquellen können aufgedeckt und die Ergebnisse können auch quantifiziert werden.

f) Bei vielen Reaktionen haben wir es in der Hand, ob sie explosiv oder ruhig ablaufen

Versuch 13: So genannter Pappröhrenversuch mit Reinigungsbenzin [F]; Gehörschutz!

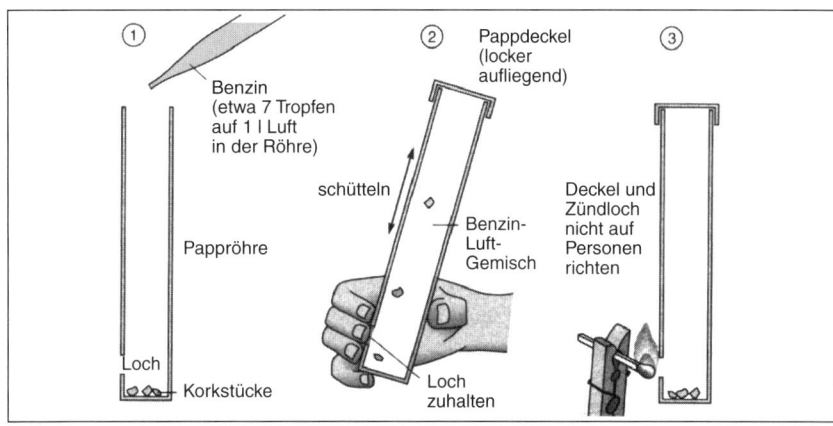

Bild 11

Hinweise: Der Versuch wird mit drei Tropfen, dann mit vier oder mehr Tropfen Benzin auf 1 l Luft wiederholt. Die Heftigkeit der Reaktion kann verglichen werden. Als Beispiel dafür, dass sich diese Reaktion „zähmen" lässt, kann man eine Benzinflamme (Benzinfeuerzeug) ruhig abbrennen.

Schlussbemerkungen

Diese Reaktionen werden vor allem dann die Lernenden fesseln, wenn man immer wieder im „Alltag" ankommt. So sollte deutlich werden, dass uns diese Reaktionen auf Schritt und Tritt begegnen, von A (wie Abbeizen) bis Z (wie Zweikomponentenkleber).

Man sollte auch die Fantasie der Schülerinnen und Schüler nicht zu kurz kommen lassen. Manche ungewöhnliche Aufgabe könnte sie befördern. Man denke allein an die Frage, was geschähe, wenn alle Reaktionen spontan verliefen (BALL 1969, S. 59).

DIE ANEKDOTE (von Horst Fiedrich)

Schwefelwasserstoff zum Auftakt?

Über seinen Chemielehrer in Liverpool schreibt Sir *Henry* ROSCOE (1833–1915, engl. Chemiker, BUNSEN-Schüler, Prof. in Manchester): BALMAINS Methode, kleinen Knaben das Wesen einer chemischen Reaktion klarzumachen, war ebenso originell als erfolgreich. Zum Beispiel ließ er eines Tages, nach seiner Vorlesung über die Darstellung von Schwefelwasserstoff, die ganze, aus etwa 30 bis 40 Jungen bestehende Klasse in das Laboratorium kommen. Jeder Schüler bekam einen Kolben mit gepulvertem Schwefeleisen und einen zweiten mit verdünnter Schwefelsäure. „Sobald ich ein Zeichen gebe, soll jeder von euch die Säure auf das Schwefeleisen geben, dann aber rennt alle fort, so schnell ihr könnt." Gesagt, getan! Das Resultat war ein fürchterlicher Gestank, dass jeder der Knaben sich seines bis an sein Lebensende erinnern und noch an seinem Todestage die Formel vor Augen haben wird, die Balmains damals an die Tafel schrieb:

$FeS + H_2O + SO_3 = FeOSO_3 + H_2S$ [1]

DER RÜCKBLICK (von Horst Fiedrich)

Liebig zum Thema Aktivierung

Als *Justus* LIEBIG (1803–1873, Prof. in Gießen und München) einmal seine Studenten mit hochexplosiven Chemikalien laborieren ließ, wandte sich plötzlich einer der jungen Leute, indem er zwei Reagenzgläser mit Flüssigkeiten vorwies, an den Gelehrten und fragte ihn aufgeregt: „Herr Professor, wenn ich den Inhalt der beiden Reagenzgläser vermische, erhalte ich dann Knallquecksilber?" – „Sie nicht mehr.", erwiderte LIEBIG.[2]

---

[1] ROSCOE, Henry: Ein Leben der Arbeit, Leipzig 1919, S. 11 f.
[2] LINGMANN, Bernd und SCHMIEDEL, Helga (Hrsg.): Anekdoten, Episoden, Lebensweisheiten von Naturwissenschaftlern und Technikern, 2. Aufl., Köln 1990, S. 54.

2 Wasser – nichts als Wasser

Günter Hauschild

2.1 Das Wunder der Wasserstoffbrücken

Die folgende kleine Geschichte kann Neugier wecken und insbesondere dazu anregen, den Wasserstoffbrücken auf die Spur zu kommen.

An den Ufern des Amazonas leben Ameisen, die durch die Kraft der Wasserstoffbrücken vor dem sicheren Untergang bewahrt werden. Sie leben dort (siehe Kasten) wie sich das für Ameisen so gehört, legen ihren kunstvollen Bau an und halten ihn in einer entsprechenden Ordnung. Jede Ameise hat einen genau festgelegten Aufgabenbereich, den sie streng erfüllt.

> **Amazonas**, Fluss in Südamerika.
> Er ist der größte Fluss der Welt was das Einzugsgebiet, die Anzahl der Nebenflüsse und die Abflussmenge betrifft und der zweitlängste Fluss der Erde. Der Wasserabfluss des Amazonas beträgt schätzungsweise zwischen **34 und 121 Millionen Liter pro Sekunde**. Ein Fünftel des Süßwassers, das in die Weltmeere fließt, stammt aus dem Amazonas. Schwere Regenfälle ergießen sich während des ganzen Jahres, insbesondere zwischen Januar und Juni, auf große Teile des Tieflandes. Im Jahresdurchschnitt fallen zwischen 2000 Millimeter und 3000 Millimeter Niederschlag. Während der Monate mit den größten Niederschlägen leiden weite Gebiete am Amazonas unter schweren Überschwemmungen. In Brasilien ist der Fluss bei Niedrigwasser zwischen 1,6 Kilometer und zehn Kilometer breit und verbreitert sich – da das ihn umgebende Land überwiegend flach ist – bei der jährlich wiederkehrenden Flut bis auf mehr als 50 Kilometer. Die Fließgeschwindigkeit schwankt zwischen 2,4 und acht Kilometern pro Stunde, und der Wasserspiegel steigt bei Hochwasser oft 15 Meter über Normalhöhe.
> aus: „Microsoft Encarta Enzyklopädie"
> **Aufgabe:** Informiere dich in der geografischen Literatur über den Amazonas und stelle für den Unterricht eine entsprechende Dokumentation zusammen.

Treten für den Bau und das Ameisenvolk Probleme auf, ordnet sich jede Ameise den Aufgaben zu, die aktuell wichtig sind.

Und diese Probleme kommen, z. B. bei den Überschwemmungen. Die Wassermassen, die dort durch für uns kaum vorstellbare Niederschläge anfallen, machen eine Verteidigung des Ameisenbaues völlig aussichtslos. Die einzige Maßnahme, die helfen kann, ist die Aufgabe des Baues und die Übersiedlung des Volkes in ein anderes, vom Wasser nicht betroffenes Gebiet. Ein Marsch zu Fuß macht in dem flachen Land wenig Sinn.

Das Unheil zum Helfer machen – das sichert das Überleben des Ameisenvolkes:

2.1 Das Wunder der Wasserstoffbrücken

Die niedersten Arbeiter „gehen" auf das Wasser und verhaken sich mit den Beinen am Körper ihres Nachbars bis ein flächenmäßig ausreichend großes Floß entstanden ist. Interessanterweise ist es rund wie ein Teller.

Die Oberflächenspannung des Wassers – erzeugt durch die Wasserstoffbrücken – ist so stark, dass das ganze Ameisenvolk getragen werden kann. Auf das Floß tragen andere Arbeiter die Brut aus dem Bau und zum Schluss die Königin. Dann lassen die Arbeiter, die das Floß bilden, vom Ufer los – das Ameisenvolk schwimmt auf einem Floß aus den eigenen Leibern, bis, ja bis es an eine Uferstelle getrieben wird, an der ein neuer Bau errichtet werden kann. Zuerst verlässt die Königin das lebende Floß oder wird vom Floß heruntergeschleppt, dann bringen die Arbeiter die Brut in Sicherheit und schließlich löst sich das Floß auf, indem die Arbeiter „an Land gehen", die die Fahrt lebend überstanden haben.

Wasser mit seiner chemischen Struktur (Dipol) und den daraus resultierenden Eigenschaften (Oberflächenspannung durch die Wasserstoffbrücken) hilft Leben vor dem Wasser zu schützen.

Wenn jemand fragt, wie diese Wasserstoffbrücken „konstruiert" sind, sollte eine einfache Antwort parat sein. Nehmen wir an, die *polare Atombindung* sei bereits bekannt, so kann etwa wie folgt verfahren werden:

Im polaren Wassermolekül liegen die Elektronenpaarbindungen nahe beim Sauerstoffatom. Die beiden Wasserstoffatome sind also weitgehend von ihrem Elektron verlassen. Überspitzt gesagt, zeigen sie sich als „nackte Protonen". Sie bilden somit zwei Zentren mit starker positiver Ladung. Mit diesen Zentren „dockt" das Wassermolekül (in Bild 1 das Molekül 1) an je ein freies Elektronenpaar zweier anderer Wassermoleküle an (in Bild 1 an die Moleküle 2 und 3).

Mit seinen *eigenen* freien Elektronenpaaren zieht das Molekül 1 die positiven Zentren zweier weiterer Wassermoleküle an. (Moleküle 4 und 5 in Bild 1). Liegt die Temperatur unter dem Gefrierpunkt, so setzt sich dies so lange fort, bis sich Trilliarden von Wassermolekülen zu einem sperrigen käfigartigen Kristallgitter vereinigt haben. So entsteht ein Eiskristall oder eine Schneeflocke. Beim

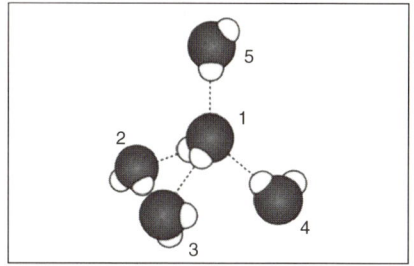

Bild 1: Wasserstoffbrücken

Schmelzen brechen die Käfige nicht völlig zusammen. Und so können andere Wassermoleküle in die Hohlräume einbrechen, so dass sich immer mehr Moleküle im selben Raum versammeln. Das ist der Grund dafür, dass die *Dichte* des Wassers beim Erwärmen bis auf 4 °C zu – und erst bei weiterem Erwärmen abnimmt. Aber auch bei höheren Temperaturen bleiben Wasserstoffbrücken erhalten. Daraus erklärt sich z. B. die erstaunlich hohe *Siedetemperatur* des Wassers. Sie liegt 264 °C über derjenigen des Methans, obwohl man auf Grund der nahe beieinander liegenden molaren Massen beider Verbindungen (M_{Wasser} = 18 g/mol; M_{Methan} = 16 g/mol) eine viel geringere Differenz erwarten sollte. An diesem ungewöhnlichen Verhalten des Wassers sind die beiden *freien Elektronenpaare* des Wassermoleküls „schuld". Mit Hilfe der Lewis – Formeln von Wasser und Methan kann man zeigen, dass im Methanmolekül keine freien Elektronenpaare vorhanden sind. Und diese scheinbar kleine Verschiedenheit bedingt die Besonderheiten des Wassers, die uns so selbstverständlich erscheinen, aber das Leben auf unserem Planeten erst ermöglichen. In einer „Methanwelt" wäre Leben nicht möglich.

2.2 Fall-out im Fluss

Man sieht es dem Wasser nicht an, was alles in ihm drin ist – oder auch, dass nichts in ihm drin ist. In den meisten Fällen sind wässrige Lösungen farblos, und wer denkt dann schon daran, dass es sich bei einem klaren Gewässer um einen Cocktail womöglich giftiger wässriger Lösungen handeln könnte.

Der …graben!
Es müssen nicht immer umfangreiche Projekte sein, mit denen man die Schülerinnen und Schüler interessieren kann. Das zeigt das folgende Beispiel. Ausgangspunkt war ein Stein des Anstoßes in der näheren Umgebung, ein Gewässer, dem der Volksmund den wenig schmeichelhaften Namen Sch…graben zugedacht hatte.
Das Interesse an der Untersuchung war groß, und so formierte sich innerhalb weniger Tage eine Arbeitsgemeinschaft „Chemie des Wassers", deren Mitglieder das scheinbar so anrüchige Bächlein am Rande der Stadt untersuchen wollte.
Was die Schüler zu diesem Zeitpunkt nicht wussten und ich ihnen damals auch nicht erzählte: Dieser …graben führt ein sehr eisenhaltiges Wasser, aus dem Eisenverbindungen ausgefällt sind, die eine ziemlich dicke bräunliche Schicht am Grunde des …grabens bildet – deshalb ja auch der Name.
Wie enttäuscht waren sie, als bei der späteren Untersuchung herauskam, dass das Gewässer mit dem übelsten Namen eines der reinsten war – der Anblick eines Wassers kann täuschen!
Gerade dieses Ergebnis stachelte den Forscherdrang meiner Schüler an. Was ist das, was dem …graben seinen Namen gab. Wir besorgten uns aus dieser Schicht eine Probe und überlegten, wie wir der Sache auf den Grund gehen konnten.

2.2 Fall-out im Fluss

In unmittelbarer Nachbarschaft dieses ...grabens stand damals das Wahrzeichen und der Arbeitgeber unserer Stadt – das Stahlwerk – ein Teil davon steht heute noch. Von Kindesbeinen an sind die Schüler mit Eisen und Stahl in „Kontakt" gekommen. Vielleicht kommt daher die Bemerkung eines Schülers, dass das vielleicht eher Rost ist, was sich da am Grunde abgesetzt hat.

Es folgten diese Überlegungen:
In dem Schlamm könnte also Eisen sein. Die Literaturrecherche durch die Schüler ergab, dass man Eisen-Ionen mit recht einfachen Mittel nachweisen kann.
Nur muss Eisen zum Nachweis in löslicher Form vorliegen. Der Schlamm aus dem ...graben ist aber sicher ein unlöslicher Stoff, sonst hätte er sich nicht abgeschieden.
Es stellte sich die Frage, wie wir das Eisen aus einer unlöslichen in eine lösliche Form überführen?
Während einer erneuten Literaturrecherche erkannten die Schüler, dass Rost ein Gemisch aus Eisenoxid und Eisenhydroxid ist. Aus dem Unterricht wussten sie, dass Metalloxide und Metallhydroxide mit Säuren reagieren und Salze bilden, von denen viele löslich sind.
Ein Experiment wurde geplant und durchgeführt: Schlamm abfiltrieren und mit verdünnter Salzsäure versetzen.
Es entsteht eine klare Lösung, es lagen nun lösliche Eisenverbindungen vor, die mit Kaliumhexacyanoferrat(II)lösung bzw. Ammoniumthiocyanatlösung geprüft wurden.
Das Experimentalergebnis war eindeutig, der ...grabenschlamm enthält Eisen.

Daraus stellte sich die neue Frage: Wie kann in dem ...graben eine wasserunlösliche Eisenverbindung entstehen?
Aus der Literatur fanden die Schüler: Das in den ...graben fließende Wasser müsste Eisen(II)-Ionen enthalten, die mit dem Sauerstoff der Luft und dem Wasser Eisenhydroxid bilden:

$$4\ Fe^{2+} + 8\ OH^- + O_2 + 2\ H_2O \rightarrow 4\ Fe(OH)_3 \downarrow$$

Aus den Untersuchungsergebnissen aller Wasserproben der Gewässer um unsere Stadt schlossen wir auf den Eisengehalt der einzelnen Gewässer und erkannten, dass das Wasser des ...grabens deutlich eisenhaltiger als das anderer Gewässer ist. Hinzu kommt, dass der ...graben bezogen auf die Wassermenge flach und breit ist und sehr langsam fließt. Das Wasser kann durch die relativ große Oberfläche und die geringe Fließgeschwindigkeit relativ viel Sauerstoff aufnehmen – es kann sich Eisenhydroxid bilden.
Also: Der braune Schlamm des ...grabens ist Eisenhydroxid.

Manche dieser Untersuchungen können und müssen in Unterrichtsstunden eingebaut oder bei Projekten durchgeführt werden.

Ich denke aber, dass dem Chemieunterricht neben der Vermittlung der chemischen Analysemethoden auch die Aufgabe zukommt, die Schüler zur Nutzung der Veröffentlichungen über die in Deutschland von staatlichen oder nichtstaatlichen Stellen durchgeführten analytischen Untersuchungen anzuregen. Das gilt für alle Untersuchungen, auch wenn hier nur auf die im Zusammenhang mit dem Wasser durchgeführten Untersuchungen Bezug genommen wird:

Fließgewässer der Bundesrepublik Deutschland – Karten der Wasserbeschaffenheit – 1982 bis 1991	Die „Landesarbeitsgemeinschaft Wasser (LAWA)" ist eine länderübergreifende Einrichtung in der Bundesrepublik Deutschland. Unter dem o. g. sind die Untersuchungsergebnisse als erläuterter Text und Karten mit grafischen Darstellungen veröffentlicht. Zu beziehen über das Bundesumweltministerium oder gegen Kostenerstattung vom Wasserwirtschaftsamt Deggendorf, Detterstraße 20, Postfach 20 60, 9 44 60 Deggendorf
Umweltpolitik, Wasserwirtschaft in Deutschland	In dieser Publikation veröffentlicht das Bundesumweltministerium eine aktuelle (Stand Februar 1998) Bestandsaufnahme der Probleme, Problemlösungen und Fortschritte der Wasserwirtschaft in Deutschland. Besonders ergiebig für die unterrichtliche Arbeit sind die Karten, Tabellen und grafischen Darstellungen.
ÖKOBASE – Umweltatlas	Der ÖKOBASE – Umweltatlas Version 2.0 ist eine CD-ROM, herausgegeben vom Umweltbundesamt und der Clemens Hölter GmbH. Sie ist von diesen Stellen für 30,00 DM zu beziehen. Das Programm ist eine Deutschlandkarte in der man über das Menü oder eine Schaltfläche beispielsweise die Gewässergüte in Deutschland abruft. Mit einem oder mehreren Mausklicks zoomt man sich in die Karte hinein. Mit zunehmender Vergrößerung erscheinen die einzelnen Messstationen als farbige Punkte auf der Karte. Durch einen Klick auf den ausgewählten Messpunkt erscheinen die grafischen Darstellungen und andere Informationen.
ÖKOBASE – Multimedia	Diese Datenbanksammlung zu (fast allen) Sachverhalten der Umweltproblematik ist in der Version 7.0 herausgegeben vom Umweltbundesamt und der Clemens Hölter GmbH.
Berliner Empfehlungen Ökologie und Lernen	Diese CD-ROM bietet die 200 besten Umweltmaterialien aus den Jahren 1992 bis 1998. Das Angebot des Marktes ist mit einheitlichen transparenten Kriterien ausgewählt und bewertet worden. Eine CD-ROM für das Lehrerzimmer oder die Schulbibliothek

Geben sie diese ÖKOBASE-CD-ROM ihren Schülern in die Hand – oder besser in den Rechner, zwei Scheiben auf denen man stöbern und viel Wissenswertes erfahren kann. Und was fast nicht zu glauben ist: die ÖKOBASE-Scheiben dürfen kopiert, archiviert und weitergeben werden, also unter ihren Kollegen und Schülern die Runde machen.

2.3 Hurra, der Lachs ist da!

Hurra, der Lachs ist da

In Rathmannsdorf bei Bad Schandau wurde den ersten 17 Heimkehrern der 99er Saison über das Wehr geholfen

Von Jörg Marschner

Sekunden nur können sie ihn noch sehen, dann ist der elegante Schwimmer den Blicken der Männer entschwunden, bachaufwärts Richtung Zusammenfluss von Polenz und Sebnitz. Es war der letzte der ersten 17 Lachse der 99er Saison, jeder zwischen 50 und 90 Zentimeter lang und 1,5 bis sechs Kilogramm schwer, wie die Messungen ergaben.

Gunter Ermisch junior von der Forellenzucht Langburkersdorf richtet sich auf und reibt sich zufrieden die Hände: „Das war's für heute." In einer hellblauen Schüssel lagert der Ertrag, eine dicke Schicht rosaroter Eier, an die 15 000 oder auch mehr von zwei Tieren. Gunter Ermisch ist ein Spezialist für diese Arbeit. Ganz zart hat er die Lachse massiert, ehe er ihnen ihren perlenartigen Schatz abgestrichen hat. Im Bruthaus werden die Eier bis zum Frühjahr zu zwei Zentimeter großen Mini-Lachsen reifen. Als Herangewachsene werden sie dann auf ihre große Reise bis vor Island und Südgrönland gehen und in weiteren zwei, drei Jahren in die Gewässer ihrer

Gert Füllner mit einem der ersten Heimkehrer dieses Jahres. Foto: SZ/Jürgen Lösel

Jugend zurückkehren, um zu laichen und - fast immer - zu sterben.

Am Montag kurz vor elf Uhr hatte Fischaufseher Stephan Stoller unterhalb des Rathmannsdorfer Wehres die ersten Lachse gesichtet. Endlich, eine Woche später als voriges Jahr. „Das liegt mit am Niedrigwasser von Elbe und Lachs-

bach", meint Dr. Gert Füllner, Leiter von Sachsens Fischereibehörde, „da ist die Lockströmung einfach schwächer." Mit den ersten Lachsen ist die Spannung bei den Männern noch nicht gewichen. Jetzt muss sich zeigen, wie groß der Erfolg des 1994 begonnenen Programms „Elblachs 2000" - jährliche Kosten 100 000 Mark - wirklich ist. Voriges Jahr wurde den allerersten 27 Lachsen übers Wehr geholfen, etwa ebenso viele schafften den Weg ohne Beistand, schätzt Füllner. Nun also schon im ersten Anlauf 17, und vier Wochen noch geht die Saison. „Es werden mehr zurückkehren als voriges Jahr", ist sich Füllner sicher, der dabei auch das Finanzielle sieht. 300 000 künstlich ausgebrütete Lachse kosten jährlich ausgesetzt. Die Eier kommen aus Schweden - jedes kostet 18 Pfennig. Die hellblaue Schüssel birgt mithin einen Wert von fast 3 000 Mark.

Noch steht also viel Arbeit bevor. Und höchste Wachsamkeit. Wer sich herausnehmen sollte, das strikte Angelverbot zu umgehen, dem droht Füllner mit exemplarischen Strafen - 10 000 Mark sind möglich. Der Lachs ist unantastbar.

Diese triumphierende Überschrift stammt aus der „Sächsischen Zeitung" vom 3. November 1999 – sie ist eine erfreuliche Zwischenbilanz eines Vorhabens mit der Elbe, das am 28. Oktober 1993 in Magdeburg begann und eine traurige Vorgeschichte hat.

Zur traurigen Vorgeschichte

Es leben heute noch in Deutschland Menschen, die in der Elbe des Sommers gebadet haben und auf dem Mittagstisch frischen Lachs vorfanden – frisch aus der Elbe gefangen. Zugegeben, diese Menschen sind recht alt und viele sind es auch nicht mehr.

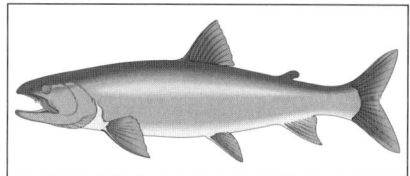

Bild 2: Der Lachs

Der Rückgang der Lachspopulationen und deren schließliches Aussterben zog sich über 100 Jahre hin. 1830 tauchen die ersten Berichte über einen Rückgang der Bestände auf und 1947 wurde in der Elbe nachweislich der letzte Lachs gefangen. Wie lange wird seine Wiedereinbürgerung dauern?

Die Elbe hatte einmal eine solche Wasserqualität, dass sich die verwöhnten Lachse bis in ihre Laichbäche in der „Sächsischen Schweiz" zurück riechen konnten. Sie waren so zahlreich, dass selbst intensives Lachsfischen die Bestände nicht dezimierte.

Bis ..., ja bis sich zwischen der Quelle im Tschechischen und der Mündung bei Hamburg Industrien ansiedelten und ihre Abwässer und nicht gewollten Reaktionsprodukte (schamhaft Nebenprodukte genannt) dem Elbwasser übergaben.

Neben der Industrie waren es aber auch die Abwässer aus der Kanalisation der Haushalte, die bis etwa 1990 nicht selten ungeklärt in den Fluss gingen. Das beste Beispiel dafür ist die sächsische Landeshauptstadt Dresden, deren Kläranlage Ende der achtziger Jahre faktisch zusammengebrochen war und von der Regierung der DDR keinen Pfennig erhielt, um diesen Missstand beseitigen zu können.

Die Industriebetriebe – allen voran die Papierindustrie – in der CSSR und im Industrieraum Riesa – Dresden – Pirna sorgten dafür, dass man mit den Jahren dem Elbewasser immer mehr ansehen konnte, was drin ist, was es da mit sich herumschleppt und in die Nordsee transportiert.

Die Analysewerte waren erschreckend. Das sollte sich ab etwa 1990 aus zwei Gründen ändern. Einmal weil in Tschechien, Sachsen und Sachsen-Anhalt etwas für die Umwelt getan wurde und zum anderen, weil zahlreiche hoffnungslos überalterte und marode Betriebe geschlossen wurden.

Dem Elbe-Wasser wurden erhebliche Lasten abgenommen. An der Elbe zu wohnen macht schon wieder richtig Spaß, eine Dampferfahrt mit der berühmten „Weißen Flotte" ist ein unvergessliches Erlebnis und am 28. Oktober 1993 konstituierte sich in Magdeburg der länderübergreifende Arbeitskreis „Elbefischerei". Im März 1994 benannte dieser Arbeitskreis den Lachs als Leitfisch der Elbefischerei, weil er ein sicherer Bioindikator für den Zustand in der Elbe sein kann.

Der Lachs benötigt ein klares und sauerstoffreiches Wasser und muss ungehindert durch die Elbe bis in deren Nebenflüsse im Oberlauf wandern können.

Klarheit des Wassers

Jedes natürliche Wasser führt unlösliche Stoffe mit sich, die auf dem Grund entlang rollen oder in der Schwebe mitgetragen werden. Die Schwebstoffe entscheiden über den Trübungsgrad, der durch Betrachtung gegen einen schwarzen Hintergrund bestimmt wird.

Trübungsgrade sind blank, klar, fast klar, schwach opalisierend, opalisierend, getrübt, stark getrübt und undurchsichtig.

Erster Erfolg: Fische können wieder atmen

Die Konzentration von gelöstem Sauerstoff im Wasser bezeichnet man als seinen **Sauerstoffgehalt**. Die meisten aeroben Wasserorganismen benötigen eine Mindestkonzentration von gelöstem Sauerstoff im Wasser zum Leben.

Die Löslichkeit des Sauerstoffs im Wasser nimmt aber mit steigender Temperatur ab (Sommerprobleme). Bei 0 °C kann 1 l Wasser 14,6 mg Sauerstoff lösen, bei 20 °C sind es gerade mal 9,1 mg.

Bei einem Sauerstoffgehalt von 4 mg im Liter Wasser wird es für das Leben der Fische kritisch. Und, je stärker ein Wasser mit anderen Stoffen belastet ist, um so geringer ist seine Fähigkeit zur Sauerstoffaufnahme.

2.3 Hurra, der Lachs ist da!

Die Fische sind aber nicht die einzigen Sauerstoffverbraucher in einem Gewässer. Biologisch abbaubare Substanzen werden durch Mikroorganismen abgebaut, deren Sauerstoffbedarf mit der Menge der abzubauenden Substanzen im Wasser steigt. Dieser **biochemische Sauerstoffbedarf** ist eine Kenngröße für die Wasserqualität bzw. die Belastung eines Wassers mit biologisch abbaubaren Substanzen.
Davon zu unterscheiden ist der **chemische Sauerstoffbedarf**, der die Menge an gelöstem Sauerstoff in mg/l oder g/m^3 ist, die zur völligen Oxidation der im Wasser enthaltenen organischen Stoffe benötigt wird.
Zum Glück ist der Sauerstoffgehalt allein von 1989 bis zum Jahre 1994 auf mehr als das Doppelte gestiegen.

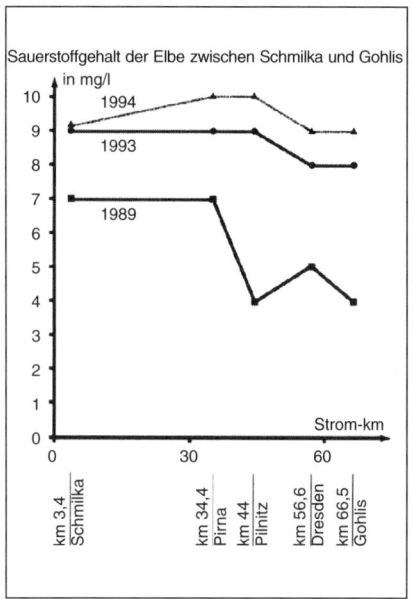

Bild 3

Ein Zustandsbericht – noch viel Schatten, doch ein wenig Licht

Bei den in Wasser gelösten Stoffen muss zwischen leicht bzw. schwer abbaubaren Stoffen unterschieden werden. Zu den ersteren gehören die organischen Stoffe, die in Kläranlagen unter Verbrauch von Sauerstoff biologisch zu anorganischen Verbindungen abgebaut werden. Am Abbau sind Bakterien und Kleinlebewesen beteiligt. Schwer abbaubar sind Stoffe, deren Halbwertzeit (Zeitraum, in welchem die Hälfte des Stoffes abgebaut wird) mehrere Tage beträgt. Halogenierte Kohlenwasserstoffe sind hier an erster Stelle zu nennen. Die schlimmsten Belastungen verursachen Stoffe mit Halbwertzeiten von mehreren Jahrzehnten.

In ihrem Bericht über die Wasserwirtschaft in Deutschland schreibt das Bundesumweltministerium im Februar 1998:

„In der Elbe und ihren Nebenflüssen (Schwarze Elster, Mulde, Saale) sank auf Grund der hohen organischen Belastung bei sommerlichen Niedrigwasserverhältnissen die Sauerstoffkonzentration in den 80er-Jahren unter 1 mg/l. Auch die Nährstoffkonzentrationen und die Belastung mit Schwermetallen – insbesondere Quecksilber – waren in der Elbe sehr hoch. Seit 1990 ist ... bei einem Teil der Stoffe eine bedeutende Belastungsabnahme in der Elbe und ihren Nebenflüssen zu verzeichnen. Die im Vergleich mit Rhein, Donau und Weser immer noch hohe Belastung ist darauf zurückzu-

führen, dass der Ausbau der Klärtechnik noch nicht vollständig den modernen Stand erreicht hat. Ein weiterer Grund ist ein hohes Potential an Schwermetallen und schwerabbaubaren organischen Schadstoffen im Sediment der Elbe und ihrer Nebenflüsse (Mulde und Saale), das bei höheren Durchflüssen remobilisiert werden kann. Auf Grund von Einleitungen der Kali-Industrie und des Kupferschieferbergbaus im Einzugsgebiet der Saale führte dieser Fluss der Elbe bislang erhebliche Chloridmengen zu. Bei Halle wurden 1988 im Mittel 420 mg/l Chlorid gemessen. Etwa 85 % der Salzbelastung der Elbe bei Magdeburg sind auf den Saaleeinfluss zurückzuführen. Die Chloridkonzentrationen sanken an der Messstelle Schnackenburg (Elbe) im Mittel von 280 mg/l (1989) auf 120 mg/l (1996). Ein erheblicher Rückgang ist bei Ammonium (industrielle Einleitungen) und Phosphor (Einsatz phosphatfreier Waschmittel) zu verzeichnen. Die Nitratkonzentrationen stiegen bis 1987 an und liegen derzeit im Mittel über 4,5 mg/l). Die Belastung mit Schwermetallen ist weiterhin hoch (Quecksilber, Cadmium, Zink). Eine erhöhte Belastung liegt für Kupfer, eine deutliche Belastung für Blei, Chrom und Nickel vor.

Zu den Hauptproblemstoffen schlechthin zählt in der Elbe Hexachlorbenzol (HCB). HCB wird im Fettgewebe (beispielsweise von Fischen) angereichert und kann bei hohen Gehalten zu Stoffwechselstörungen und Organschäden bei den belasteten Tieren führen. Da HCB zu den nur sehr schwer abbaubaren chlorierten Kohlenwasserstoffen gehört und die Elbesedimente mit HCB zum Teil sehr hoch belastet sind, kann in absehbarer Zeit nur mit einer langsamen Belastungsabnahme in der Elbe gerechnet werden. Zudem erfolgen immer noch Einträge aus der Tschechischen Republik.

Zu den schlecht abbaubaren Stoffen gehören auch DDT und seine Derivate. Trotz einer zu Beginn der 90er-Jahre rückläufigen Entwicklung der Belastung werden vor allem DDT und DDD noch in erheblichen Konzentrationen in der Elbe gemessen, wobei zum Teil extreme Konzentrationsspitzen auftreten. Zu vermuten ist hier ein Eintrag über die Mulde, da in Muldesedimenten DDT-Konzentrationen bis 2 mg/kg gemessen wurden. In Sedimenten der Muldemündung wurden auch extrem hohe Tetrabutylzinngehalte nachgewiesen. Hier lag der Tetrabutylzinngehalt etwa um den Faktor 5 über dem bereits sehr hohen Tributylzinngehalt. Der Gesamtzinngehalt belief sich in den Sedimenten der Muldemündung bei Dessau auf über 20 mg Sn/kg Trockensubstanz (Beprobungszeitraum 1991/1992). Bei der emittierenden Quelle handelt es sich um eine Organozinnproduktionsstätte in Bitterfeld. In der Elbe oberhalb der Muldemündung war die Organozinnbelastung deutlich geringer."

Diese Untersuchungsergebnisse bestätigen auf der einen Seite die Erfolge für die Wasserqualität in der Elbe, die sich auch in der Rückkehr der ersten Lachse dokumentiert, belegen aber auf der anderen auch, warum der Mensch immer noch eingreifen muss, indem er die zurückkehrenden Lachse fängt, Eier und Rogen abstreift und in speziellen Brutanlagen die jungen Lachse heranzieht.

Wann muss der Mensch nicht mehr Geburtshelfer sein?

Wie viele Jahre werden vergehen, bis die Lachse nicht nur aus Grönland in die Elbe zurückkehren, sondern die Verhältnisse auch die selbstständige Entwicklung der Junglachse zulassen? Und was hat es mit der ungehinderten Wanderung der Lachse auf sich?

Der Lachs ist ein Wanderfisch über lange Distanzen. Im Oberlauf der Flüsse schlüpfen im April bis Juni die Junglachse, die mindestens ein aber auch bis zu drei Jahren im Süßwasser bleiben. Als 15 bis 20 cm große Smolts (Junglachse) wandern sie aus den Flüssen zu ihren Hauptfressplätzen im Nordatlantik vor Grönland. Nach zwei bis fünf Jahren treten sie ihre Wanderung in das Heimatgewässer an, wo sie laichen, um dann in der Regel zu sterben. Nur wenige wiederholen ihre erste Wanderung und ganz selten kommen Lachse ein drittes Mal an den Ort ihrer Geburt zurück.

Diese Wanderung ist eine anstrengende Sache und die Evolution hat ihn nicht nur zu einem fleißigen Wanderer, sondern auch zu einem kräftigen Burschen werden lassen, der natürliche Hindernisse mit hohen Sprüngen überwinden kann. Die Evolution kannte nur die Bauwerke der Menschen nicht, sonst hätte sie dem Lachs wohl noch Flügel mitgegeben.

Wehre und Staustufen sind für ihn unüberwindlich. Zum Glück ist die Elbe, bedingt durch die Verhältnisse in den anliegenden Ländern vor allem bis 1990, in dieser Richtung noch glimpflich davon gekommen und an den bestehenden Hindernissen können Hilfen (Fischtreppen) errichtet werden.

Zu Beginn des Jahres 2000 kann die Regionalpresse Sachsens melden, dass nach Auswertung aller Unterlagen 1999 die meisten und strammsten Lachse in ihre sächsischen Laichgewässer zurückgekehrt sind. Der Prachtkerl unter ihnen war ein Rogner von 98 cm Länge (!) und einem Gewicht von über sechs (!) kg.

Ein glänzender Beginn des Jahres 2000, in dem der Lachs zum Fisch des Jahres erklärt wurde.

Und wie um die Menschen zu ermahnen, hört die Lachswanderung am Stauwehr bei Schreckenstein (Aussig/Usti) auf und Böhmen kann sich vorläufig nicht an Lachsen erfreuen.

2.4 Ein Weiher im Wohnzimmer

Manch ein Aquarium erweist sich als ein Gefängnis voller Gifte für die Fische. Auf engstem Raum, in wenigen Litern Wasser müssten chemische Prozesse so ablaufen, dass die Reaktionsprodukte des einen die Ausgangsstoffe des anderen sind – und zwar vollständig. Das ist schlechterdings unmöglich.

Beim Sauerstoffkreislauf kann die Balance zwischen Produktion und Verbrauch noch am ehesten hergestellt werden, nämlich dann, wenn wenig Fische aber viele Pflanzen darin leben, wenn für Belüftung und Bewegung der Wasseroberfläche gesorgt wird und das erforderliche Licht vorhanden ist.

Bei den Prozessen mit den Stickstoffverbindungen – Ammoniak, Ammoniumverbindungen, Nitrate und Nitrite – können die Bakterien, die sich im Filter ansiedeln und vermehren, zusammen mit den Pflanzen nur Teilerfolge erreichen. Es wird immer wieder zu einem Überschuss an bestimmten Verbindungen kommen, den nur der Aquarianer durch Wasserwechsel beseitigen kann und vielleicht dann nicht einmal ...

Deshalb der Appell an die Aquarianer unter den Schülern:

Denke immer daran:
In ihrer tropischen Heimat halten sich unsere Zierfische nur in den Gewässern auf, deren Wasser die für ihr Leben günstigsten Wasserwerte hat. Ändern sich diese Werte, können sie diesen Ort verlassen, sofern das ein Fluss oder ein Teich bzw. See mit Zu- und Abfluss ist. Im Aquarium, im abgeschlossenen Teich oder See können sie das nicht, sie müssen unter den herrschenden Bedingungen leben oder leiden.

Nur wir Menschen können ihnen helfen:
In der Natur, indem wir alles vermeiden, was die Wasserqualität beeinflussen könnte. Und im Aquarium müssen regelmäßig die Wasserwerte bestimmt und danach ein mehr oder weniger starker Teilwasserwechsel vorgenommen werden. Das Protokoll hilft dir, den Überblick zu behalten.

Aquarium				
Höhe: ___ cm	Breite: ___ cm	Tiefe: ___ cm	Inhalt: ___ l	
Fische				
Name			Stück ♀	Stück ♂
Pflanzen				
Name		V-Gr.	M-Gr.	H-Gr.
Wasseruntersuchungen								
Datum	Karbonathärte	Gesamthärte	pH-Wert	Ammoniumverbindungen	Nitringehalt	Nitratgehalt	Kohlendioxidgehalt	Sauerstoffgehalt

2.4.1 Projekt „Man sieht es dem Wasser nicht an"

Dieses Projekt verfolgt zwei Anliegen:
1. Es zielt am Beispiel der Aquarien*chemie* auf ein erstes Verständnis von Naturkreisläufen. Dieser Gedanke wird im Abschnitt 2.6 und im Kapitel 12 wieder aufgenommen. Dabei wird deutlich, dass der Mensch keinesfalls „über den Dingen" steht, wie es dem Aquarianer zunächst scheinen mag, sondern dass er in die Kreisläufe der Ökosphäre eingebunden ist.
2. Diese Betrachtungen eröffnen ein weites Feld für die Anwendung der *Ionenlehre* und für das Kenenlernen und Üben von *Nachweisreaktionen*. Hier liegt ein Beispiel für ein *exemplarisches* Vorgehen vor, das den Boden für die spätere Behandlung von Vorgängen in der Biosphäre bereitet.

Schließen sich Biologie- und Chemielehrer zusammen, so kann es zu einer interessanten fachübergreifenden Arbeit kommen.
Da die Experimente sämtlich bekannt und unkompliziert sind, wird auf deren detaillierte Beschreibung verzichtet.

Materielle Voraussetzungen

Aquarien

- ein komplett eingerichtetes und mit Fischen besetztes Aquarium für die verschiedenen Wasseruntersuchungen
- für Langzeit- und Vergleichsuntersuchungen vier gleich große Aquarien

Geräte und Chemikalien

Zusätzlich, zu den in der Schulsammlung vorhandenen:
- Ionenaustauschersäule (Eigenbau möglich) mit Ionenaustauschersubstanz
- aus dem Aquarienhandel: ToruMin, Filtertorf und Test-Sätze zur Wasseruntersuchung; die Test-Sätze sind als Einzeltest (für einen bestimmten Wasserwert) oder als „Laborkoffer" (für alle wesentlichen Wasserwerte) erhältlich

Zu diesem Unterrichtsprojekt vgl. auch die tabellarische Übersicht auf den folgenden Seiten.

Thema/stoffliche Inhalte	Arbeitsmittel/Experimente/Untersuchungen
1. Die Wasserhärte Woher kommt die Wasserhärte? Definition der Wasserhärte. Carbonat- und Nichtcarbonathärte bzw. temporäre, permanente und bleibende Härte	Arbeitsblätter • Woher kommt die Wasserhärte? Experiment • Bestimmung der Carbonat- und Gesamthärte eines Aquarienwassers
2. Die Wasserenthärtung • durch Erhitzen • durch Fällung • durch Ionenaustauscher	Experimente • Erhitzen eines harten Wassers oder einer Calciumhydrogencarbonatlösung • Enthärten eines Wassers nach dem Kalk-Soda-Verfahren • Enthärten eines Wassers mit Ionenaustauschern (z. B. Brita-Wasserfilter)
3. Die Wasseraufhärtung Für die Pflege mancher Fische (Biologie: lebendgebärende Zahnkarpfen) ist hartes Wasser von Vorteil. Steht es nicht zur Verfügung, muss aufgehärtet werden. **Aufgabe:** Überlege, wie Wasser „aufgehärtet" werden kann. Plane ein entsprechendes Experiment und erprobe es.	Experiment • Aufhärten eines Wassers mittels Calcium- und/oder Magnesiumsalzen
4. Der pH-Wert Definition der sauren, basischen und neutralen Reaktion und des pH-Wertes, Neutralisationsreaktionen	Experimente • pH-Wert-Bestimmung von Aquarienwasser mit den Schulchemikalien und den Test-Sets • Veränderung des pH-Wertes durch Teilwasserwechsel • Veränderung des pH-Wertes durch Natriumcarbonat bzw. Natriumhydrogencarbonat • Veränderung des pH-Wertes durch Phosphorsäure • Veränderung des pH-Wertes durch ToruMin • Veränderung des pH-Wertes durch Filterung über Torf
5. Die Stickstoffverbindungen Im Aquarienwasser gelöste Stickstoffverbindungen Biologie: Die bakterielle Umwandlung stickstoffhaltiger Substanzen im Aquarium und Auswirkungen auf die Fische und Pflanzen.	Arbeitsblatt • Gelöste Stickstoffverbindungen im Wasser Experimente Bestimmung des Gehaltes an • Ammoniak • Ammoniumverbindungen • Nitrit • Nitrat

6.	Das Kohlenstoffdioxid Die Kohlenstoffdioxiddüngung im Aquarium Biologie: Die Bedeutung des Kohlenstoffdioxids für die Aquarienpflanzen und die Fische	Prospektmaterial aus dem Aquarienhandel Arbeitsblatt • Kohlenstoffdioxid und Sauerstoff im Aquarium Experimente • Veränderung des pH-Wertes durch die Kohlenstoffdioxiddüngung • Bestimmung des Kohlenstoffdioxids im Aquarienwasser
7.	Der Sauerstoff Die Beleuchtung des Aquariums Biologie: Bedeutung des Sauerstoffs für die Fische und Aquarienpflanzen	Arbeitsblatt • Kohlenstoffdioxid und Sauerstoff im Aquarium Experiment • Bestimmung des Sauerstoffgehalts im Aquarienwasser
8.	Langzeituntersuchungen Fragestellung • Für Aquarium 1 und 2: Wie wirkt sich die Anzahl der im Aquarium lebenden Fische auf die Wasserwerte aus? • Für Aquarium 3 und 4: Wie wirkt sich die Anzahl der Pflanzen eines Aquariums auf die Wasserwerte aus?	4 Aquarien Gleich sind das verwendete Wasser, der Bodengrund, die eingesetzten Düngemittel, die Heizung, das Futter und die Filterung. Es unterscheiden sich Fisch und Pflanzenbesatz. Die Aquarien 1 und 2 sind gleich stark bepflanzt, werden aber mit unterschiedlich vielen Fischen besetzt. In den Aquarien 3 und 4 lebt die gleiche Anzahl Fische, die Aquarien sind aber unterschiedlich stark bepflanzt. Experimente • Bestimmung der einzelnen Wasserwerte über einen längeren Zeitraum
9.	Zusammenfassung Zusammenstellung von Wissen und Können, das durch die Projektarbeit gewonnen wurde	Arbeitsblatt • Protokoll über die Wasseruntersuchungen

2.5 Der pH-Wert – das Zünglein an der Waage

Zentrale Themen unseres Faches können auch einmal aus einem ungewöhnlichen Blickwinkel betrachtet werden. So bieten die Vorgänge im Aquarium *einen* Zugang zum *pH-Wert,* zur *Neutralisation* und – sofern dies durch den Lehrplan gefordert wird – zum *chemischen Gleichgewicht. Vorgänge in wässriger Lösung* und die Arbeit mit *Ionen* rücken ins Zentrum.

Eine mögliche *Problemkette* wird skizziert, wobei jedes gelöste Problem auf ein neues führt. Um den geplanten Denkweg transparent werden zu lassen, wird hier einmal ins Detail gegangen.

Das Ausgangsproblem

„*Fische können keine Toilette aufsuchen*". Dieser Satz in einer Unsinnsfassade (FREUD), könnte ein *Denkanstoß* sein. Zwar kann man die festen Exkremente aus dem Wasser herausfischen, doch man müsste schon „das Kind mit dem Bade ausschütten" um auch den Urin zu entfernen. Ein zu häufiger Wasserwechsel jedoch birgt „Risiken und Nebenwirkungen" in sich, auf die noch eingegangen wird.

Analyse des Problems

Was wird aus dem Urin? Beim Urlaub auf dem Bauernhof muss man nur der Nase nach gehen, um das Endprodukt Ammoniak wahrzunehmen. Eine Geruchsprobe mit sehr stark verdünnter Ammoniaklösung schließt sich an (siehe auch Kapitel 10, Versuch 1, S. 149). Das Symbol [Xi] verheißt für unsere stummen Hausgenossen nichts Gutes. So könnte im Aquarium eine um so gefährlichere Zeitbombe ticken, je mehr Fische es beherbergt.

Die Zusammenhänge „im Trockenen" simulieren

Dies geschieht nicht nur, weil Versuche am lebenden Objekt suspekt sind, sondern auch, um störende Einflüsse auszuschließen.

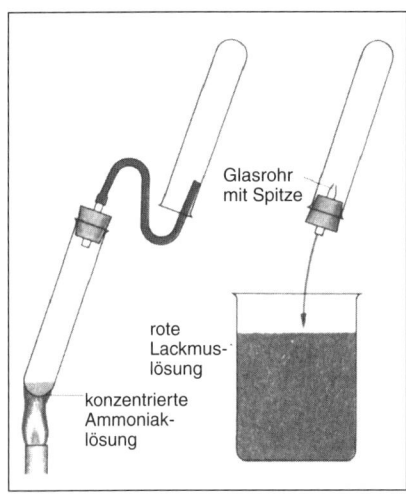

Bild 4

Versuch 1: Alkalische Reaktion einer stark verdünnten Lösung $c(NH_3) \sim 0,1$ mol/l

Versuch 2: Löslichkeit in Wasser (Springbrunnenversuch)
Er besitzt „Schauwert" und zeigt extreme Löslichkeit (Bild 4).

Teilergebnis: Der Versuch muss scheitern, Ammoniak durch das *Durchlüften* aus dem Wasser auszutreiben.

Möglicher Lösungsansatz: Physikalische Möglichkeiten sind ausgeschöpft. Kann Ammoniak durch *chemische* Vorgänge entfernt werden?

Impuls

Hinweis auf die *Neutralisation*. Vielleicht initiiert er die *Vermutung:* Kann man eine Ammoniak – Lösung durch Neutralisation „entgiften"? Wer *das* bringt, hat ein Lob verdient.

2.5 Der pH-Wert – das Zünglein an der Waage

Versuch 3: *bestätigt* Vermutung. Der Geruch nach Ammoniak *verschwindet* beim Ansäuern.

Problem: Was ist nun an Stelle des Ammoniaks in der Lösung enthalten?

Klärung des Sachverhalts: Sie wird mit folgender Übersicht gegeben.

Ammoniak		Oxonium-Ionen		Ammonium-Ionen		Wasser
NH_3	+	H_3O^+	$\rightleftarrows$	NH_4^+	+	H_2O

Vereinfacht:

$$NH_3 + H^+ \rightleftarrows NH_4^+$$

Aussage der Hin-Reaktion: Sie *erklärt* das Ergebnis von *Versuch 3* und *informiert* über die Reaktionsprodukte.

Erstes Zwischenergebnis
Oxonium-Ionen reagieren mit Ammoniak-Molekülen zu Ammonium-Ionen und Wasser.
(Vereinfacht: Wasserstoff-Ionen bilden mit Ammoniak-Molekülen Ammonium-Ionen.)
Ammonium-Ionen sind nur in hoher Konzentration giftig.
Die Gefahr ist fürs Erste gebannt.

Aussage der Rück-Reaktion: Sie informiert über die *Rückbildung* von Ammoniak bei *steigendem* pH-Wert (sinkender Konzentration von Oxonium-Ionen).

Versuch 4: *bestätigt* den Sachverhalt. Zusatz von Natriumhydroxid zur Lösung von *Versuch 3* bis zur alkalischen Reaktion und Geruchsprobe.

Zweites Zwischenergebnis
Der pH-Wert des Wassers ist das *Zünglein an der Waage*, das über Wohl und Wehe entscheidet. Ist er niedrig, so liegen ungiftige Ammonium-Ionen vor, ist er hoch, enthält die Lösung giftiges Ammoniak.

Neues Problem: Wie wirkt sich der *pH-Wert* auf das Leben der Fische aus?
Bekannt ist z. B., dass die Versauerung schwedischer Seen zu einem Lachssterben führte.
Falls erforderlich, kann folgende *Vertiefung* durchgeführt werden: Sinkt der pH-Wert „nur" um *eine* Stufe, steigt die Konzentration der Oxonium-Ionen auf das *Zehnfache* (Bild 5).
Sinkt der pH-Wert z. B. von 7 auf 6, so *steigt* die Konzentration der Oxonium-Ionen von 10^{-7} (0,0000001) mol/l auf 10^{-6} (0,000001) mol/l.

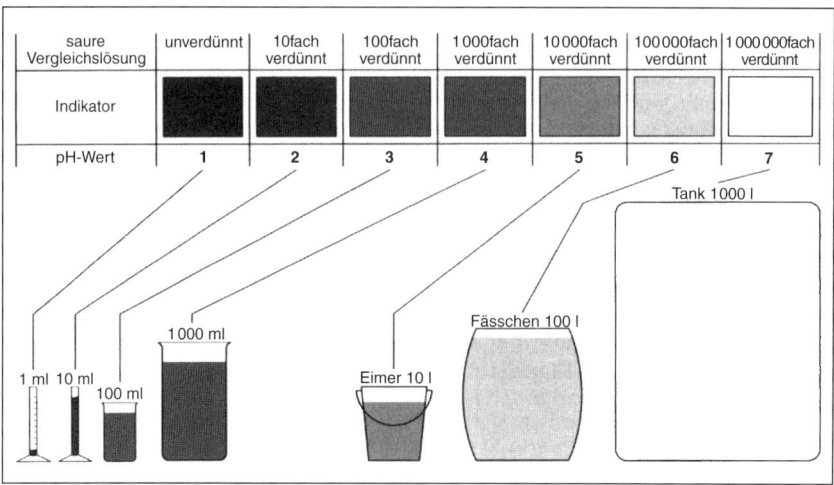

Bild 5: Bedeutung des pH-Wertes

Frage: Welche Konzentration von Oxonium-Ionen vertragen die Fische? Eine Antwort ergibt sich aus der folgenden Grafik (Bild 6).

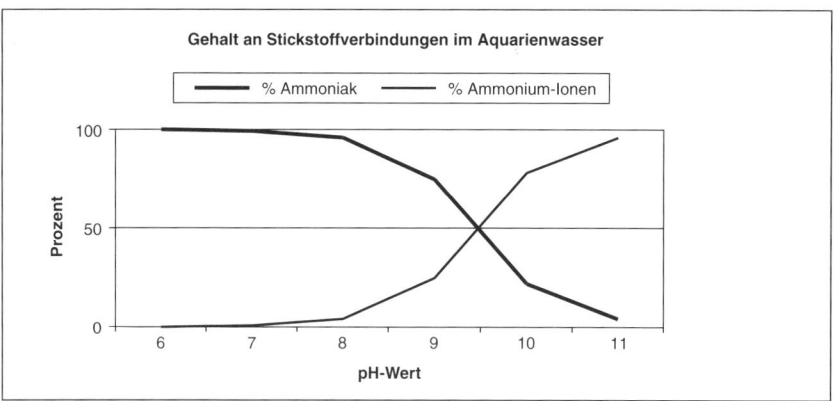

Bild 6

Quintessenz

Ein pH-Wert von 7, also neutrale Reaktion, bedeutet praktisch Abwesenheit von Ammoniak. Der pH-Wert muss nicht unter 6 sinken, um Ammoniak zu entfernen.

Ausgerüstet mit diesem Wissen kann nun ein Projekt Wasserwechsel im Aquarium begonnen werden. Die Zusammenhänge können mit Hilfe des Arbeitsblattes vertieft werden (siehe S. 43).

2.5 Der pH-Wert – das Zünglein an der Waage

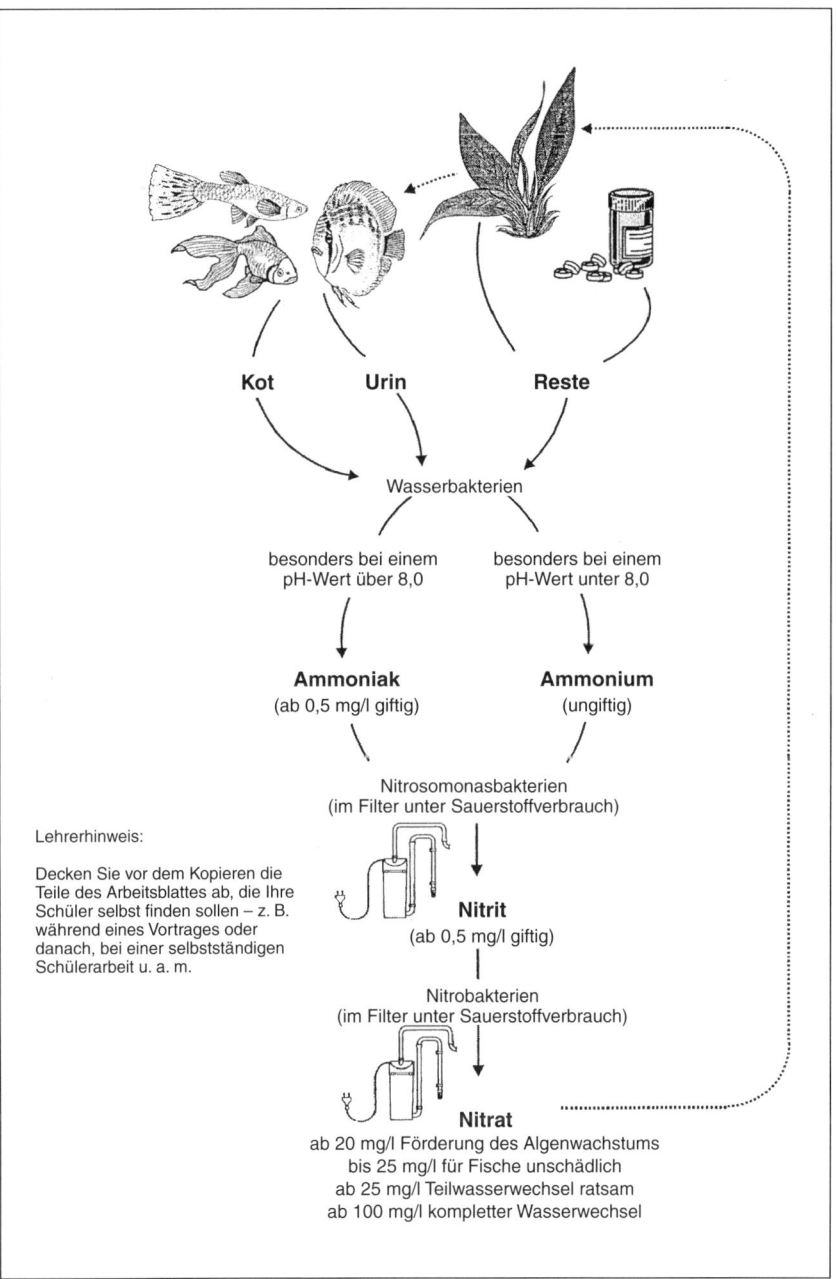

Bild 7: Projekt Wasserwechsel

2.6 Einer vom schmutzigen Dutzend: PCB

2.6.1 Was eine POP-Kommission mit der Chemie zu tun hat

Nicht Fans für POP-Musik, POP-Art oder Popcorn konferieren in regelmäßigen Abständen, sondern Menschen, die sich der Ausrottung der sog. POPs verschrieben haben. „POP" ist das Kürzel für die *zwölf gefährlichsten Dauergifte* (**P**ersistent **O**rganic **P**ollutants), das sog. *schmutzige Dutzend*.
Lassen wir uns zwei der drei Worte auf der Zunge zergehen:
Persistent (lat. *persistentis:* verharrend) kennzeichnet treffend ihre große *Beständigkeit*.
Pollutants (lat. *polluere:* verunreinigen) verharmlost die Dinge eher. Es handelt sich hier um global players im Wortsinn, welche unsere Lebensgrundlagen nachhaltig untergraben können, wenn nichts dagegen unternommen wird. Mehr als 110 Staaten, nichtstaatliche Organisationen und Industrieunternehmen verhandeln seit 1998 über eine Vereinbarung, die die Herstellung und den Verbrauch dieser POP's weltweit weitgehend einschränken soll.
Zu diesem schmutzigen Dutzend gehört die Familie der sog. PCBs, der *polyzyklischen Biphenyle*. Ihre Grundverbindung ist das Diphenyl, in dem Wasserstoffatome durch Chloratome substituiert sind (BLIEFERT, C. 1997, S. 58).

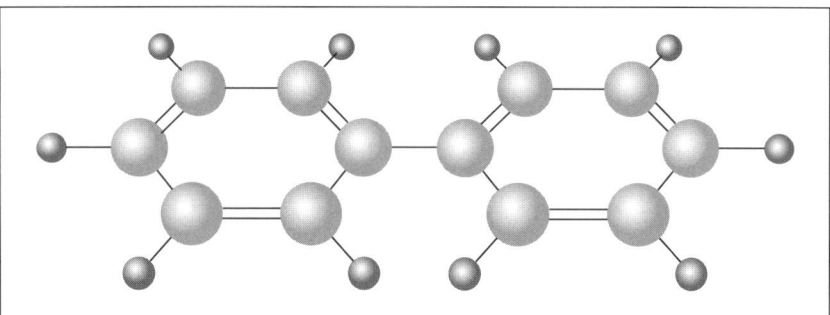

Bild 8: Formel für Biphenyl

Insgesamt sind 209 Isomere bzw. homologe Verbindungen denkbar. Sie werden unter der Bezeichnung „polychlorierte Biphenyle" (PCB) zusammengefasst. Durch ein Nummernsystem werden sie gekennzeichnet. Sie unterscheiden sich in der Anzahl der eingebauten Chloratome.
Die in der Wirtschaft verwendeten PCB-Verbindungen bestehen in der Regel aus 50 bis 80 Komponenten. Die meisten sind unter Normalbedingungen Feststoffe, manche sind ölig (STREIT, B. 1994, Stichwort: PCB).
Mit zunehmendem Chlorierungsgrad nimmt ihre Abbaubarkeit ab. In Deutschland wurde die Verwendung von PCB bereits 1989 verboten. Bei uns gelangen also keine neuen PCBs mehr in Umlauf.

2.6 Einer vom schmutzigen Dutzend: PCB

Das Kapitel PCB darf jedoch noch nicht als abgeschlossen gelten. Von den insgesamt etwa 1,2 Millionen Tonnen produzierten PCB war die Hälfte noch 1994 in Gebrauch, vor allem in elektrischen Anlagen. Ein großer Anteil lagert als Altlast auf Deponien (STREIT, B. 1994, Stichwort: PCB).
Der folgende *Sketch* kann Schülerinnen und Schülern die Brisanz des Problems zeigen. Durch den Dialog können Besorgnisse bewusst werden, die sonst nicht zur Sprache kommen. Die Darstellung soll als Anregung, nicht als „Kopiervorlage" dienen, da sie die jeweiligen konkreten Bedingungen in der Klasse oder im Kurs nicht berücksichtigen kann.
Wollen Sie nicht auch einmal eine Variante dieses Spieles wagen? Vielleicht finden sich Schülerinnen oder Schüler (z. B. aus einer Theatergruppe), die es vorher einstudieren.

2.6.2 Zwischen Furcht und guter Hoffnung

Die Vorgeschichte

Hochschwangere, in einem Faltblatt lesend, an ihren Mann gewandt:
 „*Hier steht, dass ich unser Baby ruhig stillen kann. Die Zeiten seien vorüber, als die Muttermilch PCB enthielt. Was sind denn PCB?*"
Er, ratlos: „*Frag mich etwas Leichteres ... Aber morgen weiß ich es.*"
Er lädt im Computer die Stoffdatenbank „Ökobase Multimedia 7.0", gibt als Suchbegriff „PCB" ein, liest und liest ...

Erste Bekanntschaft

Er, darauf brennend, sein Wissen zu zeigen, ein **Poster** mit der Diphenylformel schwenkend: „*Die Grundverbindung aller PCB ist das Diphenyl, in dem Wasserstoffatome durch Chloratome ersetzt sind.*"

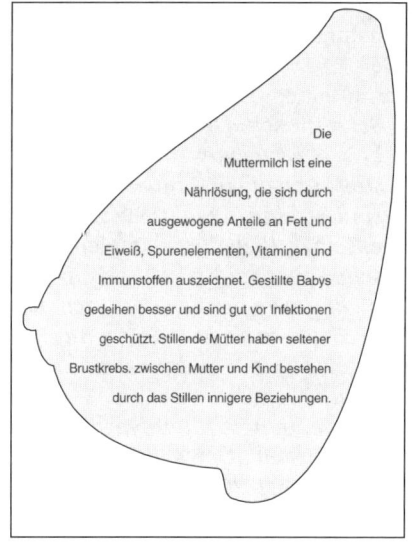

Bild 9

Sie: „*Du kennst doch meine Vorliebe für Formeln. Sag lieber, was es mit diesen Verbindungen auf sich hat.*"
Er: „*Sie sind chemisch stabil, brennen nicht, verdampfen schwer und sind hervorragende Isolatoren.*"
Sie: „*Also ideal für Trafos und Gleichrichter.*"

Er, den Überlegenen spielend: „*Du bist ein kluges Kind. Doch ahnst du nicht, wie viel davon bis zum Verbot produziert wurde.*"
Sie, spöttisch: „*Du und dein Computer – ein kluges Gespann.*"
Er, den Spott überhörend: „*Bis in die 60er-Jahre wurden über eine Million Tonnen PCBs produziert.*"
Sie: „*Schön und gut, ich will aber wissen, wie PCBs in die Muttermilch kommen.*"
Er: „*Sie können eine Weltreise hinter sich haben, bis sie dahin gelangt sind.*"
Sie, ironisch: „*Wie schön, so zu reisen.*"
Er, darauf eingehend: „*Aber bitte nicht in die Arktis, denn dort sammeln sich die PCBs besonders an.*"
Sie, verwundert: „*Wie kommt das?*"
Er, weise: „*Du musst dir das so vorstellen. PCBs verdampfen schwer, aber in geringen Mengen, vor allem dort, wo es heiß ist. In der Arktis schlagen sie sich nieder. So ist die Atmosphäre ein riesiger Destillationsapparat.*"
Sie, sichtlich beeindruckt: „*Eine schöne Bescherung für Tier und Mensch in Polargebieten.*"
Er, anerkennend: „*Du sagst es. In polaren Gebieten hat sich der Trend zur Abnahme dieser Stoffe noch nicht durchgesetzt.*"
Sie: „*Aber wo **beginnt** die Reise?*"
Er, in seinem Element: „*In einer Werkstatt, auf einer Baustelle und sogar im Schreibtisch. Denn PCBs dienten auch als Hydrauliköl und Bohrflüssigkeit. Sie steckten in den Kondensatoren älterer Computer und Leuchtstofflampen, in Tinten und Druckfarben. Auch ungeordnete Deponien sind auf lange Sicht Ausgangpunkt der Reise.*"
Sie, seinen Redefluss dämpfend und befehlend: „*Also du bist derjenige, der schon morgen Keller, Schuppen und Schreibtisch entrümpelt. Ich darf gar nicht daran denken, was sich da in vielen Jahren alles angesammelt hat.*"
Er: „*Erst kommt dein Schminkschränkchen dran.*"
Sie, abwehrend: „*Glaubst du, dass ich darin Leuchtstofflampen oder Hydrauliköl versteckt habe?*"
Er: „*Von deinem alten Nagellack musst du dich trennen.*"
Sie, entrüstet: „*Den gebe ich nicht her.*"
Er: „*Er bringt PCB auf Hand und Fuß.*"
Sie, erschrocken: „*Dann nichts wie weg damit!*"
   Sie fängt im Kästchen an zu kramen, findet es und will es mit Schwung in den Mülleimer werfen.
Er, das Kästchen auffangend: „*Aber nicht in den Müll. Wir geben ihn dem Schadstoffmobil mit.*"
Sie, versöhnlich: „*Nun verrate mir doch endlich, welchen Schaden sie anrichten können.*"

2.6 Einer vom schmutzigen Dutzend: PCB

Ein heikles Thema

Er: *„Durch PCBs werden Vogeleier weich und beim Brüten zerdrückt."*
Sie: *„Ich bringe aber ein Baby zur Welt und lege keine Eier."*
Sie merkt selbst, dass dieser Scherz daneben ging und schweigt betreten.
Er: *„Sie sollen Männer impotent machen, denn sie wirken wie manche Hormone."*
Sie, lachend und auf ihre Rundung weisend: *„Du bist zum Glück verschont geblieben."*
Er, vielsagend: *„Du musst es wissen, und ich will es glauben."*
Er, weiter: *„Die Wirkung auf Männer ist nicht erwiesen, aber Fischotter bekommen keine Jungen mehr, wenn ihre Fischnahrung stark PCB-haltig ist. Auch die Robben in stark belasteten Gebieten des Wattenmeers bekommen keinen Nachwuchs."*
Sie, ungeduldig: *„Was die Jäger nicht vermochten, schaffen jetzt die PCBs. Doch sag nun endlich, wie das Zeug in meine Milch kommen kann."*
Er, salomonisch: *„Überall wird mit Wasser gekocht."*
Sie, sich vor Ekel schüttelnd: *„Brrr! Also trinke ich Tag für Tag einen PCB-Cocktail?"*
Er: *„Aber nein! PCBs sind im Wasser kaum nachweisbar, gerade einmal 2 Milliardstel Gramm je Kilogramm Meerwasser, fast ein Nichts."*
Sie: *„Meerwasser steht aber nicht auf unserer Getränkekarte."*
Er, ein Informationsblatt des Wasserwerkes schwenkend: *„Und im Trinkwasser dürfen es höchstens 0,0001 mg je Liter Wasser sein. Unser Wasser enthält nur ein Fünftel dieser Menge."*
Sie, scheinbar anerkennend: *„Dein Bericht lässt mich an Faust in seiner Verzweiflung denken."*
Er geschmeichelt: *„Warum?"*
Sie: *„Was man nicht weiß, das eben brauchte man, und was man weiß, kann man nicht brauchen."*
Er, sich nichts anmerken lassend: *Um beim Faust zu bleiben: Aus dem Meer des Irrtums wirst du auftauchen, wenn du endlich einmal zuhörst."*
Sie: *„Lass hören."*

Seine große Stunde

Er, dozierend: *„So schlecht sich die PCBs in Wasser lösen, so gut lösen sie sich in den Körperfetten. Jede Pflanze und jedes Tier ‚zieht' sie mit seinem Fett unfreiwillig aus dem Wasser. Die PCBs reichern sich im Fett der Lebewesen immer mehr an, ein typisches Merkmal der Dauergifte".*
Sie, ärgerlich: *„Bitte nicht so allgemein. Mich überzeugen nur Fakten."*
Er: *„Fangen wir beim Kleinsten an. In Meeresalgen wurden – allerdings vor dem Verbot – 8,4 mg PCB je Kilogramm Algen gefunden."*

Sie: *"Das will ich mir genauer vorstellen."*
Mit dem Rechner hantierend: *"Das ist ja unglaublich! In den Algen sind also **40 Millionen** Mal so viel PCBs enthalten wie im Wasser."*
Er: *"Kleinkrebse verzehren Algen."*
Sie: *"Heringe und andere Fische lassen sich die kleinen Krebse schmecken ... und mit dem leckeren Fisch kommen PCBs auf unseren Tisch!"*
Er: *"Alles weitere zeigt dir das Bild."*
Sie, erst nachdenklich, dann entschlossen und laut: *"Eine bedrohliche Spirale. Aber das Wichtigste zeigt es nicht – den armen Säugling am Ende der Nahrungskette! Mein Kind wird nicht gestillt, basta!"*
Er, beschwichtigend: *"Bei der Lebensmittelüberwachung unseres Kreises habe ich erfahren, dass in unserem Land inzwischen kein Anlass zu irgendwelchen Sorgen besteht."*
Sie, entschlossen: *"Ich will es genau wissen."*

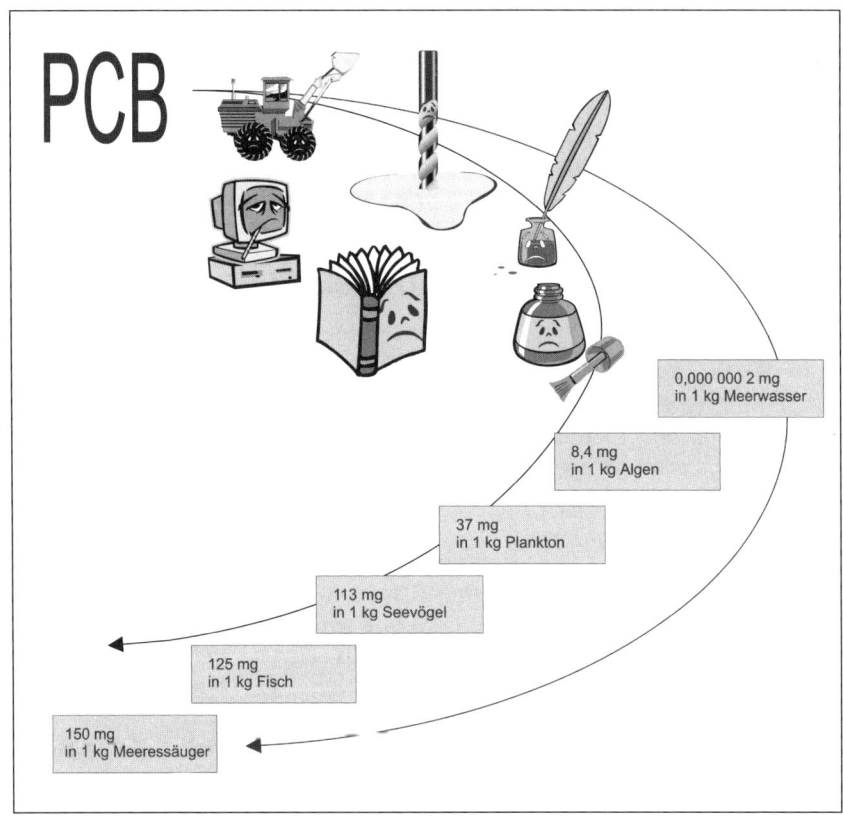

Bild 10

Hier verlassen wir die beiden und wenden uns einigen Informationen zu, welche die Befürchtungen zerstreuen können.
Stoff für eine *Diskussion* ist damit genügend vorhanden. „Munition" dafür liefern die folgenden Informationen.

2.6.3 Ein Happyend in Sicht?

Zum Verbot der PCBs

1989 wurde die Verwendung von PCB verboten. Das Verbot kam nicht von ungefähr. Anlass war im Jahre 1968 die Erkrankung von mehr als 1 000 Japanern an einem Reisöl, das durch PCB verunreinigt war. Gewichtsverlust, Haarausfall, Hautschädigungen, z. B. Chlorakne, eine vergrößerte Leber, Schwächegefühl, waren einige Folgen. Kinder wuchsen langsamer und litten unter einer verstärkten Bildung von Hautpigmenten (FENT, K. 1998, S. 223). Erst acht Jahre später verabschiedete der Ministerrat der europäischen Gemeinschaft eine Richtlinie, die den Einsatz von PCB nur in geschlossenen Systemen gestattete. Diese Richtlinie wurde 1974 deutsches Recht.
Ab 1983 werden in Deutschland keine PCBs mehr erzeugt. Seit 1989 dürfen Materialien mit mehr als 50 mg PCB je Kilogramm nicht mehr gehandelt werden.
Bis dahin waren allerdings etwa 1,2 Millionen Tonnen PCB verwendet worden. Die Hälfte davon ist noch in Gebrauch. Der Rest lagert als gefährliche Altlast oft in unmittelbarer Nähe. Die POP–Kommission darf daher ihre Hände noch nicht in den Schoß legen.
Erst im Jahre 1999 kam es zu einer Vereinbarung zwischen den USA und Russland über das Verbot von PCB.

Einige Ergebnisse der Maßnahmen

Das Verbot zeigt Wirkung. In Deutschland gibt es eine Umweltprobenbank (Wir und unsere Umwelt. 1997, Heft 3/97, S. 12).
Bereits seit 1984 werden jährlich zehntausendende Gewebeproben gesammelt. Insgesamt lagern schon 450 000 tiefgefrorene Gewebeproben von Pflanzen, Tieren und Menschen in den Archiven. Auch Boden- und Gewässerproben werden gesammelt, untersucht und ausgewertet.
Anhand dieser Proben kann die Belastung der Ökosysteme durch Schadstoffe über einen längeren Zeitraum beobachtet werden. Außerdem lässt sich überprüfen, wie wirksam Umweltschutzmaßnahmen sind. Diese Untersuchungen belegen einen starken Rückgang der Belastungen durch PCB, Pflanzenschutzmittel und Schwermetalle wie z. B. Blei.
Inzwischen bestehen gegen das Stillen keine Bedenken mehr. Weltweit ist die Gefahr allerdings noch nicht gebannt. Vor allem in der Arktis, weit von den Industriegebieten entfernt, ist der Anteil der PCBs noch sehr hoch.

Zurück zu unserer Geschichte

Er verspricht ihr, die gesamte Wohnung, die Garage und alle anderen Winkel des Hauses nach PCB und anderen Schadstoffquellen zu durchforsten:
Er: *„Unser Kind wird eines Tages seine Welt erkunden wollen und da ... Und wenn das Schadstoffmobil kommt, wird reiner Tisch gemacht."*
Sie: *„Hoffentlich bleibt es nicht bei guten Vorsätzen"*, meint sie, und er entgegnet. *„Das Zeug darf keine neue Weltreise antreten."*

Liebe Leserinnen und Leser. Vielleicht wollen Sie andere Szenarien entwickeln. Etwa für DDT, PCP oder Hexachlorbenzol. Sie finden in der Loseblattsammlung von DAUNDERER (4. Bd. 1990) viele instruktive Fallbeispiele, von denen einige das Gruseln lehren.

2.6.4 Einiges zur Toxizität bei Mensch und Tier

Die *akute Toxizität bei Mensch und Tier* ist gering. Bei der Katastrophe in Japan gelangten erhebliche Mengen in das Reisöl. Die mittlere tödliche Dosis schwankt von 1 bis 11 g/kg. (FENT, K. 1998, S. 223)
Bedenklich sind die *chronischen* Wirkungen. Besonders bedrohlich ist die erhöhte Leberkrebswahrscheinlichkeit und die Schwächung des Immunsystems. Besonders gefährdet sind die im Wasser lebenden Säugetiere. Robben, die täglich mit ihrer Fischnahrung nur 25 mg PCB aufgenommen hatten, brachten keine lebenden Jungen zur Welt. Das Aussterben des Fischotters in weiten Gebieten Mitteleuropas geht ebenfalls auf das Konto der PCB (ebenda, S. 227).
Der *Mensch* nimmt PCB hauptsächlich über *tierische* Nahrungsmittel auf. Die Exposition über Wasser und Luft kann vernachlässigt werden. In den 80er-Jahren wurden in Industrieländern pro Tag etwa 1 µg/Person aufgenommen. Bei hohem Fischverbrauch konnten es 100 µg sein (ebenda, S. 321).
Noch eine Information zum *Stillen:* Die Ergebnisse einer Untersuchung der Muttermilch auf den Gehalt an sämtlichen chlorierten Kohlenwasserstoffen aus dem Jahre 1984 zeigt die Brisanz dieses Problems. Damals lautete das Resümee: „Eine rein naturwissenschaftlich begründete Abwägung der Vorteile gegen die ... toxikologischen Risiken mit dem Ergebnis einer allgemeingültigen Entscheidung für oder gegen das Stillen ist jedoch nicht möglich." (Europäische Akademie für Umweltfragen 1997, S. 103 ff.)
Dass die Gefahr noch nicht gebannt ist, zeigte sich im Mai 1999. Zu diesem Zeitpunkt wurde PCB in Fleischprodukten und Eiern nachgewiesen. Quelle war vermutlich ein mit Altöl verunreinigtes Fett, das dem Tierfutter beigemengt wurde.

2.6 Einer vom schmutzigen Dutzend: PCB

DIE ANEKDOTE
(von Horst Fiedrich)

Was da quoll aus einem Kübel, das bekam der Umwelt übel

In einer Zeit, als vom blauen („Chemie")-Engel noch keine Rede sein konnte, ging unter Chemie-Studenten das geflügelte Wort um: „Die interessantesten Reaktionen finden im Spülstein statt." Das konnte auch der Famulus von *Jöns Jakob* BERZELIUS (1779–1848, Professor in Stockholm, einer der herausragenden Chemiker der Neuzeit, Entdecker mehrerer Elemente) bestätigen. Als er – beladen mit Paketen und Flaschen vom Materialhändler kommend – einem Bekannten sagen sollte, was sein Herr eigentlich im Laboratorium treibe, sprach er: „Ja, siehst du, die Sachen, die ich da geholt habe, die kommen zuerst in große Flaschen, hernach werden sie in kleinere abgefüllt, dann werden sie in ganz kleine Gläschen zusammengegossen und zuletzt wird alles in einen großen Kübel geschüttet, den ich jeden Morgen hinaustrage und ausleere."[1]

DER RÜCKBLICK
(von Horst Fiedrich)

Es sind bei herrschaftlichen Feten chlorierte Kerzen nicht vonnöten.

Nicht nur chlorierte Biphenyle, sondern auch chlorierte *Aliphaten* bereiteten vor Zeiten Ärger. Dies zeigt folgende wahre Geschichte.

Jean Baptiste DUMAS (1800–1884, Prof. für Chemie in Paris, hervorragender Experimentalforscher und Fachschriftsteller) kam durch einen merkwürdigen Zufall auf seine Substitutionstheorie. Anlässlich eines Festes am französischen Hof bekamen die hohen Teilnehmer plötzlich furchtbare Hustenanfälle, weil – wie sich später herausstellte – die brennenden Kerzen aus einem unbekannten Grunde Salzsäuredämpfe entwickelten. DUMAS, mit der Untersuchung der peinlichen Angelegenheit betraut, stellte fest, dass die Wachskerzen mit Chlor gebleicht und dadurch offenbar „chloriert" worden waren. Die Mitteilung DUMAS erregte bei vielen Chemikern das größte Missfallen, da sie sich weder durch die Radikaltheorie noch durch die elektrochemische Theorie erklären ließ. Die Voreingenommenheit war so groß, daß man gleich mit großen Geschützen auffuhr. Sogar Friedrich WÖHLER (1800–1882) hielt es für nötig, DUMAS zu verspotten. Er machte sich über ihn unter dem Decknamen S. C. H. WINDLER in LIEBIGS Annalen in einem angeblich aus Paris geschriebenen französischen Brief lustig, indem er schrieb, man habe in London nicht nur die Wasserstoffatome der Baumwolle, sondern überhaupt alle Elemente derselben durch Chlor substituiert, und man trage dort jetzt Nachtmützen und Unterhosen aus reinem Chlor! Man fand diese Art damals höchst geistreich.[2]

---

1 HUISGEN, R.: Liebigs unvergängliches chemisches Werk. Angewandte Chemie, WILEY-VCH Weinheim, 65 (1953), Nr. 14, S. 364.
2 FIERZ-DAVID, H. E.: Die Entwicklungsgeschichte der Chemie, 2. Aufl., Basel 1952, S. 232.

3 Trockener Stoff am nassen Element – Die chemische Gleichung

Eberhard Rossa

Es ist „unser Los, Bilder zu schaffen, bewegliche Panoramen, Figuren, kurz gesagt – Modelle des Existierenden und sich Vervollkommnenden, die sich nicht widersprechen, sondern miteinander verbunden sind. (N. A. UMOV)

3.1 „... geradezu wie eine Harpune ..."

Ahmed H. ZEWAIL, der dem Augenblick der Molekülbildung auf die Spur kam und dafür den Nobelpreis erhielt, weiß über seine Forschungen fesselnd zu berichten. Das Natriumatom – schreibt er – scheint sein „... Elektron geradezu wie eine Harpune abzuschießen, um sich das Jod zu angeln ..."(ZEWAIL 1996, S. 31). Sollten wir diesem Meister nicht abschauen, wie man einem „trockenen" Stoff Leben einhauchen kann? Wir wollen dies am Beispiel der *chemischen Gleichung* versuchen. Sie soll „aus der Taufe gehoben", d. h., am Beispiel der *Wassersynthese* eingeführt werden. So wird eine Reaktion zum Musterfall, die künftig vielleicht zum Hauptträger eines ökologisch verantwortungsvollen Energiegewinns wird. Während ZEWAIL Bilder „sprechen" lässt, müssen wir uns mit *Teilchenmodellen* begnügen.
Sie sind mehr als naturalistisch verstandene Bilder, denn sie repräsentieren *eine* der drei Bedeutungen chemischer Zeichen, die Aussagen über *Teilchen*. Über die *makroskopische* Bedeutung (d. h. über Stoffart und -menge 1 mol) geben sie keine Auskunft. Auch das „chemische Wunder" erklären sie nicht, das W. HÜCKEL im oft völligen Fehlen der „Verwandtschaft" zwischen Ausgangsstoffen und Reaktionsprodukten sah (HÜCKEL, W. 1948). Nicht zuletzt sind sie „blind" gegenüber den energetischen Erscheinungen. Dieses Problem aber ist ein „Fall" für die Modellbetrachtungen, die ANTON in diesem Buch vorstellt (S. 110, 115, 119).
Unser Anliegen geht über das unmittelbare Ziel – Verstehen der Aussage einer chemischen Gleichung – hinaus. Wir wollen einen Blick „hinter die Kulissen" der chemischen Reaktionen werfen. Was geht im „Reich der Moleküle" vor sich, wenn Wasser aus den Elementen entsteht? Zwar erfassen wir keine Reaktionsmechanismen, doch die *Gegensätze zwischen Makro- und Mikrowelt* werden offenbar. So gilt uns die ungesteuerte Reaktion von Wasserstoff mit Sauerstoff als Symbol einer zerstörerischen Kraft. Beredte Zeugnisse hierfür

sind das Unglück des Luftschiffs HINDENBURG und der Raumfähre CHALLENGER – zwei Tragödien.
In der *Mikrowelt* stellt sich statt der Verwüstung eine erstaunliche Ordnung ein. Stöchiometrische Verhältnisse vorausgesetzt, finden sich nach der Katastrophe *nur* Wassermoleküle und keine anderen Teilchen. Bedingung ist nur, dass jedes Sauerstoffmolekül zwei Wasserstoffmoleküle „vorfindet" (oder anders gesagt: Je zwei Wasserstoffmoleküle „teilen" sich je ein Sauerstoffmolekül.). Nebenbei bemerkt, ist dies schon eine *sprachliche* Fassung der chemischen Gleichung – allerdings noch auf dem Niveau einer Teilchenbetrachtung. In der „Teilchenwelt" wiederholt sich also nicht – wie bei GULLIVERS Liliputanern – das Leben der „großen Welt" im Kleinen.

3.2 Wortlose, aber laute Einstimmung

Zunächst werden wir dem Ruf der Chemie insofern gerecht, als wir es heftig knallen lassen. Dadurch erzeugen wir erst einmal den gebührenden „Respekt" vor der Knallgasreaktion. Damit vermitteln wir eine wertvolle Lebenserfahrung: *Vorsicht im Umgang mit brennbaren Gasgemischen!*
Die Warnschilder, z. B. an Tankstellen, werden künftig bestimmt nicht mehr so leicht überlesen.
Zugleich wecken wir eine „Ahnung" von der chemischen Energie, die in den Ausgangsstoffen „steckt" und in unserem Experiment in eine höchst unerwünschte Volumenarbeit umgewandelt wird.
Obwohl das Folgende bekannt ist, sei es doch relativ ausführlich beschrieben, um die „Regie" des Vorgehens zu zeigen – und um der notwendigen Sicherheit willen. Nachdem alle Flammen gelöscht sind, wird das Gasgemisch – man sollte es mit MÜLLERschen Glocken vorher so mischen, dass sich die Schülerinnen und Schüler vom gewählten *Raumverhältnis 2:1* eindeutig überzeugen können – durch ein Glasrohr mit feiner Düse in ein Eisenschälchen mit Spülmittel (es darf nicht schaumgebremst sein; vorher mit Luft testen) hineingepresst, bis sich Seifenblasen möglichst hoch auftürmen. (Achtung: Keine Porzellanschalen verwenden. Sie können zerstört werden, und ihre Splitter verwandeln sich dann in gefährliche Geschosse.)
Man soll zwar Ergebnisse von Experimenten nicht verraten. Doch hier könnte Prinzipientreue einen *Tinnitus* zur Folge haben. Die Ohren also mit den Händen fest verschließen lassen! Der schöne bunt schillernde Berg von Seifenblasen entpuppt sich als hochexplosiv, sobald man das Gemisch an einer Stelle (z. B. mit einem langen Wurstspeil mit glühender Spitze oder mit der glühenden Spitze einer langen Stricknadel) entzündet. Fatal, wenn das Experiment nach solch spannender Einstimmung schief ginge. Gelingt es jedoch, könnte sich das anfängliche Interesse auch auf die anstrengende Theoriearbeit übertragen.

So wirksam dieses Experiment ist, so lässt sich das bescheidene Ergebnis des Getöses – die winzige Menge Wasser – nicht zeigen. Deshalb sollte die Reaktion noch einmal so durchgeführt werden, dass das *Reaktionsprodukt* ins Zentrum rückt.

3.2.1 Die Wassersynthese als Objekt technischer Knobelei

Da nicht alle möglichen Situationen „durchgespielt" werden können, gehen wir einmal davon aus, dass Schüler das entstehende Wasser nicht lediglich nachweisen, sondern ein Gerät zu dessen *vollständiger Gewinnung erfinden* sollen. Es muss also etwas *konstruiert* werden. *Finales* Denken ist gefragt. Unter einer solchen Zielsetzung scheiden die probaten Nachweise mit Cobalt-Papier, entwässertem Kupfer(II)-oxid usw. aus. Auch das übergestülpte Becherglas gibt nicht die Gewähr für eine verlustlose Ausbeute.

„Sprechanlass" bildet eine kräftige Wasserstoffflamme. Unter den gegebenen Reaktionsbedingungen lässt sich das entstehende Wasser nicht unmittelbar gewinnen (Grund angeben lassen).

Man mag es zwar kaum glauben, aber die Lösungsidee (Umwandeln des gasförmigen in flüssiges Wasser) – liegt durchaus nicht so ohne Weiteres „in der Luft", und so kann es geschehen, dass mechanisch gearbeitet wird. Deshalb sollen die Schülerinnen und Schüler „ihr" Experiment erfinden, damit sie nicht als bequeme „Lizenznehmer" am eigenen Denken sparen. Ihre Erfindung können sie auf *Poster* zeichnen. Man wird staunen, welcher Ideenreichtum zu Tage tritt. Auch Zurückhaltende bringen mitunter Erstaunliches zustande. Manche beziehen den Liebig-Kühler in ihre gedachte Apparatur ein. Besonders zeitsparend wird es, wenn man mit Schablonen der Geräte arbeiten kann. Die Einzelstücke lassen sich aus Darstellungen in Schulbüchern kopieren (eventuell auf DIN-A5-Format vergrößert) und in der notwendigen Stückzahl bereitstellen. Die „Konstruktionen" werden auf ihre Vorzüge und Nachteile hin diskutiert (Kriterien z. B. Einfachheit; Realisierbarkeit mit den vorhandenen Geräten, Sicherheit usw.), und *ein* Vorschlag wird favorisiert. Das sollte Ergebnis einer Diskussion sein. Sonst protestieren jene, deren Vorschläge nicht berücksichtigt werden.

Wenn man wenig Zeit hat, wird man sich dieses Intermezzo nicht leisten können, obwohl es Kreativität fördert.

3.3 Die Knallgasreaktion wird gezähmt

Nachdem die Ausgangs – und Endprodukte der Reaktion beschrieben worden sind, suchen wir sie nun an der „gezähmten" Knallgasreaktion auf, die wir am Beispiel eines schematischen Schneidbrenners betrachten. Das Schema (Bild 1) stellen wir dem Original gegenüber (Bild 2).
Die getrennte Zufuhr beider Gase bis an die Mündung wird als das Mittel erkannt, um die Reaktion ruhig ablaufen zu lassen.
Bis zu diesem Punkte wird ausschließlich der *Kontinuumsbereich* betrachtet.
Die *Wortgleichung* ist das adäquate Darstellungsmittel. Nun ist die Frage nach den Vorgängen in der *„Welt der Moleküle"* akut.

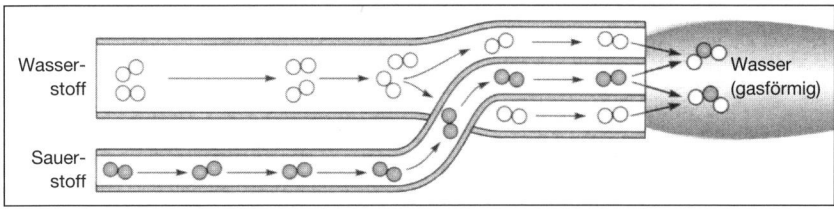

Bild 1: Brenner, schematisch

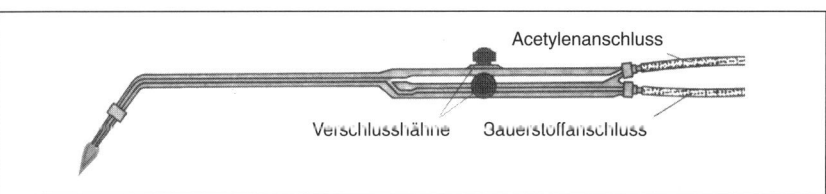

Bild 2: Brenner

3.4 Von der Makro- in die Mikrowelt und zurück

Die Frage lautet nun: Was geschieht bei dieser Reaktion in der *Welt der Moleküle*? Das können die Schüler leicht „von der Mündung ablesen". Dazu sollen sie zwei Wasserstoffmoleküle und ein Sauerstoffmolekül als „Repräsentanten" betrachten.

> Zwei Wasserstoffmoleküle und ein Sauerstoffmolekül reagieren zu je zwei Wassermolekülen.
>
> Diese *Wortgleichung* wird in eine Darstellung mittels *Kugelmodellen* übersetzt (Bild 3).

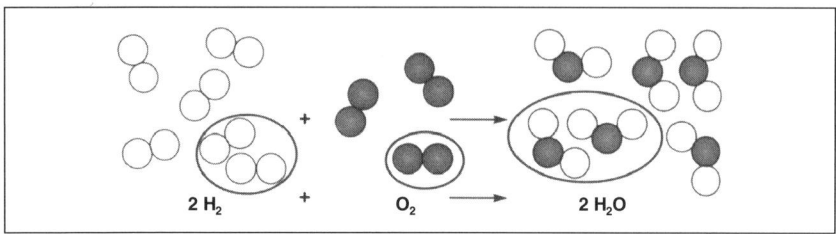

Bild 3: Darstellung mit Kugelmodellen

Daraus wird die *Formelgleichung* gewonnen:

$2\,H_2 + O_2 \rightarrow 2\,H_2O$

Man sollte nun die Überlegung unbedingt wieder „*zurückspulen*", d. h. von der Gleichung über die Kugelmodelle wieder zum molekularen Geschehen am Ort der Vereinigung an der Düse des Brenners zurückkehren.
Diese Vertiefung bildet den Ausgangspunkt dafür, die Gleichung, die bisher nur als Beschreibung des molekularen Geschehens begriffen wird, auf das makroskopische Geschehen auszudehnen.

3.4.1 Gilt eines für alle?

Die Frage lautet nun: Verhalten sich alle Trilliarden Wasserstoff- und Sauerstoffmoleküle so wie unsere *Repräsentanten*? Die Antwort: „Nicht eines irrt sich"; lehrt das Staunen. Auch wenn die Naturwissenschaft Wunder nicht gelten lässt, sollten wir des Öfteren Anlass zum Wundern geben.
Übersetzt in den Alltag lautet die Frage: Machen es alle Wasserstoff- und Sauerstoffmoleküle so? Werden nur „Dreiecksbeziehungen" aufgebaut oder können sich nicht auch einmal *ein* Molekül Wasserstoff und *ein* Molekül Sauerstoff vereinen? Vielleicht nimmt dies jemand an, weil er die Formel von *Wasserstoffperoxid* kennt.
Nun kann in die wörtliche Fassung der Gleichung das bedeutungsschwere Wörtchen „je" einbezogen werden. Wir kommen so vom Einzelereignis zur Gültigkeit für beliebig reagierende Mengen an Wasserstoff- und Sauerstoffmolekülen, die Reaktion von mehreren hundert Tonnen Wasserstoff und Sauerstoff in den Haupttriebwerken des Spaceshuttle eingeschlossen.

In höheren Klassenstufen könnte eine *andere Variante* bevorzugt werden. Sie ist in Bild 4 dargestellt.
Hier wird die chemische Gleichung in Verbindung mit den Merkmalen chemischer Reaktionen gebracht.
Im Grunde genommen könnte hier Schluss sein – wenn nicht Einwände kritischer Naturen entkräftet werden sollen – eine Ermessensfrage. Wer zur Kritikfähigkeit erziehen will, wird diese Möglichkeit nutzen.

3.5 Zweifel säen und ausräumen 57

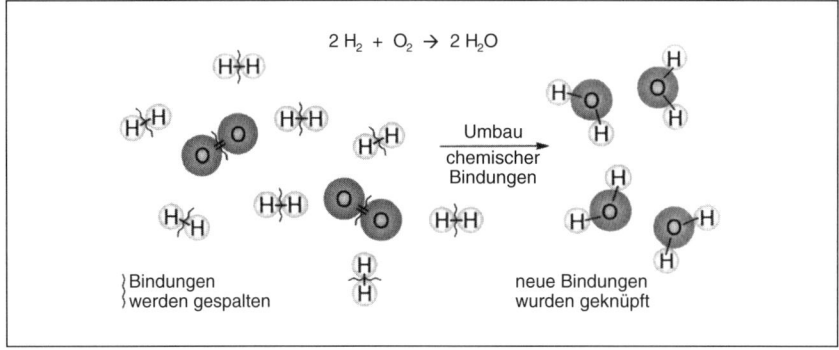

Bild 4

3.5 Zweifel säen und ausräumen

Bisher wurde stillschweigend angenommen, dass alle Sauerstoffmoleküle je zwei Wasserstoffmoleküle vorfinden. Eine Bedingung, die zwar theoretisch möglich, aber praktisch nicht zu verwirklichen ist.
Beim Stand der Voraussetzungen können die Schüler nicht ausschließen, dass bei einem *Überschuss* an Sauerstoff vielleicht *Wasserstoffperoxid* entsteht? An einer Stelle der Abb. 3 (linke Seite) ist dieser Fall „eingearbeitet" Seine Formel wäre mitzuteilen und die Bleichwirkung zu zeigen.
Die Frage kann in eine hypothetische Gleichung gefasst werden:

$H_2 + O_2 \rightarrow H_2O_2$?

An der Gleichung „stimmt" alles. Nur die Frage ist offen, ob dieser Vorgang eine Fiktion oder Abbild der Wirklichkeit ist.
Die größte Wahrscheinlichkeit, Wasserstoffperoxid zu erhalten, bestünde, wenn Wasserstoff in einer Sauerstoffatmosphäre brennt.

Versuch: Brennen einer Wasserstoffflamme in einer Sauerstoffatmosphäre

In diesem Falle trifft der Wasserstoff auf einen extrem hohen Überschuss an Sauerstoff. Wenn überhaupt, dann müsste sich unter diesen Versuchsbedingungen Wasserstoffperoxid nachweisen lassen. Das Experiment widerlegt diese Annahme. Die Gleichung ist zu verwerfen.
Unter diesen Bedingungen – so darf nun behauptet werden – entsteht aus den Elementen ausschließlich Wasser. Wasserstoff bzw. Sauerstoff im Überschuss bleiben *unverändert*. Nebenbei bemerkt, arbeiten wir hier mit dem *Gesetz der konstanten Proportionen*, ohne es in Form einer Gesetzesaussage auszusprechen, und nur bezogen auf den Stoff Wasser. Den Unterschied zwischen der Tatsache, dass man – um beim Beispiel zu bleiben – die Gase Wasserstoff und

Sauerstoff in einem *beliebigen* Verhältnis *mischen*, aber nur im Raumverhältnis 2:1 *„in Verbindung bringen"* kann, sollte man nicht verschweigen, denn das ist ja der Grund dafür, dass es auf der ganzen Welt nur *eine* Wassersorte gibt. Von den vielen Gemischen verschiedener Isotopenverbindungen sehen wir hier ab.

3.5.1 Einige Bemerkungen zur Weiterführung

Will man nun dem Ganzen noch die Krone aufsetzen, so kann man den *relativen* Charakter naturwissenschaftlicher Aussagen bewusst machen. Geschieht dies, dann kommen auch die Befürworter der Bildung von Wasserstoffperoxid zu ihrem Erfolgserlebnis. Schreckt man eine Wasserstoffflamme ab, indem man sie gegen ein Stück Eis leitet, so bilden sich Spuren von Wasserstoffperoxid. Die „verworfene" Gleichung wird also rehabilitiert.

Man soll nie „Nie" sagen

Das Verfahren funktioniert nur, wenn sämtliche Ausgangsstoffe und Reaktionsprodukte *Molekülsubstanzen* sind.
Treten in einer Reaktion *Ionensubstanzen* auf (z. B. bei der Oxidation von Magnesium) oder Makromoleküle (z. B. beim Siliziumdioxid), so wird der Begriff der *Formeleinheit* unumgänglich.
Am Beispiel der Oxidation von Magnesium (Bild 4) kann dann formuliert werden, dass aus je zwei Atomen Magnesium und je einem Molekül Sauerstoff je eine Formeleinheit Magnesiumoxid entsteht (Bild 5).

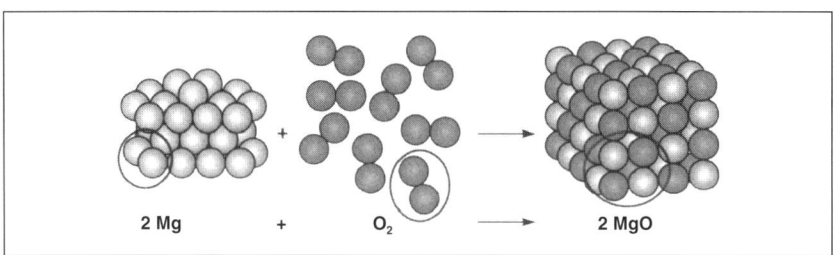

Bild 5

Ist der *Molbegriff* bekannt, so sind die Probleme behoben. Dann ergibt sich:

1.   2 H$_2$ +   O$_2$ →   2 H$_2$O
        2 mol   1 mol   2 mol
        Wasserstoffmoleküle   Sauerstoffmoleküle   Wassermoleküle

2.   2 Mg   +   O$_2$ →   2 MgO
        2 mol   1 mol   2 mol
        Magnesiumatome   Sauerstoffmoleküle   Magnesiumoxid

3.5 Zweifel säen und ausräumen

DIE ANEKDOTE (von Horst Fiedrich)

Robert BUNSEN (1811–1899, Prof. in Marburg, Breslau und Heidelberg, einer der namhaftesten Naturforscher des 19. Jh. und hervorragender Hochschullehrer) legte außerordentlich großen Wert darauf, seinen Vortrag durch Experimente zu erläutern ... Ein Versuch war besonders wirkungsvoll: Es wurde Knallgas unter Seifenwasser, das in einer kleinen Porzellanschale bereitet war, eingeleitet. Auf der Oberfläche entwickelten sich sogleich mit Knallgas gefüllte Seifenblasen. Entzündet, detonierten diese, und die Schale zersprang in Stücke. Dann wiederholte BUNSEN das Experiment, indem er die mit Knallgas gefüllten Seifenblasen auf seiner Handfläche entstehen ließ. Die Explosion verlief ebenso laut, die Hand blieb, weil sie eine elastische Unterlage bildete, im Unterschied zu der auf den Experimentiertisch gestellten Schale, völlig unversehrt.[1]

DER RÜCKBLICK (von Heinrich Schönemann)

Die Geburtsurkunde der Formelschreibweise

„Warum bestehen eigentlich die Atomsymbole einiger Elemente aus nur einem Buchstaben (z. B.: C, N, O) während bei anderen zwei verwendet werden (z. B.: Cu, Ca, Na, Ni, Os)?" – Die Antwort auf diese Frage lautet meistens: „Es gibt eben nur 26 Buchstaben, aber über 100 Elemente, also muss man Buchstabenkombinationen nehmen." Diese Begründung klingt plausibel, sie ist aber nicht zutreffend; das zeigt die Auswertung der „Geburtsurkunde", also derjenigen Veröffentlichung, in der die Formelschreibweise „das Licht der Welt erblickte". Der „Geburtshelfer" – um im Bild zu bleiben – war der schwedische Chemiker *Jöns Jacob* BERZELIUS (1779–1848). Seine Medizinstudenten beherrschten, im Gegensatz zu denen der anderen Fakultäten, die deutsche Sprache nicht, in der damals die wichtigsten Chemielehrbücher verfasst waren. Deswegen machte er aus dieser Not eine Tugend und beschloss, selbst ein schwedisches Lehrbuch zu schreiben. Der erste Band erschien 1808, die Herausgabe weiterer Bände verzögerte sich jedoch sehr: Zum einen platzte in diese Zeit gerade die Entdeckung von Kalium und Natrium durch *Humphrey* DAVY (November 1807), die erhebliches Furore machte, zum anderen stieß BERZELIUS bei den Vorbereitungen zu seinem Lehrbuch auf die Arbeiten von *Jeremias Benjamin* RICHTER (1762–1807, von ihm stammt der Begriff „Stöchiometrie") und *Carl Friedrich* WENZEL (1740–1793) über die Gesetzmäßigkeiten bei den Zusammensetzungen (Proportionen) der Stoffe. Diese faszinierten ihn so sehr, dass er beschloss, die dort angegebenen Werte durch eigene Analysen zu überprüfen. Etwa gleichzeitig (1808–1810) wurde die Atomtheorie des *John* DALTON (1766–1844) bekannt, mit deren Hilfe sich die „Proportionen" ganz hervorragend interpretieren ließen, so dass diese sich deshalb als stärkste experimentelle Stütze der Atomtheorie erwiesen.

Zu Beginn seiner Untersuchungen ahnte BERZELIUS wohl nicht, dass sie für etwa zehn Jahre seine Hauptbeschäftigung sein sollten: Danach hatte er etwa zweitausend Verbindungen eigenhändig (!) und mit einer erstaunlich großen Genauigkeit (sie lässt sich ja heute nachprüfen) analysiert und die Atomgewichte der damals bekannten 46 Elemente ermittelt. Eine eigentlich unvorstellbare Leistung, insbesondere dann, wenn man bedenkt, dass

---

1 GOLDSCHMIDT, Hans: Erinnerungen an Robert BUNSEN. – In: GOLDSCHMIDT, Hans: Gesammelte Veröffentlichungen. Essen, 1914. S. 292 f.

- BERZELIUS alle Ausgangsstoffe für die Analysen (Salzsäure, Salpetersäure, ...) selbst herstellen und auf Reinheit untersuchen musste,
- es in ganz Schweden nur einen Platin-Tiegel gab, den ihm ein befreundeter Chemiker (HISINGER) lieh und der zudem für seine Waage zu groß war,
- er die Analysen in seiner zum Labor umfunktionierten Küche durchführte.

Gleichzeitig entwickelte er bei diesen Arbeiten die Grundlagen der Formelschreibweise.

Die Analysenergebnisse und die aus ihnen berechneten Atommassen veröffentlichte er 1818 im Anhang des dritten (und letzten) Bandes seines Lehrbuchs. Sie waren so bedeutsam, dass sie – zusammen mit der entsprechenden Theorie und seinen Erläuterungen zur Formelschreibweise – direkt danach in Paris und Dresden erschienen (BERZELIUS 1819 und 1820).

Der Grundgedanke der dabei eingeführten Formeln, nämlich die *Verknüpfung des Symbols für ein Element mit einer bestimmten Masse* (dem „Atomgewicht", d. h. in heutiger Diktion: der molaren Masse des jeweils aus Atomen aufgebaut gedachten Elements) ging auf DALTON zurück, dessen diesbezügliche Arbeiten auf denen von *Antoine Laurent* LAVOISIER (1743–1794) beruhten.

Dieser hatte die Gedanken ionischer Naturphilosophen über die Urstoffe (Elemente, siehe S. 104 und S. 205) auf eine experimentelle Grundlage gestellt und dadurch für die Chemie nutzbar gemacht, indem er festlegte:

„... so sind alle Stoffe, die wir noch durch keinen Weg haben zerlegen können, für uns Elemente" (LAVOISIER 1803, S. 14). Damit ließ sich dann im Experiment beweisen, dass z. B. Wasser eben kein Element war, wohl aber die aus ihm durch Zerlegung erhaltenen Stoffe Wasserstoff und Sauerstoff. In der Folgezeit wurde dann eine Fülle von Substanzen zerlegt (analysiert), und auf diese Analysenwerte konnte DALTON 1803 zurückgreifen, als er den Ring gewissermaßen schloss und die ebenfalls von Ioniern entwickelte Idee der *Atome* auf eine experimentelle Grundlage stellte. Dazu verknüpfte er diese Idee mit der der Elemente und forderte: Jedes Element besteht aus einer einheitlichen Atomsorte. Diese Atomsorten unterscheiden sich von Element zu Element unter anderem durch ihre Masse. Damit lag ein Verfahren vor, die Zusammensetzungen der Stoffe durch die Massenverhältnisse der Atomsorten zu erklären. Wenn dann das Atomzahlverhältnis (die Formel) der jeweiligen Verbindung bekannt war (oder plausibel gemacht werden konnte), ließen sich aus den Werten die relativen Atommassen berechnen. DALTON setzte dazu die Atommasse des Wasserstoff mit „1" an, erfand für jede Atomsorte (für jedes Element) ein Symbol (es waren Kreise mit verschiedenem „Inhalt") und ordnete diesen Symbolen jeweils eine bestimmte Masse („Atomgewicht") zu. Trat dieses Symbol in der zeichnerischen Darstellung der Substanz mehrfach auf, war sein Massenanteil entsprechend größer.

Allerdings waren die Analysenwerte, die DALTON seinen Berechnungen zu Grunde legte, bisweilen veraltet und insgesamt etwas windig, was BERZELIUS zu folgender Bemerkung veranlasste:

„Es scheint indessen, als ob dieser ausgezeichnete Gelehrte (DALTON) bei dieser Arbeit zu wenig auf die Erfahrung (die Messwerte) gebaut habe und bei der Anwendung der neuen Hypothese (Atomvorstellung) auf das Lehrgebäude der Chemie vielleicht nicht vorsichtig genug zu Werke gegangen sey. Es hat sogar geschienen, als ob aus den wenigen Analysen, die er bekannt gemacht hat, das Bestreben hervorschimmere, durch sie ein gesuchtes Resultat zu erhalten; – ein Umstand, vor dem man sich nicht genug in Acht nehmen kann, besonders wenn die Versuche den Zweck haben, einen Beweis *für* oder *gegen* eine vorgefasste theoretische Absicht daraus herzuleiten." (BERZELIUS 1820, S. 14)

3.5 Zweifel säen und ausräumen

Die von BERZELIUS ermittelten Atomgewichte waren sehr viel genauer als die von DALTON, und die Atomvorstellung hätte mit Sicherheit nicht so schnell ihren Siegeszug durch die damalige Chemie antreten können, wenn sie nicht auf dem sicheren Fundament der BERZELIUS-Werte geruht hätte. Er wählte jedoch Sauerstoff als Bezugselement und gab diesem das Atomgewicht „100".

Die „Geburtsurkunde" seiner Formeln lautet in der deutschen Übersetzung (BERZELIUS 1820, S. 117 ff.):

„Die chemischen Zeichen müssen als Buchstaben bestehen, damit sie leicht geschrieben werden können, und beim Druck den Text nicht verunstalten. ... Ich wähle daher die Anfangsbuchstaben der lateinischen Benennungen der Körper zu chemischen Zeichen, und da mehrere von ihnen einerlei Anfangsbuchstaben haben, so unterscheide ich sie auf folgende Weise: a) die einfachen, nicht metallischen Körper (Metalloide) bezeichne ich blos mit dem Anfangsbuchstaben, wenn er sich auch unter den Metallen wiederfinden sollte; b) bei den Metallen aber wird dem Anfangsbuchstaben, wenn er unter den Metallen oder Metalloiden ein oder mehreremale schon vorkommt, der zweite Buchstabe hinzugegeben, oder wenn dieser nicht bezeichnend genug seyn sollte, der nächste Consonant hinzugefügt.

Zum Beispiel: S = Sulphur; Si = Silicium; St = Stibium (Antimon); Sn = Stannum; C = Carbonicum; Co = Cobaltum; Cu = Cuprum; O = Oxygenium; Os = Osmium."

An zwei Stellen ist BERZELIUS hier etwas ungenau: Die meisten Elementnamen kommen aus dem Griechischen, so z.B. auch Oxygenium und Hydrogenium; insgesamt sind es 43. Aus dem Lateinischen stammen 23 Namen, aus dem Deutschen 10, 7 aus dem Schwedischen und je 4 aus dem Englischen und Russischen. Außerdem ist der Begriff „Metalloid" hier unpassend, denn er bedeutet „metallähnlich", gemeint sind hier aber eindeutig die Nichtmetalle.

Für Lithium, Kalium, Uran und Wolfram sah BERZELIUS nur je einen Buchstaben vor: L, K, U, und W, da diese noch nicht für Nichtmetalle vergeben waren. Etwas später schlug dann der deutsche Apotheker *Johann Andreas* BUCHNER (1783–1852) vor, alle Metalle mit zwei Buchstaben auszustatten: Li, Kl, Ur und Wo (BUCHNER 1826, S. 132). Das setzte sich aber nur für Lithium durch.

Als 1895 Argon entdeckt wurde, wurde es zunächst mit nur einem Buchstaben symbolisiert (A) (RAYLEIGH und W. RAMSAY 1896, S. 43). Kurze Zeit später fand man weitere Elemente dieser Gruppe, und man kam dann mit nur einem Buchstaben für jedes dieser neuen Elemente nicht mehr aus. Deswegen mussten je zwei Buchstaben genommen werden, obwohl es sich hier nicht um Metalle handelte.

Zwar liegen keine schriftlichen Aufzeichnungen von BERZELIUS vor, warum er aber bei der Zuordnung der Symbole mit den Nichtmetallen begonnen hat, lässt sich so erklären: Voraussetzung für die „Revolution der Chemie", in der um 1780 die heute noch gültigen Grundlagen dieser Wissenschaft gelegt wurden, war die Kenntnis der Nichtmetalle Sauerstoff, Wasserstoff und Kohlenstoff. Für BERZELIUS war der Sauerstoff „so zu sagen der Mittelpunkt, um welchen die ganze Chemie sich dreht." (BERZELIUS 1820; S. 123)

Das zeigt sich auch in der Gliederung der Chemie-Lehrbücher: Vor der „chemischen Revolution" waren die Lehrbücher nach damals sinnvollen, heute aber nur schwer nachvollziehbaren Gesichtspunkten gegliedert, z. B. nach den Arten der Erhitzung, nach dem Vorkommen der Stoffe, nach den „alten" Elementen Feuer, Erde, Wasser, Luft ... Im Lehrbuch von LAVOISIER (Erstausgabe 1789) dagegen werden zuerst die Nichtmetalle und deren Verbindungen behandelt, dann folgt die Chemie der Metalle. BERZELIUS übernimmt diese Gliederung, sie wird dann in allen folgenden Generationen von Lehrbüchern verwendet, und selbst in der 101. Auflage des HOLLEMANN-WIBERG (1995) kommen zuerst die Nichtmetalle dran, dann die Metalle.

4 Den Sauerstoff zieht es zum Unedlen – Redoxvorgänge

Bärbel Kadow

4.1 Ein altes Thema – neu arrangiert

Themen, die zum eisernen Bestand des Chemieunterrichts gehören, sind anfällig gegen Routineerscheinungen. Dieser Gefahr entgeht auch das Thema „Redoxvorgänge" selten. Wir wollen dem begegnen, indem wir diesem Thema einige neue Seiten abzugewinnen suchen. Zu diesem Zweck haben wir nicht nur die angestrebten *Sachkenntnisse* (Redoxreihe), sondern auch *methodologische Erfahrungen* ins didaktische Visier genommen, von denen drei hervorgehoben werden sollen.

- *Die Arbeit an einem Wort*
  Aus den vielen Bedeutungen des Wortes „Edel" wird das *in der Chemie Gemeinte* „herausdestilliert". Das ist alles andere als unnützes Wortgeplänkel. Die Aufnahme von Worten des Alltags in die Fachsprache ist eine *wesentliche Methode wissenschaftlichen Denkens,* und das sollen Schülerinnen und Schüler möglichst frühzeitig erfahren. Naturwissenschaftler verwenden eindeutige Begriffe – wäre die Quintessenz.

- *Der mühevolle Weg vom vagen Urteil des Alltags zur exakten Aussage*
  Einleitend wird die *Beständigkeit* verschiedener Metalle gegen Sauerstoff verglichen. Das Versagen des Augenscheins (Beispiel Aluminium) führt zur Suche nach einer exakten Methode. Sie wird in der *Prüfung der Reaktivität erhitzter reziproker Metall-Metalloxid-Paare* gefunden. Damit soll vor allem zu *kritischem Urteilen* angeregt werden.

- *Das Erkennen der Situation, in der Experimente zwingend notwendig werden*
  Die Schülerinnen und Schüler planen – vermutlich erstmalig in ihrem Unterricht – einen *Entscheidungsversuch* (Überkreuzexperiment). Sie bringen damit an „technisch" einfachen Experimenten eine *anspruchsvolle Gedankenarbeit* zustande: die Überführung einer hypothetischen Aussage in eine Tatsachenaussage – natürlich nur dann, wenn die Lehrkraft nicht „vorsagt".
  Mit einem Wort: Ein wenig soll erfahren werden, wie in Naturwissenschaften gedacht wird.

Es gibt noch manch anderes Unübliche. Wenden wir einmal den umstrittenen Vergleich zwischen den Redoxreaktionen mit menschlichem Verhalten an – so lassen wir die Metalle zunächst einmal nicht um die „Gunst" des Sauerstoffs wetteifern, sondern setzen den Sauerstoff selbst als „Schiedsrichter" ein. Auch *historische Rückblicke* sind mehr als schmückendes Beiwerk. Allein der Hinweis auf didaktische Kabinettstückchen, die von den Großen der Wissenschaft erfunden wurden wie der berühmte Streit des Eisens mit dem Wasserstoff um den Knochen Sauerstoff (Ostwald, W. S. 97–103) zeigt, dass die Schwierigkeiten, die unseren Schülerinnen und Schülern heute begegnen, eine lange Vorgeschichte haben.

Vielleicht zeigen solche Rückblicke auch, dass falsche Fährten ebenfalls – wenn auch auf Umwegen – zum Ziel führen können. Der selbst gefundene Nachweis eines eigenen Irrtums ist eine respektable Denk- (und Charakter)leistung.

Notwendige *Voraussetzungen* sind:
- Eigenschaften und Nachweis von Sauerstoff
- Bestandteile der Luft
- Begriffe: Element und Verbindung
  Wasser als Lösungsmittel und als chemische Verbindung

4.2 Sauerstoff im Dreieckskonflikt

4.2.1 Sind alle Edlen träge und alle Trägen edel?
(nach *Primo* Levi, 1988, S. 7)

Am Anfang steht das rechte Wort?

Am *Anfang* wird das Merkmal eines edlen Metalls geklärt. Wie bereits erwähnt, bietet sich als *eine Variante* der Blick über den Fachhorizont hinaus an, indem auf die Herkunft des Wortes edel verwiesen wird. Der Wahrig (1991) bietet allein fünf Bedeutungen an:
- *adlig*, im Sinne von vornehmer Herkunft,
- *rassig*, als Eigenschaft z. B. eines Pferdes,
- *kostbar* (vortrefflich), als Eigenschaft z. B. eines Metalls oder eines Weins,
- *ritterlich*, in der Bedeutung für eine Gesinnung und
- *großherzig*, als Charaktereigenschaft.

Wenn diese Darstellung auf Interesse stößt, kann noch auf den Begriff *Pretiosen* für Edelsteine und Schmuck verwiesen werden. Vielleicht wird es für Schülerinnen und Schüler interessant, wenn sie erkennen, dass sich die „chemische" und die Alltagsbedeutung des Wortes Edel „beißen" können. So ist der edelste aller Steine, der Diamant, chemisch gesehen, noch unedler als Eisen.

Ordnung der Metalle, aber wie?

Eine *andere Variante* knüpft an das leidige *Ordnung schaffen* an. So kann der Inhalt einer Kiste „in Ordnung gebracht" werden, in der sich verschiedene Metalle befinden. Man kann empfehlen, erst einmal *Edelmetalle* herauszusuchen. Damit sind die Stichworte „edel" und „unedel" gefallen. Hier erscheint die Suche nach einer Definition nicht aufgesetzt, sondern Voraussetzung dafür, dass man weiß, was man suchen soll.
Natürlich muss sich mit dem Wort edel noch längst kein präziser Inhalt verbinden, und so ist zu klären, was denn gemeint ist, wenn man vom Gold als einem Edelmetall spricht.
In vielen Eigenschaften ist es z. B. dem Eisen, das niemand als edel bezeichnet, unterlegen. Es ist weich, schmilzt bei niedrigeren Temperaturen als Eisen oder Kupfer und ist zur Herstellung von Werkzeugen total ungeeignet. Es gab in der Geschichte der Menschheit zwar eine Bronze- und Eisenzeit, aber keine „Gold-Zeit". Ausschließlich die *Beständigkeit gegen den Sauerstoff* der Luft ist gemeint, wenn Gold als Edelmetall bezeichnet wird. So hätten z. B. der Schatz des Priamos oder der Goldschatz von Hiddensee nicht über Jahrtausende ihren Glanz behalten, wären sie aus Silber, Kupfer oder gar Eisen gefertigt worden. Vermutlich werden die Schülerinnen und Schüler weitere Beispiele aus ihrer Umwelt bringen. Ein wenig „Kulturträchtigkeit" ist hier geboten.
Jetzt könnten Wort und Gegenwort „edel – unedel" (eventuell durch Applikationen) an der Tafel festgehalten und zunächst einmal mit „beständig – unbeständig gegen Sauerstoff" übersetzt werden.

Warum gibt es kein Goldputzmittel?

Sicher wird das Silber als Beispiel eines weniger edlen Metalls genannt werden. Allein der Silberputz im Reinigungsschrank macht den Unterschied zum Gold deutlich. Ein „Goldputz" hätte auf dem Markt keine Chancen. So ist der Anfang einer Reihung gemacht. Nun kann Ordnung in der Kiste geschaffen werden. Ohne Schwierigkeiten räumen die Lernenden dem Kupfer einen Platz unter den „Edlen" ein. Eventuell lässt man *Erfahrungen* sprechen. Türme mit älteren Kupferdächern zeigen die berühmte Patina. Das Metall hat zunächst ganz allmählich mit dem Sauerstoff der Luft zu schwarzem Kupferoxid reagiert, das unter dem Einfluss des Regens zur Patina weiter reagiert. Der vergoldete Turmknauf strahlt wie neu im alten Glanz. Gold, Silber und Kupfer sind damit nach abnehmendem edlen Charakter geordnet.
Nun ist es Zeit für eine provisorische Definition, die etwa sinngemäß lauten könnte: *Für die drei Metalle gilt: Je schneller seine Oberfläche blind wird, umso unedler ist es. Das heißt auch, umso stärker neigt es zur Oxidation.* Ihr ist ein *kurzes Leben* beschieden, wenn sie auf *Aluminium* angewandt wird.

Der trügerische Schein

Man sollte Gegenstände aus Aluminium präsentieren, die besonders provokant glänzen. Stützen sich Schülerinnen und Schüler auf den eben benannten Zusammenhang, so müssen sie messerscharf folgern, dass Aluminium ein sehr *edles* Metall ist.

Im gymnasialen Bildungsgang könnte man hier schon einmal die *crux* mit der *Induktion* durchblicken lassen, doch soll dies hier nicht weiter verfolgt werden.

Natürlich werden Schülerinnen und Schüler das Dilemma spüren. Man sollte ihnen sagen, dass ihr Schluss unter der Bedingung richtig war, dass man sich allein auf die *Anschauung* verlässt. Unter dieser Voraussetzung müsste man in der Tat annehmen, dass Aluminium kaum zur Oxidation neigt, d. h. recht edel ist (ein kapitaler Irrtum, dem schon andere vor uns unterlagen).

Evtl. kann man dies durch einige Storys belegen.

- *Napoleon III. gab einst ein Bankett, auf dem die Mitglieder der Herrscherfamilie und einige bevorzugte Gäste die Ehre hatten, mit einem Aluminiumbesteck zu essen. Die gewöhnlichen Gäste waren gezwungen, mit goldenen oder silbernen Bestecken vorlieb zu nehmen.*
- *Ein europäischer Herrscher trug einen Staatsrock mit Aluminiumknöpfen.*

Aluminium im Fegefeuer

Nun könnte man ein *zuverlässigeres Kriterium* „durchblicken" lassen: das Verhalten bei der Verbrennung. Statt der „nackten" Mitteilung sollte man wieder einen Blick in die Historie bevorzugen und *Friedrich* WÖHLER (1800–1882) das Wort geben, einem der Entdecker des Aluminiums. Nach seinen Worten verbrennt Aluminium *„mit einem Glanze, den das Auge kaum ertragen kann, und mit einer so starken Wärmeentwicklung, dass die dabei entstehende Thonerde wenigstens teilweise schmilzt. Die so geschmolzenen Stückchen von Thonerde sind gelblich und gewiss ebenso hart wie die natürlich vorkommende Thonerde des Corund."* (BUGGE, Bd. II, 1965) Dieses Experiment lässt sich zeigen. Es „macht Furore" (ARENDT – DÖRMER 1954, S. 254).

Zurück ins Heute: Zum Grundwissen der Brandbekämpfung gehört, dass *Explosionen von Stäuben aus Aluminium noch gefürchteter als die Knallgasexplosion sind. Die Druckwelle, die dabei entsteht, ist viel stärker als bei einer Explosion von Kohlenstaub.*

Durch die heftige Verbrennung „entlarvt" sich das Aluminium als ein sehr unedles Metall. Damit ist ein zuverlässigerer Gradmesser gefunden: Je heftiger die Verbrennung, umso unedler das Metall.

(Man sollte es nicht vermuten, aber der Hinweis, dass das edle Gold nicht brennt, ist durchaus nicht fehl am Platz.)

Statt langer Erörterungen sollte man *zeigen*, dass auch die Heftigkeit der Verbrennung verschiedener Metalle bestenfalls grobe Vergleiche gestattet. Demonstriert man z. B. die Verbrennung von Calciumspänen und Magnesium, so erfreuen sich die Schülerinnen und Schüler bestimmt an der faszinierenden Farbenpracht der Calciumglut, und dieses Erlebnis sollte man ihnen gönnen. Doch ein Urteil über den edleren bzw. unedleren Charakter des einen oder anderen Metalls gliche dem Orakel aus dem Kaffeesatz. Die Suche nach einer sicheren Unterscheidung muss also weitergehen.

4.2.2 Der Sauerstoff wird zum „Schiedsrichter"

Sauerstoff kennt keine „Qual der Wahl"

Jetzt sind wir wohl an einem Punkt angekommen, an dem die Schülerinnen und Schüler nicht weiter wissen. So etwas muss unbedingt einmal erlebt werden.

In der Tat muss nun aus einer *Denkschablone* ausgebrochen werden. Hier ist *Intuition* gefragt. Sie wird vielleicht durch einen Impuls gefördert, der die Dinge sozusagen vom Kopf auf die Füße stellen hilft: Das Verhalten des *Sauerstoffs* gegenüber zwei Metallen soll Auskunft darüber geben, welches von beiden das unedlere (edlere) ist. Um den „zündenden Funken" auszulösen, hier einige Hinweise.

Bekannt ist: Je unedler ein Metall, umso „lieber" verbindet es sich mit dem Sauerstoff. Das beruht auf *Gegenseitigkeit*. Wenn der Sauerstoff nur die Wahl zwischen zwei Metallen hat, wird er sich immer mit dem unedleren verbinden.

„Das Einfache, was so schwer zu machen ist"

So einfach die Idee ist, so schwer lässt sie sich von den Lernenden in eine Versuchsanordnung „umdenken". Aber genau diese Leistung möchten wir herausfordern. Es soll ja *erkannt* werden, dass *Fragen an die Natur* in eine *Sprache (Versuchsidee)* „übersetzt" werden müssen, die *von der Natur „verstanden"* wird.

Zunächst liegt es nahe, ein Gemisch zweier Metalle, z. B. Zink und Eisen, an der Luft zu erhitzen. Dass diese Idee zu verwerfen ist, ergibt sich daraus, dass der unerschöpfliche Sauerstoff der Luft schließlich mit beiden Metallen reagieren wird. Die rettende Idee besteht nun darin, den Sauerstoff *nicht* aus der Luft zu nehmen, sondern ihn als *Bestandteil eines Metalloxids* darzubieten, das mit einem anderen Metall gemischt ist.

Der Überkreuzversuch

Beim Erhitzen bestehen *zwei* Möglichkeiten. Der Sauerstoff wird *dann* seinen Partner *verlassen*, wenn dieser *edler* ist als der „Konkurrent". Es kommt zur Reaktion. Ist der Konkurrent *edler,* bleibt eine Reaktion aus. Sollte diese Idee

4.2 Sauerstoff im Dreieckskonflikt

von Schülern allein gefunden werden, so wäre das eine *Sternstunde*. Nun muss diese Idee von allen Schülern erfasst werden. Es darf ihnen aber nicht so gehen wie dem schlafmützigen Ehemann der Madame BOVARY, der sein medizinisches Praktikum wie ein Zirkuspferd absolvierte, das keine Ahnung davon hat, wobei es eigentlich mitspielt (FLAUBERT, G. 1963). Deshalb muss man erreichen, dass die Versuchsidee *allen* Schülern einleuchtet. Und das könnte etwa so geschehen.

Der Sauerstoff wird
a) in *Eisenoxid* im Gemisch mit metallischem Zink und
b) in *Zinkoxid* im Gemisch mit metallischem Eisen „dargeboten".
So käme es zu *Wenn – Dann – Aussagen*, die noch *keine Information* über den tatsächlichen Sachverhalt bieten. *Vorschnelle Raterei* sollte dabei als suspekt gelten! Voraussagen ja, Spekulationen nein! – ein wichtiges *Erziehungsmoment* des naturwissenschaftlichen Unterrichts.
Die Antworten zeigen, inwieweit das Prinzip des Vorgehens *verstanden* wurde. Ist dies der Fall, so ist sinngemäß Folgendes zu erwarten:
Reagiert Gemisch a), so ist *Eisen* edler als Zink.
Reagiert Gemisch b), so ist *Zink* edler als Eisen.
Nun erst ist es an der Zeit, den „*Erwartungshorizont*" der Schülerinnen und Schüler zu erkunden.

Der „gesunde Menschenverstand" stößt an Grenzen

Nun wurden Eisen und Zink nicht ohne Absicht einander gegenübergestellt. Wir erhoffen uns davon, dass es zur „Kollision" der Alltagsmeinung mit dem wahren Sachverhalt kommt.
Der „gesunde Menschenverstand" sagt, dass Zink *edler* als Eisen ist. Verzinkte Autokarosserien sind z. B. Grundlage für die langjährige Garantie gegen Durchrosten von Fahrzeugkarosserien. Zink *schützt* also Eisen wirksam vor dem Angriff des Luftsauerstoffs. Hingegen wird man Argumente aus dem Alltagsleben, die *für* einen edleren Charakter des Eisens sprechen, kaum einbringen können.
So könnte sich ein *Widerspruch zwischen Erwartung und Ergebnis* aufbauen, der durch einen *Überraschungsversuch* gelöst wird.
Eine eingehende Beschreibung der beiden Versuche erübrigt sich wohl. Auch auf Organisationsformen wollen wir hier nicht eingehen.
Die *Schlussfolgerung* aus der Beobachtung sollte aber nicht „verschenkt" werden. Unter *Verzicht* auf ein Protokoll – der Gedankengang soll nicht durch aufwändige Schreibarbeit an „Schwung" verlieren – sollten die Schüler *ihren persönlichen Schluss* unbeeinflusst von anderen ziehen und den Namen des edleren Metalls notieren. Vielleicht sind sie beeindruckt davon, welche Mühe eine scheinbar so triviale Aussage bereitet.
Zugleich erkennen sie – einmal abgesehen von jenen, die von vornherein alles besser wissen – dass sie ihre falsche Vermutung selbst widerlegt haben.

4.3 Eine Spendenaffäre

4.3.1 Fachworte behutsam anwenden

Rückschauend auf das Experiment ist die Beschreibung des Sachverhaltes mit den Begriffen *Oxidation, Reduktion* und *Redoxreaktion* (beide Begriffe neu) erforderlich. Da das Vorgehen bekannt ist, wird es nicht im Detail beschrieben. Nur ein *Hinweis:* Die Alltagssprache sollte nicht zu schnell verlassen werden, sondern eine Zeit lang sollte „*Zweisprachigkeit*" gelten. Also etwa so:
- Das Eisenoxid *spendet* den Sauerstoff, es wird *reduziert*. Das Zink *empfängt* den Sauerstoff. Es wird *oxidiert*. Die beiden Teilvorgänge ergeben also eine *Redoxreaktion.*
- Eisenoxid ist der *Spender* – das *Oxidationsmittel;* Zink der *Empfänger* – das *Reduktionsmittel.*

Ohne Spender kein Empfänger (und auch die Umkehrung gilt).

Wer Bedenken gegen einen solchen Sprachgebrauch hat, mag noch einmal bei OSTWALD (siehe den Rückblick im Anschluss S. 71) nachschlagen.

4.3.2 Ist der Spender immer edler als der Empfänger?

Das edlere Eisen ist also der „edle Spender". Diese Aussage drängt zur Frage nach der Allgemeingültigkeit des Ergebnisses:
Ist das edlere Metall *immer* der Spender und das unedlere *stets* „stark im Nehmen"? Auch dazu kann ein Überkreuzversuch dienen.
Kupfer ist gegenüber Eisen das edlere Metall. Das Experiment muss nun zeigen, ob Kupferoxid gegenüber Eisen als Spender (Oxidationsmittel) auftritt. Der Versuch ist inzwischen Routine. Diese Vermutung wird bestätigt.
Nun kann noch geprüft werden, ob auch Zink seinen Meister findet. Ein inniges Gemisch von etwa 0,6 g Magnesiumgrieß [F] und 2 g Zinkoxid wird im Lehrerversuch (Stativ, Schutzscheibe) kräftig erhitzt. Nach dem Aufglühen des Gemischs sofort die Flamme löschen. Reagenzglas und -boden werden betrachtet.
Zink ist gegenüber dem Magnesium das edlere Metall. Sein Oxid wird durch Magnesium reduziert.
Das Material reicht nun für die *Verallgemeinerung:* Ein *Metall* vermag Oxide *edlerer* Metalle (in der Reihe links unter ihm stehend) zu reduzieren.
Und die Umkehrung: Ein *Metalloxid* vermag unedlere Metalle (in der Reihe rechts über ihm stehend) zu *oxidieren.*
Natürlich ist die experimentelle Basis für diese Aussage schmal, doch muss die Glaubhaftigkeitsversicherung genügen. So kommen wir zu folgendem Ergebnis, das auch als Tafelbild geeignet ist. Wir geben es in Worten und in symbolischer Darstellung wieder. So können sich die Lernenden schon einmal „einlesen", falls Symbole und Formeln nicht behandelt sind:

4.2 Sauerstoff im Dreieckskonflikt

Reduzierende		Wirkung		nimmt		zu.	→
Silber Ag	Kupfer Cu	Eisen Fe	Zink Zn		Aluminium Al	Magnesium Mg	
Ag_2O Silberoxid	CuO Kupferoxid	FeO Eisenoxid	ZnO Zinkoxid		Al_2O_3 Aluminiumoxid	MgO Magnesiumoxid	
Oxidierende		Wirkung		nimmt		ab.	→

Fazit: Je edler ein Metall, desto weniger neigt es zur Oxidation, und desto leichter lässt sich sein Oxid reduzieren. Um noch einmal auf *Primo* Levi anzuspielen, so trifft sein Wortspiel zu: *Je edler, umso träger.*

4.4 Ein Edelstein in der Redoxreihe?

4.4.1 Der Unvergängliche, der sich in Luft auflöst

Nun soll der *Kohlenstoff* in die Redoxreihe eingeordnet werden. Das Vorgehen bekommt einen besonderen Reiz, wenn bereits Diamant und Graphit als *Modifikationen* des Kohlenstoffs bekannt sind. Nehmen wir an, dies sei der Fall, kann wieder einmal *der Konflikt zwischen Alltags – und Fachbedeutung der Wörter* provoziert werden.
Zunächst könnten die Schülerinnen und Schüler in der Auffassung bestärkt werden, dass der Diamant als der ungekrönte König unter den Edelsteinen gilt. Das kann durch einige Mitteilungen untermauert werden:
Der Name „Diamant" stammt vom griechischen Wort „adamas", d. h. unbezwingbar.
Die berühmtesten Steine sind u. a.
- der grüne Dresden (41 Karat[1]), er befindet sich im Grünen Gewölbe in Dresden
- der Regent (137 Karat) und der Sancy (55 Karat), sie gehörten Ludwig XIV. und sind im Louvre in Paris zu bewundern
- der Kohi-noor (108 Karat) er befindet sich im Tower von London, dort ist auch der wertvollste Stein der Welt – der Stern von Afrika (530 Karat), er ist ein Teil des Kronschatzes (Das große Buch ... 1996)

4.4.2 Wohin mit ihm in der Redoxreihe?

Was hält nun der Chemiker vom edlen Charakter des Diamanten? Statt einer verbalen Antwort kann über den spektakulären Versuch berichtet werden, mit dem Lavoisier im Jahre 1772 ein riesiges Aufsehen erregte:

---
[1] Karat = 0,2 g

Im Brennpunkt einer riesigen Brennlinse, die aus hohlgeblasenen, mit Terpentin gefüllten Kalottenkugeln aufgebaut war, verbrannte er einen Diamanten im Sonnenlicht. Das entstehende Gas fing er auf, es war Kohlenstoffdioxid." (KRÄTZ 1999, S. 62)
Diamant – unbeständig gegen Sauerstoff, also unedel. Bleibt nur noch zu bestimmen, welcher Platz ihm als Modifikation des Kohlenstoffs in der Redoxreihe gebührt. Das muss natürlich mit „gewöhnlichem" Kohlenstoff geschehen.

4.4.3 Kohlenstoff – in die Zange genommen

Kurz gesagt, kann man den Kohlenstoff „in die Zange" nehmen.
- Die Reduktion von Eisenoxid mit Kohlenstoff zeigt, dass er sogar *unedler* als Eisen ist. Die riesige praktische Bedeutung dieser Tatsache für die Metallurgie sollte nicht unerwähnt bleiben. Ganze Wälder sind in Holzkohle umgewandelt und zur Reduktion von Eisenerzen verwandt worden. So gesehen, zeigt sich, dass der Kohlenstoff für die Menschheit unermesslich wertvoll, jedoch nicht edel ist.
- Der Versuch, Zinkoxid mit Kohlenstoff zu reduzieren, hat ein negatives Ergebnis.

Fazit: Kohlenstoff (und das gilt für seine Modifikationen) tritt in unserer unvollständigen Redoxreihe zwischen das Eisen und das Zink.
Natürlich sollte man hier die Reduktion von Kohlenstoffdioxid durch Magnesium zeigen. Selten kann man die Reaktionsprodukte so deutlich wahrnehmen wie in diesem Versuch. Das weiße Magnesiumoxid kontrastiert schön mit den umherflatternden Kohlenstoffblättchen.

4.5 Wasser in der Redoxreihe?

4.5.1 Wie edel ist der Wasserstoff?

Ein Tipp, der weiterhilft

Bisher wurde immer mit der Einordnung eines *Elementes* in die Redoxreihe begonnen. Jetzt soll es *umgekehrt* zugehen. Dem Wasser ist ein Platz unter den Oxiden der Redoxreihe zuzusprechen. Auf diese Weise wird der Gefahr der Einförmigkeit begegnet. Über den „toten Punkt" kann der Impuls helfen:
„Wasser wie ein Metalloxid behandeln!"
Damit werden die *Darstellung der Redoxreihe* und die *Kommentare* (siehe 4.3.2) anwendbar, insbesondere der Satz über die Oxidationswirkung von Metalloxiden, d. h., wir haben ein Rückführungsproblem vor uns: Ein *Metalloxid* vermag unedlere Metalle (in der Reihe rechts stehend) zu *oxidieren*.

4.5 Wasser in der Redoxreihe?

So wird die Analogie mit dem Wasserstoffoxid einleuchtend, und es wird klar, dass Wasser Metalle zu oxidieren vermag, die *unedler* als Wasserstoff sind. Folglich muss nun „nur noch" untersucht werden, *welche* Metalle durch Wasser oxidiert werden und mit welchen das nicht gelingt.

Die Probe aufs Exempel
Zweckmäßig wird mit *Wasserdampf* operiert. Kupferpulver wird nicht zu stark mit Wasser getränkt, und das Glas wird, nahe der Mündung beginnend, zum Boden hin erhitzt. Das negative Resultat fordert den „reziproken" Versuch heraus. Wasserstoff wird über erhitztes Kupferoxid geleitet (Knallgasprobe). Die Entstehung von Wasser (verlöschen der Flamme, eventuell Cobaltpapier) und die Bildung von Kupfer werden registriert.
Dasselbe wird nun mit Eisenpulver praktiziert. Der Wasserstoff wird nachgewiesen, und damit ist der Platz des Wasserstoffs in der unvollständigen Redoxreihe bestimmt. Natürlich sollte das spektakuläre Experiment mit Magnesium in verschiedenen Varianten (Lehrer- bzw. Schülerversuch) nicht fehlen. Damit ist klar, warum Magnesium brandfördernd ist.

DIE ANEKDOTE
(von Bärbel Kadow)

Die verkehrte Wahrheit – *Georg Ernst* STAHL (1660–1734) über die Reduktion

STAHL beschrieb die Reaktion von Bleioxid und Kohlenstoff wie folgt:
„Wenn man etwas Bleikalk (Bleioxid) von der Größe einer Erbse ... in die Höhle einer Kohle drückt und mit eines Goldschmiedes Lötröhrchen die Flamme von einem Licht mit heller Spitze darauf treibt, so fließt es zu Glas (es schmilzt zur Metallkugel). Man gebe nun Acht, wenn dieser Glastropfen den glühenden Rand der Kohle erreicht, so wird er augenblicklich wieder Blei sein ..." (STRUBE, I. 1976, S. 50). Er vermutete, dass beim Schmelzen „... durch und unter die Kohlen wirklich etwas Körperliches zu dem Metall beigetragen bzw. beigefügt werde." (STRUBE, I. 1976, S. 51). Dieses Agens bezeichnet er als *Phlogiston*.
Erst LAVOISIER fand die Antwort (siehe Anekdote „Abgeurteilt" S. 221).
Nachbemerkung: Der Vorgang sollte gezeigt werden.

DER RÜCKBLICK
(von Bärbel Kadow)

Ein didaktisches Kabinettstück Wilhelm OSTWALDS

Vor annähernd einhundert Jahren schrieb Wilhelm OSTWALD ein zweibändiges Büchlein mit dem Titel: Schule der Chemie. Die Seele dieses Buches ist die einfache, klare und schöne Sprache. Die sollte uns *Lehrenden* helfen, die Kultur des Wortes zu pflegen. Unseren *Lernenden* wird beim Lesen vielleicht manches klar, was oft durch unverstandene Fachwörter vernebelt wird. Leider hat diese Darstellung in den Schulbüchern kaum Spuren hinterlassen. Wer würde denn heute noch zu schreiben wagen, dass das Eisen den Sauerstoff aus dem Wasser herausnimmt und den Wasserstoff „verjagt".
Der folgende Auszug lässt sich gut im Anschluss an den Wasserstoff und seine Stellung in der Redoxreihe einordnen.

Wie Wilhelm OSTWALD *1903 seinem Schüler Redoxvorgänge erklärt!*
Lehrer: Wasserstoff ist ein Bestandteil des Wassers. Welche Bestandteile enthält das Wasser außerdem?
Schüler: Ich glaube, du sagtest: Sauerstoff.
Lehrer: Ganz richtig! Wasser besteht aus Wasserstoff und Sauerstoff; d. h., man kann Wasser aus diesen beiden Elementen herstellen und ebenso diese beiden Elemente aus Wasser. Was meinst du, wie könnte man Wasserstoff aus Wasser machen?
Schüler: Ich weiß nicht recht. Vielleicht könnte man Wasser erhitzen, und es würde dann in die beiden Elemente zerfallen, wie Quecksilberoxyd in seine Bestandteile zerfällt.
Lehrer: Das ist ein ganz guter Gedanke. Aber du weißt ja schon, was aus dem Wasser beim Erhitzen wird.
Schüler: Ja, Dampf.
Lehrer: Richtig! Dampf ist aber nur wieder Wasser in einer anderen Formart.
Schüler: Vielleicht muss man stärker erhitzen.
Lehrer: Da hast du das Richtige getroffen; wenn man Wasserdampf sehr stark erhitzt, so zerfällt er wirklich teilweise in Sauerstoff und Wasserstoff. Aber wenn man das Gemisch wieder abkühlt, so verbindet es sich wieder zu Wasser, und man kann nur durch besondere Kunstgriffe nachweisen, dass ein Zerfall stattgefunden hatte. Auch würde man so nur ein Gemenge von Sauerstoff und Wasserstoff erhalten, weil beide Elemente Gase sind, und ein solches Gemenge wäre nicht leicht zu trennen.
Schüler: Da müsste man sehen, dass man den Sauerstoff irgendwie festhalten könnte. Kann man ihn nicht flüssig machen wie das Quecksilber bei der Zerlegung des Quecksilberoxyds?
Lehrer: Ja, dazu müsste man das Gasgemisch unter $-180\,°C$ abkühlen. Das ist doch noch ein zu unbequemer Weg. Ich will dir einen anderen sagen: wir scheiden den Sauerstoff nicht für sich ab, sondern als eine Verbindung mit irgend einem anderen Element, und wählen dies so, dass die Verbindung nicht flüchtig ist.
Schüler: Ich verstehe nicht.
Lehrer: Ich will dir gleich die Sache selbst sagen. Wir leiten den Wasserdampf über glühendes Eisen. Du weißt, dass sich Eisen gern mit Sauerstoff verbindet.
Schüler: Ja, es verbrannte mit so schönem Funkensprühen!
Lehrer: Nun wirkt das Eisen so auf den Wasserdampf ein, dass es den Sauerstoff daraus an sich nimmt, um sich damit zu Eisenoxyd zu verbinden; der Wasserstoff bleibt dann übrig. Das Eisenoxyd ist auch bei Glühhitze ein fester Stoff und bleibt also dort, wo das Eisen war; der Wasserstoff aber ist ein Gas und geht weiter, er kann dann über Wasser aufgefangen werden wie Sauerstoff.
Schüler: Das kommt mir immer noch sehr merkwürdig vor.
Lehrer: Ich will dir ein Gleichnis sagen. Der Sauerstoff ist ein Knochen, den hat zuerst die Katze Wasserstoff. Dann kommt der Hund Eisen und nimmt der Katze den Knochen fort, und die Katze Wasserstoff muss ohne Knochen fortlaufen.
Schüler: Also das Eisen ist stärker als der Wasserstoff und nimmt ihm daher den Sauerstoff fort!
Lehrer: Ungefähr so haben die älteren Chemiker die Sache aufgefasst, und du kannst dich einstweilen auch mit diesem Gleichnis zufrieden geben. Später, wenn du mehr von der Chemie wissen wirst, sollst du auch bestimmtere Vorstellungen von diesen Dingen bekommen. Der Wasserstoff kann sich nicht nur mit freiem Sauerstoff verbinden, sondern auch Sauerstoff aus anderen Verbindungen herausnehmen. Erinnerst du dich an das Quecksilberoxyd? Was war das für ein Stoff?
Schüler: Ein rotes Pulver; eine Verbindung von Quecksilber mit Sauerstoff.
Lehrer: Jawohl. Hier nehme ich ein wenig Quecksilberoxyd, schiebe es in eine Glasröhre, die ich am Wasserstoffentwickler befestige, lasse den Wasserstoff darüber gehen und erhitze vorsichtig.
Schüler: Es scheidet sich wieder Quecksilber dahinter ab.

4.5 Wasser in der Redoxreihe?

Lehrer: Richtig; aber noch weiter?
Schüler: Da sind klare Tropfen, die wie Wasser aussehen; ist es Wasser?
Lehrer: Jawohl. Diesmal hat der Wasserstoff dem Quecksilberoxyd den Sauerstoff fortgenommen, um Wasser zu bilden, und das Quecksilber ist dabei frei geworden.
Schüler: Geht das mit allen Sauerstoffverbindungen so?
Lehrer: Nicht mit allen, aber mit sehr vielen. Die meisten Oxyde der schweren Metalle verwandeln sich in Metalle. Man nennt diesen Vorgang reduzieren, im Gegensatz zum Oxydieren. Die Umwandlung eines Metalls in sein Oxyd ist eine Oxydation, die Umwandlung eines Oxyds in das Metall ist eine Reduktion. Weil der Wasserstoff diese letztere Umwandlung ermöglicht, heißt er Reduktionsmittel. Merke dir diesen Namen!
Schüler: Da habe ich wieder viel Neues gelernt.
Lehrer: Ich will es dir leichter machen, indem ich dir noch einige Versuche zeige. Hier dies schwarze Pulver heißt Kupferoxyd; es bildet sich leicht, wenn man Kupfer längere Zeit an der Luft erhitzt. Ich bringe etwas davon in eine Röhre, leite Wasserstoff darüber und erhitze wieder; siehst du, wie das Kupfer erscheint?
Schüler: Ja, die Brocken werden rot wie Kupfer, und weiter in der Röhre schlägt sich wieder Wasser nieder.
Lehrer: Ich nehme die Flamme fort und lasse kalt werden, während noch der Wasserstoff durchgeht. Jetzt kann ich die roten Brocken herausschütten, und wenn ich sie in der Reibschale reibe, so siehst du sie metallisch glänzend werden.
Schüler: Wie hübsch! Warum glänzen sie erst jetzt nach dem Reiben?
Lehrer: Vorher war das Kupfer nicht eben und glatt; denn da der Sauerstoff aus dem Kupferoxyd herausgegangen ist, so bleibt das Kupfer wie ein Schwamm zurück. Aber jetzt wollen wir etwas Besonderes machen. Dies ist das Eisenoxyd, welches wir früher durch Verbrennen von Eisenpulver an der Luft erhalten hatten. Das wollen wir auch durch Wasserstoff reduzieren.
Schüler: Wie soll denn das gehen? Du hast mir doch gestern gesagt, dass das Eisen stärker ist als der Wasserstoff, denn es nimmt den Sauerstoff aus dem Wasser heraus und verjagt den Wasserstoff. Wie soll nun Wasserstoff wieder stärker als Eisen sein?
Lehrer: Man muss auch Versuche machen, von denen man glaubt, dass sie nicht auskommen. Denn jeder Schluss, den wir ziehen, ist dem Irrtum ausgesetzt und muss durch die Erfahrung geprüft werden.
Schüler: Na, da bin ich aber neugierig. Siehst du, es kommt nichts, die Brocken werden nur ein wenig schwärzer.
Lehrer: Sieh nur aufmerksam die entfernteren Stellen der Röhre an!
Schüler: Hm, da scheinen wirklich Wassertröpfchen zu kommen. Auf der einen Seite sieht es so aus, als geschähe nichts, auf der anderen, als wäre doch etwas geschehen.
Lehrer: Ich lasse wieder kalt werden, während der Wasserstoff noch durchgeht. Jetzt reibe einmal die schwarze Masse in der Reibschale, wie wir es beim Kupfer taten.
Schüler: Es wird auch blank –
Lehrer: Also ist es auch metallisches Eisen.
Schüler: Bitte, sag mir nur, wie es möglich ist, dass solch ein Widerspruch entsteht. Ich habe doch gedacht, dass die Naturgesetze immer gelten.
Lehrer: Welches Naturgesetz soll denn hier verletzt sein?
Schüler: Eine Kraft kann doch nicht sowohl größer wie kleiner sein, als die andere! Erst war das Eisen stärker als der Wasserstoff, und hernach war der Wasserstoff stärker als Eisen. Das ist doch ein Widerspruch.
Lehrer: Der Widerspruch liegt nur darin, dass du die Ursache der chemischen Vorgänge als eine mechanische Kraft ansiehst; eine solche Kraft lässt sich aber hier nicht nachweisen oder messen.
Schüler: Was ist sie denn?
Lehrer: Wenn ich diese Frage beantworten wollte, so würdest du mich nicht verstehen. Zuerst musst du noch viele chemische Tatsachen kennen lernen, ehe du daran denken kannst, sie durch eine Theorie zusammenzufassen.

Ein Elemente-Rätsel

1. Trage die Lösungswörter ein! *(Lösung siehe S. 76)*
2. In der Mittelleiste findest du zwei weitere Lösungsworte. Wie heißen Sie? *(Lösung: Metalle, Nichtmetalle)*
3. Rechts und links der Mittelleiste sind 7 weitere Kästchen eingerahmt. In der Reihenfolge 1–7 erfährst du, welches Element gesucht ist und wie man es abkürzt. *(Lösung: Eisen – Fe)*

1. Einst als Kampfstoff eingesetzt. Es reagiert mit fast allen Elementen im PSE
2. Eines der häufigsten Elemente.
3. Eimer oder Dachrinnen können aus diesem Metall gefertigt werden.
4. Das Element erhielt den Titel: „Silber aus Lehm".
5. Das Element verbrennt mit blauer Flamme.
6. Das seltenste Element auf dieser Erde.
7. Keine Verbrennung ist ohne dieses Element möglich.
8. Davon gibt es so viel wie Sand am Meer!
9. 1 g von diesem Metall kann man auf eine Länge von 2,4 km ausdehnen.
10. Am 6. Mai 1937 verbrannte das Luftschiff „Hindenburg". Mit welchem Element war es gefüllt?
11. Es ist ein Edelmetall. Oft bezeichnet als „Weißes Gold".
12. Dieses Element wurde zuerst auf der Sonne entdeckt.
13. Das Metall verbrennt mit weißer, leuchtender Flamme.
14. Das Element mit der größten Dichte.
15. Ein Bestandteil der Luft.
16. Lavoisier bewies, die Nr. 15 im PSE ist ein Element.
17. Dieses Metall flitzt als kleine Kugel auf der Wasseroberfläche.
18. Der deutsche Chemiker *Clemens* Winkler benannte das Element nach seinem Vaterland.
19. Der Name des Elements entstand nach einem begeisterten Ausruf bei einem Experiment: „(a) new one!".
20. Ein Brennstoff und ein Schmuckstein.
21. Dieses Metall hat den höchsten Schmelzpunkt (3 414 °C) und findet als Glühlampendraht Verwendung.
22. Verbindungen dieses Elements sind in der Zahnpasta enthalten.
23. Erst bei Minus 38,9 °C wird das Metall fest.
24. Schmuck, Dächer, Statuen können aus diesem Metall gefertigt werden.
25. Das Metall kann mit den Händen gebogen werden.
26. Viele Menschen verbinden mit dem Wort „Gift" das gesuchte Element.
27. „Argenta" bedeutet hell oder Licht. Der Name für das Land Argentinien leitet sich aus der lateinischen Bezeichnung für dieses Metall ab.

© Cornelsen Verlag Scriptor, Berlin – Rossa (Hrsg.). Die Fundgrube für den Chemie-Unterricht

4.5 Wasser in der Redoxreihe?

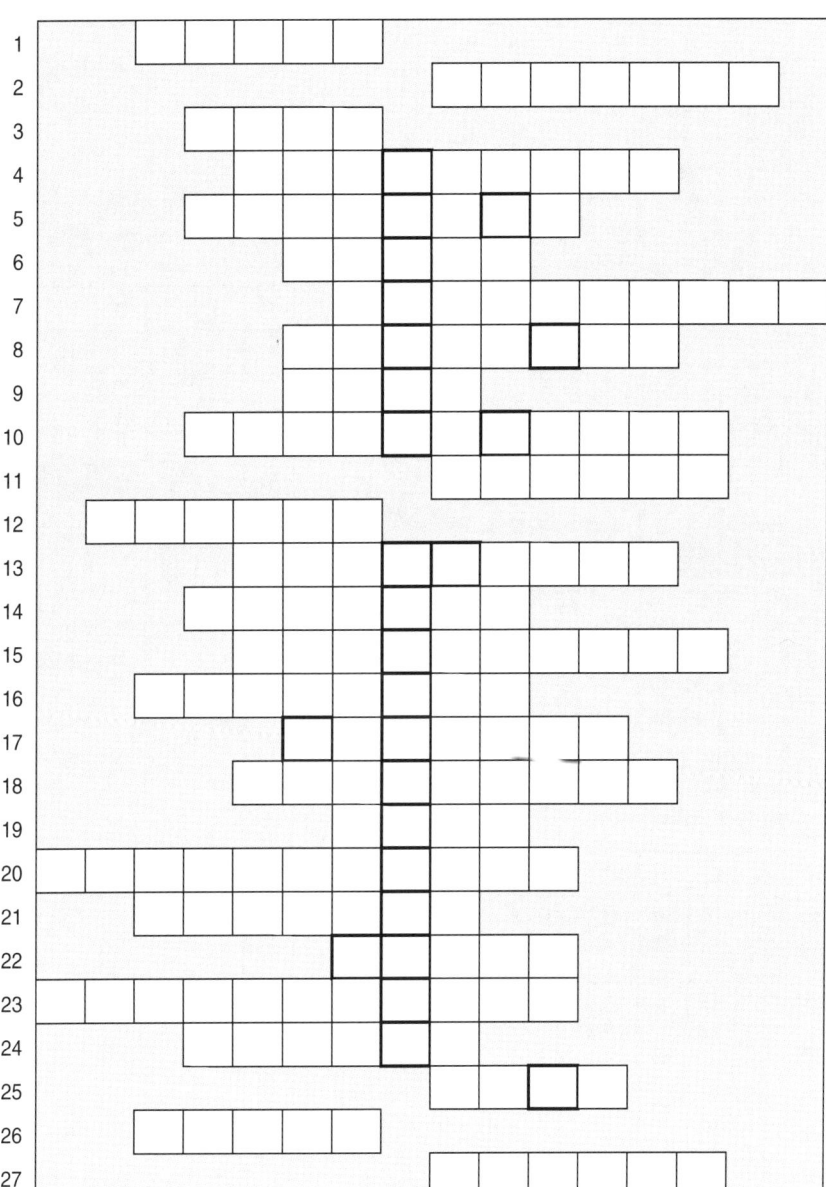

4 Den Sauerstoff zieht es zum Unedlen – Redoxvorgänge

#												
1			C	H	L	O	R					
2							C	A	L	C	I	U	M
3			Z	I	N	K						
4				A	L	U	M	I	N	I	U	M
5			S	C	H	W	E	F	E	L		
6				A	S	T	A	T				
7					S	A	U	E	R	S	T	O	F	F
8				S	I	L	I	C	I	U	M	
9				G	O	L	D					
10		W	A	S	S	E	R	S	T	O	F	F
11						P	L	A	T	I	N	
12	H	E	L	I	U	M						
13				M	A	G	N	E	S	I	U	M
14			I	R	I	D	I	U	M			
15				S	T	I	C	K	S	T	O	F	F
16		P	H	O	S	P	H	O	R			
17					N	A	T	R	I	U	M	
18				G	E	R	M	A	N	I	U	M
19					N	E	O	N				
20	K	O	H	L	E	N	S	T	O	F	F	
21		W	O	L	F	R	A	M				
22				F	L	O	U	R				
23	Q	U	E	C	K	S	I	L	B	E	R	
24			K	U	P	F	E	R				
25						B	L	E	I			
26		A	R	S	E	N						
27						S	I	L	B	E	R	

© Cornelsen Verlag Scriptor, Berlin – Rossa (Hrsg.). Die Fundgrube für den Chemie-Unterricht

5 Metalle im „Kampf" um den Sauerstoff und um Elektronen

Michael A. Anton

5.1 Von LICHTENBERG-Figuren oder Blitz-Blumen

Der Begriff „Electrica" taucht erstmals in einer Veröffentlichung von GILBERT aus dem Jahre 1600 auf. Das englische Wort für Elektrizität „electricity" findet man erstmals 1650 in einer Veröffentlichung von W. CARLTON. So fremdartig wie diese Wortschöpfung in den Ohren der Zeitgenossen geklungen haben mag, so unwirklich erschienen sogar den Experten die Erscheinungen, die mit ihm zusammengefasst werden sollten. Damals wurden die ersten elektrischen Phänomene ausführlich beschrieben und eindrucksvolle Experimente vor illustrem Publikum vorgeführt. Praxisorientierte Erfinder und Forscher machten sich jedoch auch schon Gedanken über eine alltagstaugliche Verwendung dieser physikalischen Effekte. So arbeitete man bereits 1747 an der Entwicklung eines Blitzableiters (B. FRANKLIN 1706–1790).

All dieser „elektrischen Physik" war von Anfang eines gemeinsam: Sie beruhte – so würden wir das heute ausdrücken – auf Elektrostatik. Schon früh führte man sie auf einen „Anteil an elektrischer Materie" zurück, welcher der „gewöhnlichen Materie" auf eine bestimmte Weise gegeben war und der ein charakteristisches Verhalten dieser geladenen Körper bedingte. Hierzu zählten Anziehungs- und Abstoßungskräfte, ganz analog zur Massenanziehung und zum Magnetismus, Funkensprünge, Lichterscheinungen sowie eigenartige Musterbildungen auf geeigneten, vorpräparierten Unterlagen (LICHTENBERG-Figuren nach G. C. LICHTENBERG 1742–1799).

Bei der Bestrahlung von Plexiglas mit Elektronen aus einem Beschleuniger entsteht im Glas ein Spannungsfeld von ca. 3 Millionen Volt, das büschelförmig entladen wird. Solche LICHTENBERG-Figuren oder „Blitz-Blumen" werden durch Farblichtbestrahlungen besonders eindrucksvoll.

Bild 1: Blitz-Blumen

Alle Elektrizität beschränkte sich bis hinein ins 19. Jahrhundert auf den Kenntnisgewinn über derartige natürlich und auch künstlich, experimentell erzeugte Zustände der Materie, vom Bernstein (griech.: *elektron*) bis zum Wasser in der „Leidener Flasche" (1746). So nannte man die ersten Demonstrations-Experimentatoren auch „Elektrisierer", da sie durch allerlei Manipulation, vornehmlich Reibung und mit Hilfe von „Elektrisiermaschinen" (1734) Ladungszustände erzeugten (frz.: *électriser*). Rieb man beispielsweise Glas, so ließ sich eine „positive" oder „Glaselektrizität" nachweisen, rieb man Bernstein, eine „negative" oder „Harzelektrizität".

Erst mit den Fragen nach den Gründen für diese wiederholbaren elektrischen Phänomene löste eine andere Betrachtungsweise die rein statische ab. Neue Begriffe wurden eingeführt: Ladungsart plus und minus (C. v. LICHTENBERG) bzw. positiv und negativ (B. FRANKLIN 1747), Ladungsmenge, Spannung, Leitung (O. v. GUERICKE 1663, S. GRAY 1729) u. a.

Um einem Körper elektrisch zu machen, dachte man, müsse man ihn mit elektrischer Materie ausstatten. Sie müsse aber weitgehend zerteilbar sein oder aus kleinsten Teilchen bestehen. Wie sollte es sonst möglich sein, dass ein Stoff in jeder Portionierung diese elektrischen Eigenschaften tragen konnte und auch dass die elektrischen Eigenschaften in verbundenen Körpern von einem zum anderen fließen konnten. Statische und dynamische „Elektrizitäten" waren also nicht schon immer aufeinander bezogen.

Mittlerweile wissen wir, dass alle elektrischen Eigenschaften auf der Existenz und den Wirkeigenschaften von zwei Sorten kleinster Teilchen beruhen. Dies sind zuerst die „Elektronen", die von verschwindend kleiner Masse sind und stets eine negative Elementarladung tragen. Die positiv geladenen „Protonen" besitzen eine etwa 2 000-mal so große Masse wie die Elektronen. Neben den neutralen „Neutronen", deren Masse derjenigen der Protonen gleicht, sind Elektronen und Protonen die Bausteine der Atome, von denen bis heute 112 Sorten als Elemente bekannt sind. Es verursacht Faszination, wenn man sich vorstellt, dass die gesamte Vielfalt der Stoffe und ihrer Leistungen, ausgehend von einem Kieselstein bis hin zu unserem hochkomplexen Gehirn darauf beruht, dass Atome und Moleküle zu definierten Ordnungen zusammengetreten sind, welche sich dann als unsere stoffliche Umwelt zu erkennen geben. Ebenso beeindruckend ist die Vorstellung, dass durch Änderungen dieses Elementarteilchengefüges sofort auch Änderungen in den makroskopischen Eigenschaften verursacht werden. Für einen Kausalisten, der nach gesetzmäßigen Beziehungen zwischen Teilchenkonstellation und sichtbaren oder aber wie immer messbaren Eigenschaftsvariationen sucht, geht es aber auch um die umgekehrte Frage.

5.2 Vom Nutzen der Induktion und der Deduktion

Können wir auf Grund von Beobachtungen materieller Änderungen Rückschlüsse ziehen auf das zugrunde liegende Verhalten der Elementarteilchen? Ein solches induktives Vorgehen bei der Klärung von Regelhaftigkeiten entspricht dem klassischen Forschungsansatz des Naturwissenschaftlers. Es lässt sich zwar nicht bis zur letzten Konsequenz verwirklichen, hilft aber dennoch zu einer befriedigenden Sicht der Zusammenhänge. „Wenn immer, dann ..." heißt die typische Formulierung einer so gewonnenen Regel. Je sicherer die induktive Bearbeitung eines Problems gelingt, desto interessanter wird der sich anschließende Umgang mit den erkannten Regeln. Es wird dadurch nämlich möglich, für ähnlich gelagerte Fälle eine Vorhersage zu treffen: „Wenn immer, dann auch ..." kann nun gefolgert und dabei die Regel, das Gesetz überprüft werden. Damit ist das zweite Standbein naturwissenschaftlichen Erkenntnisgewinns beschrieben, die deduktive Methode. Im Wechselspiel beider Methoden entstehen gesicherte Erkenntnisse von dem, was die Stoffe in ihrem Sein und Verändern bestimmt.

Dabei erklärt dieser Weg in erster Linie die kontinuierliche Entwicklung des wissenschaftlichen Fortschritts. Das Auftreten sprunghafter, „außerlogischer" Ideen und Entdeckungen ist aber erst verständlich, wenn man einen dritten Faktor mit einbezieht, die Intuition! Sie schafft das plötzliche Überwinden von Hindernissen, und das Ausbrechen aus Denksackgassen. Sie verursacht Kreativität, da mit ihrer Hilfe Wissen neu geordnet und neu kombiniert werden kann und bestehende Probleme durch gänzlich unkonventionelle ergänzt oder gar ersetzt werden können.

5.3 Der Elektronentransfer – Merkmal elektrochemischer Vorgänge

In unserem Fall sollen nun diejenigen Gesetzmäßigkeiten aufgezeigt und abgeleitet werden, die im Zusammenspiel der geschilderten Faktoren ermittelt worden sind und welche den elektrochemischen Phänomenen zu Grunde liegen.

Hierzu bedarf es noch einer Ergänzung des Zusammenwirkens von Elektronen und Protonen in einem beliebigen Atom eines Elements. Wir setzen hierzu das Atommodell nach N. Bohr (1885–1962) und W. Heisenberg (1901–1976) als Vorstellungshilfe voraus.

Das scheinbare Fehlen von elektrischen Eigenschaften bei einem Stoff beruht nicht auf der Abwesenheit geladener Teilchen, sondern lediglich auf einem Ausgleich von positiven und negativen Ladungsträgern. So befinden sich in den Atomen des Kupfers im Kern 29 Protonen (neben 35 Neutronen; Entdeckung des Neutrons: 1932, J. CHADWICK 1891–1974) und in der Hülle die selbe Anzahl an Elektronen (engl.: *electrin*, dann *electron:* 1881; G. J. S. STONEY 1826–1911). Dieser Ladungsausgleich verursacht nach außen ein elektrisch neutrales Verhalten des Metalls. Ein Kupferblech ist elektrisch ungeladen. Im Gegensatz zu den zentral im Kern gepackten Protonen lassen sich eigene Elektronen, vornehmlich der äußersten Schale, unter geeigneten Bedingungen entweder aus dem Verband entfernen oder fremde zusätzlich „einbauen". Ein so entstandenes Ungleichgewicht zwischen positiven und negativen Ladungen führt zu einer Gesamtladung der betroffenen Stoffportion. Es entstehen im ersten Fall, den wir hauptsächlich bei den links im gekürzten PSE stehenden Metallen vorfinden, positiv geladene Ionen, so genannte Kationen; im zweiten Fall bilden sich negativ geladene Ionen, die so genannten Anionen. Die jeweilige Ladungsgröße, also die Zahl der abgegebenen bzw. aufgenommenen Elektronen, ist für jede Atomsorte, jedes Element charakteristisch. Sie entspricht in ihrem Betrag in der Regel der stöchiometrischen Wertigkeit. So bildet das Magnesium der zweiten Hauptgruppe zweifach-positiv geladene Magnesium-Kationen und das Brom in der siebten Hauptgruppe entsprechend der Oktettregel einfach-negativ geladene Bromid-Anionen. Das Entstehen solcher Ionen verläuft also stets über einen Elektronentransfer. Neben der Übertragung von Protonen, die sich ganz analog zum Transfer von Elektronen abspielt, und alle Säure-Basen-Reaktionen als Protonentransferreaktionen charakterisieren lässt, lassen sich Elektronenübertragungs-Reaktionen als REDOX-Reaktionen kennzeichnen. Dabei beschreibt die Oxidation stets eine Elektronenabgabe, die Reduktion eine Elektronenaufnahme.

Somit sind elektrochemische Vorgänge Stoffartänderungen, die sich auf eine Ladungsänderung der beteiligten Reaktionspartner zurückführen lassen. Diese Erkenntnis wurde 1798 von J. W. RITTER angebahnt.

Unter den eben geschilderten Voraussetzungen kann auf die Annahme einer „elektrischen Materie", die in einer gewöhnlichen Materie wie das Wasser in einem Schwamm verteilt sein soll, verzichtet werden. Unter Vermeidung dieser überkommenen Modellvorstellung können ganz neue Wege bei der Untersuchung elektrochemischer Zusammenhänge eröffnet werden. Wir wollen sie nun in kleinen Schritten nachgehen. Diese Schritte stellen sich uns im hier ausgewählten Beispiel als eine fortlaufende Kombination von Experiment und Interpretation dar, an deren Ende u. a. die befriedigende Erklärung einer einfachen Batterie die praktische Anstrengung und die intellektuelle Leistung in Form einer neuen Wissenskonstruktion entlohnen soll.

5.4 Atome und ihre Ionen im Gleichgewicht

Versuch 1: Lehrer-Schüler-Versuch
In mittelgroßen Bechergläsern, die zur Hälfte mit deionisiertem Wasser gefüllt sind, wird jeweils ein Stück Magnesiumband, Kupferblech, Eisen (Eisennagel), einige Kristalle Iod [Xn], etwas Chlorwasser [T] gegeben (Bild 2).

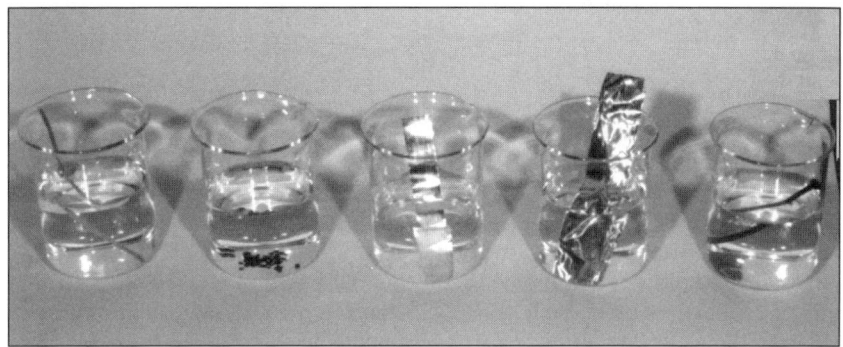

Bild 2: Metalle und Nichtmetalle in Wasser

Nach wenigen Stunden lassen sich unter den folgenden Bedingungen eindeutige Beobachtungen machen, die anschließend zu interpretieren sind. Gibt man zum ersten Glas einige Tropfen Bromthymolblau-Lösung (Säure-Base-Indikator), so färbt sich die Lösung blau und zwar als Zeichen für die Entstehung einer Lauge.
Da deren Wirkung auf der Existenz von Hydroxid-Ionen beruht, kann man damit zwingend auf die Existenz von Magnesium-Kationen schließen.
Bei der Zugabe von etwas konzentriertem Ammoniak zum „Kupferblechansatz" tritt eine hellblaue Verfärbung auf, die im weiteren Verlauf deutlich zunimmt. Es handelt sich um einen empfindlichen Nachweis von Kupfer(II)-Kationen in Form des Kupfertetramin-Komplexes.
Der dritte Ansatz zeigt eine gelblich-trübe Verfärbung auf. Mit einer kleinen Portion von Kaliumthiocyanat-Lösung wird die Lösung rot. Die gebildeten Eisen(III)-Kationen können neben ihrer Eigenfarbe auch durch die Hydroxidbildung (Fe(OH)$_3$) oder mittels der genannten Komplexreaktion nachgewiesen werden.
In die Gläser mit den Halogenen gibt man einige Tropfen Silbernitrat-Lösung. Der weiße bzw. gelbliche Niederschlag des jeweiligen Silberhalogenids weist auf die erfolgte Bildung von Iodid- und Chlorid-Anionen hin (Bild 3).

Bild 3: Nachweis von Halogenid-Ionen

Was ist all diesen Versuchsabschnitten gemeinsam? In jedem Fall haben sich im Wasser Ionen gebildet, entweder Metall-Kationen durch Oxidation oder Nichtmetall-Anionen durch eine Reduktion. Das geht unterschiedlich schnell und endet bei unterschiedlich hohen Konzentrationen. Es scheint aber stets so zu sein, dass das Metall oder das Nichtmetall in einem wässrigen Medium spontan in eine oxidierte oder reduzierte Form übergeht und beide Formen, Atome und Ionen nebeneinander vorliegen, sozusagen ein Gleichgewichtssystem bilden, dessen Lage typisch für den Stoff zu sein scheint. So braucht man beim Magnesium nur Minuten zu warten bis der Effekt nachweisbar wird, beim Kupfer muss man sich dagegen deutlich gedulden. Ein System von Silberblech in Wasser führt zu keinem positiven Nachweis von Silber-Kationen, etwa mit einer zugesetzten Natriumchlorid-Lösung. Wir sprechen die Elemente, welche mit ausgeprägter Tendenz Kationen bilden, als „unedel" an; ihre Atome besitzen einen ausgeprägten „Lösungsdruck". Im Gegensatz zu ihnen, sind die „edlen" Elementatome weniger leicht zur Ionisierung bereit und es soll angenommen werden, dass sie bei geringem Lösungsdruck als Ionen einen ausgeprägten „Abscheidungsdruck" aufweisen. Je edler ein Metall ist, desto weniger tendiert es dazu, in Ionenform vorzuliegen.

Bietet man den entstandenen Ionen einen Elektronenspender an, werden sie sich vermutlich der von ihm bereit gestellten Elektronen bedienen und in Atome übergehen. So kommt es zur Abscheidung des Metalls am Reduktionsmittel aus der Lösung. Es ist folgerichtig, dass der Elektronenspender oxidiert wird und sich seine Atome als Ionen in der Lösung anreichern.

Wenn jetzt die Begriffe „Oxidation" und „Reduktion" fallen, dann ist das nicht von ungefähr. Denn auch auf der Definitionsebene „Eine Vereinigung eines Stoffes mit Sauerstoff ist eine Oxidation!" lassen sich Elemente voneinander unterscheiden, die sich entweder leicht oder nur sehr schwer mit Sauerstoff vereinigen. Auch hier sprechen wir ja von unedlen bzw. edlen Elementen. Gold, Platin und Silber sind bekanntlich edle Schmuckmetalle, die den meisten alltäglichen Reaktionsbedingungen trotzen. Demgegenüber handelt es sich bei Eisen und Magnesium, Zink und Calcium um unedle Metalle. Sie sind reaktionsfreudig und zeichnen sich in reiner Form keinesfalls durch Beständigkeit aus. Kupfer steht hier eher auf der Seite der edleren Metalle, reagiert es doch nicht heftig mit dem Sauerstoff. Kupferdächer garantieren lange Haltbarkeit. Diese Abstufungen der reaktiven Eigenschaften wurden schon früher als Auffälligkeit und Systematisierungsmöglichkeit registriert. Bereits 1697, als die Phlogistontheorie von G. E. STAHL (1660–1734) das Denken der Chemiker beherrschte, ordnete man die Metalle nach der Leichtigkeit ihrer „Dephlogistonierung" (Zn > Fe > Cu > Pb > Sn > Hg > Ag). Somit bezieht sich die Kennzeichnung „edel" auf eine auffällige Resistenz gegenüber dem Luftsauerstoff, auf eine deutliche Instabilität des Oxids, auf eine geringe Tendenz zur Elektronenabgabe sowie auf einem geringen „Lösungsdruck", d. h. eine geringe Oxidierbarkeit bzw. reduzierende Wirkung!

Analoges gilt für das Attribut „unedel". Die beiden Definitionsebenen von Oxidation und Reduktion können also widerspruchsfrei aufeinander bezogen werden.

Eine solche Schlussfolgerung ist nicht nur das Resultat gewissenhafter Interpretation der schon gemachten Beobachtungen, sie ist auch die deduktive Grundlage für einen weiteren Versuch.

5.5 Elektronen auf Talfahrt

Versuch 2: Lehrer-Schüler-Versuch
In eine neue Reihe von mittelgroßen Bechergläsern gibt man der Reihe nach: einen Eisennagel in Magnesiumchlorid-Lösung, ein Kupferblech in Silbernitrat-Lösung, einen Zinkstab in Kupfersulfat-Lösung, ein Kupferblech in Zinksulfat-Lösung, schüttet wenig Chlorwasser in eine Kaliumiodid-Lösung und Iodwasser in eine Kaliumchlorid-Lösung und lässt zuletzt jeweils ein Stück Silberblech bzw. ein längeres Stück Magnesiumband in eine stark verdünnte Salzsäure-Lösung fallen.

Nicht in allen Fällen macht man eine Veränderung aus. So scheidet sich elementares Silber am Kupferblech ab und Kupfer am Zinkstab, jedoch kein Magnesium am Eisen oder Zink am Kupferblech. Mit Chlorwasser tritt die Iodfarbe auf, Iodwasser vermag jedoch kein Chlor freizusetzen und die Bildung von elementarem Wasserstoff ist nur bei Anwesenheit von Magnesium beobachtbar, nicht jedoch beim Einbringen des viel edleren Silbers in die Oxonium-Ionen-Lösung.

So wie sich im zuletzt genannten Fall Magnesium-Ionen als Magnesiumoxalat indirekt nachweisen lassen, so wird die Silbernitrat-Lösung mit dem Kupferblech durch die sich mit der Silberabscheidung bildenden Kupfer-Kationen

langsam deutlich blau. Überdies entsteht aus der farblosen Kaliumiodid-Lösung elementares Iod in seiner charakteristischen Braunfärbung, wobei die gelbe Färbung des Chlorwassers verschwindet.
Im Unterschied zu Versuch 1, in dem die so genannten Halbzellen in ihrer Gleichgewichtslage zwischen Atom und Ion beschrieben worden sind, wurden in Versuch 2 die Halbzellen verschiedener Elemente paarweise kombiniert. Es kommt in den hervorgehobenen Fällen der Metall-Metallsalz-Kombination zu REDOX-Reaktionen, bei denen die Elektronenabgabe, die Oxidation, vom Element ausgeht, das den höheren Lösungsdruck besitzt und die Reduktion vom Partner mit dem relativ dazu ausgeprägteren Abscheidungsdruck. Dies soll für Metalle (Cu/Ag) und Nichtmetalle (I_2/Cl_2) schematisch dargestellt werden.
Vorher darf nicht versäumt werden, auch hier auf die Analogisierbarkeit mit Metall-Metalloxid-REDOX-Reaktionen hinzuweisen: C/CuO- oder C/PbO- oder Fe/Al_2O_3-Gemische lassen sich beim Erhitzen zur Reindarstellung von Metallen verwenden. Auch hierbei muss darauf geachtet werden, dass es sich stets um das Oxid des edleren Metalls handelt. Im umgekehrten Fall ist die Reaktion nicht mehr exotherm! Die großtechnische Gewinnung von Eisen aus Eisenerz (FeO, Fe_2O_3) und Koks stellt ein bedeutsames Zeugnis der Wichtigkeit dieser Erkenntnisse für die menschliche Zivilisation dar.

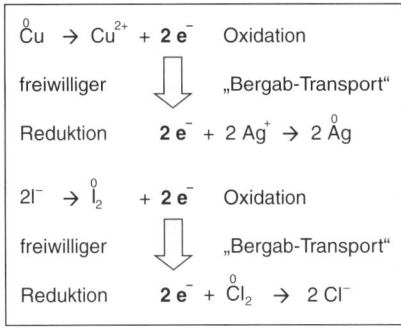

Bild 4

In beiden Fällen handelt es sich um Halbzellenkombinationen, in denen die REDOX-Prozesse spontan ablaufen. Ihnen ist außerdem gemeinsam, dass der Elektronentransfer durch den unmittelbaren Kontakt zwischen Metall bzw. Nichtmetall und Metall- bzw. Nichtmetall-Ionen in der Lösung sowie Metallsalz-Lösung bzw. Nichtmetallsalz-Lösung stattfindet.
Man könnte auch von einem Kurzschluss sprechen. Die Elektronen wechseln den Partner, ohne dass sie dabei einen längeren Weg oder ein Hindernis, einen Widerstand, z. B. in Form eines Verbrauchers zu überwinden hätten.
Kein Zweifel, dass ein solcher Vorgang vor dem Hintergrund seiner gelingenden Deutung zur Nutzung herausfordert.

5.6 Auf langem Weg zu Tale

Hier könnte der Schüler selbst zur kreativen Intuition herausgefordert werden. Im Rahmen einer Reorganisation von bestehendem deklarativem und prozeduralem Wissen ließe sich ein Versuchsaufbau wie in V3 beschrieben von den Schülern selbst entwickelt. Es müssten hierzu die unterschiedlichen Gerätschaften und Chemikalien in „überschüssigen Einzelteilen" angeboten und so vom Schüler ausprobiert werden können. Es erscheint nicht unwahrscheinlich, dass dann genau die erwartete Halbzellenkombination herauskommt.

Versuch 3: Lehrer-Schüler-Versuch
In einem einfachen Versuch koppeln wir zwei Halbzellen so miteinander, dass ihre Lösungen räumlich getrennt und die Metalle leitend miteinander verbunden werden. In die leitende Verbindung können wir nun ein Messgerät (Voltmeter) oder einen Verbraucher (Lämpchen, Elektromotor etc.) einbringen. Wegen der Notwendigkeit eines geschlossenen Stromkreises müssen wir die beiden Lösungen mit Hilfe eines Stromschlüssels miteinander verbinden. Ist dieser Versuchsaufbau fertig gestellt, kann man am Messgerät eine bestimmte Spannung U ablesen. Sie stellt ein relatives Maß für den unterschiedlichen Elektronendruck bzw. -sog an den beiden Polen dar. Dabei nennt man den Pol mit Elektronenüberschuss den Minus-Pol, den Elektronenmangel-Pol Plus-Pol. Die Elektronen wandern dann spontan vom Minus- zum Plus-Pol.
Eine andere Kombination von Halbzellen liefert wiederum eine andere Spannung. Je höher die Spannung, desto größer darf der Unterschied in den Elektronenkonzentrationen geschätzt werden.

Jetzt haben wir das, was man eine Batterie (Ausdruck aus dem Militärischen) nennt, vor uns, zumindest das Prinzip einer solchen. Eine derartige Konstellation eignet sich natürlich noch nicht für den Betrieb einer Taschenlampe. Hierzu müssen technische und wirtschaftliche Probleme gelöst werden. Aber wie es gehen soll, ist ab jetzt klar. Es müssen Metalle

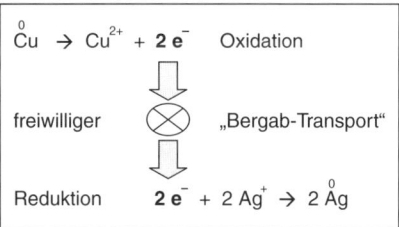

Bild 5

mit hohem Lösungsdruck (starke Reduktionsmittel) mit Salzlösungen solcher Metalle kombiniert werden, die sich durch einen hohen Abscheidungsdruck auszeichnen. Je größer die Unterschiede zwischen den beiden sind, desto höher muss die erwartete Spannung ausfallen.
Im Fall einer Kombination von Zink in Zinksulfat-Lösung [Xn] und Kupfer in einer Kupfersulfat-Lösung [Xn] ergibt sich eine Spannung von $U = 1{,}1$ V, wenn man jeweils Lösungen mit einer Konzentration von $c = 1$ mol/l verwendet.

Nachdem man bei der oben geschilderten Vorgehensweise (Versuch 3) ausschließlich relative Werte erhält und man deshalb die jeweilige Halbzelle immer nur im Vergleich mit einer oder mehreren anderen typisieren kann, hat man sich auf ein standardisiertes System geeinigt. Dieses ist die sogenannte Wasserstoff-Normal-Elektrode. In einer Salzsäure-Lösung mit c = 1 mol/l steckt eine frisch-platinierte Platin-Elektrode. Sie fungiert gegenüber den Oxonium-Ionen als Schwamm für Wasserstoffmoleküle.

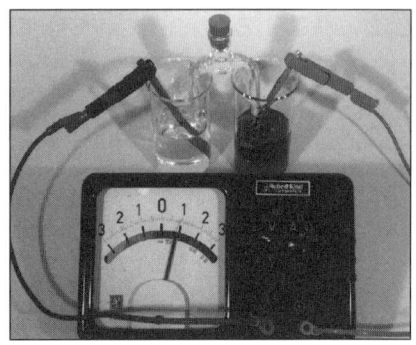

Bild 6: Zink-Kupfer-Element

Dieses $H_2/2\ H_3O^+$-System gilt als Bezugssystem mit der Spannung U = 0,00 V. Nun kann man jede beliebige Halbzelle mit der Bezugselektrode kombinieren und die Spannung messen. Die sich so ergebenden „Normalpotenziale" ε werden in der so genannten Spannungsreihe angeordnet. Alle Halbzellen, die sich gegenüber der Wasserstoffelektrode als Minus-Pol erweisen, also unedler sind, erhalten ein negatives Potenzial und stehen in der Reihe oberhalb vom Wasserstoff, alle anderen bekommen als edlere Elemente ein positives Vorzeichen und stehen unterhalb des Wasserstoffs.

Für unseren Fall gilt, dass Cu/Cu^{2+} einen ε-Wert von +0,34 V und Zn/Zn^{2+} einen von –0,76 V besitzt. Anhand der folgenden Faustregel „edel – unedel" kann die Gesamtspannung der „Batterie" leicht berechnet und ein experimenteller Befund überprüft bzw. vorhergesagt werden: +0,34 V – (–0,76 V) = 1,1 V. Die Kupfer/Zink-Kombination geht auf die Findigkeit von J. F. DANIELL (1836) zurück. Nach ihm ist diese Halbzellenkombination als DANIELL-Element benannt. Allgemein werden diese Versuchsanordnungen als galvanische Elemente bezeichnet. L. GALVANI (1737–1798) hat sie ab 1780 als solche erstmals einer systematischen Betrachtung unterzogen. Mittlerweile hat man sich unter den galvanischen Elementen neben dem DANIELL-Element unterschiedliche andere herausgesucht, die sich hinsichtlich der gelieferten Spannung, der Kosten für die benötigten Rohstoffe und der wirtschaftlichen Produktionsmöglichkeiten nicht unerheblich voneinander unterscheiden. So wäre eine Kombination aus einer Magnesium- (ε = –2,36 V) und Gold-Halbzelle (ε = +1,5 V) mit einer lieferbaren Spannung von U = 3,86 V äußerst effizient, jedoch keinesfalls wirtschaftlich nutzbar. Von einer sinnvollen Kompromissfindung getragen, hat man im Jahre 1852 ein „Trockenelement" entwickelt, welches Zink sowie Kohlenstoff (Graphit) und Braunstein enthält.

5.7 Vom Daniell-Element zum Kohle-Element

Man kann im Experiment wiederum sehr kleinschrittig zeigen, wie sich das Entstehen der Kohlenstoff-Batterie aus dem DANIELL-Element fast in Form einer „versuchstechnischen Metamorphose" nachvollziehen lässt.

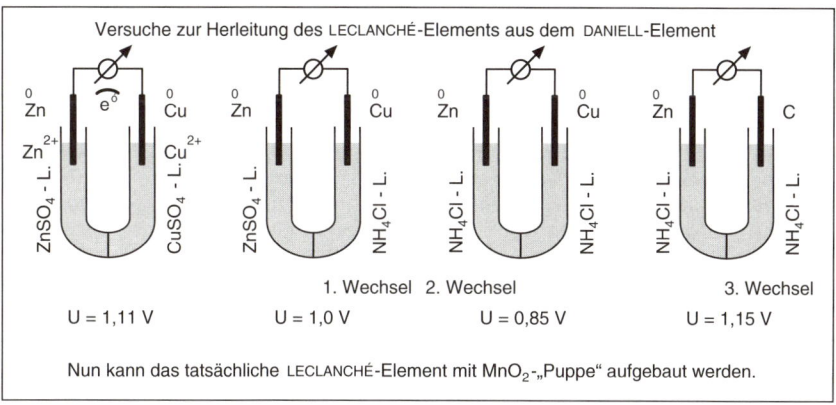

Dieses „Leclanché-Element" ist preiswert und liefert sehr konstant die brauchbare Energie von 1,5 V. Hinter diesem Element verbirgt sich die bekannte Taschenlampenbatterie. Sie ist bekanntlich nicht wiederaufladbar, was zur Suche nach Optimierungen geführt hat, welche in ihren Ergebnissen die unendliche Vielzahl von portablen Stromquellen verursacht hat, aus der wir heute die für jeden Zweck geeignete aussuchen können (vgl. CHIUZ 33 (1999) 5 und 6).
Fassen wir zusammen: Die dynamische Betrachtung von elektrochemischen Vorgängen führt vor dem Hintergrund der Kenntnisse vom Atombau über die kontrollierte Kombination von Halbzellen zu vorhersagbaren REDOX-Reaktionen, deren Freiwilligkeit es erlaubt, ohne besonderen Aufwand chemische Energie in vielfältig nutzbare elektrische Energie zu überführen.
Im Handel befindliche „Spaßbatterien" mit Zitrusfrüchten, Gewürzgurken u. a. (vgl. „Capri-Batterie von J. BEUS von 1985) in Kombination mit Digitaluhren und anderen dekorativen Verbrauchern können an dieser Stelle gewinnbringend in den Unterricht eingebunden werden. Die Fragen nach den Elektrolyten können über biologische Kenntnisse zur Pflanzenzelle sehr gut selbsttätig erarbeitet werden. Hier funktioniert dann die deduktive Methode sehr anschaulich und nachvollziehbar. Diese galvanischen Elemente bilden in ihrer Gesamtheit den Gegensatz zu allen erzwungenen elektrochemischen Vorgängen, wie sie sich vornehmlich in der Elektrolyse zeigen. Grob gesagt, ist es hilfreich, alle freiwilligen elektrochemischen Prozesse zur „Galvanik" zusammenzufassen und sie allen erzwungenen elektrochemischen Prozessen, der „Elektrolytik" gegenüberzustellen.

DIE ANEKDOTE (von Michael A. Anton)

Kupfer wird zum Fraß für Eisen

Dass galvanische Vorgänge auch Schaden anrichten können, soll an dem folgenden Beispiel verdeutlicht werden. Hier geht es um den „Elektronenraub im Verborgenen".

Im Verlaufe eines Gespräches zwischen Hausbesitzer, der von Beruf Chemiker war und Spengler kam man auch auf die Fixierung der Kupferdachrinne zu sprechen. Dabei löste der Satz „Nehmen Sie ja keinen Eisennagel, denn Eisen frisst Kupfer auf!" den Widerspruch des Chemikers aus. Der Zusatz „Nach ein bis zwei Jahren fällt Ihnen der Eisennagel durchs Kupferblech!" zwang zum Argumentieren. Dabei hilft ein Blick in die Spannungsreihe. Mit dem Wissen um die Prinzipien der Entstehung sauerstoffhaltiger Säuren aus dem Anhydrid und Wasser kann logisch gefolgert werden: Der allerorts niedergehende saure Regen greift das Eisen an, so dass es sich in Spuren auflöst. Dabei entstehen vornehmlich Eisen(II)-Kationen ($\varepsilon = -0,44$ V), die auf Grund der Wirkungen des Luftsauerstoffes zu Eisen(III)-Kationen aufoxidiert werden. Das hat jedoch fatale Folgen. Eisen(III)-Ionen sind edler als Kupferatome ($\varepsilon = +0,77$ V). Das bedeutet, dass Kupferatome oxidiert werden ($\varepsilon = +0,34$ V) und die Eisen(III)-Ionen zu Eisen(II)-Ionen zurück reduziert. Das Kupfer löst sich um den Eisennagel herum auf und der Nagel fällt irgendwann aber sicher aus dem Blech. Die praktische Lösung heißt demnach: Kupfer mit Kupfernägeln befestigen!

$\overset{0}{Cu} \rightarrow Cu^{2+} + 2\,e^-$ Oxidation

freiwilliger   ⇩   „Bergab-Transport"

Reduktion $2\,e^- + 2\,Fe^{3+} \rightarrow 2\,Fe^{2+}$

DER RÜCKBLICK (von Heinrich Schönemann)

Wie das Elektron zu seinem Namen kam

Das **Elektron** – mit einem langen „e" (Eta) am Anfang und einem kurzen (E-Psilon) in der Mitte des Wortes – wird schon in der Odyssee des ionischen Dichters HOMER (um 800 v. Chr.) genannt. Dort tritt es in zwei verschiedenen Bedeutungen auf: zum einen als Bernstein ((Od., XV, 460: Bernstein, in Gold gefasst, als Teil eines Halsbandes; Od. XVIII, 296: ähnlich)), zum anderen als Metall (Od., IV, 73: zusammen mit Gold, Silber und Elfenbein als Wand- und Türverkleidung). Bei diesem Elektron handelt es um eine natürlich vorkommende Legierung aus Gold (ca. $4/5$) und Silber (ca. $1/5$). Verbindendes Moment für die Doppeldeutigkeit des Begriffs war wohl die gold-gelbe, glänzende Farbe beider Stoffe.

Die ersten Münzen, die es gab, wurden aus dieser Legierung hergestellt, und zwar im 7. Jahrhundert v. Chr. – ebenfalls von Ioniern. Dieser griechische Stamm bevölkerte um diese Zeit Kleinasien, ihr Zentrum war Milet. Später wanderte ein Teil von ihnen nach Nordostgriechenland aus (Abdera).

Dass von dem Elektron als Bernstein merkwürdige Kräfte ausgingen, war in der Antike bekannt. So berichtet der römische Admiral und Schriftsteller *Gaius Secundus* PLINIUS (er starb 79 n. Chr., als er dem Opfern des Vesuv-Ausbruchs helfen wollte) in seiner historia naturalis (Naturgeschichte): „Ceterum attritu digitorum accepta caloris anima trahunt in se paleas ac folia arida, ac philyras, ut magnes lapis ferrum". (XXXVII. Buch,

5.7 Vom Daniell-Element zum Kohle-Element

III. Kapitel; 5. 1571, 2. Zeile von oben der Ausgabe 1608: „Im Übrigen ziehen sie (die verschiedenen Sorten Bernstein), wenn sie durch Reiben an den Fingern Lebenswärme erhalten haben, Spreu, trockene Blätter und Seidenbast an, genauso, wie der Magnet das Eisen anzieht".) (vgl. die Strack-Übersetzung, III. Teil, S. 539, 1855).
Dass diese magnetische Anziehungskraft von der des Bernsteins verschieden war, stellte der englische Arzt und Naturforscher *William* GILBERT (1540–1603, Leibarzt der englischen Königin Elisabeth) im Jahr 1600 fest. Er prägte für die letztgenannte den Ausdruck *vis electrica* (Bernsteinkraft) und stellte fest, dass diese auch von anderen Stoffen (Diamant, Bergkristall, Schwefel, ...) ausging, wenn man sie rieb, und sich praktisch auf alle Stoffe erstreckte, wenn diese nur leicht genug waren. (vgl. F. DANNEMANN, Die Naturwissenschaften in ihrer Entwicklung ..., 2. Bd., S. 100, 1921; ders., Aus der Werkstatt großer Forscher, S. 57 ff., 1908).
In der Folgezeit wurde diese vis electrica intensiv untersucht, besonders, nachdem mit der VOLTA-Säule (1800) eine bequem zu handhabende Spannungsquelle zur Verfügung stand. Davor ließen sich Spannungen ja nur sehr mühselig durch Influenz-Maschinen erzeugen.
Hinweise, dass der elektrische Strom letzten Endes aus kleinsten Partikeln bestehen musste, ergaben sich schon aus der Auswertung der FARADAY-Gesetze. So stellte der damals so genannte „Reichkanzler der Physik" *Hermann von* HELMHOLTZ (1821–1894) in einer Rede zu Ehren FARADAYS 1881 fest: „Wenn wir Atome der chemischen Elemente annehmen, so können wir nicht umhin, weiter zu schließen, dass auch die Elektrizität positiv sowohl wie negativ in bestimmte elementare Quanta geteilt ist, die sich wie die Atome der Elektrizität verhalten." (nach E. W. SCHPOLSKI, Atomphysik, Teil 1, S. 2, 1962).
Zu gleicher Zeit (1881) schloss der englische Physiker *George Johnstone* STONEY (1826–1911) bei der Untersuchung der Kathodenstrahlen auf die Existenz dieser „Atome der Elektrizität" und nannte ein solches Teilchen „electrine". Zehn Jahre später benannte er es um in „**electron**". Damit schließt sich der Ring zu den alten Griechen.

Der Name **Proton** kommt ebenfalls aus dem Griechischen: to proton – mit einem langen „o" (O Mega) am Anfang und einem kurzen (O-Mikron) am Ende des Wortes – und heißt „das Erste". Dieser Begriff wurde 1920 von *Ernest* RUTHERFORD (1871–1937, „Vater" des Streuversuchs 1911) in bewusster Anlehnung an die ionischen Philosophen und ihre Suche nach einer Ursubstanz oder ersten Substanz, aus der alle anderen aufgebaut sein sollten (arche, prote hyle, vgl. den Artikel über die Ionier auf S. 104), vorgeschlagen. RUTHERFORD erhielt 1908 den Chemie-Nobelpreis für seine Arbeiten zum radioaktiven Zerfall.

Der Name **Neutron** kommt aus dem Lateinischen: uter, welcher von beiden?; ne-uter, keiner von beiden (also hier: weder positiv noch negativ geladen). Der Name wurde von dem Entdecker dieses Teilchen, *James* CHADWICK (1891–1974), einem Schüler RUTHERFORDS, 1932 vorgeschlagen. Für diese Entdeckung erhielt auch er einen Nobelpreis: den für Physik (1935).

Protonen und Neutronen bilden den Kern des Atoms, sie sind die **Nukleonen**. Dieses Wort geht auf das lateinische nux, Genetiv nucis, die Nuss zurück. Beide Wörter – und auch „Nougat" – sind miteinander verwandt. Das hört man schon am Klang. Hängt man an das Wort die Endung für Verkleinerung (-ulus), dann erhält man nuculeus und *nucleus*: die kleine Nuss, der Nusskern, der *Kern*. Die Bezeichnung „Nukleonen" für die Teile des Atomkerns wurde von *Werner* HEISENBERG 1932 vorgeschlagen (1901–1976, Physik-Nobelpreis 1932 für die Quantenmechanik). Dass der Atomkern *positiv* geladen ist, hat dann zu dem Ausdruck **nukleophil** (griech.: *philos*, Freund, liebend; also: „eine positive Ladung liebend") geführt. Hier ist vom Atomkern nicht mehr die Rede.

6 Salze
Rüdiger Blume

6.1 Artverwandt und doch verschieden

Die meisten Menschen, die im Chemieunterricht nicht aufgepasst haben, stellen sich unter Salz nur eines vor: *Kochsalz*. Alle kennen es aus der Küche, nennen seinen Geschmack „salzig", und so ist es seit langem und wird wohl auch so bleiben. Salz ist und war nie aus der Menschheitsgeschichte wegzudenken. Viele Orts-, Landschafts- und Flussnamen in Deutschland hängen direkt oder indirekt mit Begriffen um das Salz zusammen. Das sind Namen, die auf *Salz* (vom indogermanischen *Sel, Sal,* Bodensatz), *Sole* (althochdeutsch: Salzlösung, Suhle) oder *Hals* (griechisch, keltisch: Salz) zurückzuführen sind: *Salzburg, Salzach, Salzkammergut, Bad Salzungen, Suhl, Sulzbach, Solingen, Saale, Saalfeld, Saar, Hallstadt, Halle* in Sachsen-Anhalt und in Westfalen, *Reichenhall, Hellen* usw. Ein Blick in das Register eines Atlanten überrascht. Das sächsische-anhaltinische Halle z. B. war ein berühmter Salzmittelpunkt mit Handelsbeziehungen nach fast ganz Europa.

Denn Salz verkörperte damals Geldeswert. Seine Gewinnung und der Handel mit Salz hatten eine große Bedeutung für die Menschheit. Und die Bedeutung ist nicht geringer geworden! Allerdings haben sich die Schwerpunkte stark verschoben.

Früher kannte man nur die natürliche, also physiologische Bedeutung des Salzes, zu der auch die Lebensmittelkonservierung gehörte. Niemand hätte im Entferntesten daran gedacht, Salz z. B. zum Abtauen von Glatteis vor der Haustür zu verschwenden. Es war in manchen Gegenden so kostbar wie Gold! Heute ist noch die Bedeutung der Salze für die Technische Chemie und für die Alltagschemie hinzugekommen, die den Rahmen der natürlichen Bedeutung zu sprengen scheint. Das hat u. a. auch seinen Grund in der Überproduktion dieses einmal kostbaren Wirtschaftsguts, das damit zu einem teilweise unverkäuflichen Massenartikel verkommen ist. Und mehr denn je stehen Kochsalz, seine Gewinnung und Verarbeitung im Verdacht, umweltschädigend zu sein.

6.2 Salze – mehr als Kochsalz

Jeder Chemielehrer kennt die Schwierigkeit bei der Einführung des Salzbegriffs: Da ist die Diskrepanz zwischen dem Salzbegriff aus der häuslichen Umgebung und dem des chemischen Labors. Sie ist nur noch zu vergleichen mit den Schwierigkeiten um den Stoff-Begriff im Anfangsunterricht der Chemie. Salze sind für Schüler „salzig, rieselig, ungiftig, würfelförmig kristallin, farblos, gut löslich ...". Und dann die Erkenntnis: Einige Salze schmecken seifig (Soda), andere sauer wie Lakritz (Ammoniumchlorid), andere süß (Bleiacetat oder Mangan(II)-sulfat), bitter (Magnesiumsulfat) oder sind ohne Geschmack. Viele Salze sind farbig, die Löslichkeit schwankt zwischen leicht bis schwerlöslich, und man beobachtet Kristalle aus allen Kristallsystemen.

Salz ist also viel mehr als nur Kochsalz: *Chemiker nennen alle ionisch aufgebauten, festen Verbindungen Salze.* Man kennt von diesen „zusammengesetzten Körpern" nahezu unbegrenzt viele, was sich schlicht aus der Möglichkeit von Kombinationen von negativen und positiv geladenen Ionen ergibt.

Die Vielfalt dieser Stoffklasse ist erstaunlich. Man kann aber versuchen, sie zumindest in Gruppen einzuteilen. Das gibt Diskussionsstoff für einen lebendigen Chemieunterricht. Noch besser: Man stellt bekannte Salze einmal aus. Schon die Farbenpracht begeistert. Sie weckt Neugier auf den Bau der Salze. Da gibt es Salze, deren Kationen Metall-Ionen sind und deren Anionen nur Nichtmetallatome enthalten: Natriumchlorid $NaCl$, Pyrit FeS_2 oder Kalkstein $CaCO_3$. Es gibt aber auch Salze mit Metallatomen in ihren Anionen: Kaliumchromat K_2CrO_4 und Kaliumpermanganat $KMnO_4$. Andere Salze enthalten überhaupt keine Metallatome: Ammoniumchlorid NH_4Cl oder Ammoniumacetat CH_3COONH_4. Dazu kommen noch Salze, die in ihren Kristallen stöchiometrische Wassermengen eingelagert haben, die Hydrate: Glaubersalz $Na_2SO_4 \cdot 10\ H_2O$ oder Bittersalz $MgSO_4 \cdot 7\ H_2O$. Dann gibt es noch Komplexsalze wie das Silber-diammin-nitrat $[Ag(NH_3)_2]NO_3$. Und wenn man noch die Salze der organischen Verbindungen einbezieht, wird es völlig unübersichtlich. Man kann die Salze auch nach ihrer Wechselwirkung mit dem Lösemittel Wasser einteilen. Viele Salze verändern nicht das Milieu ihrer Umgebung, wenn sie gelöst werden. Das sind die *Neutral- oder Inert-Salze,* mit denen man Ionenkonzentrationen („Ionenstärken") in der Elektrochemie oder Biochemie steuert. Beispiele sind Chloride, Sulfate und Nitrate der Alkalimetalle. Andere Salze reagieren mit Wasser im Sinne einer Säure/Base-Reaktion. Das sind saure Salze wie Kaliumhydrogensulfat $KHSO_4$ oder basische Salze wie Natriumcarbonat Na_2CO_3.

Zu Salzen gehören streng genommen auch die *Metalloxide.* So kann man auf Bildern nicht unterscheiden, ob es sich um Kristalle von Natriumchlorid oder von Magnesiumoxid handelt: Beide gehören zum kubischen Kristallsystem und bilden schöne Würfel, beide zeigen in der Schmelze elektrische Leitfähigkeit. Das ist Grundlage z. B. von Schmelzelektrolysen zur Gewinnung von Metallen wie Aluminium aus ihren Oxiden. Gleiches gilt auch für Metallhydroxide.

6.3 Viele Wege führen nach Rom – wie Salze entstehen

Salze bilden sich durch verschiedenste Reaktionen, die allesamt von großer Bedeutung sind. Hier sind einige Beispiele:

- **Neutralisationsreaktion:**

    NaOH (aq) + HCl (aq) → NaCl (aq) + H_2O /exotherm

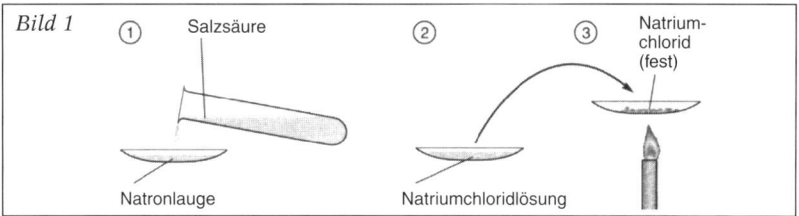

Bild 1

- **Addition von Säureanhydriden an Basen:**

    $Ca(OH)_2$ (aq) + CO_2 (gasf.) → $CaCO_3$ (fest) + H_2O /exotherm

- **Addition von Säureanhydriden an Metalloxide:**

    CaO (fest) + CO_2 (gasf.) ⇌ $CaCO_3$ (fest)   /exotherm

- **Redoxreaktion zwischen Metall und Säure:**

    Fe (fest) + H_2SO_4 (aq) → $FeSO_4$ (aq) + H_2 (gasf.)   /exotherm

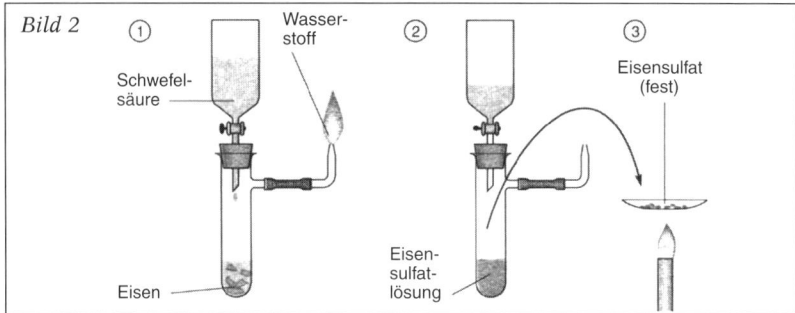

Bild 2

- **Redoxreaktion zwischen Metall und Nichtmetall:**

    2 Na (fest) + Cl_2 (gasf.) → 2 NaCl (fest)   /exotherm

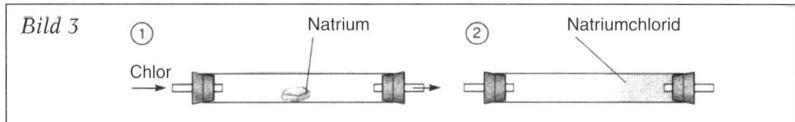

Bild 3

6.3 Viele Wege führen nach Rom – wie Salze entstehen

- **Austausch der Anionen:**

  $AgNO_3$ (aq) + NaCl (aq) → AgCl (fest) + $NaNO_3$ (aq) /exotherm

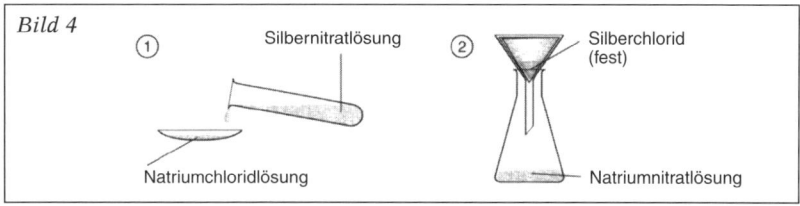

Bild 4

- **Einwirkung von Säuren auf Metalloxide:**

  CuO (fest) + H_2SO_4 (aq) → $CuSO_4$ (aq) + H_2O /exotherm

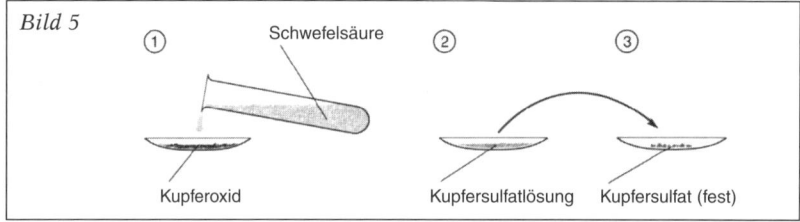

Bild 5

- **Brönstedsche Säure/Base-Reaktion ohne Wasserbeteiligung:**

  NH_3 (gasf.) + HCl (gasf.) $\rightleftarrows$ NH_4Cl (fest) /exotherm

Reaktionen wie die Neutralisation, bei denen Lösungen der Salze entstehen, erfordern zur eigentlichen Salzbildung eine abschließende Kristallisation (vgl. nebenstehendes Bild).

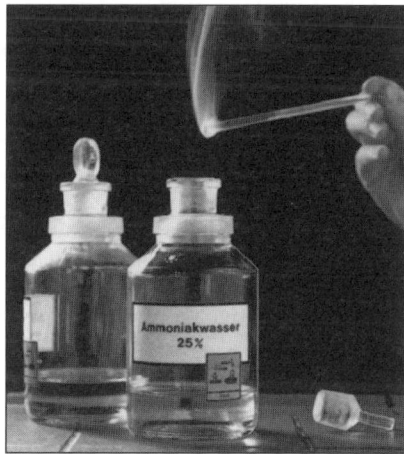

Bild 6

6.4 Wie Salze aufgebaut sind: die ionische Bindung

Salze bestehen aus positiv und negativ geladenen Ionen. Deshalb leiten ihre Schmelzen und wäßrigen Lösungen den elektrischen Strom.
Im Kristallgitter werden die Ionen durch elektrostatische Wechselwirkungen *(Coulombsche Bindungskräfte)* zusammengehalten. Die Ionen ordnen sich so an, dass sie anschließend eine minimale potentielle Energie besitzen. Das führt zu dem hohen Ordnungszustand, den wir beim Aufbau der Salzkristalle so bewundern.

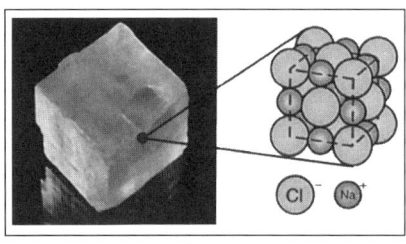

Bild 7

Je nach der relativen Größe von am jeweiligen Salz beteiligten Kationen und Anionen gibt es unterschiedliche Gittertypen. Man sollte es in der Schule aber beim einfachsten und zugleich schönsten Typ belassen: Anhand des kubischen Kochsalzgitters lassen sich räumliches Vorstellungsvermögen und Symmetrie-Empfinden am besten trainieren.

Die Coulombschen Bindungskräfte sind ungerichtet, aber sehr effektiv. Deshalb haben Salze im Vergleich zu den Molekülgittern im Allgemeinen einen hohen Schmelzpunkt, so Natriumchlorid bei 801 °C.
Der Aufbau des Ionengitters erklärt auch, warum Salzkristalle (verglichen mit Metallkristallen) so ausgesprochen spröde sind: Gleiten beim plötzlichen Deformieren gleichgeladene Schichten aneinander vorbei, so stoßen sie sich in ihrer Gesamtheit ab; der Kristall bricht. Länger anhaltender, starker Druck jedoch kann sehr wohl zur Deformation führen.

6.5 Sind alle Salze leicht löslich?

Salze gelten bei vielen Schülern von vornherein als leicht lösliche Stoffe. Das stimmt für die Chloride und Nitrate der Alkali- und Erdalkalimetalle sowie für Ammoniumverbindungen. Deshalb gelangen sie leicht ins Grundwasser und machen es für die Nutzung als Trinkwasser unbrauchbar.
Vor allem gibt es glücklicherweise schwer lösliche Salze. Bei einigen könnte man bei oberflächlichem Hinsehen sogar meinen, dass sie sich gar nicht lösen. Hierzu gehören die Gesteins- und Bodenbildner wie Silikate und Erdalkalimetall-Carbonate. Aber die Wirkung von Wasser und Eis über Jahrtausende hinweg beweist, dass sich auch harte Gesteine wie Granit, die ja auch Salze sind, lösen: „Steter Tropfen höhlt den Stein."

Andere schwer lösliche Salze wie die Sulfide der Schwermetalle sowie Bleichlorid und -sulfat häufen sich in Ufersedimenten oder in Organen wie Niere, Knochensubstanz oder Zähnen an (*Summationsgifte*).

Anhand der Löslichkeit von Salzen lässt sich exemplarisch das chemische Gleichgewicht einführen.

Wenn wir ein schwer lösliches Salz wie etwa Kalkstein in Wasser geben, bleibt im Allgemeinen ein Bodensatz zurück, den wir auch durch gutes Schütteln und Rühren nicht auflösen können. Solch eine Lösung mit Bodensatz bezeichnen wir als *gesättigte Lösung*. Der Grund für die Sättigung ist, dass schwer lösliche Salze nur zum Teil dissoziieren.

$$HgS \text{ (fest)} + Wasser \rightleftarrows Hg^{2+} \text{ (aq)} + S^{2-} \text{ (aq)} \quad /endotherm$$

Es ist aber falsch anzunehmen, dass in dieser Lösung nichts mehr passiert! Könnten wir zuschauen, so würden wir an der Oberfläche des Festkörpers ein ständiges Kommen und Gehen von Ionen beobachten. Dabei löst sich genau so viel Salz wie sich wieder zurückbildet. Man sagt, dass hier ein *dynamisches chemisches Gleichgewicht* vorliegt.

Dieses Gleichgewicht hängt besonders von der Temperatur ab. Erhitzt man eine Salzlösung mit Bodensatz, also eine *gesättigte Lösung*, so löst sich das feste Salz mehr oder weniger auf. Kühlt man die so erhaltene Lösung wieder ab, so entsteht eine übersättigte Lösung; der Bodensatz bildet sich wieder zurück. Lässt man besonders langsam abkühlen, oder lässt man eine Lösung, die nicht gesättigt ist, langsam eindunsten, erhält man schöne Salzkristalle. So werden Salzkristalle nicht nur gezüchtet, sondern so entstehen sie auch beim Eindunsten der Meere.

6.6 Die Schwerlöslichkeit von Salzen wirkt sich auf die Umwelt aus

Schwermetall-Ionen trennt man aus Abwässern grob durch Fällung als schwer lösliche Salze ab. Dazu muss man die eben besprochenen Lösungsgleichgewichte einkalkulieren. Da der Umfang der Löslichkeit von der Temperatur abhängt, kann man zunächst kühlen. Aber auch durch die Erhöhung der Konzentration der einen Komponente kann man die der anderen verringern. Als Beispiel wählen wir das Bleisulfat:

$$PbSO_4 \text{ (fest)} + Wasser \rightleftarrows Pb^{2+} \text{ (aq)} + SO_4^{2-} \text{ (aq)} \quad /endotherm$$

Es gilt eine ganz einfache Regel: Erhöht man die Konzentration der Sulfat-Ionen auf das Tausendfache, so erniedrigt sich die Konzentration der Blei-Ionen um genau eben diesen Faktor.

Die Menge an gelöstem Salz wird häufig unterschätzt, vor allem auch dann, wenn die Löslichkeit scheinbar sehr gering ist und wenn dazu noch mehr als zwei Ionen am Lösungsgleichgewicht beteiligt sind. Ein Beispiel ist das schwer lösliche Bleichlorid.

$PbCl_2$ (fest) + Wasser $\rightleftarrows$ Pb^{2+} (aq) + 2 Cl^- (aq)   /endotherm

Die Trinkwasser-Verordnung schreibt für Blei den Grenzwert 40 µg/l vor. Eine bei Zimmertemperatur gesättigte Lösung von „schwer löslichem" Bleichlorid ist mit ihrem Bleigehalt von 3,3 g/l um den Faktor 80 000 konzentrierter als der Grenzwert zulässt, und ist entsprechend toxisch.

6.7 Ein segensreicher Mechanismus

Grundlage unserer Bauindustrie ist der Kalkstein. Er hat sich über viele Jahrmillionen hinweg aus Meeres- und Flusssedimenten gebildet. Noch heute können wir verfolgen, wie das geschieht: In Meeren bildet er sich aus den Schalen von Muscheln und anderen Tieren. Nicht zu vergessen sind die Korallen, die zusätzlich auch Dolomit bilden. Aber auch Algen scheiden im Verlauf der Photosynthese riesige Mengen an Kalk ab. Die Algen benötigen Kohlenstoffdioxid zur Photosynthese, das sie zusammen mit Wasser in Glucose und Sauerstoff umwandeln.

$6 CO_2 + 6 H_2O \rightarrow C_6H_{12}O_6 + 6 O_2$

In Fluss- oder Meerwasser liegen vor allem Calcium-Ionen und Hydrogencarbonat-Ionen vor. Entnehmen die Algen dem Wasser Kohlenstoffdioxid, so bildet sich Kalkstein. Denn sie verschieben das folgende Gleichgewicht nach rechts:

Ca^{2+}(aq) + 2 HCO_3^- (aq) $\rightleftarrows$ $CaCO_3$ (fest) + H_2O + CO_2 (gasförmig)

Dieser segensreiche Mechanismus sorgt nicht nur für Kalkbildung, sondern auch für eine ausgewogene CO_2-Bilanz unserer Atmosphäre – bei gleichzeitiger Sauerstoffbildung!

6.8 Wie entstehen Salzlager?

Die großen Salzlager entstanden ausnahmslos durch Eindunsten von Binnenmeeren oder von Lagunen, die vom Meer abgeschnitten waren. Das beobachten wir heute noch in Nordamerika, Nordafrika oder am Toten Meer. Entsprechend der Löslichkeit der verschiedenen Salze bilden sich charakteristische Schichtungen der Sedimente aus (vgl. Bild 8).
Zunächst fällt der am schlechtesten lösliche Kalkstein, dann der Gips aus. Darüber legt sich das relativ schwer lösliche Natriumchlorid, es folgen Kaliumchlorid und dann Mischsalze von Magnesium und Kalium. Darüber lagern sich die leicht löslichen Magnesiumsalze ab.

6.8 Wie entstehen Salzlager? 97

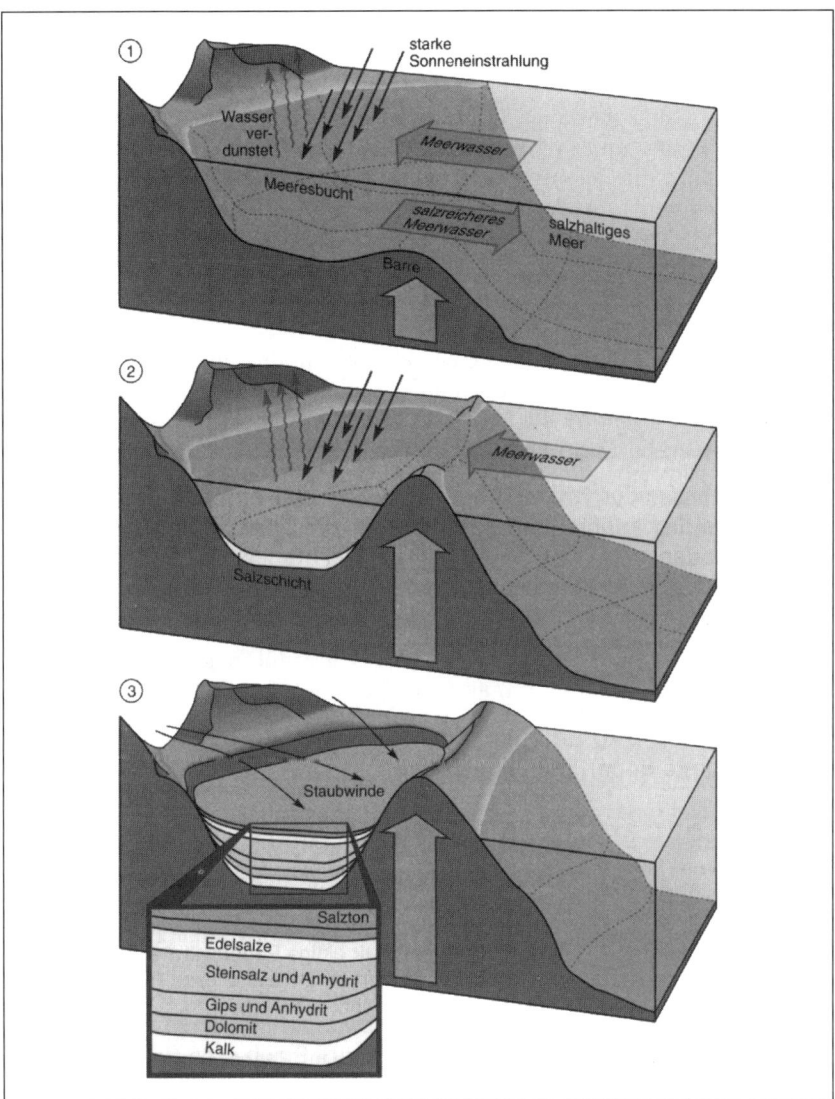

Bild 8

Nicht unerwähnt bleiben sollen die durch Sedimentierung gebildeten ungeheuren Mengen an schwer löslichen Carbonaten von Calcium und Magnesium. Außerdem entstanden und entstehen aus vulkanischen Gesteinsschmelzen Silikate, die die Hauptmenge der Salze auf der Erde ausmachen.

6.9 Salz ist unter hohem Druck plastisch – wie Salzstöcke entstehen

Jeder, der im Labor schon mit Infrarot-Geräten gearbeitet hat, weiß, dass man aus Kaliumbromid unter Einsatz von hohem Druck Gläser pressen kann, die für IR-Strahlung durchlässig sind. Dieses plastische Verhalten beobachten wir auch bei natürlichen Salzlagern.

Aus den zunächst waagerechten Meeresablagerungen bilden sich in vielen Millionen Jahren unter seitlichem Druck benachbarter Erdschichten pfropfenartige, hohe Salzstöcke („Salzdome"), die sogar an die Erdoberfläche gelangen können.

In letzter Zeit sind die ausgebeuteten Salzdome in die öffentliche Diskussion geraten: Statt sie mit Abraum aufzufüllen, sollen sie als *Endlager für ausgebrannte Kernbrennstoffe* dienen. Das hat gewisse Vor- und leider auch gravierende Nachteile. Positiv ist, dass Risse, die möglicherweise auftreten können, durch die Plastizität des Salzes wieder verschlossen werden. Andererseits kann so ein Lager seine Last durch fortwährende Aufpressung nach oben transportieren, also regelrecht wieder „ausspucken". Dadurch besteht die Möglichkeit, dass der radioaktive Müll in einigen Hunderttausend Jahren wieder an die Erdoberfläche gelangt. Das ist bei Halbwertszeiten wie 24 400 Jahre beim Plutonium-239 keine schöne Aussicht für die Zukunft.

Über den Aufpressungen bilden sich aber auch Erdöl- und Erdgas-Lagerstätten aus, die man ebenfalls gern ausbeutet, und die umgekehrt wieder als Depots für Erdgas und Erdöl genutzt werden können.

6.10 Wie man Salze gewinnt

Die hutartigen Aufpressungen der Salzstöcke sind hervorragend geeignet, um bergmännisch Salze zu gewinnen. Das führte aber auf Grund ihrer durch die Genese bedingten Schichtungen zu riesigen Abraumhalden. Einen nicht geringen Teil davon entsorgte man in die umgebenden Gewässer und Flüsse („Aus den Augen, aus dem Sinn!"). In den Siebziger Jahren betrug der Salzgehalt der Weser auf Grund der Salzeinträge in die Werra bis zu 8 %, also mehr als doppelt so viel wie der von Meerwasser. Meerestiere wie Krebse tauchten auf, salzliebende Pflanzen (Halophyten) machten sich am Ufer breit. Ähnlich erging es dem Rhein bei der Passage durch lothringische Salzfelder. Erst internationale Abkommen und politischer Paradigmen-Wechsel haben hier geholfen.

Wie war es früher? Schon in der Keltenzeit wurde im Salzkammergut in der Gegend von Hallstatt Salz bergmännisch gewonnen. Das war aber nicht überall möglich.

Salz liegt in der Natur am leichtesten zugänglich als Lösung vor. Schon früh hat man deshalb Verfahren entwickelt, um daraus Salz zu isolieren. Das ist einfach an warmen Meeresküsten, wie in Portugal, wo man nur künstliche Lagunen („Salzgärten") anlegen und abwarten muss, bis die Sonne das Wasser verdunstet. Das Meersalz enthält immerhin um die 60 % Alkalihalogenide. Den zuerst ausfallenden Gips beseitigt man durch Vorkristallisation. Dann trennt man die sich nun bildenden Natriumchloridkristalle ab, bevor Kalisalze sowie anschließend die besonders störenden, weil bitteren und dazu noch hygroskopischen Magnesiumsalze ausfallen. Letzte Reinigung erfolgt durch Umkristallisation.

Vor allem in Australien spielen die Salzgärten eine große Rolle, in einem Kontinent, der fast keine Salzstöcke aufweist. Das hat seinen Grund in der (mit Mitteleuropa verglichen) geringen geologischen Aktivität des Kontinents.

Besonders gut hatten es früher die Römer: Sie konnten das *Tote Meer* mit dessen sagenhaften Gehalt an 230 g Natriumchlorid/l ausbeuten. (Ab 300 g/l ist Wasser praktisch gesättigt.) Ihr Ausdruck *salarium* für Salzgeld ist in unserer Sprache als „Salär" bekannt. Auf dem Export von Salz beruhte auch der Reichtum der Phönizier, die im heutigen Libanon siedelten.

In Deutschland kannte man den Salzgehalt der in der Landschaft verbreiteten, von Tieren zur Körperpflege genutzten „Suhlen", die auf dem Austreten von salzhaltigen Quellen beruhten. Ein Beispiel unter Tausenden ist die Region um *Halle* in Sachsen-Anhalt. Die Salzlösungen wurden filtriert und in großen Salzpfannen eingedampft. (Eine sehr schöne Beschreibung dieser Verfahren enthält das alte Buch von HOFFMANN (1990)). Dieses *Salzsieden* hatte einen großen Bedarf an Holz zur Folge. Zur Erzeugung von 1 t Salz wurden etwa fünf Raummeter Holz verheizt. Allein der Salzbedarf der *Hanse* in Lüneburg, die ihren Reichtum auf Fang und Einpökeln von Heringen sowie auf deren Verkauf im christlichen, durch Speisevorschriften gegängelten Abendland begründete, führte zum Ausrotten der großen Buchenwälder der Norddeutschen Tiefebene und zur Entstehung der unfruchtbaren *Lüneburger Heide!*

6.11 Warum sind Salze für den Menschen so wichtig?

Bleiben wir vor allem beim Kochsalz. Noch heute reicht man in vielen Gegenden der Welt Gästen zur Begrüßung Brot und Salz. Das gehört auch zu den drei Grundkomponenten unseres Brots.

Im Körper sind davon rund 170 g/l enthalten. Das Bewusstsein für seine Lebensnotwendigkeit ist sicherlich genetisch fixiert. Das erinnert letztlich daran, dass die Evolution auch des höheren Lebens im Meer begann!

Es gibt verschiedene Gründe für den Wert des Salzes:

- Kochsalz ist *physiologisch hochwirksam*. So regelt es den osmotischen Druck von Blut und Harn. Eine 0,9-prozentige Kochsalzlösung ist „isotonisches" Lösemittel für Medikamente, die gespritzt werden müssen. Weiter liefert NaCl Chlorid-Ionen für die Salzsäurebildung im Magen. Natrium-Ionen sind zusammen mit Kalium-Ionen für die Funktion der Nerven wichtig. *Salzig* ist eine der Geschmacksempfindungen. Deshalb sind die Ionen des Kochsalzes auch wichtige Geschmacksverstärker.

- In der *Lebensmitteltechnologie* dient Salz zur Konservierung von empfindlichen Speisen wie Fisch, Fleisch und Milchprodukten. Hier ist das schon erwähnte Einpökeln zu erwähnen. Die Wirkung beruht auf osmotischer Austrocknung von Mikroorganismen.

- *Technisch* dient Kochsalz zur Herstellung von *Natrium-Metall, Chlor, Natronlauge* und dem Koppelprodukt *Wasserstoff*. Dabei bedient man sich der Elektrolyse. Das dabei entstehende Chlor war zunächst Abfallprodukt, spielt heute aber eine wichtige Rolle als Industriechemikalie, die weit über die eines Bestandteils von Polyvinylchlorid (PVC) hinausgeht. Mit Chlor werden vor allem in der Organischen Chemie Übergangsverbindungen bei Substitutions-Reaktionen hergestellt. Seine Rolle wird wegen der Bildung von Dioxinen, die bei vielen (vor allem auch unfallbedingten) Reaktionen möglich ist, in teilweise unschöner Form kontrovers diskutiert („Chlorfreie Chemie?").
  Aus Kochsalz gewinnt man weiter mit Hilfe des *Solvay*-Verfahrens die wichtige Industriechemikalie *Soda*, Natriumcarbonat. Was wären die Glasherstellung oder die Waschmittelindustrie ohne Soda?
  Salzschmelzen dienen in großem Umfang zum *Abdecken von Metallschmelzen*. Das spielt z. B. beim Recyceln von Aluminium eine wichtige Rolle. Das heiße Metall wird so vor dem Angriff durch Sauerstoff geschützt. Zusätzlich werden bereits vorhandene oxidische Überzüge, die das Zusammenschmelzen erschweren, abgeätzt.
  Bemerkenswert ist, dass Salze auch negative Auswirkungen auf Metalle haben. Sie sind nämlich hervorragende *Korrosionsförderer*.

- Viele Elemente liegen als Salze bzw. Oxide und Sulfide vor und lassen sich daraus gewinnen (*Mineralien, Erze*). Das gilt gleichermaßen für Metalle wie Nichtmetalle.

- Und abgesehen vom Holz sind auch die *klassischen Baumaterialien* letztlich Salze!

6.12 Salze im Alltag: Mischungseffekte in Salzlösungen und Salzschmelzen

An Salzlösungen und -schmelzen lassen sich einfach, aber exemplarisch Einblicke in die Physikalische Chemie gewinnen. Dabei kommt es gar nicht so sehr auf quantitative Aussagen an, sondern nur auf das qualitative Verständnis der Zusammenhänge.

Löst man ein Salz in Wasser oder in einer Schmelze, so treten auf Grund der Wechselwirkungen zwischen dem Lösemittel und dem gelösten Stoff bestimmte, auch für die Umwelt wichtige Effekte auf.

Siedepunktserhöhung (Dampfdruckerniedrigung)
Salzwasser siedet bei höherer Temperatur als reines Wasser. Der Grund: Die gelösten Stoffe halten die Wassermoleküle in der Lösung fest. Daher muss mehr Energie als normal zugeführt werden, um diese Wasserstoffbrücken zu lösen. Das Lösemittel verdampft deshalb erst bei höheren Temperaturen.

Schmelzpunktserniedrigung (Gefrierpunktserniedrigung)
Man beobachtet, dass verunreinigte feste Stoffe einen niedrigeren Schmelzpunkt haben als die Reinstoffe. Der Grund ist, dass die Verunreinigungen die hohe Ordnung des Kristallgitters des Reinstoffs stören, und dieses deshalb schon bei niedrigerer Temperatur zusammenbricht.
Das ist in der Technik wichtig. Bei der Schmelzelektrolyse von Natriumchlorid senkt man dessen Schmelzpunkt von 801 °C mit Calciumchlorid und Bariumchlorid auf ca. 600 °C. Das spart Energie bei der Elektrolyse, senkt also die Aktivierungsenergie und verringert den „Wärmemüll".
Das gilt aber auch für das Auskristallisieren des Lösemittels Wasser aus salzhaltigen Lösungen, was in den folgenden Abschnitten verdeutlicht wird.

Salziges Meerwasser bleibt auch unter Null Grad flüssig
Salzwasser kann man weit unter 0 °C, dem Gefrierpunkt von reinem Wasser, abkühlen. Der Grund: Eis, das aus Salzwasser auskristallisiert, ist reines Wasser. Die von den Ionen des gelösten Salzes festgehaltenen Wassermoleküle werden gehindert, ein Eiskristallgitter aufzubauen. Dies gelingt erst bei tieferen Temperaturen, da die dann freiwerdende größere Kristallisationsenergie ausreicht, die Lösemittelmoleküle aus ihrer Bindung an Ionen und andere Stoffe zu lösen. Salziges Meerwasser gefriert deshalb nicht so rasch.

Kältemischungen
Beim Mischen von Kochsalz mit Eis stellen sich definierte, tiefe Gleichgewichtstemperaturen ein. Grund ist, dass die Lösungswärme für das Salz und die Schmelzwärme für das Eis aus dem System oder aus der näheren Umgebung entnommen werden. Vermischt man z. B. 33 g Kochsalz innig mit 100 g feinverteiltem Eis, so erreicht man Temperaturen von −21,3 °C. (Man spricht hier von einem *eutektischen Gemisch*.) Mit 133 g Calciumchlorid-Hexahydrat, vermischt mit 100 g Eis, soll man sogar −55 °C erreichen!

Mit Salz kann man Glatteis bekämpfen
Den Effekt der Gefrierpunktserniedrigung nutzt man im Winter, um Glatteis zu schmelzen. Hierzu werden möglichst umweltneutrale Salze (NaCl oder $CaCl_2$-Hydrate) auf das Eis gestreut. Dabei beobachtet man, dass sich festes, scheinbar trockenes Eis verflüssigt. Eis steht in einem dynamischen Gleichgewicht mit flüssigem Wasser:

$$H_2O \text{ (flüss.)} \rightleftarrows H_2O \text{ (fest)} \quad \text{/exotherm}$$

Deshalb ist Eis immer mit einem feinen Flüssigkeitsfilm überzogen.
Gibt man nun Salz hinzu, so beginnt sich dieses unter gleichzeitiger Abkühlung im Wasserfilm aufzulösen. Das dem Gleichgewicht entzogene Wasser wird aus dem Eis ständig nachgebildet. Das Gleichgewicht verschiebt sich somit in die linke Richtung; das Eis verflüssigt sich zu einer konzentrierten Salzlösung. Da das NaCl/Eis-Gemisch keine tieferen Temperaturen als −21,3 °C ermöglicht, nützt unterhalb dieser Temperatur das Streuen von Natriumchlorid nichts mehr. Eine Alternative ist das umweltneutralere Calciumchlorid $CaCl_2$, ein Abfallprodukt der Sodaherstellung nach LEBLANC, da dessen konzentrierte Lösungen erst ab −55 °C gefrieren.

Osmotischer Druck
Hierbei handelt es sich um die Wechselwirkung an einer semipermeablen Membran zwischen reinem Wasser und einer konzentrierten Lösung, z. B. von Kochsalz. Der Konzentrationsausgleich hat eine Verdünnung sowie einen hydrostatischen Druck zur Folge. Dieser ist proportional zur Gesamtkonzentration der Ionen.
Lässt man umgekehrt einen hohen Druck auf diese Anordnung einwirken, so gibt die Salzlösung das Reinwasser zurück. Solche Anlagen nutzt man zur Meerwasser-Entsalzung; das Verfahren heißt *Umkehr-Osmose*.

6.13 Der Salzgehalt im Meer hat Auswirkungen auf das Klima

Dass der Salzgehalt der Meere wichtige Auswirkungen auf das Klima hat, überrascht viele Menschen. Fassen wir die Fakten noch einmal zusammen: Meerwasser ist auf Grund der gelösten Salze (durchschnittlicher Gehalt 3,6 g/l) spezifisch schwerer als Reinwasser. Je mehr Salz gelöst ist, desto schwerer ist das Wasser.
Das Salzwasser strömt vom Äquator, wo es auf Grund der Wärmeausdehnung eine geringe Dichte und deshalb einen höheren Pegel hat, nach Norden (und natürlich auch nach Süden). Dabei kühlt es ab. Da es aus wärmeren Regionen stammt, ist seine Salzkonzentration höher als die im Polarmeer. Als schwereres Wasser sinkt es deshalb im Polarbereich ab und hält so die klimabestimmende Nord-Strömung im Atlantik aufrecht.

Meerwasser gefriert erst bei einigen Grad unter Null (Gefrierpunktserniedrigung). Damit ist Salzwasser auch bei niedrigeren Temperaturen flüssig. Geringere Eisbildung hat wiederum Auswirkungen auf die Absorption von Sonnenstrahlung.
Außerdem verdunstet Meerwasser nicht so leicht, da die Ionen die Wassermoleküle nicht so einfach freigeben (Siedepunktserhöhung). Über salzreichem Meerwasser ist deswegen der Wasserdampfgehalt der Atmosphäre niedriger als über Süßwasser. Das ist wichtig für Wetterbildung über dem Meer: Über dem Meer bilden sich nicht so viele Wolken und es regnet auch nicht so stark, wie man allgemein erwartet. Außerdem speichert trockene Luft nicht so viel Wärme wie eine feuchte Atmosphäre.

6.14 Ohne Salz kein Leben

Lassen wir zum Schluss *Friedrich* HOFFMANN aus Halle zu Worte kommen. In seinem Werk von 1708 schreibt er erstaunlich modern, was Salz auch heute noch für uns bedeutet:

Unter den dreyen Reichen/darein die Natur-Kündiger die Cörper eingetheilet/ist der Mensch die edelste Creatur und gleichsam der König der Thiere; unter den Pflanzen der Weinstock; unter den Mineralien hat man davor gehalten/dass es das Gold sey. Allein wenn man die Sache gar genau untersuchet und einsiehet/so findet sich zwar wol/dass das Gold an und vor sich selbsten das edelste Metall/und wegen seiner Rarität sehr hoch zu achten/ und also zu Commercien das bequemste sey. Wenn man aber dessen Krafft/ Nutzen und Wirckung betrachtet/so ist dieselbe/was des menschlichen Cörpers Erhaltung und Gesundheit betrifft/gar keine oder sehr geringe. Denn alle diejenigen/welche so ein Miracul aus dem Golde machen in Stärckung der Natur/und zu Erlangung der Gesundheit/verstehen des Goldes und menschlichen Cörpers Wesen und Natur gar nicht. Meines Erachtens aber/ so halte ich unter denen Mineralien vor allen das edelste Geschöpff/das gemeine Saltz/weil es unter allen unterirdischen Cörpern den meisten Nutzen schaffet/der zur Erhaltung/Leben/Gesundheit der Menschen und Viehe/ auch Daurung anderer verderblichen Dinge sehr groß ist.[1]

Nun gut, es fehlt der Hinweis auf die technische Bedeutung des Salzes. Die spielte zu Hoffmanns Zeiten sowieso keinerlei Rolle. Aber im Notfall könnten wir gut auf die Ergebnisse dieser Techniken verzichten, jedoch niemals auf ausreichende Versorgung unseres Körpers mit Salz!

---

1 *Friedrich* HOFFMANNS Kurtze doch gründliche Beschreibung des Saltz-Wercks in Halle; in Verlegung des Waysen-Hauses, Halle MDCCVII. (Als Reprint herausgegeben von der Gesellschaft für Umwelt- und Wirtschaftsgeologie mbH Berlin, Invalidenstraße 44, Berlin 1990.)

DIE ANEKDOTE

(von Eberhard Rossa)

Geheimtipp für Studenten

Willst Du bestehen Dein Examen,
dann nenne Ionen nicht beim Namen.
Eilhard WIEDEMANN war – wie viele andere Chemiker – reserviert gegenüber der Ionentheorie. Studenten, die auf Nummer sicher gehen wollten, erwähnten bei ihm in Prüfungen die Ionenlehre mit keinem Wort.

DER RÜCKBLICK

(von Heinrich Schönemann)

Von Ionen und Ioniern

Die Grundbegriffe der Elektrochemie wurden von dem englischen Physiker und Chemiker *Michael* FARADAY (1791–1869) entwickelt. Dieser begann seine wissenschaftliche Laufbahn als 12-jähriger Buchbinder-Lehrling: Er band nämlich nicht nur die Bücher, sondern las sie auch mit unbändiger Neugierde, insbesondere Chemie- und Physikbücher, und begann dann selbst zu experimentieren. Als 22-Jähriger bewarb er sich bei dem damals schon weltberühmten Chemiker *Humphrey* DAVY (1778–1829). Er hatte dessen öffentliche Abendvorlesungen besucht und fügte seiner Bewerbung die von ihm akkurat angefertigten Vorlesungsmitschriften bei. Diese haben DAVY wohl so beeindruckt, dass er den völlig unbekannten jungen Mann einstellte – eine weise Entscheidung, denn FARADAY entwickelte sich dann zur größten Entdeckung DAVYs, obwohl dieser selbst wirklich bahnbrechende Entdeckungen gemacht hatte, so z. B. die Isolierung der Elemente Natrium und Kalium und einiger Erdalkalimetalle durch die Einwirkung des elektrischen Stromes auf ihre Salze.

FARADAY stellte als erster das – später so genannte – Benzol her (aus Leuchtgas) und ermittelte auch dessen Zusammensetzung zutreffend. In der Hauptsache befasste er sich aber – wie sein „Meister" – mit elektrochemischen Untersuchungen und entwickelte in diesem Zusammenhang (1833/34) die grundlegenden Gesetze und Begriffe der Elektrochemie.

Die oben erwähnte Zerlegung eines flüssigen oder in Wasser gelösten Stoffes in seine Bestandteile nannte er **Elektrolyse**, abgeleitet vom griechischen Wort *lysis* (= Trennung, Lösung). Zugrunde liegt das Verb *lyein* – lat.: *luere* – deutsch: *lösen*; alle drei Wörter hängen miteinander zusammen. Dabei wird im Griechischen ein Verb dadurch zum Substantiv, dass man die Verb-Endung -*ein* durch die Endung -*sis* ersetzt: *ly-ein, ly-sis*. Einen Stoff, der auf diesem Weg zersetzt werden kann, nannte er **Elektrolyt**. Den „Weg", den die Elektrizität nimmt, nannte er **Elektrode**. Dabei ging er davon aus, dass es nicht zwei verschiedene Arten der Elektrizität gibt (+ und –), sondern nur *eine*, so dass die unterschiedlichen Ladungen durch einen Überschuss bzw. Mangel dieser einen Elektrizitätsart gegeben seien. Deshalb unterschied er zwischen der **Anode** (griech.: *anodos*, Aufstieg, *Eingang*) (⊕-Pol) und der **Kathode** (griech.: *kathodos*, Abstieg, *Ausgang*) (⊖-Pol) des Stroms. Er ging dabei von einem Stromfluss von der positiven zur negativen Elektrode aus (technische Stromrichtung). Heute wissen wir, dass im metallischen Leiter die Elektronen in umgekehrter Richtung fließen.

6.14 Ohne Salz kein Leben

In den drei letztgenannten Wörtern steckt das Wort *(h)odos,* Weg. Das „h" wird zwar gesprochen, aber nur dann als Buchstabe geschrieben, wenn in zusammengesetzten Wörtern ein „t" vorausgeht: „th". So ist z. B. „Kathode" aus *kata* (herab) und *(h)odos* zusammengesetzt. Dasselbe gilt für „Methode" (aus *meta* und *(h)odos:* Weg, um etwas zu erreichen). Wer also Kathode zu „Katode" verstümmeln will, muss das auch mit „Methode" machen.

Das Wort *(h)odos* wird auch heute noch in vielen weiteren Zusammensetzungen benutzt, z. B. Synode (griech.: *syn,* zusammen; also: „Versammlung"), Diode („Zweiweg"), Triode („Dreiweg"), Periode (griech.: *peri,* um, herum; also: Kreislauf).

Dass „*anodos*" bei den Griechen sowohl Aufgang als auch Eingang bedeutete, erklärt sich aus ihrer Tradition als Seefahrer: Der Übergang von der See auf das Ufer und das Gestade eines unbekannten Landes war eben sowohl ein Aufgang als auch ein Eingang (in ein neues Land).

Diejenigen Teilchen, die die Elektrizität beim Anlegen einer Spannung durch den Elektrolyten transportieren, nannte FARADAY **Ionen**. Hier stand das griechische Verb *ienai,* gehen, mit seinem Partizip *ion,* gehend, wandernd, Pate. Die zur Kathode wandernden Teilchen nannte er **Kationen** (hier ohne „h", da das Wort „*(h)odos*" entfällt), die zur Anode Wandernden waren dann die **Anionen**.

Als der schwedische Chemiker *Svante* ARRHENIUS (1859–1927) ab 1883 seine Theorie der elektrolytischen Dissoziation erarbeitete und dabei auch auf die „*Ionen*" zurückgriff, wurden diese Überlegungen zunächst nicht anerkannt, und es setzte ein heftiger Streit ein zwischen älteren Chemikern und dem von ihnen verspotteten *„wilden Heer der Ionier"* (BUGGE II, 458).

Dieses Bonmot hatte keinen etymologischen Zusammenhang, denn zwischen beiden Wörtern gibt es keine diesbezüglichen Beziehungen, obwohl ein solcher Zusammenhang vermutet werden könnte. Die Ionier haben also nichts mit den Ionen zu tun. Es lässt sich allerdings ein anderer Zusammenhang herstellen: Die **Ionier**, ein griechischer Volksstamm von ungewöhnlicher geistiger Kreativität, gelten als die Begründer unserer Philosophie und Naturwissenschaft. Sie setzten vor ca. 2 500 Jahren die „Wurzeln" für unsere heutige Art, sich mit diesen Themen auseinanderzusetzen, und ihr Einfluss wirkt bis heute fort.

7 Katalyse

Michael A. Anton

„Wie nehmen Sie denn Ihren Kaffee?"
„Mit etwas Milch, aber ohne Zucker!"
„Also ich hab' meine Koffeinspritze gerne süß und ganz schwarz."
„Na ja, ich eigentlich auch. Aber ich soll ja nicht, wegen der Kalorien!"
„Wegen der was ...?"
„Sehen Sie doch her, bald ist Sommer, meine Figur, Sie verstehen schon ... Bikini-Time!"
„Ach so, Sie meinen, kein Zucker, keine Energiepolster! Ja, ja , ich weiß, dann lieber Süßstoff, keine Kohlenhydrate, nix Nudeln, Kartoffeln ade und so ... Aber bei mir macht das nichts; ich bin so im Stress, dass nichts übrig bleibt. Bei mir wird alles verbrannt, hahaha, restlos ...!"

Wer kennt solche Gespräche nicht? Immer wieder diskutieren Leute über die Zusammensetzung von Speisen und Getränken und sprechen dabei ihre eigenen Stoffwechselprobleme an. Sie unterscheiden zwischen Kohlenhydraten und Fetten einerseits und Eiweißen andererseits. Aus dem Biologieunterricht wissen wir ja, dass Erstere in den so genannten Energiestoffwechsel einfließen und die Proteine in den Baustoffwechsel. Und jeder hat schon einmal davon gehört, dass wir unsere Nahrung über den Betriebsstoffwechsel „verbrennen" und dass dieser kontinuierliche Vorgang u. a. auch für die Konstanz unserer Körpertemperatur verantwortlich ist.

7.1 Eine segensreiche Hemmschwelle

Dieses „Verbrennen" sollte man etwas genauer unter die Lupe nehmen. Wenn Traubenzucker (Glucose) oder Rohrzucker (Saccharose) tatsächlich physiologische Brennstoffe sind und der dazu gehörende Reaktionspartner, der Sauerstoff ist, der über die äußere Atmung in die Lunge, von dort ins Blut und damit in jede unserer zwei Billionen Zellen gelangt, dann sollte es doch einigermaßen leicht möglich sein, dieses Verbrennen auch im Versuch, in vitro nachzuahmen.

Versuch 1
Wenn man Würfelzucker in einem Drahtpäckchen aufhängt und mit dem Bunsenbrenner erhitzt, dann erlebt man zunächst eine Enttäuschung. Der Zucker verfärbt sich ein wenig, er wird gelblich-braun und er schmilzt. Braue Tropfen

7.1 Eine segensreiche Hemmschwelle

lösen sich vom Würfel und fallen auf die Tischplatte. Dort erkalten sie und werden fest. Dabei riecht es nach Karamel. Also brennt Zucker gar nicht! Behandelt man denselben Zuckerwürfel jedoch vor dem Erhitzen mit Zigarettenasche, indem man ihn darin wälzt und wiederholt den Entzündungsvorgang, dann geschieht das Erwartete: der Zuckerwürfel brennt mit deutlicher Flamme langsam und gleichmäßig ab.

Also ist Zucker doch ein Brennstoff und man kann es im Experiment zeigen!

Was bewirkt allerdings diese Aschenbehandlung? Nun, Asche ist ein nicht mehr weiter brennbares Produkt aus einer Verbrennung. Sie enthält letztlich Spuren von Metallen, zahlreiche Metalloxide und verschiedenste Salze. Diese Stoffe bewirken offensichtlich, dass der Luftsauerstoff leichter, d. h. schon bei einer niedrigeren Temperatur als der Schmelztemperatur mit den Bestandteilen der Saccharose reagieren kann:

$$C_{12}H_{22}O_{11} + 12\ O_2 \xrightarrow{\text{Asche}} 12\ CO_2 + 11\ H_2O$$

Die bei dieser Zuckerverbrennung frei werdende Energie entspricht im weitesten Sinne unserer Körperwärme. Das bedeutet, dass die Produkte, hier handelt es sich um Kohlenstoffdioxid und Wasserdampf, deutlich energieärmer sind als die Ausgangsstoffe. Wir haben also eine Reaktion vor uns, die Energie freisetzt, eine exotherme Reaktion also. Bei dieser Energie dreht es sich meistens um Wärmeenergie. Zur Symbolisierung verwendet man den Buchstaben H

Bild 1a und b: Zucker brennt nicht?

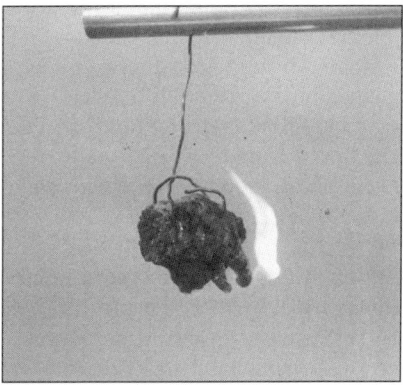

Bild 1c: Zucker brennt doch

(engl.: *heat*). Exotherme Reaktionen werden dann wie folgt beschrieben: ΔH < 0 (in kJ). ΔH wird auch als Reaktionsenthalpie bezeichnet. Man kann die typische exotherme Reaktion mit Hilfe eines Energiediagramms veranschaulichen.

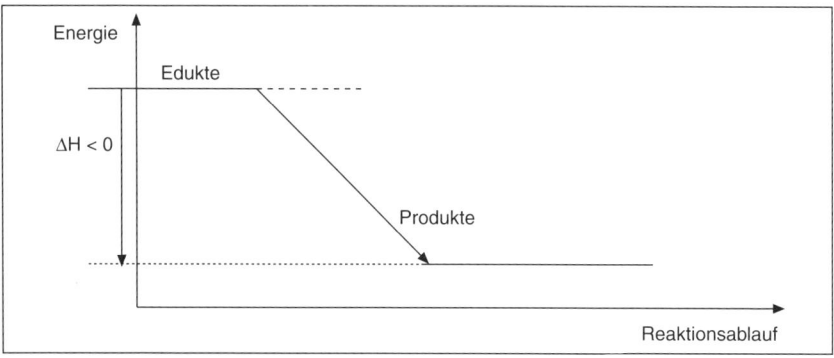

Bild 2: Energiediagramm

Fassen wir zusammen: Bei der Verbrennung von Zucker an der Luft läuft eine exotherme Reaktion ab. Ihre Reaktionsenthalpie ist kleiner als null. Bringt man diese chemische Umsetzung in Gang, etwa durch das Entzünden mit einer Energiequelle, dann läuft – und das ist sehr wichtig – sie in der Regel bis zum endgültigen Verbrauch mindestens eines der Edukte ab. Man macht hierfür eine Gesetzmäßigkeit geltend. Sie heißt „Gesetz vom Enthalpie-Minimum". Nach ihm neigen alle chemisch reaktiven Systeme dazu, den für sie möglichst energieärmsten Zustand einzunehmen. Manche Systeme bewerkstelligen dies in aller Stille, spontan, sozusagen ohne viel Aufhebens. Das gilt für Aluminium, welches bereits beim Barrengießen von einer äußerst reaktionsträgen Aluminiumoxidschicht überzogen wird. Diese lässt es als eigentlich unedles Metall sehr edel erscheinen. Man nutzt dies aus, indem man Fassaden, Karosserien und Verpackungsfolien aus Alu herstellt. Aus dem Unterricht ist vielleicht das „Anlaufen" von Natrium bekannt, das sich sofort einstellt, wenn man ein Stück Natrium aus dem Petroleum herausnimmt und mit einem Messer anschneidet.

Das Prinzip lässt sich an einem weiteren Beispiel sehr schön verdeutlichen.

Versuch 2

In einem Becherglas befindet sich eine Portion von drei Spatelspitzen Zinkpulver. Mit einem Temperaturfühler stellt man die Temperatur dieses Feststoffes fest; sie entspricht in der Regel der Zimmertemperatur im Experimentierraum. Sodann gibt man dieselbe Menge Kupfer(II)-chlorid dazu. Mit einem Glasstab können beide Substanzen verrührt werden. Es dauert nur wenige Se-

7.1 Eine segensreiche Hemmschwelle

kunden bis es zu einem Zischen kommt, Wasserdampf entweicht und das Gemenge zeigt eine neue Färbung. Dabei steigt die Temperatur im Reaktionsgemisch bis auf über 100 °C! Rotbraunes Kupfer ist entstanden. Das halbedle Metall kann neben den noch unverbrauchten Edukten gut identifiziert werden. Diese spontane Redox-Reaktion zwischen zwei Feststoffen ist sehr eindrucksvoll und zeigt, wie man sich die Befolgung des oben genannten Gesetzes in der Praxis vorzustellen hat.

Das eigentlich Erstaunliche ist nicht, dass es solche eindrucksvoll verlaufende exotherme Reaktionen gibt, denn viele Reaktionen zeichnen sich dadurch aus, dass bei ihnen ebenfalls chemische Energie in Wärmeenergie umgewandelt wird.

Bild 3a, b: Spontane Reaktion von Zinkpulver mit Kupferchlorid

Das Überraschende ist, dass diese Reaktionen nicht allesamt spontan, also bei der nächsten Gelegenheit ablaufen. Sie sind „gehemmt". Wir müssen annehmen, dass sie eine „eingebaute" Energiehürde besitzen, die erst überwunden werden muss. Wir sprechen von einer Aktivierung, welche die zur Reaktion kommenden Teilchen erst erfahren müssen. Erst dann kommt es zur „ungehemmten" Energieumwandlung. Diese Hürde heißt „Aktivierungsenergie E_A". Sie muss in das vorhandene Energiediagramm noch eingezeichnet werden.

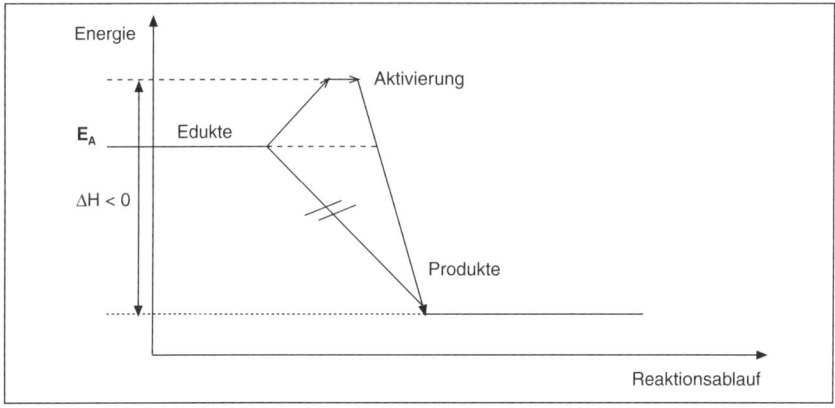

Bild 4: Die Aktivierungsenergie

7.2 Aktivierungsenergie am Heber-Modell

Es lässt sich zu dieser Energieform ein Modellversuch vorstellen (Bild 5). Das *linke* Reaktionsgefäß enthält eine mit Säureindikator angefärbte Flüssigkeit (stark verdünnte Salzsäure mit Bromthymolblau). Sie steht modellhaft für die *Edukte.* Es ist mit dem *rechten,* leeren Gefäß leitend verbunden.

1. Der Demonstrator bläst nun vorsichtig in den Schlauch ein, gerade so weit bis sich die Flüssigkeit im Steigrohr ein wenig nach oben bewegt (❶ im Bild).
2. Dann wird kräftiger geblasen, so dass die Flüssigkeit höher steigt, jedoch noch nicht über die Biegung hinausgeht (❷ im Bild).
3. Es wird wieder losgelassen und die Flüssigkeitsspiegel stellen sich wie ursprünglich gehabt ein. Nun kann man das ein paarmal wiederholen. Letztlich reicht die „Energie" nicht zum Anlaufen der Reaktion aus.
4. Nun bläst der Vorführende kräftiger in den Schlauch, die Flüssigkeit steigt über die Biegung und tritt in die abgehende Rohrleitung ein (❸ im Bild).
5. Ist das geschehen, lässt man den Schlauch los und tritt demonstrativ von der Apparatur weg. Es ist zu beobachten, dass der gesamte Inhalt des oberen Glases in das untere läuft (❹ im Bild).
6. Unten befindet sich ein wenig Natronlauge, die den Indikator verfärbt, womit man *den Edukt-Produkt-Wandel* symbolisiert.

Hinter den Aufbau sollte man eine Styroportafel mit dem vorher eingezeichneten *Energiediagramm* für die hier modellhaft dargestellte exotherme Reaktion anbringen.

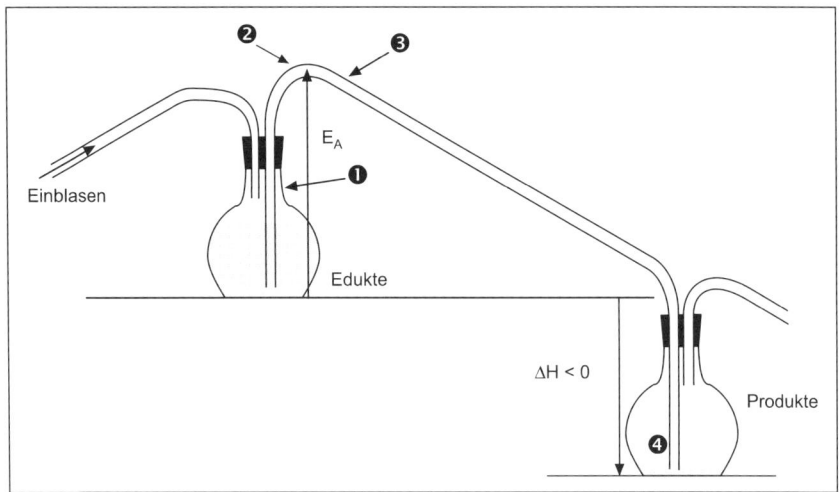

Bild 5: Die Aktivierungsenergie im Modell

7.2 Aktivierungsenergie am Heber-Modell

Die Aktivierungsenergie ist zwar ein Phänomen, an das wir uns gewöhnt haben und das kaum jemand hinterfragt; dennoch ist es genau die Ursache dafür, dass es so etwas wie Leben auf unserer Erde überhaupt geben kann. Alle Organismen sind aufgebaut aus energiereichen Verbindungen; sie bestehen zumeist aus Wasserstoff- und Kohlenstoffatomen und stehen in vielen Situationen mit dem Sauerstoff in unmittelbarem Kontakt. Dennoch passiert bei den herkömmlichen Temperaturen nichts. Solche Systeme nennt man „metastabil"; im Gegensatz zu „instabilen" Systemen reagieren sie nicht spontan zum „stabilen" Zustand, sondern erst unter bestimmten Bedingungen. So gedeiht der Baum mit seinem Holzstamm in einem Meer von 20 % Luftsauerstoff genauso wie jeder Mensch und jedes Tier. Aber auch Mehl, Papier und das Holzparkett werden von Sauerstoff umspült, ohne dass auch nur eine geringe schadenbringende Veränderung zu erwarten ist. Nun wissen wir aber, dass dieser wünschenswerte Zustand doch zu bestimmten Zeitpunkten in Gefahr geraten kann. Dann nämlich, wenn die jeweilige Entzündungstemperatur überschritten wird. Die Leute von der Feuerwehr kennen sich da sehr gut aus. Ihre Arbeit beinhaltet nicht nur, die beiden Reaktionspartner „Brennstoff" und „Sauerstoff" etwa durch einen Schaumlöscher wieder voneinander zu trennen, wenn sie sich einmal bei einem Brand zu einer Reaktion zusammengefunden haben, sondern sie lassen auch nichts unversucht, uns über Maßnahmen aufzuklären, die dazu helfen, solche Brände zu vermeiden. Um die Zusammenhänge bezüglich der Verbrennung besser zu verdeutlichen, soll hier kurz ein schematischer Exkurs eingefügt werden:
Jede Verbrennung benötigt vier Voraussetzungen: Brennstoff, Sauerstoff, Entzündungstemperatur und Oberflächenkontakt (Zerteilungsgrad!).

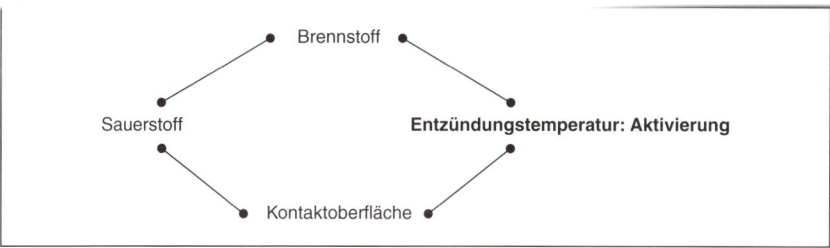

Bild 6

Neben den vielen Reaktionen, die glücklicherweise nicht spontan ablaufen bzw. die es unter allen Umständen zu vermeiden gilt, gibt es wiederum solche, die sich zur Energiegewinnung hervorragend eignen würden und die sich aber auf Grund ihrer hohen E_A wie auch ihrer Heftigkeit, wenn es denn zu einer Überschreitung der E_A kommt, einer unkomplizierten Umsetzung deutlich verweigern.

7.3 Knallgas auf leisen Sohlen

Eine dieser Reaktionen ist die Synthese von Wasser aus den Elementen.

$2 H_2 + O_2 \rightarrow 2 H_2O \quad \Delta H < 0 \; (-284 \text{ kJ/mol})$

Diese Knallgasprobe ist zum einen sehr heftig, findet aber spontan nicht statt. Statistisch reagieren zwei Wasserstoff- und ein Sauerstoffmolekül einmal pro 100 000 Jahre miteinander. Wenn sie dann aber doch bei allen H- und O-Molekülen gleichzeitig abläuft, wird sehr viel Energie in Wärme umgewandelt; das alles geschieht aber so schnell und unkontrolliert, dass man von einer Knallgas*explosion* spricht. In unserer Zeit des wachsenden Umweltbewusstseins besitzt diese Reaktion aber auch eine gewichtige Attraktion, da das Produkt solcher Energiegewinnung lediglich Wasserdampf ist. Als solches schädigt es weder die Ozonschicht noch verschärft es die Problematik um den Treibhauseffekt.

Es verwundert also nicht, dass sich die Chemiker schon lange mit dieser Reaktion auseinander gesetzt haben, vornehmlich mit dem Ziel, sie einmal kontrollieren zu können. Hierzu haben die Molekularbiologen und die Biochemiker ein gleichermaßen triviales wie faszinierendes Vorbild entdeckt. Es handelt sich um die Atmungskette in den Zellen eines aeroben Organismus. Das Prinzip unseres Kohlenhydratstoffwechsels ist schnell erklärt. So haben es die grünen Pflanzen fertig gebracht, mit Hilfe des Sonnenlichts Wasser-Moleküle zu spalten, auf den Sauerstoff zu verzichten und den gewonnenen Wasserstoff in einer reaktionsfähigen Form zu speichern, um ihn auf das aufgenommene Kohlenstoffdioxid zu übertragen und letztlich Traubenzucker zu synthetisieren, den sie in einer unlöslichen Form (Stärke) nahezu endlos speichern können. Und es war das „Heureka" der tierischen Organismen, aus diesem Nahrungszucker das CO_2 freizusetzen und den ebenfalls reaktiv-gebundenen Wasserstoff in Form einer kontrollierten Knallgasreaktion auf den eingeatmeten Sauerstoff zu übertragen. Man sieht, es sind einfache gegenläufige Reaktionen, faszinierend in ihrer prinzipiellen Einfachheit. Im Vergleich zum tierischen Organismus ist der pflanzliche noch um einen Tick besser dran, da er Fotosynthese und innere Atmung durchzuführen vermag.

$6 H_2O + 6 CO_2 \;—\; \text{Fotosynthese} \rightarrow C_6H_{12}O_6 + 6 O_2 \quad \Delta H > 0 \; (+674 \text{ kJ/mol})$

Diese Synthesereaktion ist endotherm, Energie muss zugeführt werden. Konkret heißt das, dass Lichtenergie in chemische Energie umgewandelt wird.

$C_6H_{12}O_6 + 6 O_2 \;—\text{Innere Atmung} \rightarrow 6 H_2O + 6 CO_2 \quad \Delta H < 0 \; (-674 \text{ kJ/mol})$

Hinter einer bloßen Vorzeichenänderung einer letztlich einfachen Gesamtreaktion steckt also schon eine gewaltige Erfindung. Und das muss man der Natur erst einmal nachmachen. Nun, grundsätzlich ist das zumindest in einer Richtung bereits gelungen. Im Rahmen der so genannten „Brennstoffzelle" haben wir heute eine Energiequelle, mit der es möglich ist, z. B. einen Auto-Motor zu betreiben.

Es gab aber auch schon früher findige Köpfe, die sich die Reaktion von Wasserstoff mit Sauerstoff vorgenommen hatten. Einer von ihnen hieß *Johann Wolfgang* DÖBEREINER (1780–1849). 1823 erfand er das nach ihm benannte „Döbereiners Feuerzeug". Das war ein Jahr, nachdem er als erster die Ameisensäure darstellte. In einem Behälter zur Gasentwicklung setzte er aus Zink und Salzsäure Wasserstoff frei. Dieser strömte mittels einer regulierbaren Düse gegen Platin. Dort entzündete sich das Gas.

Versuch 3
Spannt man ein dünnes Glasrohr, das an einem Ende mit der Wasserstoffflasche verbunden ist, ein wenig Kupferwolle enthält und am anderen Ende zu einer mittleren Glasdüse ausgezogen wurde, in ein Stativ ein, lässt Wasserstoff ausströmen und leitet diesen auf einen kleinen Knäuel Platinasbest, so dauert es nur wenige Sekunden und der Wasserstoff entzündet sich.
Vom Prinzip erinnert das sehr an das Entzünden des geschten Würfelzuckers.

7.4 Die Katalyse

Das Platin vermittelt offenbar zwischen dem Wasserstoff und dem Sauerstoff der Luft, indem es die Aktivierungsenergie senkt und bereits bei der tatsächlich vorherrschenden Temperatur die Reaktionspartner „über die Hürde hebt".
Einen Stoff, der solches vollbringt, nennt man „Katalysator".
Im nachfolgenden Rückblick wird der Herkunft dieses Begriffs nachgespürt.

Der Vorgang selbst heißt „Katalyse". Katalysierte Reaktionen sind in der Biologie absolut die Regel; in der Reagenzglas- und in der Industriechemie zählen sie zu den bedeutsamsten Untersuchungs- und Forschungsprojekten, die es heute gibt. Unter anderem deshalb, weil jede Katalyse die Energie- und damit

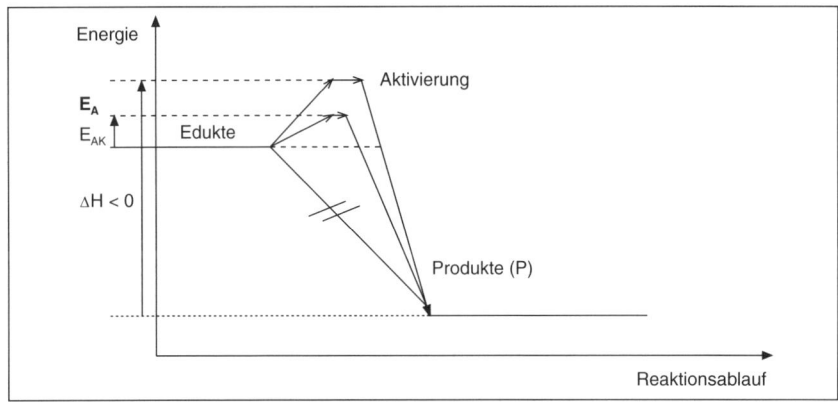

Bild 7: Der Katalysator senkt die Aktivierungsenergie

die Herstellungskosten eines Produkts senkt. So handelt es sich bei den von der Bayerischen Chemischen Industrie 1999 vorgestellten aktuellen Forschungsprojekten, für die man die Zusammenarbeit mit der Grundlagenforschung erstrebt, zu 16 % um solche zur Entwicklung von speziellen Katalysatoren.
Die Wirkung eines Katalysators lässt sich auch mit Hilfe des Energiediagramms – wie im Bild 7 dargestellt – verdeutlichen.

Versuch 4
In einen Langhalskolben gibt man ca. 20 ml Wasserstoffperoxid-Lösung (w = 10 %). Anschließend fügt man eine Spatelspitze Braunstein (Mangan-(IV)-oxid) dazu. Nach wenigen Sekunden beginnt die Flüssigkeit zu „sieden". Die Glimmspanprobe weist das entstehende Gas als Sauerstoff aus. Die Reaktion verläuft bei Zimmertemperatur um ein Wesentliches heftiger, als wenn man das Superoxid einfach stehen lassen würde. Es ist zwar an Tageslicht instabil, dennoch reichen die energetischen Bedingungen im Normalfall nicht dazu aus, um aus dem Wasserstoffperoxid spontan und sichtbar Wasser und Sauerstoff werden zu lassen.
Braunstein wirkt hier als Katalysator; er liegt nach dem Ende der Sauerstoffentwicklung unverändert vor und kann im getrockneten Zustand dieselbe Reaktion erneut beschleunigen.

$$2\ H_2O_2 - \text{Braunstein} \rightarrow 2\ H_2O + O_2$$

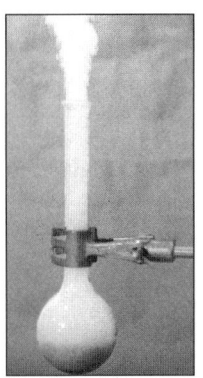
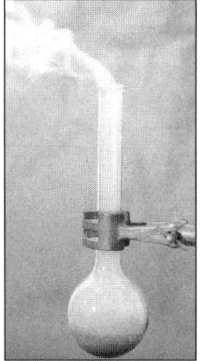

Bild 8a und b: Kleine Ursache – große Wirkung

Versuch 5
Eine Variante dieses Versuches besteht darin, dass man anstelle des Braunsteins einen einzelnen Kristall Kaliumpermanganat in die Peroxidlösung fallen lässt. Vorsicht! Diese Reaktion ist um einiges heftiger und es entweicht neben dem Sauerstoff auch noch eine gehörige Portion an Wasserdampf, der bei der vorgegebenen Gerätewahl schön senkrecht nach oben wie aus einem Dampflockschornstein entströmt. Betrachtet man nach der Reaktion die Flüssigkeit, so erkennt man, dass die violette Farbe des Permanganat-Ions verschwunden ist. Untersucht man das Produkt noch genauer, so entdeckt man, dass es sich um Braunstein handelt wie am Ende von Versuch 4.
Was ist hier passiert? Nun, der katalytischen Wirkung von Braunstein wird hier ein Redox-Prozess zwischen H_2O_2 und $KMnO_4$ *vorgeschoben*. Dabei entwickelt sich schon vor der eigentlichen Katalyse Sauerstoff. Beides zusammen

führt dann zu der deutlich heftigeren Reaktion als bei der bloßen Verwendung von Braunstein.
Allein die Tatsache, dass sich das Permanganat verändert, zeigt, dass es sich nicht um eine KMnO$_4$-Katalyse handeln kann. Die Bedingung, „liegt nach der Reaktion unverändert vor", ist nämlich nicht erfüllt.

7.5 Wie der Katalysator eine Reaktion „arrangiert"

Seit man der Katalyse auf der Spur ist und für ihr Wirken eine Erklärung sucht, wissen will, wie man sich diese eigenartige Form der Reaktionsbeteiligung eines „unbeteiligten" Stoffes vorzustellen hat, sind eine Reihe von Erklärungsversuchen beschrieben worden, die unterschiedlich einsichtig und unterschiedlich kompliziert sind. Für den Fall der Pt-Katalyse lässt sich jedoch ein sehr plausibles Modell entwickeln, das sich mit den Zusammenhängen auf sehr überzeugende Weise auseinandersetzt.

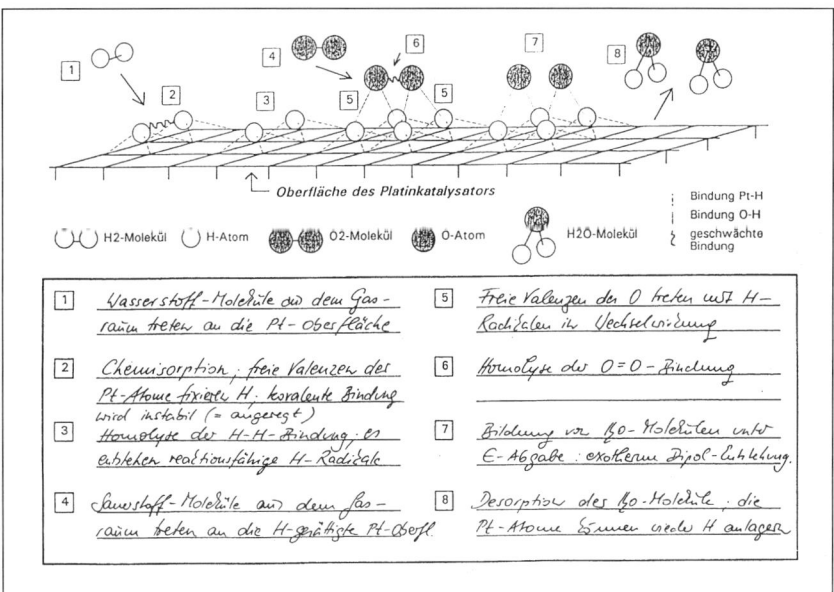

Bild 9: Wirkungsweise eines Katalysators am Beispiel der Oxidation von Wasserstoff (Arbeitsblatt nach R. Engel, verändert)

Mit diesem Modell lässt sich das Platin als Schwamm beschreiben, in dem Wasserstoff aufgesaugt wird. Dieser Vergleich hinkt ein wenig, denn die Wasserstoff-Moleküle liegen nicht nur „gleichgültig" an der Metalloberfläche, sondern jedes von ihnen wird über zwischenatomare Bindungskräfte an ein Quartett aus Platin-Atomen gebunden. Dies hat Folgen. Die Anziehungskräfte zwischen den Metall- und den Wasserstoff-Atomen führen zwangsläufig zu einer Lockerung der kovalenten Bindungen zwischen den Atomen innerhalb des Wasserstoff-Moleküls. Diese „Aktivierung" ist gleichbedeutend mit einem Anstieg der Reaktionsbereitschaft und mit einer Abnahme der Stabilität, die wir vorher beim Wasserstoff so geschätzt haben. Allein diese Veränderung im energetischen Zustand des Wasserstoff-Moleküls bewirkt eine Erleichterung der Reaktion mit benachbarten Sauerstoff-Molekülen. Die Zimmertemperatur reicht jetzt aus, um die „Knallgas-Reaktion" ablaufen zu lassen. Aufgrund der Abhängigkeit und der Begrenztheit der Metalloberfläche verläuft diese Reaktion nun kontrolliert und nicht als Explosion.

Nach diesem Modell lässt sich auch die prinzipielle Wirkungsweise eines Auto-Katalysators verstehen. In den Abgasstrom des Auspuffs wird ein Keramikkörper mit einer riesigen Oberfläche (20 Fußballfelder) eingeschaltet, der mit insgesamt 2 g Platin bedampft wurde. Die im Abgas enthaltenen Stoffe werden über die Wirkungsweise der Katalysator-Oberfläche sehr differenziert umgesetzt.

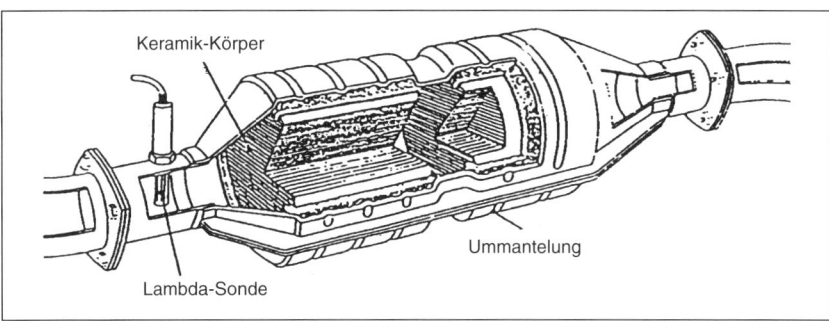

Bild 10: Geregelter Katalysator

Diese Reaktionsvielfalt kann mit der folgenden Gleichung stellvertretend auf den Punkt gebracht werden.

$2\ CO + 2\ NO \longrightarrow\ \text{Katalysator} \longrightarrow 2\ CO_2 + N_2$

Die besonders giftigen umweltschädlichen Gase Kohlenstoffmonooxid und Stickstoffmonooxid können so in Kohlenstoffdioxid und Stickstoff umgesetzt werden. Dies ändert allerdings noch nichts an einer Forcierung des Treibhauseffekts, da ja nun vermehrt Kohlenstoffdioxid gebildet wird. Der Katalysator hat auch noch einen Nachteil, den man ebenfalls berücksichtigen muss. Diese Reaktionen, die den Giftgehalt des Abgases reduzieren sollen, können erst bei Temperaturen von etwa 300 °C so richtig effektiv ablaufen. Unterhalb dieser Betriebstemperatur, das heißt also beim Warmlaufen des Motors ist die gewünschte Wirkung deutlich suboptimal.

7.5 Wie der Katalysator eine Reaktion „arrangiert"

Es sei hier nur nebenbei erwähnt, dass meist von einem „geregelten" Katalysator die Rede ist. Damit meint man eine Technik, bei der die Zufuhr von Sauerstoff im Rahmen der Gemischaufbereitung so geregelt wird, dass die katalytischen Vorgänge am ertragreichsten ablaufen können. Die Feststellung der Abgaszusammensetzung erfolgt durch die Lambda-Sonde (vgl. Bild 10).

Versuch 6
Im Lehrmittelhandel kann man sich eine Scheibe des Autokatalysators besorgen. Sie wird in ein Stativ eingeklemmt und kann nun für einen einfachen Demonstrationsversuch verwendet werden. Nach dem Ausglühen und anschließenden Abkühlen der Katalysatorscheibe leitet man aus ca. 25 cm Entfernung einen scharfen Wasserstoff-Strom auf die Oberfläche der Keramik. Dabei beginnt der Katalysator zunächst deutlich zu glühen und der Wasserstoff entzündet sich sodann explosionsartig. Für diesen Versuch ist es besonders wichtig, dass in dem Glasrohr am Ende des Gasschlauches wiederum wenig Kupferwolle als Rückschlagsicherung eingebracht ist (vgl. Versuch 2).

Man nennt eine solche Katalyse „heterogen", da die Aggregatzustände von Katalysator und Edukten nicht identisch sind. Vorteil ist die leichte Trennbarkeit beider. In der Technik der Chemischen Industrie werden – wie schon erwähnt – viele Produkte katalysiert dargestellt. Dies gilt z. B. für das Ammoniak. Stickstoff und Wasserstoff werden bei ca. 200 hPa und 450 °C an einem Eisenkatalysator (Fe + K_2O, CaO, V_2O_3) zur Reaktion gebracht. Die Herstellung von Margarine ist nur möglich, weil es gelungen ist, flüssige Pflanzenöle mit Hilfe eines Nickelkatalysators in feste Fette umzuwandeln. Diese können dann als Butterersatz billig vertrieben werden. Die Erfindung geht auf die Forderung Napoleons zurück. Er wollte seine Truppen auf ihren Feldzügen billig mit dem nötigen Butterersatz versorgen. Darauf kommen wir in diesem Buch noch einmal zurück.

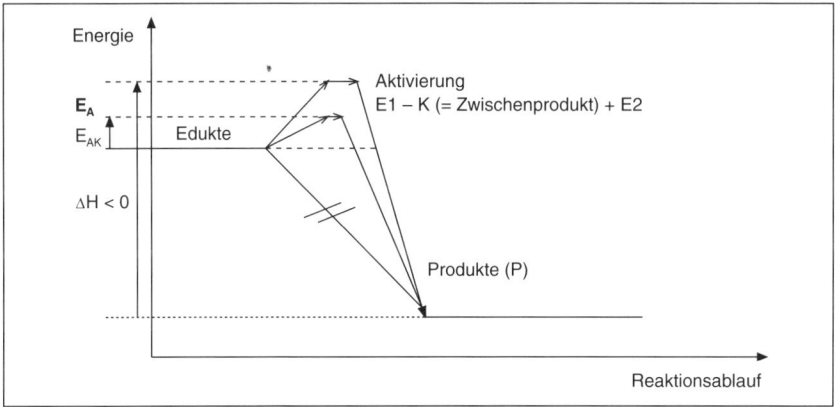

Bild 11: Katalytische Reaktion – über ein Zwischenprodukt verlaufend

Wir haben oben von einer Möglichkeit der Modellvorstellung zur Katalysatorwirkung gesprochen. Zu dieser gibt es auch einen **Modellversuch**. Er soll zeigen, dass zwischen einem Edukt und dem Katalysator ein Zwischenprodukt gebildet wird, welches dann mit dem zweiten Edukt oder als solches leichter weiter reagiert als ohne den Katalysator. Der Katalysator ließe sich hier als ein Reaktionspartner verstehen, welcher eine energetisch günstigere Reaktion „einschiebt", die mit niedrigerer E_A abläuft als die nichtkatalysierte. Im resultierenden Übergangszustand reagiert dann das „eingeschobene" Zwischenprodukt mit dem zweiten Edukt zum endgültigen Produkt. Am Ende trennen sich die Partner wieder und der Katalysator liegt neben den Produkten zur wiederholten Weiterreaktion vor (vgl. Bild 11, S. 117).

Zum Versuch 4 würde diese Vorstellung wie folgt formuliert werden können:

$$\overset{+4}{Mn}\overset{-2}{O}\overset{-2}{O} + H-O-O-H \rightarrow \overset{+6}{Mn}\overset{-2}{O}\overset{-2}{O}\overset{-2}{O} + H-O-H$$

$$\overset{+6}{Mn}\overset{-2}{O}\overset{-2}{O}\overset{-2}{O} + H-O-O-H \rightarrow \overset{+4}{Mn}\overset{-2}{O}\overset{-2}{O} + H-O-H + O_2$$

$$\overset{+4}{Mn}\overset{-2}{O}\overset{-2}{O} + H-O-O-H \rightarrow \overset{+4}{Mn}\overset{-2}{O}\overset{-2}{O} + H-O-H + O_2$$

7.6 Wie Phönix aus der Asche

Versuch 7
In ein Becherglas mit 150 ml deionisiertem Wasser gibt man eine Spatelspitze Kaliumbichromat und löst dieses vollständig auf. Zu dieser orangen Lösung gibt man nun 10 ml Wasserstoffperoxid (w = 30 %). Sofort verfärbt sich die Lösung nach tief grün und es beginnt eine Gasentwicklung. Ohne Hast lässt sich die Glimmspanprobe durchführen. Die Sauerstoffentwicklung nimmt an Heftigkeit zu und es kommt zu einem Höhepunkt. Ist dieser überschritten, erkennt man die langsame Rückfärbung nach Orange. Ist die Gasentwicklung nach etwa 10 bis 15 Minuten zum Stillstand gekommen, liegt die Kaliumbichromat-Lösung wieder wie am Anfang vor.
Der Versuch ist mehrmals wiederholbar.
In diesem **Modell**-Versuch (!) denkt man sich das Bichromat als Katalysator, der die Zerlegung des Peroxids unterstützt, indem er ein Zwischenprodukt (grüne Lösung) mit dem Substrat bildet. Nach dem Umsatz des Peroxids wird diese Bindung gelöst und das Produkt liegt neben dem Katalysator wieder frei vor:
Im Folgenden sind die **RedOx-Teil-Reaktionsschemata** angegeben:

Modell-Reaktion zur Wirkung eines Katalysators
RedOx-Teil-Reaktionsschemata

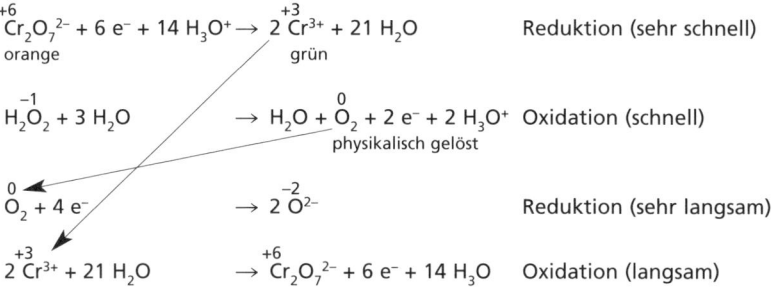

$\overset{+6}{Cr_2}O_7^{2-} + 6\,e^- + 14\,H_3O^+ \rightarrow 2\,\overset{+3}{Cr^{3+}} + 21\,H_2O$ Reduktion (sehr schnell)
orange grün

$\overset{-1}{H_2O_2} + 3\,H_2O \rightarrow \overset{0}{H_2O} + O_2 + 2\,e^- + 2\,H_3O^+$ Oxidation (schnell)
physikalisch gelöst

$\overset{0}{O_2} + 4\,e^- \rightarrow 2\,\overset{-2}{O^{2-}}$ Reduktion (sehr langsam)

$2\,\overset{+3}{Cr^{3+}} + 21\,H_2O \rightarrow \overset{+6}{Cr_2}O_7^{2-} + 6\,e^- + 14\,H_3O$ Oxidation (langsam)

Der „Kat" geht eine kurzzeitige Verbindung mit dem „Substrat" ein. Das so entstehende Zwischenprodukt unterliegt der charakteristischen Reaktion (Substratzersetzung, hier in Wasser und Sauerstoff). Nach Ende dieser Reaktion liegt der „Kat" erneut unverändert vor und kann bei weiterer Substratzugabe dieselbe Reaktion erneut „katalysieren".

7.7 Der sanfte Weg

Der Begriff „Substrat", der sich hier wie selbstverständlich angeboten hatte, ist uns aus der Biologie bekannt. Immer, wenn man von Stoffen spricht, die im Verlaufe einer Stoffwechselreaktion verändert werden, nennt man sie Substrate. Die dabei stattfindenden Veränderungen sind in der Regel unspektakulär. Auf alle Fälle laufen Sie nicht so heftig ab wie außerhalb eines Organismus im Reagenzglas oder in noch größeren Maßstäben. Diese zurückhaltenden Reaktionsabläufe haben ihre Ursache in der Vielzahl von hintereinander geschalteten Teilreaktionen, die wiederum allesamt katalysiert sind. Das ist eine perfekte Erfindung. Hohe Aktivierungsenergien können im Körper nicht aufgebracht werden. Also verwendet das Leben Katalysatoren. Man nennt sie auch Biokatalysatoren. Der Name „Enzyme" (früher „Fermente") steht für diese Stoffgruppe.

Versuch 8
Man kann aber dennoch mit einfachen Mitteln zeigen, wie gezielt und gleichermaßen umfassend diese Enzyme wirken. Dazu verwendet man eine Kartoffel, die man der Länge nach aufschneidet. Auf diese frische Fläche tropft man ein wenig H_2O_2 (w = 10 %). Sofort erkennt man eine deutliche Schaumentwicklung. Dabei handelt es sich ebenfalls um Sauerstoff.

Bild 12a und b: Enzymkatalyse

Das Zellgift Wasserstoffperoxid wird durch das Enzym „Katalase" mit hoher Geschwindigkeit zerlegt. Dies muss schnell geschehen, um im Körper größere Schäden zu vermeiden. Dieses Enzym ist aber auch im tierischen Körper aktiv und gehört auch hier zur enzymatischen Grundausstattung. Nimmt man ein wenig Blut vom Metzger und gibt einige Tropfen Wasserstoffperoxid dazu, so ist in Sekundenbruchteilen das ganze Peroxid zersetzt, das Blut schäumt auf und sein Volumen nimmt drastisch zu. Etwas gelinder verläuft dieser Versuch, wenn man an Stelle des Blutes ein Stückchen Leber schabt und in ein Becherglas gibt. Auch hier findet beim Peroxidkontakt diese Reaktion eindrucksvoll statt.

Dass Enzyme katalytische Wirkung besitzen und allgegenwärtig im Körper ihren Dienst tun, kann auch im Rahmen der Verdauung gut gezeigt werden. Das langsame Süßschmecken von lange eingespeicheltem Weißbrot im Munde rührt her von der enzymatischen Arbeit der Amylase, die die geschmacklose Stärke in Maltose (Malzzucker) zerlegt. Das ist auch der Grund, warum kleine Kinder mit einem Stück Brot so sicher zu beschäftigen sind.
Hierzu eine Überlegungsfrage: Wie müsste man denn experimentell vorgehen, um zu zeigen, dass die Speichel-Amylase Stärke in Disaccharid-Einheiten zerlegt?
Man erinnere sich an den klassischen Nachweis von Stärke mit einer Lösung von Iod in Kaliumiodid-Lösung („Iod-Iodkali-Lösung") und an die Fehling-Probe.

7.7 Der sanfte Weg

> **DIE ANEKDOTE** (von Horst Fiedrich)
>
> *Johann Wolfgang* DÖBEREINER (1780–1849), Prof. der Chemie in Jena, richtete hier das erste Laboratorium für den chemischen Unterricht ein, entwickelte die Triadenlehre und synthetisierte u. a. Ameisensäure, Essigsäure und Acetaldehyd; war Berater GOETHES in chemischen Fragen) erregte durch sein chemisches Feuerzeug großes Aufsehen. Selten hatte ein technisches Spielzeug größere Auswirkungen auf die industrielle Entwicklung. DÖBEREINER war der Katalyse auf die Spur gekommen. GOETHE bedankte sich am 7. Oktober 1827 ganz artig: „... da Ihr so glücklich gefundenes Feuerzeug mir täglich zur Hand steht und mir immerfort auf eine wundersame Weise nützlich wird ...". Auf pekuniären Gewinn und eine Erfolgsbeteiligung hat DÖBEREINER freiwillig verzichtet, „aus Hochachtung vor der Wissenschaft", wie er sagte. Er begnügte sich mit Ehrungen: Der Großherzog persönlich heftete ihm das Ritterkreuz des weißen Falkenordens an die Brust. Eigentlich müssten ihm die Autofahrer von heute ein Denkmal setzen, denn sie sind Nutznießer der DÖBEREINERschen Katalyse: Das vor 170 Jahren erfundene Feuerzeug reinigt ihre Autoabgase – mit Hilfe des „Kat".
> (SCHWENK, Ernst F.: Sternstunden der frühen Chemie. Beck'sche Reihe Nr. 1252, Verlag C. H. Beck, München 1998, S. 167 f., ISBN 3-406-456014)

> **DER RÜCKBLICK** (von Heinrich Schönemann)
>
> **Historisch-etymologisches zum Katalysator**
>
> In der chemischen Literatur taucht der Begriff „Catalysis" erstmalig vor etwa 400 Jahren auf, und zwar in der 1597 erschienen Alchemia des *Andreas* LIBAVIUS (1550–1616). Dort wird er in der klassisch-griechischen Bedeutung „Auflösung" (siehe unten) verwendet: „... Catalysis, wobei ein Ganzes in seine in sich geschlossenen Bestandteile (partes integrales) aufgelöst wird, aus denen es zusammengesetzt war."[1]
> Er verschwindet dann aus der Fachsprache und wird erst 1835/36 von *Jöns Jacob* BERZELIUS (1779–1848) wieder eingeführt, und zwar in der heutigen Bedeutung und ohne Bezug auf LIBAVIUS. BERZELIUS wollte dabei eine Reihe von Experimenten deuten, die zu der Zeit gerade Furore machten, so z. B. die Zündung eines Wasserstoff-Luft-Gemisches in Anwesenheit von Platin (DÖBEREINER-Feuerzeug, 1823), die durch Platin bewirkte Verbrennung von Alkohol- oder Etherdämpfen, und die durch konzentrierte Schwefelsäure bewirkte „Verätherung von Alkohol" (Ether aus Ethanol), die sein Schüler E. MITSCHERLICH (1794–1963) 1834 entdeckt hatte. Dabei ging er von einer „neuen Kraft" aus, die diese Reaktionen bewirkt:
> „Es ist also erwiesen, daß viele, sowohl einfache als zusammengesetzte Körper, sowohl in fester als in aufgelöster Form, die Eigenschaft besitzen, auf zusammengesetzte Körper einen, von der gewöhnlichen chemischen Verwandtschaft ganz verschiedenen Einfluß auszuüben, indem sie dabei in dem Körper eine Umsetzung der Bestandteile in anderen Verhältnissen bewirken, ohne daß sie dabei mit ihren Bestandteilen nothwendig selbst Theil nehmen, wie dieß auch mitunter der Fall sein kann. ...
> Ich werde sie daher, um mich einer in der Chemie wohlbekannten Ableitung zu bedienen, die *katalytische Kraft* der Körper, und die Zersetzung durch dieselbe *Katalyse*

---

[1] A. LIBAVIUS, Alchemia, Frankfurt 1597, S. 204. Die hier zitierte deutsche Übersetzung aus: Die Alchemie des Andreas Libavius ..., herausgegeben von F. REX, Verlag Chemie, Weinheim/Bergstraße 1964, 277.

nennen, gleichwie wir mit dem Wort Analyse die Trennung der Bestandteile der Körper, vermöge der gewöhnlichen chemischen Verwandtschaft, verstehen. Die katalytische Kraft erscheint eigentlich darin zu bestehen, daß Körper durch ihre bloße Gegenwart, und nicht durch ihre Verwandtschaft, die bei dieser Temperatur schlummernden Verwandtschaften zu erwecken vermögen, so daß zufolge derselben in einem zusammengesetzten Körper die Elemente sich in solchen anderen Verhältnissen ordnen, ... Sie wirken dabei im Ganzen in derselben Art, wie die Wärme, ..."[2]

Der zeitgenössische Ausdruck „Verwandtschaft" (Affinität) entspricht der heutigen Reaktionsfähigkeit. Er lebt in seiner lateinischen Variante noch im Begriff „Paraffin": lat. *parum*, wenig; *affinis*, verwandt (hier: reaktionsfähig).

Mit „Analyse" meint BERZELIUS hier nicht die Analyse im heutigen – und auch damals schon gebrauchten – Sinn (Ermittlung der Zusammensetzung eines Stoffes), sondern dessen Zerlegung in seine Bestandteile unter Einfluss eines Reaktionspartners. Dieser wird dann ebenfalls umgruppiert, wobei neue Stoffe entstehen. Triebkraft dieser Reaktionen ist dann die schon erwähnte und damals intensiv untersuchte „Verwandtschaft". Neu ist jetzt der Gedanke, dass offenbar Reaktionen ablaufen, ohne dass ein dabei beteiligter Stoff selbst verändert wird. Die dahinterstehende, noch unbekannte und ominöse Kraft nennt er in Anlehnung an „Ana-lyse": „Kata-lyse" (siehe unten).

Im letzten Satz des Zitats kommt er der heutigen Interpretation der Katalyse schon recht nahe (Beeinflussung der Aktivierungsenergie durch den Katalysator).

Vor ca. 100 Jahren (1894) wurde von *Wilhelm* OSTWALD (1853–1932) die erste „moderne" Definition des Katalysators formuliert: Ein Katalysator verändert die Geschwindigkeit der Reaktion, ohne als Produkt aufzutreten.[3]

Die Begriffe „Analyse, Katalyse" kommen aus dem Griechischen: *lyein* (griech.) – *luere* (lat.) – *lösen* (dtsch.). Alle drei Wörter hängen miteinander zusammen. Aus dem Verb wird im Griechischen durch die Endsilbe *-sis* eine Tätigkeit und durch die Endsilbe *-ma* das Ergebnis dieser Tätigkeit, z. B.: prattein (aus prak-tein), tun; praxis (prak-sis), Tätigkeit; prag-ma, Ergebnis der Tätigkeit, Tat.

Die Präposition „ana" bedeutet „herauf", „kata" bedeutet „herunter". „ana-lysis" heißt damit „Auflösung", „kata-lysis" ist dann ebenfalls „Auflösung". BERZELIUS hat das Wort in Analogie zu „Analyse" gewählt. Bei dieser erfolgt jedoch die Trennung der Bestandteile auf Grund der „gewöhnlichen" Reaktionsfähigkeit (Verwandtschaft), während bei der „Katalyse" diese Trennung eben durch eine unbekannte („katalytische") Kraft bewirkt wird.

Bemerkenswert ist, dass der auf demselben Wort beruhende Ausdruck „katalyma" als Ablösestation (für Pferde), also als „Herberge" in der wohl bekanntesten Geschichte überhaupt auftritt: „... dihoti ouk än autois topos en to katalymati", „... weil ihnen kein Platz in der Herberge war."[4]

Eine hervorragende Zusammenstellung der historischen und sachlichen Hintergründe zum Thema „Katalyse" in: A. MITTASCH und E. THEIS „Von DAVY und DÖBEREINER bis DEACON, ein halbes Jahrhundert Grenzflächenkatalyse". Verlag Chemie, Berlin 1932.

---

2 J. J. BERZELIUS, Jahresbericht Chemie. 15, 242–244, Tübingen 1836 (übersetzt von F. WÖHLER).
3 W. OSWALD, Z. Physik Chem. 15, S. 706, 1894.
4 Lukas 2, 7. Weihnachtsgeschichte.
  Das zweite und das fünfte Wort des Zitats sind die Grundlage des Begriffs „Utopie": *ou(k)*, nicht, kein; *topos*, Ort, Platz; also: „Niemandsland".
  Isotope sind dann Elemente, die „auf demselben Platz" (griech.: *en iso topo*) im Periodensystem gehören. Dieser Begriff wurde 1913 von dem englischen Physiker *Frederic* SODDY (1877–1956) bei der Untersuchung und Zuordnung radioaktiver Elemente aufgestellt. 1921 erhielt er den Nobelpreis für Chemie.

8 Eine Nachhilfestunde für Dr. WATSON in Sachen Isomerie

Michaela Kramer

8.1 Die Motivierung kann Zünglein an der Waage sein

Wie motiviere ich meine Schüler für den Chemieunterricht? Vor dieser Frage stehen Lehrer jeden Tag aufs Neue. Im Gegensatz zu *Monika* und *Jochen* GRELL (GRELL, J.; GRELL, M. 1993) stimme ich *Erwin* GRAF zu, dass Lehrer durchaus mitverantwortlich sind, Schüler für ihr Fach zu motivieren (GRAF, E. 1999, S. 193).

Am Beispiel der Einführung der *Isomerie* soll gezeigt werden, dass auch die Vermittlung von Fachtermini durchaus spannend und abwechslungsreich gestaltet werden kann. Dabei wird zum einen eine ungewöhnliche Einstiegsvariante in Form einer *Sherlock* HOLMES-Geschichte verwendet, die die Schüler für den weiteren Stundenverlauf motiviert. Zum anderen werden die Schüler im Laufe der Stunde in einen kognitiven Konflikt nach *Jean* PIAGET geführt. Der Wunsch, diesen Konflikt zu lösen, fördert ihr Interesse an der Thematik.

8.2 Was vorausging

Die vorgestellten Stunden umfassen einen zeitlichen Rahmen von ein bis zwei Stunden (siehe 8.6 Tipps zur Umsetzung) und schließen die Einheit zur *Analyse organischer Verbindungen* ab. Voraussetzung ist neben der Kenntnis der qualitativen und quantitativen Analyse die Bestimmung der *molaren Masse*. Im vorliegenden Fall wurde zunächst der Begriff der „Organischen Chemie" definiert. Die Frage nach der Zugehörigkeit einer Verbindung zu diesem Teilgebiet leitete auf die Notwendigkeit der Untersuchung der darin enthaltenen Elemente und damit auf die qualitative Analyse über. Die einzelnen Nachweise auf Kohlenstoff, Wasserstoff, Sauerstoff, Stickstoff, Schwefel sowie Halogene führten die Schülern in einzelnen Gruppen durch.

Von den beiden häufigsten in organischen Verbindungen vorkommenden Elementen (Kohlenstoff und Wasserstoff) wurde auf die Kohlenwasserstoffe übergeleitet und an dieser Stelle die homologe Reihe der Alkane (Methan bis Decan) sowie der Umgang mit Modellbaukästen (Kugel-Stab-Modelle von Cornelsen Experimenta, Berlin) eingeführt.

Die Erkenntnis, dass der Nachweis von Kohlenstoff und Wasserstoff in einer Verbindung letztlich eine ganze Palette verschiedener Alkane bedeuten kann, führte zur Notwendigkeit der *quantitativen* Analyse. Diese wurde den Schülern demonstriert.

Da die entsprechenden Berechnungen „nur" zu einer Verhältnisformel führten, musste, um die Summenformel zu ermitteln, die *molare Masse* bestimmt werden. Die dafür notwendige allgemeine Gasgleichung wurde eingeführt und die Bestimmung erneut als Lehrerdemonstrationsexperiment vorgeführt. Sollte die allgemeine Gasgleichung nicht Bestandteil des Lehrplanes sein, so kann man die molare Masse auch leicht über die Bestimmung der Dichte und Kenntnis des molaren Volumens bei der entsprechenden Verdampfungstemperatur berechnen.

Die beigefügten Informationsblätter sind sowohl für die Anwendung der allgemeinen Gasgleichung als auch für die Verwendung von Dichte und Volumen konzipiert.[1] Ein entsprechendes Rechenbeispiel für Wasser siehe Chemie heute. Hannover 1994, S. 121.

8.3 Zur Konzeption der vorgestellten Stunden

8.3.1 Zeit sparen heißt: sich Zeit nehmen

Für die Behandlung des Themas Isomerie sind zwei grundsätzlich verschiedene Möglichkeiten denkbar. Die einfachere Variante ist, die Summenformel vorzugeben, direkt die Steckbaukästen auszuteilen und die Schüler aufzufordern, Verbindungen der Summenformel C_5H_{12} zu bauen. Auf Grund des beobachteten „Spieltriebs" werden die Schüler vermutlich verschiedene Modelle basteln. An dieser Stelle wird dann der Isomerenbegriff eingeführt. Die Schülerinnen und Schüler sollen ihre Vermutungen äußern, worin sich denn solche Verbindungen unterscheiden könnten. Der „Vorteil" dieses Vorgehens besteht darin, dass der Isomerenbegriff relativ schnell innerhalb der Stunde eingeführt wird, was bei der von mir gewählten Variante nicht der Fall ist. Man hätte das Phänomen also rasch abhaken können. Die Schülerinnen und Schüler hätten die Definition auswendig gelernt und man wäre zum nächsten Punkt übergegangen. So hätte man innerhalb einer Schulstunde nicht nur das Phänomen, sondern auch noch die Anzahl der Isomeren verschiedener Alkane behandeln können. Man hätte also auf jeden Fall Zeit gewonnen.

Dagegen spricht aber, dass zum einen den Schülern und Schülerinnen die Notwendigkeit, sich mit der Struktur der Verbindung zu beschäftigen, nicht einsichtig wäre, es würde keine Problematisierung stattfinden. Die „sinnstif-

---

[1] Die Werte sind fiktiv. Sie dienen der Verdeutlichung des Vorgehens, bzw. dem Üben des Berechnens der Verhältnis – und Summenformel.

tende, lern- und bildungswirksame Funktion", die GRAF als Notwendigkeit für einen „zeitgemäßen bildungswirksamen Chemieunterricht für alle" ansieht, hätte gefehlt (GRAF, E. 1998, S. 310–316).
Zum anderen wären die von den Schülerinnen und Schülern vermuteten Eigenschaftsunterschiede zu einer Raterei geworden.
Beim gewählten Stundenaufbau, in dem die Hinführung zum Isomeriebegriff über die Analyse zweier Substanzen erfolgt, die verschiedene Siedetemperaturen besitzen, letztlich aber die gleiche Summenformel aufweisen, werden diese Eigenschaftsunterschiede direkt deutlich. So kann bei der späteren Untersuchung des Struktureinflusses auf die Siedetemperaturen erneut auf dieses Beispiel zurückgegriffen werden. Obwohl man also mehr Zeit für die Einführung des Begriffes benötigt, spart man sie später wieder ein. Außerdem erfolgt bei dem gewählten Stundenaufbau zu Beginn eine *Zusammenfassung* des bislang Gelernten. Da die Einheit über einen relativ langen Zeitraum ging und die einzelnen Analysemethoden schrittweise erarbeitet wurden, erscheint dies sinnvoll. Besonders schwächeren Schülern wird dies zu Gute kommen. Dies würde bei der oben beschriebenen Variante nicht der Fall sein.[2]

8.3.2 Der Detektiv im Chemiker

Die vorgestellten Stunden bieten die Möglichkeit, das analytische Denkvermögen der Schüler und Schülerinnen zu schulen. Dies soll zusätzlich durch die *Sherlock* HOLMES-Geschichte zu Beginn unterstrichen werden, denn schließlich ist die Vorgehensweise eines Naturwissenschaftlers der eines Detektivs sehr ähnlich: Es muss jedem Indiz nachgegangen und jede Möglichkeit untersucht werden, auch wenn dies eventuell in eine Sackgasse führt. Außerdem dürfen ohne entsprechende Beweise keine voreiligen Schlussfolgerungen gezogen werden. Es muss analytisch und strukturiert vorgegangen werden. Erst wenn ein Schritt abgeschlossen ist, darf der nächste erfolgen. Genauso muss der Chemiker vorgehen, z. B. muss er zunächst die qualitative Analyse vollständig abschließen, bevor er die quantitative sinnvoll durchführen kann. Es reicht nicht aus, die Kohlen- und Wasserstoffmenge zu bestimmen, wenn man anschließend feststellt, dass auch Stickstoff in der Verbindung enthalten ist. Diese Ähnlichkeiten führten sogar dazu, dass einer der bekanntesten Detektive, nämlich *Sherlock* HOLMES, nach dem Vorbild eines Wissenschaftlers, des Mediziners Dr. *Joseph* BELL, erschaffen wurde (SUERBAUM, U. 1984, S. 51). Für die Schulung dieser analytischen Fähigkeiten bietet sich das vorgestellte Thema förmlich an, da im Analysengang zunächst die qualitative Analyse, dann die quantitative Analyse und schließlich die Bestimmung der molaren Masse erfolgen muss. Sollten die Schülerinnen und Schüler z. B. als Erstes die

---

2 Eine Stundenkonzeption für die Einführung des Isomerenbegriffs am Beispiel der Butanisomeren kann man bei GRAF, E. 1996, S. 266–268 finden.

Bestimmung der molaren Masse fordern, so sollen sie auch die entsprechenden Werte erhalten, da das Resultat zu einem späteren Zeitpunkt genutzt werden kann, sie aber mit dem so erzielten Ergebnis keine ausreichende Aussage über die Verbindung machen können. Daher sollte ihnen die Notwendigkeit einer bestimmten Abfolge bewusst werden.

8.3.3 Lösungen spielend selber finden

Durch den Einsatz der Molekülbaukästen, die den Schülerinnen und Schülern bekannt sind, kann nicht nur die Motivation durch das Spielen mit den Modellen erhöht werden, was den Lernenden normalerweise immer Spaß macht, sondern gleichzeitig werden sie in die Lage versetzt, das Problem der Stunde selbstständig zu lösen. Sie erfahren, dass Strukturformeln nicht nur abstrakte, unverständliche Gebilde sind, die lästig sind, sondern dass man sie als Werkzeuge nutzen kann, um mit ihrer Hilfe Phänomene, in diesem Fall die Isomerie, erklären zu können. Dadurch können die Abneigung gegen diesen chemischen Sachverhalt abgebaut und Berührungsängste verringert werden.

Ein weiterer Vorteil dieser Modelle liegt darin, dass der Umgang damit recht einfach ist, ein Umbau leicht vorgenommen werden kann und die so hergestellten Verbindungen die räumlichen Strukturen widerspiegeln. Mit Hilfe der Modelle ist das Aufzeichnen, also die Darstellung in der Ebene, leichter, als wenn die Schüler sich diese im Kopf vorstellen und dann aufzeichnen sollten. MEYER führt dazu aus, dass „Modelle ... dazu bei(tragen), Lernschwierigkeiten zu verringern. Gerade solche Schülerinnen und Schüler, die Schwierigkeiten haben, abstrakte Sachverhalte zu begreifen, sich z. B. eine Struktur räumlich vorzustellen ..., bekommen auf diese Weise wichtige Hilfen und gelangen durch die Veranschaulichung zum besseren Verständnis. ... Durch das ‚In-die-Hand-Nehmen' und Begreifen wird die Vorstellungskraft unterstützt." (MEYER, H. 1990, S. 6/7).

8.3.4 Auf das richtige Beispiel kommt es an

Bei der Auswahl der Verbindungen ist die Situation der Schülerinnen und Schüler ausschlaggebend: Einerseits sollte es sich um Flüssigkeiten handeln, da die meisten Stoffe, mit denen die Schüler im Bereich der organischen Chemie umgehen, flüssig sind. Aus diesem Grund scheidet Butan aus, da beide Butanisomeren gasförmig sind. Zwar ist auch beim Pentan eines der drei Isomeren gasförmig, während beim Hexan alle fünf Isomeren flüssig sind, doch um die Übersichtlichkeit zu gewährleisten, sollte die Anzahl an Isomeren so gering wie möglich gehalten werden. Aus diesen Gründen fiel die Entscheidung zugunsten der Behandlung der Pentanisomere aus. [3]

---

[3] Zu Schwierigkeiten bei der Verwendung der Hexanisomeren als Eingangsbeispiel siehe GRAF, E. 1996, S. 266–268.

8.4 Aus dem Stundenverlauf

8.4.1 Ein „krimineller" Einstieg

Der Einstieg erfolgt mit Hilfe einer selbsterfundenen *Sherlock* HOLMES-Geschichte. Als Alternative hätte man z. B. zwei Flaschen mitbringen und fragen können, was denn darin enthalten sei. Allerdings dürfte es für die Schüler motivierender sein, wenn Dr. WATSON die entscheidende Frage nach dem „Wie?" formuliert, als wenn sie von der Lehrerin/dem Lehrer selbst gestellt wird. Gleichzeitig wird den Schülerinnen und Schülern eine – wenn auch konstruierte – Situation vor Augen geführt, in der die Untersuchung einer Substanz und damit chemische Kenntnisse und Fähigkeiten nötig und sinnvoll sind. Somit kann die Geschichte dazu beitragen, das negative Image der Chemie abzubauen, das bei einigen Schülern vorhanden ist.

Die Schülerinnen und Schüler reagierten zunächst etwas überrascht, da ein solcher Einstieg in der Chemie neu für sie war, ließen sich aber recht schnell auf diese Variante ein. Natürlich blieben Schmunzeln und Grinsen nicht aus. Aber selbst nach der Stunde unterhielten sie sich auf dem Flur noch über diese Einstiegsvariante, die sehr gut bei ihnen ankam.

8.4.2 Der unbekannten Substanz auf der Spur

Nun sind also die Schüler und Schülerinnen gefragt. Allerdings sollen sie die entsprechenden Untersuchungen zwar fordern, diese können aber auf Grund des zeitlichen Rahmens und auf Grund des Umstands, dass in der Chemikaliensammlung, wie wohl in den meisten Schulen, nur eines der drei Pentanisomeren vorhanden ist, nicht durchgeführt werden. Daher werden ihnen die jeweiligen Versuchsergebnisse (siehe Informationsblatt, aber ohne Berechnungen und Interpretationen) auf einer Folie vorgegeben. Da ihnen aber die einzelnen Analysemethoden, wie bereits weiter oben beschrieben, entweder durch eigene Durchführung oder durch Demonstration bekannt sind, erscheint dieses Vorgehen gerechtfertigt. Sie sollen ja auch lernen, gegebene Daten richtig zu *interpretieren*, eine Fähigkeit, auf die wir wohl zu wenig Wert legen. Dies gilt insbesondere, da man die so „gewonnene" Zeit für den Umgang mit den Molekülbaukästen nutzen kann, was ich als sinnvoller ansehe.

Je nachdem, was die Schüler als Untersuchung fordern, wird das entsprechende Ergebnis auf Folien präsentiert (Aufzeichnungen von *Sherlock* HOLMES). Dabei sollen sie bei der qualitativen Analyse vorschlagen, worauf und wie sie die Substanz untersuchen würden. Nachdem die ihnen bekannten Nachweisreaktionen auf Sauerstoff, Stickstoff, Halogene, Schwefel, Wasserstoff und Kohlenstoff genannt und beschrieben worden sind, erhalten sie die Beschreibung und entsprechende Ergebnisse der mit der Substanz A bzw. B durchgeführten Versuche. Diese müssen die Schüler nun deuten. Ihre Schlussfolge-

rungen werden auf der Folie notiert. Um zu verhindern, dass nur eine der beiden Gruppen überlegen muss, die andere dann das Ergebnis übernehmen kann, werden *unterschiedliche* Nachweismethoden vorgegeben. Das hilft, Schematismus zu überwinden.
Als Nächstes müssten die Schüler die qualitative Analyse fordern. Dabei wird auf die Beschreibung des exakten Versuchsaufbaus und der -durchführung verzichtet. Sie erhalten also direkt die Versuchsergebnisse für ihre Substanz und berechnen die Verhältnisformel, die ebenfalls auf der Folie notiert wird. Genauso wird beim letzten Schritt, der Bestimmung der molaren Masse, verfahren.

8.4.3 Ein problematischer Fall und seine Lösung

Sowohl die Schüler, die sich mit Substanz A beschäftigten als auch diejenigen, die sich mit Substanz B auseinandersetzten, ermitteln die Summenformel C_5H_{12}. Nun wird ein Schüler/eine Schülerin aufgefordert, die Etiketten der beiden Fläschchen vorzulesen, da man nicht davon ausgehen kann, dass den Schülerinnen und Schülern noch die Siedetemperaturwerte aus der Geschichte bekannt sind. Ein erneutes Vorspielen dieser Textpassage wäre hier ebenfalls möglich, doch erstens würde es sich um eine reine Wiederholung handeln und zweitens kann so zumindest ein Schüler/eine Schülerin aktiv daran beteiligt werden. Die Werte werden unter die jeweilige Summenformel auf die Folie geschrieben bzw. die Schüler ergänzen diese auf ihrem Informationsblatt.
Da für die Schüler bislang einer Summenformel auch nur ein Verbindungsname zugeordnet wurde, sind die verschiedenen Siedetemperaturen, die auf zwei verschiedene Verbindungen hinweisen, für sie überraschend und nicht erklärbar. Während der Stundendurchführung wurde das Problem von zwei leistungsstarken Schülern ohne Schwierigkeiten erkannt. Es reichte dabei die Frage aus, ob ihnen etwas auffallen würde. Das von ihnen erkannte *Schlüsselproblem* (gleiche Summenformel, aber unterschiedliche Siedetemperaturen) muss von *allen* erfasst werden. Es sollte daher von der Lerngruppe artikuliert und an der Tafel festgehalten werden, damit es auch den schwächeren Schülerinnen und Schülern klar vor Augen geführt wird.
Zwar ist bereits im Vorfeld der vorgestellten Stunde der Begriff der Strukturformel eingeführt worden, doch ist er vermutlich, da dies bereits einige Wochen zurückliegt, den Schülerinnen und Schülern nicht mehr bewusst. Trotzdem sollen sie zunächst Vermutungen äußern, *worin die Ursache liegen könnte, dass zwei Verbindungen mit der gleichen Summenformel unterschiedliche Eigenschaften aufweisen*. Da sie bei der vorgestellten Stunde an dieser Stelle keine Lösungsmöglichkeit sahen, wurden die Molekülbaukästen direkt ausgegeben und sie sollten überprüfen, wie denn ein Teilchen der Sum-

menformel C_5H_{12} „aussieht". Da sie in diesem Fall zumindest auf der Suche nach zwei verschiedenen Verbindungen waren, wurden entsprechend viele Varianten gebaut. Teilweise entstanden auch alle drei möglichen Verbindungen.
Die Suche nach verschiedenen Anordnungen wurde durch den Hinweis verstärkt, dass ihrer Phantasie beim Bauen keine Grenzen gesetzt seien. Am Ende dieser Phase, deren zeitlicher Rahmen flexibel gestaltet und in der mit dem Nachbarn zusammengearbeitet werden kann, wurden zunächst die beim Bauen gesammelten Erfahrungen ausgetauscht (die Atome können unterschiedlich angeordnet werden). Der Begriff der Isomerie wurde eingeführt, eine entsprechende Definition an der Tafel notiert. Zum Abschluss wurden alle Modelle auf einem Tisch gesammelt und sortiert.
Sollte noch Zeit zur Verfügung stehen, so könnten die Pentanisomeren an der Tafel bzw. im Heft dargestellt werden.

8.5 Tafelbild

ISOMERIE
Problem: Auf Grund der gleichen Summenformel müsste es sich bei den beiden Flüssigkeiten um eine Substanz handeln.
Auf Grund der unterschiedlichen Siedetemperaturen sind es aber zwei verschiedene Substanzen.
Lösung: Es handelt sich um zwei Verbindungen, bei denen die Atome unterschiedlich miteinander verknüpft sind.
Solche Verbindungen, die die gleiche Summenformel, aber unterschiedliche Strukturformeln besitzen, nennt man **Isomere** (griech.: *isos* = gleich; *meros* = Teilchen).
Sie haben unterschiedliche Eigenschaften.

8.6 Tipps zur Umsetzung

- Wenn möglich sollte man für die Hin- bzw. Einführung des Isomerenbegriffs eine Doppelstunde auswählen, um den Schülern ausreichend Zeit zum Bauen und Ausprobieren zu geben. In diesem Fall ist auch das Vergleichen der gebauten Modelle sowie das Aufzeichnen der Pentanisomeren möglich. Die Ermittlung der Summenformel sowie die Problematisierung können ohne Schwierigkeiten in einer Stunde erfolgen.
- Bei der *Sherlock* HOLMES-Geschichte bietet es sich an, die ersten drei Abschnitte vorzulesen oder vorzutragen. Der nachfolgende Dialog zwischen HOLMES und WATSON kann mittels Kassette vorbereitet werden. Lassen sie ihn von zwei männlichen Personen sprechen. Dadurch wird das Ganze noch etwas „realistischer" für die Schüler.

Es ist auch möglich, zwei Schüler vorher einzuweihen und sie diesen Dialog vortragen zu lassen, doch geht dann einiges an Überraschung für diese Schüler verloren.
- Wer möchte, kann in der Geschichte an Stelle der Grad Celsius-Angaben Fahrenheit verwenden, da sie ja in England spielt. Allerdings können die Schüler mit dieser Angabe normalerweise nichts anfangen. 36,1 °C entsprechen 87,6 °F, 27,9 °C sind 81,7 °F.
- Aus zeitlichen Gründen sollen die Schüler und Schülerinnen während der Behandlung des Analyseganges die einzelnen Versuchsergebnisse nicht mitschreiben. Sie erhalten am Ende ein entsprechendes Informationsblatt, auf dem dann auch bereits die Schlussfolgerungen und berechneten Resultate aufgeführt sind.
- Es bietet sich an, die Klasse in zwei Gruppen, z. B. entsprechend ihrer Sitzordnung, einzuteilen, wobei sich jede Hälfte nur mit *einer* der beiden Substanzen auseinandersetzen soll. Dadurch wird eine Art Konkurrenzsituation geschaffen, die motivierend ist und die Verantwortung für ihre Substanz vergrößert. Innerhalb der beiden Gruppen sollen sich die Schüler und Schülerinnen bei den Berechnungen austauschen und gegenseitig helfen. So kann dem unterschiedlichen Leistungsniveau innerhalb der Gruppen Rechnung getragen und das Gruppengefühl verstärkt werden.
- Beim Tafelbild sollte die Überschrift zunächst freigelassen und nur das Problem aufgeführt werden. Erst wenn die Lösung aufgeschrieben wird, sollte die Überschrift ergänzt werden, um den Begriff der Isomerie nicht vorwegzunehmen.

8.7 Anhang

8.7.1 Eine Nachhilfestunde für Dr. Watson

Begleiten Sie mich ins Jahr 1896 nach London, genauer gesagt in den Nordwesten von London, in das Haus Baker Street 221 B.
Hier wohnt kein geringerer als *Sherlock* Holmes, seines Zeichens Meisterdetektiv, und sein Freund Dr. Watson.
Bereits beim Frühstück hatte die Nachricht, die in der Morgenausgabe der Times zu lesen war, ihr Interesse geweckt: Sir A. J. Thompson, ein renommierter Chemieprofessor, war um Mitternacht erstochen in seinem Labor aufgefunden worden.
Als man die beiden dann offiziell von Seiten der Universität um die Aufklärung des Falles bat, nahmen sie diese Herausforderung gerne an. Gerade kehren sie von einer ersten Untersuchung des Labors zurück.

WATSON: „Also Holmes, wenn ich das richtig sehe, dann tappen wir zur Zeit noch ziemlich im Dunkeln?"
HOLMES: „Da haben Sie Recht, doch vielleicht helfen uns ja die weiter?"
WATSON: „Aber was ist denn das?"
HOLMES: „Diese beiden Fläschchen, mein lieber Watson, fand ich unter dem Schreibtisch von Professor Thompson."
WATSON: „Oh! Vielleicht handelt es sich ja dabei um die Ausgangssubstanzen für die neue organische Verbindung, an der der Professor arbeitete? Und wenn die Mörder genau danach gesucht haben, dann hätten wir ja auch schon das Motiv."
HOLMES: „Immer schön langsam, Watson! Zunächst wissen wir nur, dass die Fläschchen fein säuberlich mit Reinsubstanz A und B beschriftet sind."
WATSON: „Ja, und da stehen auch noch Zahlen."
HOLMES: „Das sind die Siedetemperaturen, Watson! Flüssigkeit A hat eine Siedetemperatur von 36,1 °C und Flüssigkeit B von 27,9 °C."
WATSON: „Ja und, um was handelt es sich nun?"
HOLMES: „Das weiß ich noch nicht. Dies werden wir gemeinsam heute Vormittag herausbekommen, mein Freund."
WATSON: „Ja, aber ... wie denn?"

8.7.2 Weg zur Identifizierung einer chemischen Verbindung

Substanz A
Qualitative Analyse
Die Flüssigkeit ist brennbar.
Die Verbrennungsprodukte trüben Kalkwasser, und ein umgedreht über die Flamme gehaltenes Becherglas beschlägt.
Andere Nachweise sind negativ.

Die Verbindung besteht nur aus Kohlenstoff und Wasserstoff.

Quantitative Analyse
Die Oxidation mit Kupferoxid liefert:
 0,026 g Wasser
 29,0 ml Kohlenstoffdioxid

$n(C) : n(H) = 1{,}208 \cdot 10^{-3} : 2{,}9 \cdot 10^{-3}$
$= 5 : 12$

Verhältnisformel $(C_5H_{12})_x$

Bestimmung der molaren Masse
0,14 g der Substanz werden bei 40 °C und einem Druck von 1 013 hPa verdampft. Dabei entstehen 49,9 ml Gas

$M = 72{,}08$ g/mol
Summenformel: C_5H_{12}

Substanz B
Qualitative Analyse
Die Flüssigkeit ist brennbar.
Eine über die Flamme gehaltene Porzellanschale färbt sich schwarz.
Ein umgedreht über die Flamme gehaltenes Becherglas beschlägt.
Andere Nachweise sind negativ.

Die Verbindung besteht nur aus Kohlenstoff und Wasserstoff.

Quantitative Analyse
Die Oxidation mit Kupferoxid liefert:
 0,018 g Wasser
 20,0 ml Kohlenstoffdioxid

$n(C) : n(H) = 8{,}3 \cdot 10^{-4} : 2 \cdot 10^{-3}$
$= 5 : 12$

Verhältnisformel $(C_5H_{12})_x$

Bestimmung der molaren Masse
0,21 g der Substanz werden bei 31 °C und einem Druck von 1 013 hPa verdampft. Das Gas nimmt ein Volumen von 72,6 ml ein.

$M = 72{,}17$ g/mol
Summenformel: C_5H_{12}

Substanz A
Qualitative Analyse
Die Flüssigkeit ist brennbar.
Die Verbrennungsprodukte trüben Kalkwasser, und ein umgedreht über die Flamme gehaltenes Becherglas beschlägt.
Andere Nachweise sind negativ.

Die Verbindung besteht nur aus Kohlenstoff und Wasserstoff.

Quantitative Analyse
Die Oxidation mit Kupferoxid liefert:
0,026 g Wasser
29,0 ml Kohlenstoffdioxid

$n\,(C) : n\,(H) = 1{,}208 \cdot 10^{-3} : 2{,}9 \cdot 10^{-3}$
$= 5 : 12$

Verhältnisformel $(C_5H_{12})_x$

Bestimmung der molaren Masse
0,31 g der Substanz werden bei 45 °C verdampft. Das entstehende Gas nimmt ein Volumen von 124 ml ein. Das molare Volumen bei 45 °C beträgt 28,9 l/mol.

M = 72,25 g/mol
Summenformel: C_5H_{12}

Substanz B
Qualitative Analyse
Die Flüssigkeit ist brennbar.
Eine über die Flamme gehaltene Porzellanschale färbt sich schwarz.
Ein umgedreht über die Flamme gehaltenes Becherglas beschlägt.
Andere Nachweise sind negativ.

Die Verbindung besteht nur aus Kohlenstoff und Wasserstoff.

Quantitative Analyse
Die Oxidation mit Kupferoxid liefert:
0,018 g Wasser
20,0 ml Kohlenstoffdioxid

$n\,(C) : n\,(H) = 8{,}3 \cdot 10^{-4} : 2 \cdot 10^{-3}$
$= 5 : 12$

Verhältnisformel $(C_5H_{12})_x$

Bestimmung der molaren Masse
0,16 g der Substanz erhitzt man auf 35 °C. Dabei entstehen 52 ml Gas. Bei 35 °C beträgt das molare Volumen 23,3 l/mol.

M = 71,69 g/mol
Summenformel: C_5H_{12}

DIE ANEKDOTE
(von Eberhard Rossa)

Händeschütteln im Dunkln

Roald HOFFMANN, *Nobelpreisträger für Chemie, führte in seinen „Reflexionen über die Chemie" folgenden Modellvergleich für die Trennung von Enantiomeren an:*
„Das Szenario eines nie gedrehten Films von Antonioni verdeutlicht uns die gebräuchlichste Methode der so genannten Enantiomerentrennung. Sie (ein Rechtshänder) betreten einen stockdunklen Raum, in dem sich Teile von Schaufensterpuppen befinden: rechte und linke Hände. Wenn Sie die Hände nicht sortieren können, wird ihnen etwas Schreckliches zustoßen. Kein Problem: Sie nehmen die zahllosen Hände nacheinander in die rechte Hand, wie zur Begrüßung. Bei manchen geht das bequem, die legen Sie auf eine Seite. Die nicht passenden linken Hände legen Sie auf einen anderen Haufen.
Nachbemerkung: Man könnte auch größenmäßig passende Schuhe im Dunkeln anprobieren lassen.[4]

---

4 HOFMANN, R.: Sein und Schein-Reflexionen über die Chemie, WILEY-VCH Weinheim 1994, S. 41.

8.7 Anhang

DER RÜCKBLICK

(von Heinrich Schönemann)

Berliner Blau und die Folgen

1704 kam es in Berlin zu einer folgenschweren Zufallsentdeckung, der Herstellung von **Berliner Blau (Preußisch Blau)**. Man erhielt – und erhält – es, wenn man Eisen (III)-Ionen mit gelbem Blutlaugensalz ($K_4[Fe(CN)_6]$) zusammengibt. Das wurde früher dargestellt durch Kochen von Blut mit Kaliumcarbonat, später wurden an Stelle des Blutes auch Hörner, Klauen und andere Teile von Tieren eingesetzt. Denselben Farbstoff erhält man auch bei der Reaktion von Eisen(II)-Ionen mit rotem Blutlaugensalz ($K_3[Fe(CN)_6]$). Dieser Farbstoff fand in der Folgezeit enorme Verwendung, soll auch z. B. zum Färben des preußischen Uniformtuches eingesetzt worden sein, und es verwundert deshalb nicht, dass viele Chemiker versuchten, seine Zusammensetzung zu ergründen.
Erfolg hatte damit erst der deutsche Chemiker *Carl Wilhelm* SCHEELE (1742–1786): 1782/83 fand er heraus, dass dieser Farbstoff aus drei Komponenten besteht, nämlich einem Alkali (Kalium), Eisen und einer bis dahin unbekannten Säure, aus dem Farbstoff isolieren und deren Zusammensetzung er ermitteln konnte. Auch gelang es ihm, sie aus Graphit (statt tierischer Kohle), Kohlenstoffdioxid und Ammoniak herzustellen. Er nannte sie **Berlinerblausäure**. Später sparte man sich die Ortsangabe, und wurde die **Blausäure** daraus.
Das Salz der Blausäure nannte man **Cyanide**, abgeleitet vom griechischen Wort *kyanos*, blau. Dieses Wort ist auch enthalten in den **Anthocyanen**, einer in der Natur weit verbreiteten Gruppe von Farbstoffen (z. B. im Rotkohl): griech.: *anthos*, Blüte (vgl. auch Anthologie), also „Blütenblau".

1822 untersuchte der junge *Friedrich* WÖHLER (1800–1882) die Einwirkung von Dicyan ($(CN)_2$) auf Laugen (Barytwasser) und stellte dabei eine ähnliche Reaktion fest wie diejenige, die beim Einleiten von Chlor in Laugen abläuft:

$$Cl_2 + 2\,OH^- \rightleftarrows Cl^- + OCl^- + H_2O$$

$$(CN)_2 + 2\,OH^- \rightleftarrows CN^- + OCN^- + H_2O$$

Damit hatte er eine neue Stoffgruppe gefunden, die **Cyanate** (mit der Einsilbe -at, da sie sich von einer sauerstoffhaltigen Säure, der **Cyansäure**, ableiten). Er stellte nun eine Reihe von Cyanaten her, analysierte sie und erlebte dabei 1824 eine unangenehme Überraschung: Sein **Silbercyanat**, ein farbloser, in Wasser schwer löslicher stabiler Feststoff, hatte dieselbe Zusammensetzung wie **Silberfulminat**, eine außerordentlich explosive und sehr gefährliche Substanz – darauf wies schon der Name hin: lat.: *fulmen*, Blitz. Sie hieß deshalb auch **Knallsilber**.
Dieser Stoff war auf Jahrmärkten der damaligen Zeit eine große Sensation, er wurde u. a. zur Füllung von Knallerbsen verwendet. Ein junger Mann beobachtete die Quacksalber bei der Darstellung dieser Substanz aus Silber, Branntwein und Salpetersäure und experimentierte zu Hause weiter – mit durchschlagendem Erfolg. Es gelang ihm aber auch, was vorher noch keiner geschafft hatte, nämlich diese höchst kitzlige Substanz zu analysieren. Dieser junge Mann war *Justus* LIEBIG (1803–1873), und das Knallsilber erwies sich in zweierlei Hinsicht als Initialzünder für sein weiteres Leben.
Die von ihm ebenfalls 1824 veröffentlicht Analyse stimmte nun exakt mit der des Silbercyanats von WÖHLER überein – das konnte offensichtlich nicht sein. Es entspann sich nun eine heftige Fehde mit dem damals üblichen persönlichen Beleidigungen, bis sie feststellten: Es war dies eines der ersten Beispiele für die von BERZELIUS genannte **Isomerie** (griech.: *isos*, gleich, vgl. Isotop, isobar; *meros*, Teil, vgl. monomer, polymer, ...):

„So habe ich vorgeschlagen, Körper von gleicher Zusammensetzung und ungleichen Eigenschaften isomerische zu nennen, vom griechischen isomeres (aus gleichen Theilen zusammengesetzt), ..." (BERZELIUS, J. 1832, Jahresbericht Bd. 11, S. 42)
Aus heutiger Sicht liegt im Silbercyanat folgende Anordnung vor: AgOCN, während für Silberfulminat gilt: AgONC. Außerdem gibt es noch eine **Isocyansäure** (HNCO).

Aus dem Streit zwischen LIEBIG und WÖHLER entwickelte sich dann eine außerordentlich herzliche Freundschaft und Zusammenarbeit, die fast 50 Jahre anhielt (bis zum Tode LIEBIGS) und die Entwicklung der Chemie in Deutschland ganz ungemein beflügelte: LIEBIG trieb in Gießen die Organische Chemie entscheidend voran und führte dort ein so attraktives Chemie-Studium ein, dass sein Institut als „Mutter aller chemischen Institute" gilt: So kamen von den ersten 61 Nobelpreisträgern der Chemie 44 aus der „LIEBIG-Schule", d. h. die „chemischen Vorfahren" dieser Preisträger haben bei LIEBIG studiert.

WÖHLER arbeitete in Göttingen; ihm sind entscheidende Fortschritte hauptsächlich in der Anorganischen Chemie zu verdanken.

Der Start LIEBIGS als Professor hängt ebenfalls mit dem Silberfulminat zusammen: Am 28. Juli 1823 trug *Louis Joseph* GAY-LUSSAC (1780–1850) in Paris über LIEBIGS Untersuchungen vor. Und LIEBIG selbst wurde nach dem Vortrag von einem Zuhörer angesprochen und für die nächsten Tag eingeladen. Da er den Mann nicht kannte und nicht nach dem Namen fragen wollte, konnte er dieser Einladung nicht folgen. Diesem peinlichen Eklat folgte schnell die Aufklärung: Es handelte sich um den damals schon weltberühmten *Alexander* VON HUMBOLDT. Dieser öffnete LIEBIG in Paris alle Türen, so dass er z. B. im Labor von GAY-LUSSAC arbeiten konnte, und setzte sich mit Erfolg für seine Berufung nach Gießen ein.

LIEBIG revanchierte sich später bei GAY-LUSSAC für dessen Hilfe indem er seinen Sohn *Jules* GAY-LUSSAC bei sich im Gießener Labor ausbildete; dort analysierte dieser u. a. 1833 Paraffin (siehe S. 142 Die Namen von Kohlenwasserstoffen).

WÖHLER selbst versuchte dann bei weiteren Arbeiten über die Cyansäure auch, Ammoniumcyanat herzustellen. Statt dessen erhielt er **Harnstoff** (1828), ein weiteres Beispiel für die Isomerie:

$NH_4OCN \rightarrow (NH_2)_2CO$

Ersetzt man im Cyanat-Ion ein Sauerstoff-Atom durch ein Schwefel-Atom (griech.: *theion*), dann erhält man das **Thiocyanat**-Ion. Dieses heißt auch **Rhodanid**-Ion, denn es gibt mit Eisen(III)-Ionen eine tiefrote Substanz (griech.: *rhodon*, Rose, vgl. auch Rhododendron, Rosenbaum):

$Fe^{3+} + 3 SCN^- \rightarrow Fe(SCN)_3$

9 Das Fetthärtungsverfahren am Beispiel der Margarine

Michaela Kramer

9.1 Einleitung

Dass der Chemieunterricht zu den unbeliebtesten Fächern in der Schule gehört und seine Ergebnisse im Allgemeinen sehr zu wünschen lassen, ist unbestritten. Ein Ausweg wird häufig in der Auswahl von Themen gesehen, die stärker aus dem Umfeld der Schüler stammen (STÄUDEL, L.; WÄHRMANN, H. 1999). Gerade die Auseinandersetzung mit einem Alltagsprodukt, das jedem Schüler/jeder Schülerin bekannt ist, soll dazu beitragen, Vorurteile gegenüber dem Fach Chemie abzubauen und den Einfluss der Technik bzw. der Chemie auf unser Leben deutlich zu machen. „Erst wenn im Unterricht glaubhaft gezeigt werden kann, dass die chemische Denk- und Argumentationsweise zum Verständnis unserer Umwelt unerlässlich ist, können Vorurteile abgebaut werden, in denen Chemie mit den Begriffen ‚giftig' und ‚menschenfeindlich' verbunden wird. Gerade ein solcher Praxisbezug kommt in unserem Chemieunterricht oftmals zu kurz." (REISS, J. 1994).

Allerdings ist häufig entweder der Sachverhalt, der Schüler interessiert, zu komplex oder der Bezug zu ihrer Erfahrungswelt ist schwierig. So fasziniert das Thema Farben/Farbigkeit stets die Schüler, doch eine genaue Erklärung, insbesondere in der Sekundarstufe I, scheitert an ihrem fehlenden chemischen Wissen. Einfacher Rotkohl hingegen, dessen Saft ein guter Säure-Base-Indikator ist, und dessen Verwendung in vielen Schulbüchern beschrieben wird, ist vielen Schülern kaum noch als unbearbeitetes Gemüse bekannt, so dass der Bezug zur eigenen Welt fehlt.

Einen möglichen Mittelweg zwischen der Vermittlung rein chemischen Sachwissens auf der einen Seite und der Integration der Schülererfahrungen aus ihrem Alltag auf der anderen Seite soll hier durch die Behandlung des *Fetthärtungsverfahrens am Beispiel der Margarine* vorgestellt werden.

Wer stand nicht schon einmal vor einem Regal und schaute sich etwas irritiert die Inhaltsangabe des Produktes an, das er gerade kaufen wollte? Was soll denn dieses oder jenes heißen, warum ist es überhaupt darin, oder kann es nicht auch fehlen? Eine solche Angabe ist unter anderem der Aufdruck „pflanzliche Fette, z. T. gehärtet", die man nicht nur auf einer Margarinedose, sondern u. a. auch bei Schokolade oder Keksen finden kann.

9.2 Was man über Margarine und ihre Bestandteile wissen sollte

9.2.1 Die Bestandteile der Margarine

Die heutige Margarine besteht in erster Linie aus pflanzlichen Ölen und Fetten, die zum Teil gehärtet sind, sowie aus Wasser. Zusätzlich werden Emulgatoren, Salz, Säuerungsmittel (Citronen- oder Milchsäure), Aroma, Farbstoff (ß-Carotin) sowie Vitamine (A und D) zugesetzt. Vitamin E ist natürlicherweise in jedem pflanzlichen Öl enthalten.

Die wichtigsten Rohstoffe der Margarine sind somit die pflanzlichen Öle und Fette. Von den etwa 40 Pflanzenarten, deren Öle und Fette für die menschliche Ernährung in Frage kommen, spielen für die Margarineherstellung vor allem Sojabohnen, Ölpalmfrüchte, Sonnenblumenkerne, Rapssaat, Baumwollsaat, Erdnüsse sowie Kokosnüsse eine entscheidende Rolle.

9.2.2 Die Konsistenz von Fetten

Fette können flüssige, streichfähige oder feste Konsistenz aufweisen. Sind sie bei Zimmertemperatur (20 °C) flüssig, so werden sie als Öle bezeichnet. Da Fette letztlich Gemische verschiedenster Ester aus Glycerin und drei, meist unterschiedlichen, Fettsäuremolekülen sind, weisen sie keinen einheitlichen Schmelzpunkt auf, sondern einen für sie charakteristischen Schmelztemperaturbereich oder Erweichungspunkt. Letztlich sind für die unterschiedlichen Eigenschaften der Fette die enthaltenen Fettsäuren ausschlaggebend. Dabei unterscheidet man einerseits zwischen gesättigten, einfach ungesättigten und mehrfach ungesättigten, andererseits zwischen kurz-, mittel- und langkettigen Fettsäuremolekülen. Sowohl ihre Länge, ihre Stelle innerhalb des Moleküls als auch die Anzahl an Doppelbindungen innerhalb der Fettsäuren haben Einfluss auf die Konsistenz. Je länger die Fettsäuremoleküle sind und je weniger Doppelbindungen sie enthalten, desto größer ist ihre Oberfläche und umso stärker wirken die VAN-DER-WAALS-Kräfte. Außerdem weisen Fettsäuremoleküle mit wenigen beziehungsweise keiner Doppelbindung einen geraderen Aufbau auf, wodurch die Bildung geordneter Strukturen erleichtert wird.

Für den Unterschied zwischen festen und weichen Fetten ist insbesondere die Kettenlänge entscheidend. Feste Fette enthalten überwiegend langkettige, während weiche vor allem kurzkettige Fettsäuren aufweisen. Dagegen ist für den Übergang von festen und flüssigen Fetten/Ölen der Gehalt an ungesättigten bzw. mehrfach ungesättigten Fettsäuren ausschlaggebend. Allgemein weisen Öle einen hohen Gehalt an ungesättigten, Fette dagegen an gesättigten Fettsäuren auf (SCHLIEPER, C. A. 1986; FRANKE, D./CLAUS, U./FESTER, H.-D. 1987).

9.2.3 Änderungsmöglichkeiten der Fettkonsistenz

Aus den vorhandenen Rohstoffen werden deutlich mehr Öle als Fette gewonnen. Da der Verbraucher aber streichfähige und feste Fette bevorzugt, müssen für die Margarineherstellung viele dieser Öle durch die so genannte Fetthärtung in feste bzw. streichfähige Fette überführt werden. Dabei kommen bei der Margarineherstellung sowohl das Verfahren der *Hydrierungsreaktion* (Fetthärtung) als auch die *Umesterung* zur Konsistenzänderung zum Einsatz.

Das Verfahren der *Hydrierung*, bei der durch die Addition von Wasserstoff an die Kohlenstoff-Kohlenstoff-Doppelbindung ungesättigte und mehrfach ungesättigte Fettsäuren in gesättigte bzw. einfach ungesättigte Fettsäuren überführt werden, wurde 1902 vom deutschen Chemiker *Wilhelm* NORMANN erfunden. Damit wurde es möglich, pflanzliche Öle und Fette in großem Maßstab für die Margarineherstellung zu verwenden, da zwar Ende des letzten Jahrhunderts die Gewinnung dieser Öle/Fette aus den tropischen Ölsaaten bekannt, aber ihre Verwendung auf Grund ihrer Konsistenz nur begrenzt möglich war.

Bei der *Hydrierungsreaktion* verwendet man Nickelpulver, das dem Öl zugesetzt wird, als Katalysator. Der verwendete Wasserstoff wird auf 170 bis 220 °C erwärmt und das Gemisch bei 6 bar in Druckbehältern zur Reaktion gebracht. Die Reaktion kann heute zeitlich so gesteuert werden, dass nur eine begrenzte Anzahl an Doppelbindungen reagiert und somit Fette mit einer bestimmten, gewünschten Streichfähigkeit erzielt werden. Das Nickelpulver wird anschließend durch Filterpressen wieder entfernt, wobei Margarine noch sehr geringe Nickelspuren (0,01 mg Nickel pro Kilogramm) enthält. Im Vergleich zum natürlichen Nickelgehalt anderer Lebensmittel wie z. B. Aprikosen mit 0,04 mg pro kg oder Schokolade mit 2 mg pro kg ist dieser Gehalt aber eher unerheblich (SCHLIEPER, C. A. 1986; CHEMIE HEUTE 1994).

Statt der Anwendung dieses Verfahrens kann man die Konsistenz eines Fettes erhöhen, indem man die Fettsäurezusammensetzung durch so genannte *Umesterung* verändert. Dabei werden die Esterbindungen der Moleküle von Gemischen fester und flüssiger Fette unter dem Einfluss von Wärme und einem Katalysator gelöst und anschließend neu geknüpft (LOBITZ, R. 1988: SCHLIEPER, C. A. 1986). Dabei binden sich die Fettsäuremoleküle statistisch gleichmäßig an die Glycerinmoleküle. So entsteht z. B. aus Kokosfett und Sonnenblumenöl ein Fett mit veränderter Konsistenz.

9.3 Voraussetzungen für die Stunden

Die vorgestellten Stunden sind Teil einer Einheit zum Thema Margarine. Dabei setzten sich die Schüler zunächst mit den laut Etikett enthaltenen Bestandteilen einer Margarine auseinander, formulierten Fragen nach Bestandteilen, die sie nicht kannten, und stellten selber pflanzliche Öle und Fette aus den wichtigsten Ölsaaten her, bevor sie sich mit dem hier beschriebenen Fetthärtungsverfahren beschäftigten. Insgesamt umfassten die vorgestellten Stunden einen zeitlichen Rahmen von zwei Schulstunden. Für das Verständnis des Fetthärtungsverfahrens ist es nötig, dass den Schülern die allgemeine Formel eines Fettes, das Vorkommen gesättigter/ungesättigter Fettsäuren, die Additionsreaktion sowie der Einfluss der Oberfläche auf die VAN-DER-WAALS-Kräfte bekannt/bewusst ist. Auch sollten den Schülern im Vorfeld verschiedene Fette (z. B. Sonnenblumenöl, Erdnussöl, Kokosfett) zumindest gezeigt worden sein, damit sie wissen, dass pflanzliche Fette unterschiedliche Konsistenzen besitzen können. Dies war im Rahmen der Einheit zur Margarine durch die Eigenproduktion verschiedener Öle und Fette gegeben.

9.4 Überlegungen zu den durchgeführten Experimenten

Bei der Auswahl der beiden für das Experiment verwendeten Substanzen waren die nachfolgenden Überlegungen ausschlaggebend: Neben Kokosfett ist nur noch Palmkernfett als pflanzliches Produkt bei Zimmertemperatur fest. Allerdings wird es schwer fallen, letzteres in Deutschland zu besorgen. Zwar gibt es eine ganze Reihe an flüssigen Fetten, doch scheiden viele bei der gewählten Versuchsdurchführung auf Grund ihrer Eigenfärbung (z. B. Oliven- oder Sojaöl) aus. An Stelle oder neben der Verwendung von Sonnenblumenöl bieten sich noch Erdnuss- und/oder Distelöl an.

Als Kennzahl für die Anzahl an Doppelbindungen in einem Fett gilt die sogenannte Iodzahl. Ihre Bestimmung erfolgt durch die Umsetzung des gelösten Fettes mit einem Gemisch aus Kaliumbromat und Kaliumbromid (Winkler Reagenz) im Überschuss. Anschließend wird Kaliumiodid zugegeben und das entstehende Iod mit Thiosulfat-Lösung zurücktitriert. Dieser Gang erscheint für die Schüler als zu komplex und somit als ungeeignet. Da es für die Erklärung der Fetthärtungsreaktion ausreicht, wenn „nur" die allgemeine Aussage „flüssige Fette besitzen viele, feste Fette wenige ungesättigte Fettsäuren" bekannt ist, genügt es in der Regel, die Anzahl der Doppelbindungen halbquantitativ zu bestimmen. Für diese halbquantitative Bestimmung ergeben sich zwei Möglichkeiten:

a) Entfärbung einer Brom-Lösung, (weniger als 5-prozentige Lösung im Schülerversuch zulässig) (siehe Empfehlungen der KMK 1995, Nr. 108; S. 16);

b) Entfärbung einer sodaalkalischen Kaliumpermanganat-Lösung (Bayer-Reagenz).

Obwohl die sodaalkalische Kaliumpermanganat-Lösung im Gegensatz zur Brom-Lösung ungiftig ist und man ihre Konzentration so hätte steigern können, dass keine Büretten verwendet werden müssten (durch die geringe Konzentration der Brom-Lösung werden beim Sonnenblumenöl relativ große Mengen verbraucht (um die 19 ml), so dass Büretten erforderlich sind), wurde aus mehreren Gründen der Einsatz der Brom-Lösung bevorzugt. Erstens kann so die beobachtete Reaktion erklärt werden, während es sich beim Bayer-Reagenz um eine komplizierte Oxidationsreaktion handelt (Braunstein- und Diolbildung). Diese kann auf dieser Schulstufe noch nicht erläutert werden. Daher hätte die Entfärbung als reines Phänomen behandelt werden müssen. Zweitens entspricht die Additionsreaktion der Brommoleküle der Hydrierungsreaktion, die ja bei der Fetthärtung zum Einsatz kommt. Somit hat die Bromentfärbung – und die Besprechung der Reaktion – auch den Vorteil, dass sie die Grundlagen für die Fetthärtung legt.

Auf die Demonstration der Fetthärtung mit Hilfe von konzentrierter Schwefelsäure und Zinkpulver, wie dies in einigen Büchern beschrieben wird. (SCHLIEPER, C. A 1986; CHEMIE HEUTE 1994) und damit auf die Bestätigung des Schülerlösungsvorschlages, Wasserstoff an die Doppelbindung zu addieren, sollte verzichtet werden, da in Vorversuchen keine zufriedenstellenden Ergebnisse erzielt wurden.

9.5 Aus dem Stundenverlauf

9.5.1 Ein werbender Einstieg

Zunächst soll den Schülern die Notwendigkeit der Fetthärtung bewusst werden. Dies soll mit Hilfe einer selbst entworfenen Werbung für eine flüssige Margarine erreicht werden (siehe Bild 1).

Durch die Reaktion der Schüler auf diese Werbung und ihre Argumentation, weshalb sie diese Margarine vermutlich nicht kaufen würden, soll ihnen zunächst einmal bewusst werden, dass Margarine stets streichfähig ist. Ein alternativer Einstieg hätte darin bestehen können, dass man eine Ölflasche mitbringt und Argumente nennen lässt, warum sie dieses nicht als „Brotaufstrich" verwenden würden. Zwar wäre damit die Beziehung zum Realobjekt größer, doch könn-

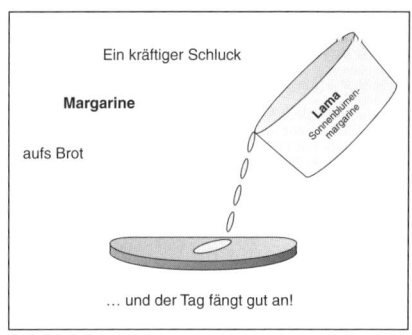

Bild 1

ten so geschmackliche Aspekte nicht ausgeschlossen werden. Da dies beim Einsatz der Werbung der Fall ist, wurde dieser Weg gewählt.

Auf die fiktive Werbung reagierten die Schüler mit einem Schmunzeln. Ferner wurden Äußerungen wie: „Eine solche Margarine gibt es ja gar nicht." oder „Margarine ist stets streichfähig." gemacht. Es war niemand bereit, eine solche Margarine zu kaufen, da sie „zu ölig" sei bzw. „das Brötchen durchweichen" würde.

Ihnen wurde dann erläutert, dass sie Leiter der Forschungs- und Entwicklungsabteilung der LAMA-Werke seien. Dadurch sollen sie das Problem als persönliches Anliegen bewerten. Eine Marktanalyse habe ergeben, dass potentielle Kunden dieses Produkt nicht kaufen würden, da es ihnen vom Brot fließen würde. Sie seien nun damit beauftragt worden, diesen Missstand zu beseitigen und sollten ihre weitere Vorgehensweise erläutern.

Der Zusatz von Gelatine wurde genauso genannt wie der Zusatz von festem Kokosfett. Durch den Hinweis auf die von ihnen selber produzierten Öle/Fette (evt. ist hier das Zeigen unterschiedlicher Öle/Fette nötig), wurde auf die Frage gelenkt, wo aus chemischer Sicht die Ursache für die unterschiedliche Konsistenz eines Fettes liegen könnte. Hilfsweise kann man die Schüler danach fragen, was alle Fette in chemischer Hinsicht darstellen und worin sie sich unterscheiden. Auf diese Weise gelangt man zur Fettsäurezusammensetzung und macht die Notwendigkeit bewusst, die Konsistenz von Fetten und Ölen näher zu untersuchen. Zu diesem Zeitpunkt kann allerdings nur eine begründete Vermutung geäußert werden, wobei die Kettenlänge zunächst naheliegend ist.

9.5.2 Auf den Anteil an ungesättigten Fettsäuren kommt es an

Der unterschiedliche Gehalt an ungesättigten Fettsäuren in einem festen (Kokosfett) und in einem flüssigen Fett (Sonnenblumenöl) wird dann den Schülern in einem Experiment gezeigt. Ist die Additionsreaktion den Schülern bereits bekannt, so können sie das Experiment selber entwickeln, ansonsten muss die Reaktion zuvor neu eingeführt werden.

Zwei Proben mit Kokosfett bzw. Sonnenblumenöl werden dabei titriert, wobei einzelne Schüler zum Einsatz kommen können.

Dabei ist die Einhaltung der Sicherheitsbestimmungen (Handschuhe, Kittel usw.) unbedingt nötig. Es wäre auch möglich, die Schüler den Gehalt an ungesättigten Fettsäuren selber ermitteln zu lassen, wobei sich z. B. eine Gruppe nur mit einem der beiden Fette auseinandersetzt, doch müsste man dafür eine weitere Schulstunde einrechnen.

Arbeitsblatt 1 (siehe S. 145)
Bei dieser Untersuchung kommt es auf den großen Unterschied im Verbrauch an Brom-Lösung zwischen Kokosfett und Sonnenblumenöl an, eine auf den Tropfen exakte Angabe ist nicht möglich. Im Schülerexperiment können dabei durchaus Differenzen im Milliliterbereich auftreten. Um den Schülern nicht den Eindruck eines exakten quantitativen Experimentes zu vermitteln, ist es sinnvoll, bei der Auswertung keine exakten Mittelwerte anzugeben, sondern von weniger als z. B. 2 ml beim Kokosfett und mehr als z. B. 17 ml beim Sonnenblumenöl zu sprechen.

Als Ergebnis des Experimentes wurde zunächst nur festgehalten, dass Sonnenblumenöl über mehr Doppelbindungen verfügt als Kokosfett.
Arbeitsblatt 2 (siehe S. 146)
Von den erzielten Titrationsergebnissen ausgehend, soll dann eine allgemeine Beziehung zwischen der Konsistenz eines Fettes und seinem Gehalt an ungesättigten Fettsäuren gefunden werden. Dies kann besonders gut durch die Präsentation von Sonnenblumenöl und Kokosfett über einen Overhead-Projektor verdeutlicht werden, eventuell unterstützt durch leichtes Schütteln beider Fette, in Verbindung mit den Titrationsergebnissen.
So wird die Aufmerksamkeit auf die unterschiedlichen Erscheinungsform beider Fette gelenkt. Als Ergebnis wurde die allgemeine Aussage formuliert, dass Fette mit vielen Doppelbindungen bei Zimmertemperatur flüssig, Fette mit wenigen Doppelbindungen jedoch fest sind.

9.5.3 Modelle erleichtern das Verständnis

Die Reaktion einer Brom- mit einer Ölsäurelösung soll mit Hilfe von Steckmodellen (Kugel-Stab (Cornelsen Experimenta, Berlin)) nachvollzogen bzw. demonstriert werden, da die bei einer Additionsreaktion erfolgende Umwandlung einer Doppel- in eine Einfachbindung jedem bewusst und vor Augen geführt werden soll. Dazu eignen sich die Steckmodelle besonders gut, da bei ihnen die biegsamen weißen Bindungen durch harte grüne Stäbchen ersetzt werden müssen.
Damit der Zusammenhang zwischen dem Gehalt an ungesättigten Fettsäuren und der Konsistenz eines Fettes nicht nur als Merksatz oberflächlich verinnerlicht wird, soll die Ursache auch auf molekularer Ebene geklärt werden. Hier ergibt sich die Möglichkeit, auf die Wechselwirkung zwischen Molekülen zurückzugreifen und dieses Wissen zu erweitern, so dass die Schüler die Erklärung selber finden können. Dafür ist es aber zunächst notwendig, ihnen die räumlichen Auswirkungen einer cis-Konfiguration zu verdeutlichen. Dies soll mit Hilfe von Kalottenmodellen erfolgen, da hier die entstehenden Knicke besonders deutlich werden.

Arbeitsblatt 3 (siehe S. 147)
Aus diesem Grund wird auch nur die stärker geknickte Form der Linolsäure abgebildet. Die Folgen dieser Knickbildung sollten von den Schülern selber erkannt werden. Bei der Beantwortung der Fragen argumentierten sie über die Anordnung bzw. über geordnete/ungeordnete Anordnungsmöglichkeiten der verschiedenen Ketten. Auch der Hinweis, man könne über die VAN-DER-WAALS-Kräfte argumentieren, wurde von den Schülern aufgegriffen und das Argument über die größere bzw. kleinere Oberfläche und damit die größeren bzw. kleineren VAN-DER-WAALS-Kräfte vorgetragen.

9.5.4 Der Bogen schließt sich

Mit dem erneuten Einsatz der LAMA-Werbung wurde der Bogen zum Beginn des Themas geschlagen. Auf die Frage, ob sie eventuell nun das Problem lösen könnten, kam recht schnell der Vorschlag, eine ähnliche Substanz wie Brom zu verwenden und dadurch die Doppel- in Einfachbindungen zu überführen. Auch der Einsatz von Wasserstoff wurde ohne Schwierigkeiten als sinnvoll/notwendig erkannt, mit dem Argument, dass in diesem Molekül die Atome ähnlich wie bei Brom durch eine Einfachbindung miteinander verbunden seien und so reine Kohlenwasserstoffe entstehen würden, also keine halogenierten, giftigen Verbindungen.

Der Begriff der Fetthärtung wurde eingeführt und seine geschichtliche Bedeutung erklärt. Auf den Einsatz von Nickel als Katalysator wurde hingewiesen, dies aber nicht weiter thematisiert, da die meisten Schüler keine Vorstellung von Katalysatoren haben. Auch auf die Entstehung von trans-Fettsäuren wurde nicht näher eingegangen.

Zum Abschluss wurden die Schüler aufgefordert, eine Liste von Produkten zusammenzustellen, die sie zu Hause finden und die gehärtete Fette enthalten. So konnte ihnen ein Eindruck über die Bedeutung des erarbeiteten Verfahrens vermittelt werden. Bei einer Klausur könnte man z. B. den Aufdruck eines Schokoladenriegels o. Ä. abdrucken, verbunden mit der Aufgabe den Begriff „Fette, z. T. gehärtet" zu erklären.

Die Anekdote (von Eberhard Rossa)

Atkins über den Höcker der Kamele

Atkins kennzeichnet in seiner populären Schrift „Moleküle" den Unterschied zwischen einem Benzinvorrat und dem Höcker der Kamele wie folgt: „Die Länge und die Sättigung der Stearinsäureketten sind insofern für die Tiere vorteilhaft, als die Fette nicht in einem speziellen Tank aufbewahrt werden müssen und als isolierende Schutzschicht gelten können. Der Höcker der Kamele stellt eine elegante Lösung für das zweifache Problem dar, sowohl Energie als auch Wasser speichern zu können, denn ... Tristearin liefert bei der Oxidation Wasser."
(Atkins, P. W.: Moleküle. Spektrum Akademischer Verlag, Heidelberg 1988, S. 65)

Der Rückblick (von Heinrich Schönemann)

Die Namen von Kohlenwasserstoffen

Die Namen der ersten vier Kohlenwasserstoffe sind – etymologisch gesehen – ein „harter Brocken". Vom fünften Kohlenwasserstoff an wird's dann leichter:
Der Name **Methan** hängt mit **Methyl**alkohol zusammen: Die bei der trockenen Destillation von Holz (1661 von *Robert* Boyle veröffentlicht) gewonnene Flüssigkeit enthält als Hauptbestandteil (ca. 10 %) Essigsäure, ferner 1,5 bis 3 % Methanol, geringe Mengen Aceton und andere organische Produkte. Dieses sauer reagierende Destillat nannte man damals **Holzessig**, der Alkohol war dann **Holzgeist**. 1834 erkannten die französi-

9.5 Aus dem Stundenverlauf

schen Chemiker *Jean Baptiste André* DUMAS (1800–1884) und *Eugène Melchior* PÉLIGOT (1811–1890), dass dieser Holzgeist dem **Weingeist** (Ethanol) sehr ähnlich sei, aber (pro Molekül) nur *eine* CH_2-Gruppe habe (formuliert als $CH_2 + H_2O$). Die CH_2-Gruppe nannten sie **Methylen** (methylène), abgeleitet von den griechischen Wörtern *methy*, Wein (verwandt mit dem deutschen Wort „Meth") und *(h)yle*, Holz, Stoff, Material. Angedeutet werden sollte, dass diese Gruppe beim Aufbau einer Substanz beteiligt ist, die zwar weinähnliche Eigenschaften hat, also die des Spiritus (C_2H_5OH), aber nicht aus Wein, sondern aus **Holz** gewonnen wird. BERZELIUS[1] hielt zwar nichts von dieser Wortschöpfung („... eine Wortverbindung, welche missbilligt werden muss ..."), rang sich aber dazu durch, die entsprechende CH_3-Gruppe **Methyl**(-Gruppe) zu nennen. Außerdem erkannte er, dass im gewöhnlichen Alkohol, dem „Weinalkohol", doppelt so viele CH_2-Gruppen (pro Molekül) enthalten sind wie im „Holzalkohol".
In derselben Veröffentlichung schlug er vor, die C_2H_5-Gruppe **Aethyl**(-Gruppe) zu nennen, abgeleitet vom Namen **Aether**. Dieser Begriff geht zurück auf das griechische *aither*, obere heiße Himmelsluft, heiterer Himmel. Der Name wurde in der Chemie zunächst für alle leicht verdampfbaren Flüssigkeiten verwendet, später galt er dann nur für den heutigen Ether mit seinen zwei „Aethyl"-Gruppen. Dem Wort *aither* liegt das Verb *aithein*, (ver)brennen, zugrunde. Kombiniert man es mit dem griechischen Wortstamm *ops*- für „Sehen" (vgl. Optik), dann erhält man „*aithi-ops*": verbrannt aussehend, dunkelhäutig (**Äthiopier**). Die untere dicke Luftschicht hieß „*aer*". Auch das Wort lebt heute noch fort: Aerodynamik, anaerob (aus *an-*, ohne: *aer*, Luft; *bios*, Leben), Malaria (lat.: *malus*, schlecht; eine durch schlechte Luft hervorgerufene Krankheit) mit dem „etymologischen Gegenteil" Buenos Aires (*bonus*, gut) usw.
Die Endung **-yl** (abgeleitet von *(h)yle*, Stoff, Materie) für „Radikale" wurde schon 1832 von *Justus* LIEBIG und *Friedrich* WÖHLER vorgeschlagen. Damit meinten sie organische Reste, die bei nacheinander ablaufenden Reaktionen ihre Zusammensetzung beibehalten, also so reagieren wie Elemente in der Anorganischen Chemie, z. B. **Benzoyl**-Gruppe (im Benzoylchlorid, C_6H_5CO-Cl, Benzoylamid, C_6H_5CO-CN, heute: Benazamid, usw.).
Das oben erwähnte Wort *methy*, Wein, ist auch in **Amethyst** enthalten, zusammen mit der Vorsilbe a- (un-, ohne): „Dem Vorgeben nach soll er der Trunkenheit wehren, wenn er am Finger getragen wird; Allein diese Kraft bestehet nur in der Einbildung."[2]
Der Name Propan geht – über die **Propyl**-Gruppe – auf die **Propionsäure** zurück. Es ist dies die erste Säure (in der Reihe der Carbonsäuren) *vor* den eigentlichen **Fett**säuren (griech.: *pro*, vor; *pion*, Fett).
In ähnlicher Weise hängen **Butan** und **Buttersäure** zusammen: *boutyron* (griech.) heißt Butter (beide Wörter sind miteinander verwandt). Der Aldehyd der Buttersäure ist dann **Butyraldehyd**. Dieser Stoff kann durch Oxidation des **Butylalkohols** (1-Butanol) erhalten werden. Die Namen der dann folgenden Kohlenwasserstoffe werden abgeleitet von den griechischen Zahlwörtern, die jeweils die Zahl der Kohlenstoff-Atome im Molekül angeben: **Pentan** (*pente*, fünf), **Hexan** (*(h)ex*, sechs), **Octan** (*okto*, acht) usw. Allerdings gibt es auch hier Unregelmäßigkeiten: So wird statt des griechischen „k" ein „c" geschrieben (Octan, siehe oben; **Decan**, griech. *deka*, zehn; ...). Der Name **Undecan** ($C_{11}H_{24}$) ist unsinnig, denn elf heißt auf Griechisch „(h)endeka" und auf Lateinisch „undecim", und **Nonan** kommt auch aus dem Lateinischen (*nonus*, der Neunte).
Diese „**gesättigten**" **Kohlenwasserstoffe** wurden zunächst Methylwasserstoff, Ethylwasserstoff usw. genannt. Dabei bedeutete „gesättigt", dass ihre Aufnahmefähigkeit für Wasserstoff erreicht war: Sie hatten, bezogen auf die jeweilige Zahl Kohlenstoff-Atome im Molekül, den maximalen Gehalt an Wasserstoff-Atomen.

---

[1] J. J. BERZELIUS, Jahresbericht 15, 1836, S. 380.
[2] V. KRÄUTERMANN (Pseudonym für Chr. v. HELLWIG), Historisch-Medicinisches Regnum Minerale oder Metallen- und Mineralienreich, Arnstadt 1747, S. 157.

Die LIEBIG-Schüler *August Wilhelm* VON HOFMANN (1818–1892) schlug dann 1865/66 vor, an den Stamm des jeweiligen Namens die Endung **-an** zu hängen (Methan, Äthan, ...) und für die ungesättigten die Endungen **-en** bzw. **-in** zu verwenden.
1830 wurde von dem Fabrikanten *Karl Ludwig Freiherr* VON REICHENBACH (1788–1869) in seiner Holzverkohlungsanalge bei der Destillation von Buchenholz ein merkwürdiger, wachsartiger, bei 44 °C schmelzender Feststoff entdeckt, der außerordentlich resistent war gegen auch sehr aggressive Stoffe. Er nannte ihn **Paraffin**. Dieses Wort kommt aus dem Lateinischen; *parum*, wenig; *affinis* (von *ad finem*, an der Grenze), benachbart, verwandt, in der Chemie: reaktionsfähig.
Der Bedeutungswandel „verwandt – reaktionsfähig" lässt sich aus der Chemie des 18. Jahrhunderts erklären: In ihr war die Lehre von den **Affinitäten (Verwandtschaften)** ein geläufiger Fachausdruck, mit dem erklärt wurde, warum einige Stoffe miteinander reagieren und andere nicht. Es gab damals „einfache und doppelte Verwandtschaften", „Wahlverwandtschaften" usw. GOETHE griff mit seinem Roman-Titel „Wahlverwandtschaften" bewusst auf einen Ausdruck der damaligen Chemie zurück.
Dieses Paraffin wurde kurz darauf in LIEBIGS Labor von *Jules* GAY-LUSSAC (dem Sohn des bekannten Physikers) analysiert und als ein „CH_2" – Isomer des **ölbildenden Gases (Olefin)** C_2H_4 – erkannt. Die Analyse gibt lediglich das Atomzahlverhältnis wieder. Sie kommt den heutigen Werten sehr nahe, denn die Formel eines Paraffins beträgt z. B. $C_{30}H_{62}$. Der Name Paraffine wurde später auf die ganze Stoffgruppe der Alkane übertragen. Das ölbildende Gas verdankt seinen Namen der Reaktion mit Chlor. Bei ihr entsteht aus dem Gas eine ölartige, wasserunlösliche Flüssigkeit:

$$C_2H_4 + Cl_2 \rightarrow C_2H_4Cl_2$$

Diese Reaktion wurde 1795 von holländischen Chemikern entdeckt, das Produkt wurde französisch benannt: **gaz oléfiant, ölbildendes Gas.** Aber auch dieser Name ist älteren Ursprungs: lat. *oleum*, Öl; *facere*, machen. Von *oleum* leitet sich im Übrigen die Endsilbe **-ol** ab.
Die bisher genannten Kohlenwasserstoffe (Alkane, Alkene, Alkine) heißen auch **aliphatische Kohlenwasserstoffe**, abgeleitet vom griechischen Wort *aleipha*, Fett, da sie – über die Fettsäuren – beim Bau der Fette beteiligt sind. Für „Fett" gab es im Griechischen noch ein zweites Wort: *lipos* (vgl. lipo-phil; philos, freundlich, liebend). Es ist mit *aleipha* verwandt. Das deutsche Wort „bleiben" hängt damit ebenfalls zusammen: Es bedeutet ursprünglich klebrig sein, haften. Auch der „Leim" gehört in diese Wortfamilie.
Der Name **aromatische Kohlenwasserstoffe** leitet sich von dem „aromatischen" Geruch einiger aus der Natur isolierter Benzolderivate ab: *aroma* (griech.) bedeutet ursprünglich „Gewürz", dann *wohlriechendes* Kraut.
Im Jahre 1924 entwickelte der Benzol-Verband (Bochum) den ersten Motortreibstoff mit erhöhter Klopffestigkeit; dabei handelte es sich um ein Benzin-Benzol-Gemisch. Man suchte nach einem zündenden Namen für dieses Produkt und schrieb einen internen Wettbewerb aus: Den Preis gewann der Chemiker *Walter* OSTWALD (1886–1958) für den Namen **Aral** (aus: **Ar**omaten – **Al**iphaten).
Heute werden für das Erfinden von Markennamen Millionenbeträge an speziell dafür tätige Fremdfirmen ausgegeben, damals betrug der Preis drei Flaschen Wein. [3]
Der Sohn des Preisträgers, der Physiker *Fritz* OSTWALD, hat dann die Sicherheit in den Autos erhöht: Er hat das Anti-Blockier-System (ABS) erfunden.
Der Vater des Preisträgers war ein sehr prominenter Chemiker; *Wilhelm* OSTWALD (1853–1932), erster Inhaber eines Lehrstuhls für Physikalische Chemie, Nobelpreisträger für Chemie 1909 (Katalyse). Er hat u. a. das OSTWALDsche Verdünnungsgesetz gefunden. Einer seiner Assistenten war *Walther* NERNST (1864–1941, Nobelpreis 1920).

---

3 Aral informiert intern, 15.01.90, S. 3.

Arbeitsblatt 1
Vergleich der ungesättigten Fettsäuremenge verschiedener Fette

Benötigte Materialien:
- Bürette
- Erlenmeyerkolben
- Messzylinder
- Waage
- Pipette bzw. Spatel
- Stoppuhr

Benötigte Chemikalien:
- Sonnenblumenöl bzw. Kokosfett
- 1-Propanol
- Brom-Lösung (1ml Brom in 80 ml 1-Propanol gelöst)

Achtung:
Der Versuch muss unter einem Abzug durchgeführt werden!
Hautkontakt mit der Brom-Lösung vermeiden! Handschuhe liegen aus. Schutzbrille tragen.
Die Abfälle nicht in den Ausguss geben! Es steht ein Sammelgefäß unter dem Abzug bereit.

Durchführung:
Es werden jeweils 0,5 g Kokosfett oder Sonnenblumenöl in einen Erlenmeyerkolben gegeben. Das Kokosfett wird in warmem Wasser verflüssigt. Anschließend werden 10 ml 1-Propanol hinzugefügt und das Gemisch unter dem Abzug mit Brom-Lösung titriert. Man gibt solange Brom-Lösung hinzu, bis keine Entfärbung mehr eintritt. Die entstehende Gelbfärbung muss zwei Minuten bestehen bleiben.

Entsorgung:
Die entstandenen Abfälle werden in das Sammelgefäß für organische Lösungsmittel gegeben.

Ergebnisse:

	Verbrauch an Brom-Lösung in ml bei Kokosfett	Verbrauch an Brom-Lösung in ml bei Sonnenblumenöl
Gruppe I; II; III		
Mittelwert (Ø) (Angabe ml)		

Auswertung:
_____
_____
_____
_____

Arbeitsblatt 2

| Becherglas mit Kokosfett | Becherglas mit Sonnenblumenöl |

	Verbrauch an Brom-Lösung bei Kokosfett	Verbrauch an Brom-Lösung bei Sonnenblumenöl
Mittelwert (Ø) (Angabe ml)		

Allgemeine Aussage:

_____

_____

_____

_____

_____

_____

_____

_____

_____

_____

9.5 Aus dem Stundenverlauf 147

Arbeitsblatt 3
Ursache für den Zusammenhang zwischen dem Gehalt an ungesättigten Fettsäuren und der Konsistenz eines Fettes

An den Kohlenstoff-Kohlenstoff-Doppelbindungen einer ungesättigten Fettsäure sind die beiden Kettenreste stets zu einer Seite hin gerichtet (cis-Anordnung), wodurch es zu Knicken in der Kohlenstoffkette kommt.

Die Darstellungen zeigen die räumliche Struktur von Stearin-, Öl- und Linolsäure:

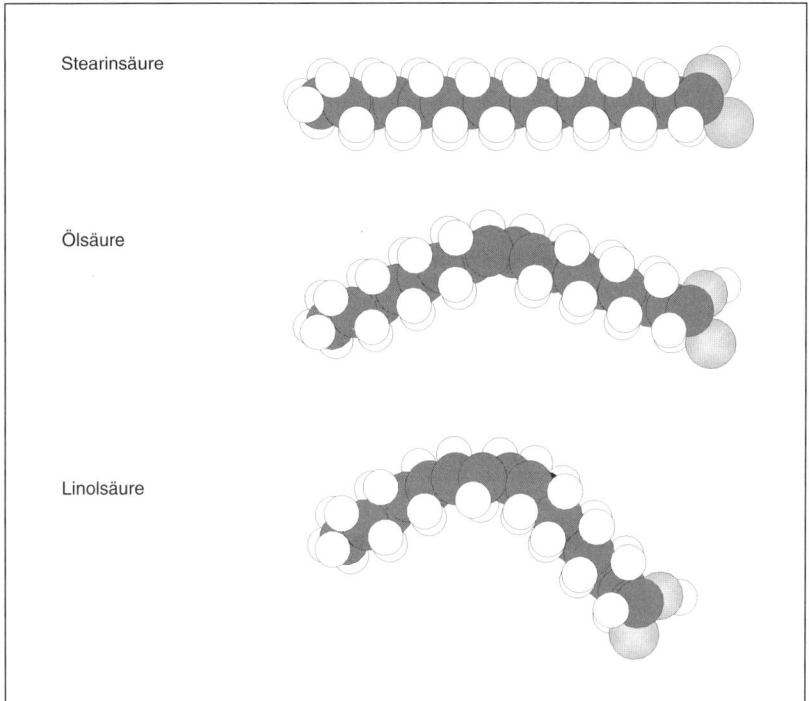

Erklären Sie die folgenden Zusammenhänge:

1. Fette mit einem hohen Anteil an Palmitin- und Stearinsäure sind bei Zimmertemperatur fest.
2. Fette mit einem hohen Anteil an ungesättigten Fettsäuren sind bei Zimmertemperatur flüssig.

© Cornelsen Verlag Scriptor, Berlin – Rossa (Hrsg.). Die Fundgrube für den Chemie-Unterricht

10 WÖHLERS Harnstoff und die Enzymdiagnostik

Rüdiger Blume

10.1 Harnstoff im Experiment

© Deutsche Bundespost 1982
Bild 1: Harnstoff per Post

Die WÖHLERSCHE *Harnstoffsynthese 1828* und die *Formulierung des Schlüssel-Schloss-Prinzips durch Emil* FISCHER 1904 waren Marksteine der Chemiegeschichte. Warum sollte man nicht mal beide in einer kleinen Unterrichtseinheit miteinander verbinden? Und dabei bedient man sich eines modernen Verfahrens, der Enzymdiagnostik. WÖHLERS klassischer Versuch ist also keineswegs ein alter Hut.

WÖHLER stellte Harnstoff durch Erhitzen aus dem isomeren Ammoniumcyanat her (siehe unten):

$NH_4OCN \rightarrow OC(NH_2)_2$ /endotherm

Mit diesem Versuch riss er bekanntlich die Mauern zwischen der organischen Chemie (die damals fast ausschließlich Biochemie war) und der anorganischen Chemie ein. Zu dieser Entdeckung gibt es einen erfrischend-deftigen Schriftwechsel zwischen WÖHLER und seinem Mentor BERZELIUS, den zu lesen sich unbedingt lohnt (siehe Anekdote und Rückblick im Anschluss an dieses Kapitel).

Die Identifizierung des so hergestellten Harnstoffs in der Reaktionsmischung macht im Schullabor Schwierigkeiten: Normalerweise müsste man den Harnstoff aus der Reaktionsmischung mit absolutem (d. h. wasserfreiem) Ethanol isolieren. Dann bestimmt man den Schmelzpunkt (132 °C) oder macht dazu noch die *Biuretprobe* (siehe unten). Das ist alles sehr aufwendig und im Schullabor sowie in der kurzen Zeit einer Schulstunde kaum machbar. Vor allem ist die Konzentration an Harnstoff oftmals einfach zu gering, z. B. wenn man die Ausgangsmischung zu stark erhitzt hat.

Glücklicherweise gibt es aber die Urease, ein hochspezifisches Enzym. Es zersetzt Harnstoff nach folgender Reaktion:

$OC(NH_2)_2 + H_2O \rightarrow CO_2 + 2\ NH_3$ /exotherm

Urease reagiert dabei nur mit Harnstoff und sonst keinem anderen, noch so ähnlichen Molekül. Das kann man durch Vergleich mit ähnlich gebauten Verbindungen wie dem *Dimethylharnstoff* zeigen (siehe unten). Harnstoff und Urease passen also zusammen wie Schlüssel und Schloss. (Das ist eine Formulierung des bekannten Chemikers *Emil* FISCHER.) Wenn das Enzym mit der nach WÖHLER hergestellten Reaktionsmischung reagiert, ist dies ein hundertprozentiger Beweis dafür, dass darin Harnstoff vorliegt. Bei diesem Verfahren lernen die Schüler somit auch das Grundprinzip von Enzymtests kennen. Wenn der Leser etwas Genaueres über die Urease wissen will, so sei hier auf den Abschnitt 10.4. verwiesen.

10.2 Die WÖHLERSCHE Harnstoffsynthese

Friedrich WÖHLER ging bei seiner Synthese von Ammoniumcyanat NH_4OCN aus. Dies kann man nicht kaufen, wohl aber Kaliumcyanat KOCN. Man mischt deshalb Ammoniumchlorid mit Kaliumcyanat, um die Reaktionsmischung zu erhalten.

Versuch 1: Harnstoffsynthese nach WÖHLER
Schülerversuch, 5 Min.

Geräte: Bunsenbrenner, Dreifuß, Keramikdrahtnetz, Porzellanschale (Durchmesser etwa 10 cm), Becherglas (50 ml), Reagenzgläser, Waage.

Chemikalien: Kaliumcyanat (Xn), Ammoniumchlorid (Xi), dest. Wasser.

Durchführung: Bei dem folgenden Versuch darf man die Mischung nicht völlig zur Trockne eindampfen, da sich sonst an Stelle von Harnstoff ausschließlich Biuret bildet!
Man löst in dem kleinen Becherglas 1,5 g Kaliumcyanat und 1 g Ammoniumchlorid in 10 ml destilliertem Wasser. Die Lösung gibt man in das Porzellanschälchen und dampft sie langsam ein.

Achtung: Zum Schluss (kurz vor der Trockne) fängt die Mischung an zu spritzen, deshalb Schutzbrille tragen. Wenn die Mischung anfängt zu spritzen, stellt man den Brenner zur Seite und rührt den Kristallbrei noch etwas um. Die Masse darf nicht völlig trocken werden! Man lässt danach abkühlen.

10.3 Ist in WÖHLERS Produktmischung wirklich Harnstoff drin?

10.3.1 Die Biuretreaktion

Zunächst wird der klassische Nachweis auf Harnstoff, die Biuretprobe, durchgeführt. Biuret bildet sich aus zwei Harnstoffmolekülen unter Ammoniakabspaltung:

$$2\ H_2N-CO-NH_2 \rightarrow \underset{\text{Biuret}}{H_2N-CO-NH-CO-NH_2} + NH_3 \quad /\text{endotherm}$$

Biuret stellt man normalerweise durch Erwärmen von Harnstoff her. Unter den Bedingungen der WÖHLERSCHEN Harnstoffsynthese hat sich davon genügend gebildet.
Bei der Nachweisreaktion handelt es sich um eine Komplexbildung mit Kupfer-Ionen. (Da Biuret eine gewisse Ähnlichkeit mit der Peptidbindung in Proteinen aufweist, gilt die Biuretprobe auch als Nachweis für lösliche Proteine.)
Bei dem folgenden Versuch wird auf den Zusatz von stabilisierenden Komplexbildnern wie Seignettesalz verzichtet. Es reicht aus, mit Kupfersulfatlösungen zu arbeiten.

Versuch 2: Vereinfachte Biuretprobe
Schülerversuch, 5 Min.

Geräte: Reagenzgläser, Tropfpipetten.

Chemikalien: WÖHLERSCHE Produktmischung aus Versuch 1, Natronlauge (w = 10 %; C), Kupfersulfatlösung (c = 0,5 mol/l; Xn).

Durchführung: Man gibt einen Spatel voll von der Reaktionsmischung aus der WÖHLERschen Harnstoffsynthese in ein Reagenzglas und löst die Masse in etwa 5 ml destilliertem Wasser. Dann gibt man 1 ml Natronlauge dazu und vermischt gut. Nun wird etwas Kupfersulfatlösung zugetropft und jedes Mal gut vermischt. Eine violette Färbung weist auf das Vorliegen von Biuret hin. Hat man zu viel Kupfersulfatlösung zugegeben, bildet sich Kupferhydroxid. Man lässt dann etwas stehen, damit der Niederschlag sedimentiert.

Ergebnis: Die klare Lösung zeigt die typische purpurne Farbe des Biuret-Kupfer-Komplexes.

10.3.2 Enzymtest mit Urease

Die Urease ist ein Enzym, das Harnstoff hydrolysiert. Dabei entsteht neben Kohlenstoffdioxid Ammoniak, das in Lösung Hydroxid-Ionen bildet. Die zunehmende Alkalität der Lösung dient als Hinweis für die „Tätigkeit" der Urease. Dass der Harnstoff das ausschließliche Substrat der Urease ist, zeigt der Vergleich mit dem Dimethylharnstoff. Mit diesem reagiert die Urease nicht. (Bis vor kurzem nahm man dazu Thioharnstoff. Das Experimentieren hiermit ist neuerdings für Schüler verboten.)

$$=C\begin{array}{c}\diagup NH_2\\ \diagdown NH_2\end{array} \qquad S=C\begin{array}{c}\diagup NH_2\\ \diagdown NH_2\end{array} \qquad O=C\begin{array}{c}\diagup NH-CH_3\\ \diagdown NH-CH_3\end{array}$$

Harnstoff   Thioharnstoff   N,N'-Dimethylharnstoff

Man sagt, dass die Urease eine große Enzymspezifität aufweist. Damit kann die Urease zum Enzymtest auf Harnstoff herangezogen werden. Mit ihr gelingt auch der Nachweis geringster Konzentrationen an Harnstoff.

Versuch 3: Demonstration der Substratspezifität der Urease
Schülerversuch, 5 Min.

Geräte: Reagenzgläser, Tropfpipetten, Spatel.

Chemikalien: Je eine Lösung (w = 1 %) von Harnstoff und von N,N–Dimethylharnstoff, alkoholische Phenolphthaleinlösung (w = 1 %) (F), Urease.

Durchführung: In je ein Reagenzglas füllt man etwa 5 ml Harnstoff bzw. Di methylharnstofflösung. Dazu gibt man 1 bis 2 Tropfen Phenolphthaleinlösung. Sollte die Harnstofflösung sich jetzt schon rot färben, ist der Harnstoff verdorben. Dann muss man frischen Harnstoff verwenden.
Man schlämmt in 2 Reagenzgläsern je eine Spatelspitze Ureasepulver in destilliertem Wasser auf.
Dann gießt man die Harnstoff- bzw. Dimethylharnstofflösung in je ein Reagenzglas mit Ureaseaufschlämmung, vermischt gut und lässt stehen.

Ergebnis: Die Urease reagiert nur mit Harnstoff.

Mit dem Wissen um die Substratspezifität der Urease kann man nun den Enzymtest auf Harnstoff durchführen.

Versuch 4: Enzymatischer Nachweis von Harnstoff in der WÖHLERschen Produktmischung
Schülerversuch, 5 Min.

Geräte: Reagenzgläser, Tropfpipetten, Spatel.

Chemikalien: WÖHLERsche Produktmischung aus Versuch 1, alkoholische Phenolphthaleinlösung (w = 1 %) (F), Urease, Indikatorpapier.

Durchführung: Wichtig: Vor dem Versuch muss man sich mit einer 1-prozentigen Harnstofflösung davon überzeugen, ob die Urease überhaupt „funktioniert". In je ein Reagenzglas füllt man etwa 5 ml Lösung aus Versuch 1. Dazu gibt man 1 bis 2 Tropfen Phenolphthaleinlösung.
Gegebenenfalls wird die Lösung mit etwas Salzsäure neutralisiert (Indikatorpapier verwenden!).
Dann schlämmt man in einem Reagenzglas eine Spatelspitze Ureasepulver in destilliertem Wasser auf.
Man gießt dann die neutralisierte Reaktionslösung in das Reagenzglas mit Ureaseaufschlämmung, vermischt gut und lässt stehen.

Ergebnis: Nach kurzer Zeit beginnt sich die Lösung zu röten.

10.4 Enzymatischer Nachweis eines chemischen Gleichgewichts

In seinem Brief an BERZELIUS vermutet WÖHLER, dass es gar keinen Unterschied zwischen cyansaurem Ammonium (NH_4OCN) und Harnstoff gibt. In gewisser Weise lag er damit ganz richtig: Grundlage der WÖHLERSCHEN Synthese ist nämlich die Tatsache, dass sich in Lösungen, in denen Ammonium- und Cyanat-Ionen vorliegen, ein chemisches Gleichgewicht ausbildet:

$$NH_4^{\oplus} \; {}^{\ominus}|\underline{O} - C \equiv N| \rightleftarrows O = C \diagdown_{NH_2}^{NH_2} \; /endotherm$$

Dieses Gleichgewicht verschob WÖHLER bei seiner Synthese in Richtung auf die Harnstoffbildung, indem er die Gleichgewichtsmischung erwärmte. (Hier wendete WÖHLER vorausgreifend das *Prinzip von Henry Louis LE CHATELIER* an, das dieser in der allgemein bekannten Form allerdings erst 1884 formulierte.) Da die Rückbildung von Ammoniumcyanat gehemmt ist, bleibt Harnstoff nach dem Erwärmen erhalten.
Mit Hilfe des Enzymtests kann man deshalb nachweisen, dass schon bei Zimmertemperatur Harnstoff in merklichen Konzentrationen in Ammoniumcyanatlösungen vorhanden ist.

Versuch 5: Nutzung eines Enzymtests zur Gleichgewichtsanalyse
Schülerversuch, 10 Min.

Geräte: Becherglas (25 ml), Reagenzgläser, Tropfpipetten.

Chemikalien: Kaliumcyanat (Xn), Ammoniumchlorid (Xi), dest. Wasser, alkoholische Phenolphthaleinlösung (w = 1 %) (F), Urease.

Durchführung: Man löst in dem kleinen Becherglas 1,5 g Kaliumcyanat und 1 g Ammoniumchlorid in 10 ml destilliertem Wasser. Dazu gibt man 1 bis 2 Tropfen Phenolphthaleinlösung.
Man schlämmt in einem Reagenzglas eine Spatelspitze Ureasepulver in destilliertem Wasser auf, gießt dann die Salzlösung in das Reagenzglas mit Ureaseaufschlämmung, vermischt gut und lässt stehen.
Der Versuch sollte auch bei höheren Temperaturen im Wasserbad durchgeführt werden.

Ergebnis: Die Lösung färbt sich langsam schwach rot. Bei höherer Temperatur tritt die Rötung der Lösung rascher ein und ist außerdem intensiver.

10.5 Experimente mit Urease für Leute, die Experten werden wollen

Die Urease ist mit einem weiteren chemiegeschichtlichen Höhepunkt verknüpft. Sie ist das erste Enzym, das in kristallisierter Form erhalten wurde (1926; siehe Bild). Dafür bekam der Amerikaner J. B. SUMNER 1946 den Nobelpreis.

Reaktion der Urease

Die Urease hat die biochemische Bezeichnung Harnstoff-Amidohydrolase. Im Enzymkatalog findet man sie unter EC 3.5.1.5. Sie kommt in vielen Pflanzen vor (hier besonders in der Sojabohne oder Schwertbohne). Aber auch in Schimmelpilzen und in vielen Bodenbakterien ist sie enthalten. Der Ammoniakgeruch von Gülle hat seinen Grund im bakteriellen Harnstoffabbau.

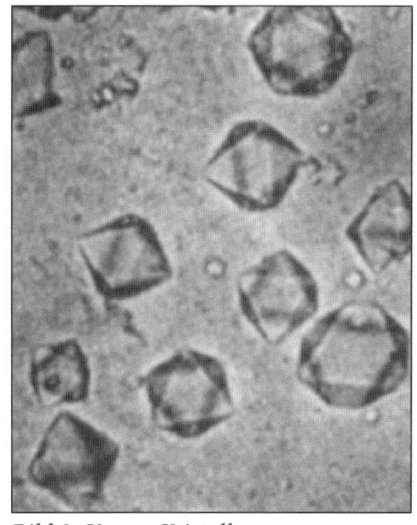

*Bild 2: Urease-Kristalle
(1300-fach vergrößert)*

Versuch 6: Zersetzung von Jauche

Man hängt feuchtes Indikatorpapier in einen Pferdestall oder in eine schlecht gelüftete Schul-Toilette. Nach einiger Zeit zeigt seine Verfärbung das Vorliegen einer flüchtigen Base an: Ammoniak.

Genau genommen hydrolysiert die Urease den Harnstoff nur zum Teil: Es bildet sich primär die Carbamidsäure (auch „Carbaminsäure" genannt), die spontan zerfällt.

$$O=C\begin{smallmatrix}NH_2\\NH_2\end{smallmatrix} + H_2O \longrightarrow O=C\begin{smallmatrix}NH_2\\OH\end{smallmatrix} + NH_3$$

Harnstoff   Carbaminsäure

$$\downarrow \text{spontan}$$

$$CO_2 + NH_3$$

Mit einer molaren Masse von 545 000 g/mol ist das Ureasemolekül außergewöhnlich groß. Es besteht aus sechs identischen Untereinheiten mit jeweils 840 Aminosäuren und einer Molmasse von 90 800 g/mol. Trotz ihrer Größe ist die Urease erstaunlich unempfindlich, wie man aus der Schulpraxis weiß.

Vergiftung der Urease

Die stark ausgeprägte Substratspezifität des Enzyms gilt auch für die Hemmung durch Schwermetalle. Während Blei-Ionen kaum hemmen, reichen bereits vier Silber-Ionen aus, um ein Ureasemolekül zu blockieren. Auch mit Kupfer-Ionen beobachtet man eine starke Hemmwirkung.

Versuch 7: Hemmung der Urease durch Schwermetall-Ionen
Schülerversuch, 10 Min.

Geräte: 8 saubere Reagenzgläser, Tropfpipetten.

Chemikalien: Destilliertes Wasser, Lösungen (w = 1 %; Xn) von Kupfersulfat (Xn), Silbernitrat (Xi) sowie Bleiacetat (T), Harnstofflösung (w = 5 %), Phenolphthaleinlösung (F, Xn), Urease.

Durchführung: Man gibt in vier Reagenzgläser je 5 ml frische Harnstofflösung (w = 5 %) mit Phenolphthalein, in vier weitere Reagenzgläser je 1 ml Wasser und eine Spatelspitze Urease und suspendiert das Enzym durch Schütteln. Zu je einer Ureasesuspension pipettiert man 0,1 ml einer Schwermetallsalzlösung und lässt 2 bis 3 Minuten einwirken. Ein Reagenzglas bleibt ohne

10.5 Experimente mit Urease

Schwermetallzusatz; es dient zum Vergleich. Dann gießt man die Harnstofflösungen zu den Suspensionen.

Ergebnis: Man beobachtet beim unvergifteten Enzym nach kurzer Zeit die Rotfärbung der Lösung auf Grund des gebildeten Ammoniaks, während die silber- sowie die kupferhaltige Lösung wegen der Vergiftung des Enzyms unverändert bleibt. Überraschenderweise reagiert auch die Mischung, die das Bleisalz enthält (etwas warten!).

Die Hemmung durch Schwermetall-Ionen ist übrigens reversibel. Als entgiftende Substanzen setzt man EDTA oder die Aminosäure Cystein ein. Dies sind starke Komplexbildner, die mit der Urease um die Schwermetall-Ionen konkurrieren.

Versuch 8: Reversible Hemmung der Urease durch Schwermetall-Ionen
Schülerversuch, 10 Min.

Geräte: 8 saubere Reagenzgläser, Tropfpipetten.

Chemikalien: Destilliertes Wasser, Lösung von Kupfersulfat (w = 1 %; Xn), Harnstofflösung (w = 5 %), Phenolphthaleinlösung (F, Xn), Salzsäure (c = 0,01 mol/l; Xi), EDTA-Lösung (c = 0,1 mol/l), Cysteinlösung (c = 0,1 mol/l), Urease.

Durchführung: Man gibt in vier Reagenzgläser je 5 ml frische Harnstofflösung (w = 5 %) mit Phenolphthalein und geht weiter wie folgt vor:

Reagenzglas 1: + 1 ml destilliertes Wasser
Reagenzglas 2: + 1 ml destilliertes Wasser
Reagenzglas 3: + 1 ml EDTA-Lösung (Dabei färbt sich der Indikator um, deshalb vorsichtig mit Salzsäure neutralisieren!)
Reagenzglas 4: + 1 ml Cysteinlösung

In vier weitere Reagenzgläser gibt man je 1 ml Wasser und eine Spatelspitze Urease und suspendiert das Enzym durch Schütteln. Zu dreien dieser Ureasesuspensionen pipettiert man 0,1 ml einer Kupfersulfatlösung und lässt 2 bis 3 Minuten einwirken. Ein Reagenzglas bleibt ohne Schwermetallzusatz; es dient zum Vergleich.
Dann gießt man die Harnstofflösungen zu den Ureasesuspensionen. Den Vergleichsansatz vereinigt man mit Reagenzglas 1.

Ergebnisse:
Reagenzglas 1: Man beobachtet beim unvergifteten Enzym nach kurzer Zeit die Rotfärbung der Lösung auf Gund des gebildeten Ammoniaks.
Reagenzglas 2: Die kupferhaltige Lösung bleibt wegen der Vergiftung des Enzyms unverändert.

Bild 3: *Schwermetalle vergiften Urease*

Reagenzglas 3: Die Lösung färbt sich trotz Kupferzusatz rasch „phenolphthaleinrot".
Reagenzglas 4: Die Lösung färbt sich ebenfalls trotz Kupferanwesenheit rasch rot. Allerdings bildet sich ein Orangerot aus, da sich zusätzlich ein weißer Cu-Cystein-Niederschlag bildet.

Das aktive Zentrum der Urease

Bemerkenswert hinsichtlich der Hemmbarkeit durch Schwermetalle ist der Aufbau des aktiven Zentrums. Hier befinden sich äußerst eng benachbart zwei komplex gebundene Nickel(II)-Ionen, die je an ein Molekül Wasser und Harnstoff gebunden sind (Bild 4). Die Metall-Ionen sorgen für exakte Ausrichtung der Moleküle der beiden Reaktionspartner Wasser und Harnstoff und für die Polarisierung von Bindungen.

Bei der Reaktion spielen noch eine benachbarte Base und eine Säure eine wichtige Rolle: Das Wassermolekül wird unter Einfluss der Base in ein Hydroxid-Ion verwandelt, und der Harnstoff wird am Sauerstoff durch die Säure protoniert. Dadurch wird sein C-Atom stärker positiv geladen, das benachbarte OH^--Ion kann nucleophil angreifen (Bild 5). Simultan spaltet es ein Ammoniakmolekül ab. Es entsteht die instabile Carbamidsäure NH_2COOH, die spontan unter Bildung eines weiteren Moleküls Ammoniak und Kohlenstoffdioxid zerfällt (Bild 6).

Nun kann das Enzym wieder mit einem Molekül Wasser und einem Molekül Harnstoff beladen werden, und der Reaktionszyklus beginnt von neuem.

Letztlich findet die gleiche Reaktion statt, die bei der alkalischen Hydrolyse von Harnstoff im Reagenzglas abläuft. Auch hier verdrängt ein OH^--Ion (bzw. ein Wassermolekül) ein Ammoniak-Molekül. Nur ist bei der Urease die sterische Ausrichtung im aktiven Zentrum so optimal, dass alle Bindungen simultan gelockert werden und damit die Aktivierungsenergie bedeutend verringert wird. Deshalb ist die enzymatische Reaktion um den Faktor 10^{14} schneller als die unkatalysierte.

Weitere Ausführungen zu diesem Thema kann der Leser unter der Internet-Adresse http://dc2.uni-bielefeld.de/dc2/tip/07_98.htm finden.

10.5 Experimente mit Urease

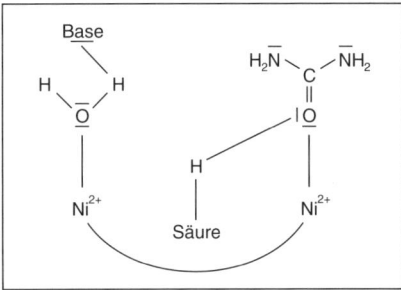

Bild 4   Bild 5

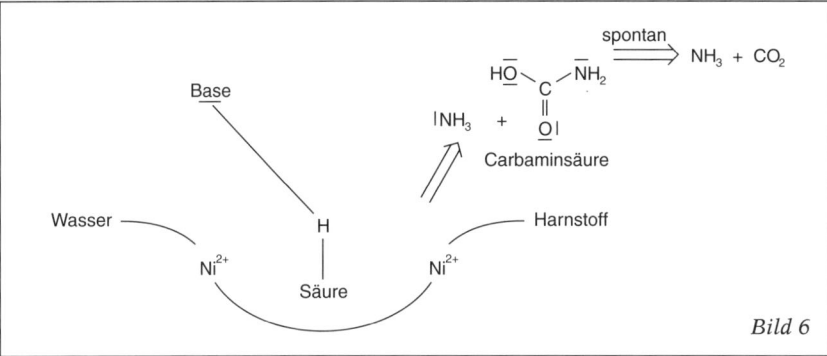

Bild 6

Bild 4 bis 6: *Mechanismus der Hydrolyse von Harnstoff durch die Urease*

DIE ANEKDOTE

(von Rüdiger Blume)

BERZELIUS, der Spötter

BERZELIUS kommentierte WÖHLERS Mitteilung über die Harnstoffsynthese (siehe unten) mit einer chemischen Variante dieser Sentenz: Sie lautet:

Stockholm, d. 7. März 1818
Nachdem man seine Unsterblichkeit beim Urin angefangen hat, ist wohl aller Grund vorhanden, die Himmelfahrt in demselben Gegenstand zu vollenden, – und wahrlich, Hr. Doktor hat wirklich die Kunst erfunden, den Richtweg zu einem unsterblichen Namen zu gehen. Aluminium und künstlicher Harnstoff, freilich zwei sehr verschiedene Sachen, die so dicht aufeinander folgen, werden, *mein Herr!* als Edelsteine in Ihren Lorbeerkranz eingeflochten werden, und sollte die Quantität des artificiellen nicht genügen, so kann man leicht mit ein wenig aus dem Nachttopf supplieren. Sollte es nun gelingen, noch etwas weiter im Produktionsvermögen zu kommen (*vesiculae seminales* liegen ja weiter nach vorn als die Urinblase), welche

herrliche Kunst, im Laboratorium der Gewerbeschule ein noch so kleines Kind zu machen. – Wer weiß? Es dürfte leicht genug gehen. – Aber nun genug mit Raillerie, besonders da ich es so eilig habe, nur Verständiges im Jahresbericht zu schreiben. Es ist eine recht wichtige und hübsche Entdeckung, die Hr. Doktor gemacht hat, und es machte mir ein ganz unbeschreibliches Vergnügen, davon zu hören. Es ist ein ganz sonderbarer Umstand, dass die Salznatur so vollständig verschwindet, wenn die Säure und das Ammoniak sich vereinigen, was für künftige Theorien sicher sehr aufklärend sein wird. Aber lassen Sie um Alles in der Welt von der Reduktion der Beryllerde und der Yttererde nicht ab, nach welchen ich mich aufs Höchste und so sehr sehne. (…)

Gruß und Freundschaft
Berzelius

Heinrich HEINE reimte in diesem Zusammenhang:
„Was der Mensch benutzt zum Seichen, damit zeugt er seinesgleichen."

DER RÜCKBLICK
(von Rüdiger Blume)

WÖHLER an BERZELIUS **über die Harnstoffsynthese**
Berlin 22ten Febr. 1828

Lieber Herr Professor!
Obgleich ich sicher hoffe, dass mein Brief vom 22. Jan. und das Postscript vom 2ten Februar bey Ihnen angelangt sind, und ich täglich oder vielmehr stündlich in der gespannten Hoffnung lebe, einen Brief von Ihnen zu erhalten, so will ich ihn doch nicht abwarten, sondern schon wieder schreiben, denn ich kann, so zu sagen, mein chemisches Wasser nicht halten und muss Ihnen sagen, dass ich Harnstoff machen kann, ohne dazu Nieren oder überhaupt ein Tier, sey es Mensch oder Hund, nöthig zu haben. **Das cyansaure Ammoniak ist Harnstoff.** (…) Vielleicht erinnern Sie sich noch der Versuche, die ich in der glücklichen Zeit, als ich noch bei Ihnen arbeitete, anstellte, wo ich fand, dass immer, wenn man Cyansäure mit Ammoniak zu verbinden sucht, eine krystallisirte Substanz entsteht, die sich indifferent verhielt und weder auf Cyansäure noch Ammoniak reagirte. Beim Durchblättern meines Journals fiel mir dies wieder auf, und ich hielt es für möglich, dass durch die Vereinigung von Cyansäure mit Ammoniak die Elemente, zwar in derselben Proportion, aber auf eine andere Art zusammentreten könnten und hierbey vielleicht z. B. eine vegetabilische Salzbase oder etwas Ähnliches gebildet werden könne. Ich machte mir dies daher zum Gegenstand einer, für meine beschränkte Zeit passenden, kleinen Untersuchung, mit der ich sehr geschwind fertig war, da ich, Gott sey Dank, nur einen einzigen Wägungsversuch zu machen hatte. – Das vermeintliche cyansaure Ammoniak erhielt ich sehr leicht durch Behandlung von cyansaurem Bley mit kaustischem Ammoniak. Man erhält es auch mit cyansaurem Silber und Salmiak. Ich bekam es in Menge schön krystallisirt und zwar in klaren, rechtwinklig 4seitigen Säulen. Mit Säuren entwickelte es keine Kohlensäure oder Cyansäure und mit Kali keine Spur von Ammoniak. Aber mit Salpetersäure gab es eine in glänzenden Blättern leicht xtallisirende *(kristallisierende)* Verbindung, mit sehr sauren Charakteren, die ich schon für eine neue Säure zu halten geneigt war, da sie beym Erhitzen keine Salpeter- oder salpetrichte Säure, sondern viel Ammoniak entwickelte –, als ich fand, dass sie beym Sättigen mit Basen salpetersaure Salze und das ursprüngliche sogenannte cyansaure Ammoniak wieder gab, das sich durch Alkohol ausziehen ließ. Nun war ich *au fait*, und es bedurfte nun weiter Nichts als einer vergleichenden Untersuchung mit Pisse-Harnstoff, den ich in jeder Hinsicht selbst gemacht hatte, und dem Cyan-Harnstoff.

10.5 Experimente mit Urease

Wenn nun, wie ich nicht anders sehen konnte, bey der Zersetzung von cyansaurem Blei durch Ammoniak kein anderes Product z. B. wenn es möglich wäre, directe Verbindung von Cyansäure und Ammoniak), wodurch wirkliches cyansaures Ammoniak entsteht, woraus sich wieder Base und Säure abscheiden lassen. Dies wäre dann auch eine Bestätigung von Gay-Lussac's Ansicht von der Cyansäure und Knallsäure[1], von Faraday's 2 Kohlenwasserstoff-Arten[2]. Aus diesen Thatsachen scheint mir auch die Unrichtigkeit der Ansicht hervorzugehen, den Alkohol z. b. als aus Kohlenwasserstoff und Kohlensäure oder ölbildendem Gas und Wasserdampf zusammengesetzt zu betrachten. – So gut man nun durch bloße Rechnung hätte finden können, dass cyansaures Ammoniak und Harnstoff gleiche Zusammensetzung haben, so ließe sich vielleicht noch bey manchen anderen Substanzen ein ähnliches Verhältniss nachweisen, wie z.b. dass manche oder alle vegetabilische Salzarten durch die Vereinigung mit gewissen organischen Säuren entstehen, was noch plausibler wäre, wenn man den salpetersauren Harnstoff als ein Salz betrachten darf. – Was mag entstehen, wenn man ein knallsaures Salz mit Ammoniak zersetzt? Vielleicht richtiges cyansaures Ammoniak. – **Diese künstliche Bildung von Harnstoff, kann man sie als ein Beispiel von Bildung einer organischen Substanz aus unorganischen Stoffen betrachten?** Es ist auffallend, dass man zur Hervorbringung von Cyansäure (und auch von Ammoniak) immer doch ursprünglich eine organische Substanz haben muss, und ein Naturphilosoph würde sagen, dass sowohl aus der thierischen Kohle, als auch aus den als Harnstoff, entstanden war, so musste endlich, zur völligen Bestätigung dieser paradoxen Geschichte, der Pisse-Harnstoff genau dieselbe Zusammensetzung haben, wie das cyansaure Ammoniak. (...) Dies wäre also ein unbestreitbares Beispiel, dass zwei ganz verschiedene Körper dieselbe Proportion von denselben Elementen enthalten können, und dass nur die ungleiche Art der Vereinigung die Verschiedenartigkeit in den Eigenschaften hervorbringt. Ich will hiermit sagen, dass bey dieser Art von Aufeinanderwirken von Cyansäure und Ammoniak Harnstoff entsteht, dass es aber eine andere Art geben kann, wie daraus gebildeten Cyanverbindungen, das Organische noch nicht verschwunden, und daher immer noch ein organischer Körper daraus wieder hervorzubringen ist.

Ihr *Wöhler*.

Darf ich recht bald einige Zeilen von Ihnen über diese Geschichte erwarten? (...)

---

1 GAY-LUSSAC hatte aus Anlass der LIEBIG-WÖHLERSCHEN Kontroverse über die Zusammensetzung der knallsauren und cyansauren Salze die Vermutung angestellt, in den Silbersalzen seien die gleichen Elemente in verschiedener Weise angeordnet – womit er Recht hatte.
2 Hier handelt es sich um die bekannte Untersuchung über isomere Kohlenwasserstoffe. Entnommen aus: O. WALLACH (Hg.): Briefwechsel zwischen J. BERZELIUS und F. WÖHLER, Sändig Reprint Verlag, Hans R. Wohlwend, Vaduz/Liechtenstein 1984.

11 Biochemie

Rüdiger Blume

11.1 Sind Lebewesen chemische Maschinen?

Die *Biochemie* befasst sich mit den chemischen Abläufen in offenen Systemen, den Lebewesen. Genau genommen sind *Lebewesen* nur begrenzt geöffnete Systeme, die stofflich, energetisch und durch Austausch von Informationen selbstregulatorisch mit der Umwelt kommunizieren.

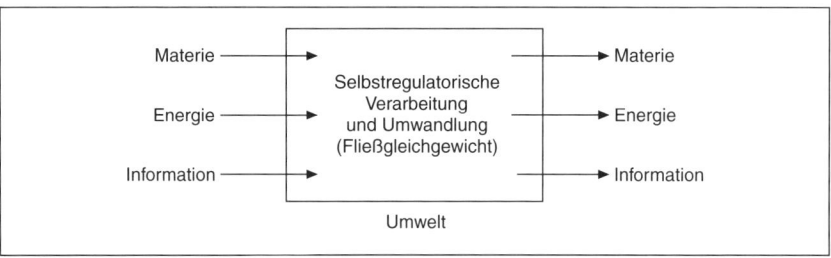

Bild 1

Stofflich kommunizieren Lebewesen mit der Umwelt vor allem über die Aufnahme von Nahrung, Wasser und Luft sowie über die Abgabe von Abfallstoffen, aber auch über Boten- und Schadstoffe. Der Austausch von Stoffen ist also auch ein Aspekt des Informationsaustauschs mit der Umgebung.
Mit den Stoffen nehmen Lebewesen indirekt auch hochwertige *(„Freie") Energie* ΔG auf, die sie – während sie Strukturen mit hohem energetischem Potential aufbauen – verschwenderisch zu wertloser *Wärmeenergie* („Wärmemüll") umformen. (Der Mensch verzehrt in einem durchschnittlichen Leben 51 t Trockenmasse an Nahrung, obgleich er nur ca. 0,1 t wiegt. Kleine Singvögel fressen täglich bis zum Vierfachen ihres Lebendgewichts an Insekten!)
Von Bedeutung ist deshalb die thermodynamische Definition von Leben: Lebewesen akkumulieren Ordnung und Information – auf Kosten der Ordnung ihrer Umgebung. Sie sind somit *ektropische Inseln* der Ordnung in einer ansonsten zunehmend ungeordneten, einem Zustand der Gleichförmigkeit, Spannungs- und Informationslosigkeit zustrebenden *entropischen Umwelt*.
Bei allen Lebensäußerungen handelt es sich ausschließlich um hochkomplexe chemische Prozesse in großen Systemen mit erstaunlicher *Homöostasie*, die

auf *selbstregulatorischen Fließgleichgewichtsprozessen* beruht. Diese biochemischen Prozesse münden in den Zustand der Materie, den wir *lebend* nennen. Leben hat (wie jeder natürlich ablaufende Prozess) einen ständig aufrechtzuerhaltenden Spannungszustand zur Voraussetzung, ohne den das selbstregulatorische Fließgleichgewicht sich nicht einstellen kann. Das ist die Aussage des für die Biologie fundamentalen Algorithmus $\Delta G < 0$.

Erfolgreich sind Lebewesen vor allem auch deswegen, weil sie auf Grund des ausgefeilten Einsatzes von Bio-Katalysatoren (Enzyme) und eines gezielten, unnötige Umwege vermeidenden Informationsflusses in Zelle und Organismus einen gegenüber technischen Prozessen vergleichsweise hohen Wirkungsgrad haben.

Das alles sind Begriffe aus der technischen Thermodynamik, die vor allem zum Verständnis von Maschinen begründet wurde. Ob wir nun uns als informationsverarbeitende chemische Maschinen verstehen wollen oder das nicht ertragen können, ist allerdings eine Frage der persönlichen Überzeugung. Aber kann man nicht auch ein so hochkomplexes System wie das Leben bewundern und darauf seinen eigenen positiven Humanismus ohne weitere Rückgriffe auf Philosophie oder Religion begründen?

Über dieses Problem haben scharfsinnige Menschen schon seit Jahrhunderten nachgedacht, ohne über biochemische Kenntnisse zu verfügen. Einer der berühmtesten war der Franzose LA METTRI (1709–1751), der von 1748 an Leibarzt und Vorleser des Preußenkönigs Friedrich II. war. Mehr darüber im Rückblick.

11.2 Zur Entwicklung der Biochemie

11.2.1 Von den Ur-Anfängen ...

Biochemie ist für die Menschheit eigentlich ein „alter Hut". Ja, es ist sogar anzunehmen, dass die Inhalte der Biochemie den Menschen eher beschäftigten als die Chemie der Metalle oder der Baustoffe. Dabei nutzte er sogar schon Kunstgriffe der Biotechnologie: Denken wir an die alkoholische Gärung, die Milchsäuregärung oder die biologische Essigsäurebildung. Und sicherlich war das auch schon frühzeitig Lehrstoff in Schulen.

Man nutzte biochemische Vorgänge allerdings, ohne auch nur im Entferntesten zu ahnen, was dahinter steckte. Erst mit WÖHLERS Harnstoffsynthese (1828) wurde deutlich, dass es zwischen chemischen Abläufen in der Biologie und der Chemie keine prinzipiellen Unterschiede gibt. Später kam noch die Entdeckung der Wirkung von Mikroorganismen, z. B. durch PASTEUR um 1880, hinzu.

11.2.2 ... bis zur Gegenwart

Hierzu haben viele bedeutende, in ihrer Zeit aber weitgehend unbeachtet gebliebene Entdeckungen mitgeholfen: Zunächst fand BUCHNER anhand des Hefepresssafts heraus, dass Enzyme auch außerhalb ihrer Organismen wirksam sind (1897). Hinzu kam MIESCHER, der in den kalten Schlosslaboratorien von Tübingen 1866/67 erstmalig Nukleinsäuren isolierte. Dieses Schloss beherbergte ein Lazarett aus dem Deutschen Krieg von 1866, und MIESCHER untersuchte die massenhaft anfallenden Eiterverbände, die er gewissenhaft extrahierte. Die Kälte im Schlosslabor war sein Glück: Er arbeitete quasi wie in einem modernen Kältelabor, wodurch die Wirkung der DNA-Hydrolasen unterdrückt wurde. Er schuf, was keiner ahnen konnte, damit die Grundlage für die chemische Genetik. (Heute hätte er dafür den Nobelpreis bekommen...) Denn die DNA ist bekanntlich die Ursubstanz des Informationsverarbeitungssystems „Leben". Sie bildet in ihrer Gesamtheit das *Genom*, über dessen Rolle man seit MENDELS Veröffentlichungen (um 1860) hätte Bescheid wissen können.

Das wurde aber erst in den 40er-Jahren des 20. Jahrhunderts deutlich. Bis dahin erforschte man die stoffliche Zusammensetzung der biochemischen Verbindungen im Sinne einer Naturstoffchemie, und man erkannte die Vielfalt der Enzymreaktionen. Auf dieser Ebene gewann man die ersten Erkenntnisse bezüglich der Stoffwechselregulation. Erst um 1944 machte AVERY in den USA auf die mögliche Rolle der DNA aufmerksam und leitete damit den stürmischen Fortschritt der modernen Biochemie ein. Heute kennt man sogar schon einen Teil des menschlichen Genoms! Im Jahr 2003 soll dieses komplett aufgeschlüsselt sein. Zur Erinnerung sei gesagt: Die gesamte DNA des Menschen ist 1,5 bis 2 m lang, und das pro Zelle! Dabei wird die Zahl der wirksamen Gene mit 100 000–140 000 angegeben.

Ein weiterer wichtiger Erfolg der modernen Biochemie ist die Aufklärung des Ablaufs der Immunreaktionen. Sie schaffte Verständnis für die Rolle zellulärer Rezeptoren. Diese sind zugleich auch Wirkorte für Medikamente und somit auch für die Unterstützung der Immunabwehr vonnöten. Das mündet besonders in die Forschungen zur Bekämpfung von Krebs. Die Nutzlosigkeit vieler Bemühungen verdeutlichen aber auch, wie empfindlich ein selbstregulatorisches System trotz großer Stabilität gegen Angriffe von außen sein kann. Statt der Untersuchung einzelner Stoffwechsel- und Regulationswege geht man heute mehr denn je dazu über, die Abläufe in Funktionseinheiten zu untersuchen. Das begann damit, dass das Studium des Stoffwechsels Einblick in die Bedeutung von Kreisläufen als Steuerungseinheiten hochkomplexer Abläufe ermöglichte. Diese Kreisläufe finden wir auch in der Natur wieder. Hier sind sie ähnlich verwoben wie in einem einzigen biochemischen Organismus. Es liegt deshalb nahe, auch die Erde als ein einziges, lebendiges System zu interpretieren.

Heute wertet man in der biochemischen Forschung als Funktionseinheiten „Zelle" oder zumindest ausgewählte Zellbereiche („Domänen"). Man fragt, wie etwa ein Hormonmolekül in seiner Zieldomäne die gewünschte Wirkung auslöst. Oder wie eine Immunreaktion ausgehend von LANGERHANS-Hautzellen über das Botenpeptid *Interleukin* die lebensschützende Antwort von Immunzellen einleitet.
Es wird deutlich, dass gegenwärtig der Übergang zwischen Biochemie und Biologie immer fließender wird. Systemanalytiker werden zu gefragten Mitarbeitern. Viele Vertreter der klassischen Chemie betrachten deshalb moderne Biochemie nicht mehr als chemische Disziplin, was sie früher auch schon einmal taten, als sie z. B. die Wissenschaftlichkeit der Beschäftigung mit Makromolekülen und vor allem mit Enzymen in Frage stellten. So verschliefen viele Chemiker nicht nur den Einstieg in die makromolekulare Kunststoffchemie, wie uns die Erfahrungen *Hermann* STAUDINGERS lehren, sondern auch den Beginn der Biochemie. Dazu lehnten sie stets den erfolgreichen Studiengang „Biochemie" ab, wie es manche heute noch tun. Eine fatale Fehleinschätzung, denn mittlerweile hat die Biochemie in vielen Bereichen die klassische Chemie als Wirtschaftsfaktor überholt. Das gilt auch für die Chancen von Berufseinsteigern. Übrigens werden auf dem Gebiet der Biochemie zunehmend mehr Nobelpreise verliehen als auf dem der „klassischen" Chemie.

11.2.3 Biochemie ist Hightech-Forschung

In kaum einem chemischen Bereich ist der alltägliche Einsatz von *Hightech* so fortgeschritten wie in der Biochemie. Biochemie ist ohne modernste Technik gar nicht vorstellbar!
Der Einsatz der Apparaturen ist zunächst vor allem zur Anreicherung von Stoffen notwendig, denn viele biochemisch relevante Substanzen sind schon in geringsten Konzentrationen höchst aktiv. Hier sind zu nennen: Hormone, Pheromone und Substanzen, die wie die DNA an der Übertragung genetischer Informationen beteiligt sind. Hat man sie isoliert, so erfolgt eine Anreicherung unter Nachahmung der Biosynthese, um so viel Substanz zu erhalten, dass sie chemisch analysiert werden kann. Ein Beispiel sei die *PCR-Methode (Polymerase Chain Reaction)* zum enzymatischen Multiplizieren der DNA. Das alles besorgen heute Apparate, die unter dem Einsatz perfekter Computer mit ausgefeilter Software gesteuert werden. Die Enzyme hierzu wurden zuerst in den 60er-Jahren unter dem Namen Restriktions-Enzyme gefunden, isoliert und charakterisiert. Die Leute, die das machten, wurden (wie in Tübingen passiert) noch von ihren Kollegen belächelt. Einige von ihnen arrivierten dann zu Gründern großer amerikanischer Gentech-Firmen ...
Heute hat man diese Enzyme mit den Methoden der Gentechnologie als Massenware jedermann zugänglich gemacht.

Die Folge dieser Methode ist, dass es z. B. innerhalb der nächsten fünf Jahre gelungen sein wird, den gesamten genetischen Code des Menschen zu analysieren. Aktien einschlägiger Firmen werden übrigens an den Börsen hoch gehandelt.

11.2.4 Die Entwicklung der Biochemie ist ohne Computereinsatz nicht denkbar

Was man zunächst beim Studium moderner biochemischer Literatur feststellt, ist die ungeheuer vielfältige und kaum überschaubare Flut von Ergebnissen. Diese kann man nur noch durch den Einsatz von Computern bewältigen. Das betrifft vor allem die Genom-Forschung.
Meinte man in den 50er-Jahren, die Grundlagen der Wege und Zyklen des Stoffwechsels zu kennen, so überraschte dann doch die Vielzahl der Möglichkeiten zur Stoffwechselregulation. Es gelang erst durch Simulationen mit Computern, diese zu überblicken und in Grenzen auch zu verstehen. Das wurde dadurch erleichtert, dass der Stoffwechsel ähnlich wie ein Hochleistungs-Computer funktioniert.
Die DNA spielt hierbei eine Doppelrolle. Denn es gibt offenbar verschiedene Ebenen in der DNA-Hierarchie, da man erstaunlicherweise einen Großteil der DNA keinerlei Stoffwechselleistungen, also keinen speziellen Proteinen, zuordnen kann. Zunächst kennt man die reine Speicher-, also Arbeits-DNA; dazu gibt es DNA auf Kommando-Ebene. (Ob nicht die DNA-Moleküle, also die Gene, die eigentlichen egozentrischen Herren des Lebens und die „Lebewesen" nur die Vehikel sind, die sklavenartig zu ihrer Erhaltung, Pflege (wie Reparatur nach Strahlungsschäden) und Vermehrung beitragen, wird kontrovers diskutiert.)
Die DNA gleicht damit in gewisser Weise dem Maschinencode, der die Computer-Hardware *Individuum* steuert.
Dazu gibt es ein Betriebssystem, zu dem das Gehirn sowie Hormone gehören. Lernprozesse entsprechen den vielen anderen Programmen, die wir Computern einspielen.
Und die Enzyme? Sie sind vergleichbar mit den logischen Schaltern in den Chips, mit den Tasten und den vielen anderen aktiven Teilen des Computers „Individuum".
Entsprechende Erkenntnisse werden übrigens schon durch die Technik genutzt: Biochips auf DNA-Basis dienen bereits zur DNA-Erkennung. Über ihre Verwendung in Computern wird nicht mehr nur nachgedacht.

11.3 Biochemie contra Chemie?

11.3.1 Ersetzen biochemische Reaktionen bald die klassische chemische Synthese?

Es gibt einige Reaktionen der Chemietechnik, die auch in biologischen Systemen ablaufen. Allerdings ist meistens nur das Reaktionsergebnis gleich, während sich die Reaktionswege stark unterscheiden. Wo der Techniker Druck, Hitze, starke Säuren bzw. Basen oder andere extreme Reaktionsbedingungen anwendet, müssen sich die biologischen Organismen als isotherme Lebewesen anders behelfen, da sie auf „physiologische" Milieus mit exakt definierten Bedingungen eingestellt sind. Man vergleiche beispielsweise bei der *Ammoniaksynthese* die Reaktionsbedingungen der Technik mit denen der Mikroorganismen. Biochemische Großsynthesen sind somit viel schonender, energiesparender und umweltfreundlicher. Der Abfall kann oftmals auch als Tierfutter verwendet oder kompostiert werden.

Viele biochemische Reaktionen sind auch unter extremen Bedingungen im nicht biochemischen Labor nicht nachvollziehbar. Dies liegt vor allem daran, dass wir die hochspezifische Informationsübertragung durch die Enzymkatalyse – vor allem die der sterischen Anordnung – nicht nachahmen können. Aus diesem Grunde hat der Techniker es schon lange aufgegeben, die Natur überrunden zu wollen. Es lohnt sich wirtschaftlich einfach nicht. Er setzt sie dagegen für seine Zwecke ein. So werden viele Stoffe auch im großtechnischen Maßstab durch Mikroorganismen, Enzyme etc. synthetisiert (wie z. B. Vitamine und Hormone bzw. deren Vorstufen). Stichwort: *Biotechnologie*.

Hierbei geht es weniger um *Dr. Frankensteins* Monster als um die Therapie von genetischen Schäden. Und warum soll man Insulin, Wachstumshormone oder Interferone in unreiner, also möglicherweise Allergien auslösender Form aus Schlachttieren herstellen, wenn diese Substanzen in durch genetisch entsprechend programmierte Mikroorganismen in hochreiner Form gewonnen werden können?

11.3.2 Ein praktisches Beispiel aus dem Labor des Autors: Biochemie contra Chemie

Es gibt ein Tripeptid, das in der Abwehr von Oxidationsschäden der Erythrozyten als Coenzym von selenhaltigen Peroxidasen eine wichtige Rolle spielt, das *Glutathion*.

Glutathion (Smp. 195 °C) wurde 1921 von HOPKINS und KENDELL aus Muskeln und aus Hefezelle isoliert. Fast in allen lebenden Zellen kommt es vor. Dieses atypische Tripeptid wird nicht nach den Mechanismen der klassischen Protein-Biosynthese, sondern in einem Zweistufensystem von zwei Enzymen („Synthetasen") hergestellt:

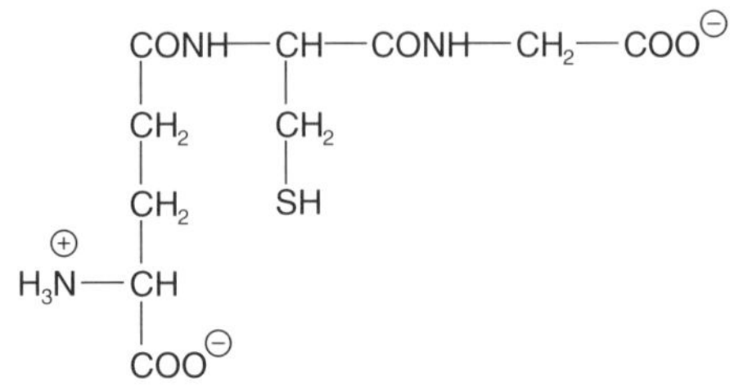

$$\text{CONH—CH—CONH—CH}_2\text{—COO}^{\ominus}$$
$$|\qquad\quad|$$
$$\text{CH}_2\quad\text{CH}_2$$
$$|\qquad\quad|$$
$$\text{CH}_2\quad\text{SH}$$
$$|$$
$$\overset{\oplus}{\text{H}_3\text{N}}\text{—CH}$$
$$|$$
$$\text{COO}^{\ominus}$$

Bild 2: Glutathion

Synthetase I:

Glu + Cys → Gamma-Glu-Cys + H_2O

Synthetase II:

Gamma-Glu-Cys + Gly → Gamma-Glu-Cys-Gly (Glutathion) + H_2O

Um den zweiten Schritt zu untersuchen, benötigten wir das Dipeptid *Gamma-Glu-Cys*. An dessen Herstellung versuchten sich unsere besten Chemiker. Sie schafften es auch nach mehreren Monaten nicht, das Molekül herzustellen, und sie schämten sich entsprechend. Wie bekommt man auch eine Gamma-Glu-Bindung hin, und das noch mit einem empfindlichen Molekül wie Cystein, das schon bei schrägem Hinsehen Schwefelwasserstoff abspaltet? Wir sprachen darüber in einer Kaffee-Pause. Ein zufällig anwesender Biochemiker aus einem Nachbarlabor hörte sich das an und meinte dann: „Geben Sie mir mal ein paar Gramm Glutathion."
Am nächsten Morgen brachte er uns ein weißes Pulver: Das Dipeptid in Reinstform. Wie das? Der Biochemiker hatte eine für Glycin spezifische *Exopeptidase* aus dem Darmsaft auf eine Lösung von Glutathion einwirken lassen. Dieses Enzym spaltet von Peptiden nur endständiges Glycin ab; zurück bleibt, chromatographisch leicht abtrennbar, in quantitativer Ausbeute und somit in Grammmengen das gewünschte Dipeptid Gamma-Glu-Cys, das Substrat der Synthetase II.

11.4 Lohnt es sich, Biochemie in der Schule zu lernen?

11.4.1 Eine faszinierende Welt ist zu erschließen

Sicherlich spricht vieles dafür. Denn es betrifft die Schüler selbst, was sie dabei lernen. Einblick in die molekularen Abläufe des Lebens erstaunen erfahrungsgemäß immer wieder und rühren Dinge an, die bislang eher Gegenstand

11.4 Lohnt es sich, Biochemie in der Schule zu lernen?

der Philosophie zu sein schienen. Das betrifft im Zeitalter der Gentechnik sicherlich auch Bereiche der Wissenschafts-Ethik, die mit Schülern unbedingt diskutiert werden müssen.
Die Biochemie ist als Grenzgebiet zwischen den Fächern Biologie und Chemie angesiedelt. Damit steht die Biochemie exemplarisch für einen fächerübergreifenden und fächerverbindenden Unterricht.
Biochemie ist aber mehr als Chemie: Zum Verständnis gehören nicht allein Kenntnisse über die chemischen Substanzen und deren Reaktionen, sondern besonders Kenntnisse der Dynamik der biochemischen Abläufe. Erst dann bleibt die Biochemie mehr als nur ein Spezialfall der organischen Chemie (früher *Chemie der Naturstoffe* genannt) oder der Lebensmittelchemie. Sie wird zur *dynamischen Biochemie.*
Sie wird damit aber auch zu einem grundlegenden Teil der Biologie: Denn alle biologischen Phänomene lassen sich letztlich unter den Aspekten von Steuerung und Regelung durch chemische Prozesse erfassen und verstehen. Einsicht in Steuer- und Regelbarkeit von Organismen setzt folglich die Kenntnisse der Wirkorte und Wirkmechanismen von Aktivatoren, Inhibitoren und anderer Kontrollsysteme auf molekularer Ebene voraus.
Die Biochemie muss also gleichermaßen den biologischen wie den chemischen Aspekt erkennen lassen. Biochemische Lehrinhalte werden deshalb im Unterricht der Biologie wie auch der Chemie gefordert. Für Schüler mit dem Schwerpunkt „Biologie" muss ein begleitender Grundkurs in Chemie die fehlenden chemischen Grundlagen für das Verständnis der Biochemie liefern. Dieser muss inhaltlich und zeitlich optimiert werden. Dazu ist es notwendig, dass die Lernziele des Unterrichts mit biochemischen Aspekten genau erfasst werden, so dass chemische und biologische Lernziele – vor allem aber auch in ihrer zeitlichen Anordnung – aufeinander abgestimmt sind.
Nun gibt es Bereiche der Biologie, wo selbst Biologie-Studenten sagen, dass es ohne Biochemie geht. Und diese Bereiche werden gern gewählt, weil sie als „chemiefrei" und damit als leicht gelten. Aber heute sind selbst Disziplinen wie die Verhaltensforschung oder Artenkunde ohne rein chemische Forschungsmethodik nicht mehr möglich: Verhalten ist ohne die komplizierte Chemie der Pheromone nicht denkbar; und viele biologische Arten unterscheiden sich eher durch chemische Zusammensetzung als durch äußere Anzeichen. Die ökologische Biochemie hat sich zu einem faszinierenden Wissenschaftszweig entwickelt.[1]
Auf die wichtigen Aspekte *Philosophie, Religion und Ethik*, die die Biochemie berührt, kann in diesem Text nur hingewiesen werden.

---

[1] J. B. HARBORNE: Ökologische Biochemie; Spektrum Akademischer Verlag, Heidelberg-Berlin-Oxford 1995.

11.4.2 Die Lehrinhalte der Biochemie

Wir dürfen aber nicht vergessen, dass Biochemie ihren Schwerpunkt in der Chemie behalten muss! Der chemische Aspekt der Biochemie lässt sich in vier Lehrinhalte gliedern:
- Stoffkunde (Naturstoffchemie),
- Reaktionsmechanismen,
- Steuerung und Regelung von Reaktionsketten und -systemen im biologischen Kontext und
- Arbeitsmethodik (Trennung, Isolierung und Nachweis von Stoffen und ganzen Reaktionssystemen).

Dabei darf aber nicht vergessen werden, dass die Biochemie nicht nur ein Teilgebiet der organischen Chemie ist. Eine wichtige Rolle spielen auch andere Gebiete wie
- die anorganische Chemie (z. B. Spurenelemente, Komplexbildung),
- die physikalische Chemie (Bedeutung des Systembegriffs, Energiestoffwechsel, Ionen-, Membran-, Redox-, Protolyse- bzw. Puffer-Gleichgewichte und physikalische Messmethoden).

11.4.3 Biochemischer Unterricht kann nur exemplarisch sein

Die Auflistung zeigt, dass die Biochemie einen großen Fundus an Wissen voraussetzt, der natürlich nicht in einem Kurs vermittelt werden kann. Biochemischer Unterricht muss folglich exemplarisch sein, um damit Forderungen an einen guten naturwissenschaftlichen Unterricht zu erfüllen.
Dabei muss im Vordergrund stehen, Folgendes zu vermitteln: Auch wenn viele biochemische Vorgänge sich als einfache chemische Reaktionen (*over all-reactions*) formulieren lassen, so darf dies nicht darüber hinwegtäuschen, dass es sich stets um *Reaktionssequenzen* handelt. Ein Beispiel ist die *Glykolyse*:

$$\overset{0}{C_6H_{12}O_6} \longrightarrow 2\ \overset{-3\ +2+3}{CH_3COOH} + 4\ [H]\ /\text{exotherm}$$

Glucose Brenztraubensäure

([H] steht für Wasserstoff der Oxidationszahl 0.)
Während die Gesamtreaktionsgleichung ohne weitere Differenzierungen nur begrenzte Aussagekraft hat, weist die Aufschlüsselung dieser Reaktionen in Einzelschritte einen wesentlich höheren Informationsgehalt auf. Das komplette Formelschema ist wohl in jedem Biologielehrbuch der Oberstufe zu finden oder als Arbeitsblatt in den Mappen der Schüler. Um diese Gleichungssysteme zu verstehen, greift man am besten auf die Oxidationszahlen zurück. Dadurch wird z. B. der Angriffspunkt oxidierender Enzyme deutlich, und die Steuerungsmöglichkeiten der Reaktion können offengelegt werden. Schon dieses,

als besonders einfach geltende Beispiel lässt erahnen, dass man, um auch nur die wichtigsten chemischen Reaktionen zu verstehen, eigentlich über einen fundierten Überblick über die gesamte organische Chemie verfügen muss. Bei der Glykolyse geht es vor allem allerdings nur um Reaktionen von Sauerstoff-Derivaten von Kohlenwasserstoffen.
Deshalb steht diese Reaktionskette, die immer noch an vielen Schulen von vielen Schülern auswendig gelernt wird, exemplarisch für einen Lernprozess, der deswegen sinnlos ist und affektive Vorbehalte gegen die Biochemie hervorrufen muss, weil die organisch-chemischen Grundlagen bei den Schülern (und oft genug auch beim Lehrer selbst) nicht vorhanden sind. Bemerkenswerterweise ist er deshalb auch bei durch Anforderungen des *Numerus Clausus* gestählten Anfängern im Studienfach Biologie kaum noch präsent!

11.4.4 Zur abkürzenden Schreibweise biochemischer Formeln

Vor allem die teilweise redundante Abkürzungswut moderner biochemischer Texte macht die Inhalte nicht nur für Außenstehende, sondern auch für Insider immer verwirrender. Viele Schüler denken bei dem Kürzel *ATP* eher an Übertragungen von Tennissport als an Übertragung biochemischer Energie ... Bei der Darstellung biochemischer Prozesse ist es jedoch häufig von Nutzen, von großen und komplizierten Molekülresten, die nicht unmittelbar an der Reaktion beteiligt sind und die den eigentlichen Sachverhalt eher verdunkeln, zu abstrahieren. Ein bekanntes Beispiel ist das *NAD+/NADH-System*. Aus diesem Grunde sind Abkürzungen international definiert worden, deren Verwendung das Wichtigste an einem Reaktionsablauf klar herauszuarbeiten gestattet. Diese Abkürzungen lassen sich auch im Biochemieunterricht einsetzen. Jedoch sollte man nicht grundsätzlich auf die Angabe des vollständigen Formelschemas verzichten. Der Lehrer muss in jedem Einzelfall entscheiden, inwieweit die Kenntnis des gesamten Molekülbaus zum Verständnis wichtig ist. Speziell zum *NAD+* sei angemerkt, dass der wichtigste Aspekt immer noch bleibt, dass es sich bei diesem Molekül um ein gering konzentriertes, biochemisches Oxidationsmittel handelt!
Obwohl zunehmend Wortgleichungen wieder an die Stelle gewohnter exakter chemischer Gleichungen treten, darf nicht vergessen werden: Auch bei Formulierungen wie

$ADP + P_i \rightarrow ATP$ /endotherm

handelt es sich um eine chemische Reaktion. Es reagieren hier also chemische Substanzen miteinander zu einem Stoff und knüpfen dabei definierte chemische Bindungen. Gleichzeitig erfolgt eine klassische Energieumwandlung unter Speicherung von freier Energie.

11.4.5 Experimentelle Biochemie in der Schule?

Aber wie steht es mit der zweiten wichtigen Forderung für guten naturwissenschaftlichen Unterricht, nämlich der nach anschaulichen Experimenten? Hier sieht es ganz mager aus. Nun gut, biochemische Reaktionen findet man schon im Anfangsunterricht. Es sei an die Verdauung erinnert. Aber hier steht meistens der Aspekt der Katalyse im Vordergrund: „Enzyme sind in Lebewesen vorkommende Katalysatoren; man nennt sie deswegen auch Biokatalysatoren."

Tatsächlich lassen sich alle wichtigen Aspekte der Enzymologie *in vitro* nachbilden. Das dafür am besten geeignete Enzym ist die *Urease* (siehe hierzu das Kapitel 10.).

Man kann mit ihr z. B. zeigen, dass Enzyme Proteine sind, dass sie die Aktivierungsenergie einer chemischen Reaktion senken, gegenüber dem Substrat bzw. einer Reaktion hochspezifisch sowie reversibel hemmbar und vergiftbar sind und auch hierbei noch Spezifitäten zeigen. Auch die Temperaturabhängigkeit der Reaktion kann mit der Urease untersucht werden. Hinzu kommt die geringe Empfindlichkeit und gute Lagerfähigkeit dieses Enzyms. Andere Abhängigkeiten, wie die vom pH-Wert des Milieus, lassen sich gut anhand der Amylase oder der Proteasen zeigen. Die Versuche hierzu sind bekannt. Quelle für einschlägige Enzyme sind Schlachttiere. Zu nennen ist vor allem die Enzymmischung des Pankreas, das *Pankreatin*. Es reichen also einige wenige billige Enzyme aus, die Grundrisse zumindest der Enzymatik aufzuzeigen. Das kann auch halbquantitativ erfolgen.

Exaktes biochemisches Experimentieren ist in der Schule kaum möglich

Aber ist das einfache Experimentieren mit Enzymen schon Biochemie? Schwieriger wird es bei der Demonstration des eigentlich wichtigsten Aspekts der Biochemie, die der *Steuerungsprozesse von Stoffwechselwegen*. Hier ist vor allem die Diskrepanz zwischen *in vivo-* und *in vitro-Reaktionen* einzukalkulieren.

Ohne reproduzierbare Ergebnisse ist Experimentalunterricht in Biochemie sinnlos, ja schädlich. Denn biochemische Methodik ist heute auch Grundlage vieler diagnostischer Verfahren der Medizin. Lernt ein Schüler durch Erfahrung, dass Experimente mit Enzymen keine quantitativen Aussagen erlauben, wird auch die Wissenschaft infrage gestellt. Dafür gibt es gerade in der Schulchemie viele Gründe:

Es ist zunächst an die große Sorgfalt bezüglich der Sauberkeit der genutzten Geräte zu denken – eine unrealistische Wunschvorstellung in einem Schullabor! In professionellen biochemischen Laboratorien macht man sich gar nicht mehr die Mühe, kleinere Geräte zu reinigen. Man wirft diese nach Gebrauch einfach weg.

Auch die exakte Konzentrationsbemessung von Enzymen, Cosubstrat und Substrat sowie die Einhaltung von Cofaktoren wie pH-Wert, Ionenkonzentration und Temperatur sind Probleme. Da Mikrowaagen nicht vorhanden sind, könnte man an Verdünnungsreihen denken. Jedoch sind Enzyme und ihre Substrate (wie z. B. die des *Citronensäure-Cyclus*) sehr teuer, werden in mg-Mengen gehandelt und müssen innerhalb einer gewissen Zeit sofort aufgebraucht werden. Einmal geöffnete Packungen machen die Inhalte für den restlichen Schulalltag wertlos. Somit ruiniert die einmalige Demonstration einer einzigen Enzymreaktion den ganzen Jahresetat eines durchschnittlichen Schullabors!

Es muss festgehalten werden: *Die moderne, also die klinisch reine Biochemie ist, was das Experimentieren angeht, leider nicht schulrelevant.*

11.5 Was tun?

Damit Unterricht in Biochemie aber, wie bislang, nicht weiter zur Tafelchemie verkommt, bleibt nur der Weg in ein fremdes Labor. Kluge („clevere") Lehrer suchen sich bereits *Sponsoren*, die Schüler von Leistungskursen in Labors einladen, wo sie die Grundlagen der Biotechnologie oder der Gentechnik erlernen können. Suchen Sie sich auch so ein *Patenlabor!*

Denn Ihre Schüler müssen lernen, was moderne Biochemie ist. Sei es darum, dass es sich um die wichtigste Zukunftstechnologie und damit um Einsichten in das zukünftige Berufsleben (vielleicht auch um das Leben überhaupt!) Ihrer Schüler handelt, oder weil es sich lohnt, über das, was man wie etwa die Gentechnik kritisiert, Bescheid zu wissen.

DIE ANEKDOTE

(von Horst Fiedrich)

Chemie contra Biochemie?

Emil FISCHER (1852–1919, Mitbegründer der Biochemie, bedeutende Arbeiten zur Chemie der Kohlenhydrate, Aminosäuren, Polypeptide, Proteine, Enzyme u. a., Nobelpreis 1902) schloss einen Vortrag zu seiner aktuellen Eiweißsynthese mit den Worten: „Damit eröffnen sich der Wissenschaft gewaltige Perspektiven. Es ist bekannt, dass der Urstoff der belebten Substanz, der Träger des Lebens überhaupt, das Protoplasma, im Wesentlichen Eiweiß enthält. Vielleicht, meine Herren, gibt es jetzt einen Weg, das alte Homunkulusproblem zu lösen, vielleicht" – und hier hob der Gelehrte die Stimme – „besteht sogar die Möglichkeit, Menschen in Zukunft künstlich herzustellen." An dieser Stelle hörte man einen Versammlungsteilnehmer zu seinem Nachbarn sagen, laut genug, dass man es vernehmen konnte: „Wissen Sie, Herr Kollege, ich bleibe lieber bei der alten Methode."[2]

---

2 FINK-HENSELER, R. W. (Hrsg.): Deutscher Anekdotenschatz. Geschichten um bekannte und berühmte Persönlichkeiten. 1983, S. 97.

DER RÜCKBLICK (von Eberhard Rossa)

Der Mensch – eine Maschine?

DE LA METTRIE schockierte im Jahre 1747 seine Zeitgenossen mit einer Schrift, in der er den Menschen als einen gut funktionierenden Mechanismus beschrieb. Wäre ihm nicht die Flucht aus Frankreich gelungen, hätte ihm diese Schrift ein Gerichtsverfahren mit ungewissem Ausgang eingetragen. Beim damaligen Stand der Wissenschaft konnte DE LA METTRIE nur Analogien zu *mechanischen* Maschinen ziehen. Derartige Versuche riefen nicht nur Empörung hervor, sondern beflügelten auch die künstlerische Phantasie, doch sicher anders, als von den Urhebern gewollt. Eine der unsterblich gewordenen Spottfiguren ist die schöne Puppe Olympia in *Jacques* OFFENBACHS Oper „Hoffmanns Erzählungen". Tanz und Gesang dieses schönen Phantoms weckten im Helden blinde Liebe, die ihn erst zu spät erkennen ließ, dass seine Liebe einem seelenlosen Automaten galt. „Der menschliche Körper", meinte DE LA METTRIE, „ist eine Maschine, die selbst ihre Federn aufzieht; ein lebendiges Ebenbild der unaufhörlichen Bewegung." Und so lautet die Quintessenz: „Der Körper ist wie eine Uhr und der neue Speisesaft der Uhrmacher dazu. Wenn der Speisesaft in das Blut gelangt, so geht die erste Sorge der Natur dahin, eine Art Fieber zu erregen, das die Chemiker, die nur an ihre Öfen denken für einen Gärungsprozess halten mussten (hier spielt er auf *Georg Ernst* STAHL an). Dieses Fieber veranlasst eine stärkere Filtrierung der Lebensgeister, die mechanisch das Herz und die Muskeln beleben, als seien sie auf Befehl des Willens dorthin geschickt worden."[3] Ganz ohne Geister kam also DE LA METTRIE doch noch nicht aus.

---

3 Julien Offray DE LA METTRIE: Der Mensch eine Maschine; Französisch und deutsch. Reclam; Leipzig 1984, S. 3 und 13.

12 Ökobilanzen

Klaus-Dieter Schleinitz

12.1 Eine kurze Sachinformation

12.1.1 Vom diffusen Gewissen zum konkreten Wissen

Ökonomie und Ökologie – Gegensätze?

Jede Warenwirtschaft ist auf eine solide Bilanzierung von Stoff- und Energieumsätzen mit den dazugehörigen Kapitalbewegungen angewiesen. Nichtbeachtung von Defiziten führt zur Pleite. Ökologische Betrachtungsweise, also Haushalten mit der Natur, verlangt noch mehr, da deren „Mahnschreiben" meist erst erscheinen, wenn sie in Form von Katastrophen ihren Gerichtsvollzieher schickt. Nachhaltiges Wirtschaften ist keine Frage des Mitleids mit der Umwelt, es liegt im Interesse auch der Erhaltung der Menschheit – und damit jedes Einzelnen. Mehr noch: Wer rechtzeitig die Zeichen der Zeit erkennt, der gewinnt Wettbewerbsvorteile.

Ökologisches Verhalten erfolgt aber nicht im Selbstlauf. Selbst bei Naturvölkern fand und findet dazu Erziehung statt, sicherlich mit anderen Methoden und einem anderen Wissensschatz als in der Industriegesellschaft, vielleicht aber durchsichtiger. Für den „Durchblick" hat heute der Chemielehrer einen bedeutenden Beitrag zu leisten.

Alles Öko – oder was?

Die Komplexität der modernen Wirtschaft verlangt sehr detaillierte Sachkenntnisse zur Beurteilung von Verfahren oder Produkten. Die unzulänglichen naturwissenschaftlichen Kenntnisse werden von der Werbung geschickt ausgenutzt, z. B. mit Hilfe der Vorsätze „Öko-", „Bio-" und „Natur-". So können Einzelvorteile eines Produktes hervorgehoben werden, um die Naturfreundlichkeit zu belegen, während für ein anderes Produkt mit der gleichen Funktion genau die entgegengesetzte Werbung gilt (z. B. Einkaufsbeutel aus Papier: *umweltfreundlich, da kompostierbar*, aus Polyethylen: ..., *da unverrottbar*.).

Dazu kommt eine Vielzahl von Siegeln, die Umweltfreundlichkeit suggerieren sollen, vom „Blauen Engel" bis zum „selbstdesignten" und selbstverliehenen Label ist alles drin, um das Ökogewissen des Kunden anzusprechen. Wichtig ist der Übergang vom diffusen Gewissen zum konkreten Wissen. Ein Teil der Wirtschaft hat sich schon darauf eingestellt.

12.1.2 Die Ökobilanz oder Produktlinienanalyse (PLA)

Auf den ganzen Lebensweg kommt es an

Die in der Chemie längst übliche Praxis der innerbetrieblichen Kreislaufwirtschaft[1] wurde auf den ganzen Weg einer Ware ausgedehnt, von der Vorgeschichte der Ausgangsstoffe über Verkauf und Gebrauch hinaus bis zum Recycling oder zur Entsorgung. Das ist das Anliegen des Kreislaufwirtschaftsgesetzes und einiger tangierender Gesetze/Verordnungen. Die heute von vielen Einrichtungen vorgenommenen Öko-Auditierungen verlangen darüber hinaus auch den Nachweis ökologischen Vorgehens bei den Zulieferern, in einigen Branchen wird per Gesetz die Rücknahme der Alttechnik (z. B. Autos) verlangt. Es kann sich so der Übergang von der Produktionsgesellschaft zur Dienstleistungsgesellschaft anbahnen. Das fordert eine neue Art der Kalkulation, deren Kernstück eine kritische Aussage über den ganzen Lebensweg, die **Ökobilanz** oder **Produktlinienanalyse (PLA)**, (englisch: LCA = Life Cycle Assessment) ist. Damit ist nicht nur die technische Seite gemeint, sondern die Einheit von *Sachbilanz* (Stoffmengen- und Energiebilanz) und *Wirkungsbilanz (Wirkungsabschätzung)* (medizinische, ökotoxische, meteorologische u. a. Aspekte, z. B. Verfügbarkeit von Ausgangsstoffen). Für Vergleichbarkeit der Ökobilanzen soll die internationale Norm **EN ISO 14040** sorgen. Im Folgenden wird dazu eine Kurzinformation für den Lehrer angeboten, für weitergehende Ergänzungen sollte die angeführte Literatur genutzt werden. Anwendungsempfehlungen für den Unterricht schließen sich an.

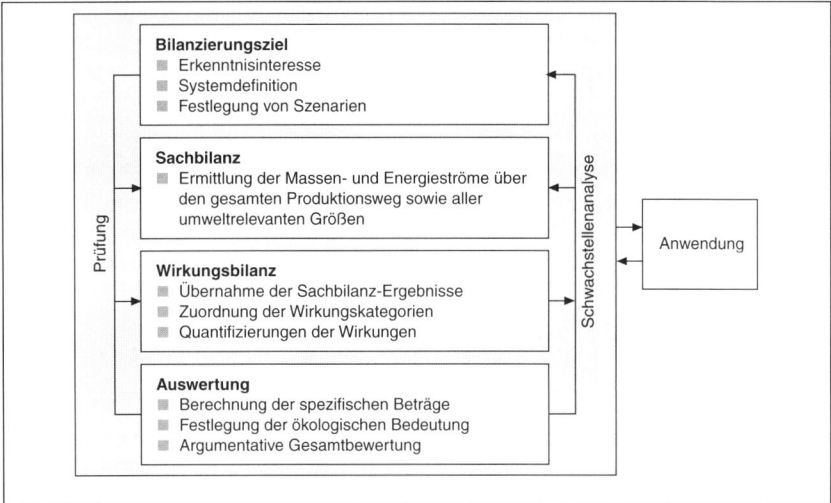

Bild 1: Rahmen einer produktbezogenen Ökobilanz

---

[1] Das HABER-BOSCH-Verfahren mit einer Ausbeute von ca. 3% nach MWG wäre ohne Kreislaufführung völlig unwirtschaftlich!

12.1.3 Zielstellung von Ökobilanzen

Der Beginn des Verfahrens sollte in folgender Fragestellung liegen: Ist der vorgesehene Verwendungszweck eines Produktes überhaupt notwendig? (Vermeidungsgrundsatz) Bejaht man das, so leitet sich die *Zielstellung* der Ökobilanz ab, z. B.: Welches von alternativen Produkten ist den anderen unter vorgegebenen Randbedingungen überlegen?

Die Sachbilanz

Für alle Komponenten der zu untersuchenden Produkte sind die Verfahrensschritte genau zu beurteilen. Dies ist Aufgabe der *Sachbilanz*. Das erste Problem dabei ist die *Startposition*, man kann ja nicht bei der Schöpfung anfangen. Insbesondere bei Alternativuntersuchungen ist wichtig, dass der Beginn vergleichbar ist. Dann wird ein *Blockschema* aufgestellt (z. B. Bild 7, 8, 9 und 10, S. 192, 195, 200, 201). Anhand der Daten zum Blockschema können ökologische Schwachstellen des Verfahrens erkannt werden. Dabei müssen mitunter verschiedene *Szenarien* durchgespielt werden, es kann z. B. bei den Positionen „Transport" die örtliche Nähe von Rohstoffen/Verbrauchern die Ökobilanz enorm verbessern. Man erhält so die spezifischen Beiträge der einzelnen Stoff- und Energieumsätze in den jeweils zutreffenden Einheiten (z. B. kg, t, kW usw.) pro Produkt-Losgröße.

Ein zentrales Problem ist die Vergleichbarkeit von Daten in Ökobilanzen. Da 1 kg Platin schlecht mit 1 kg Sand gleichgesetzt werden kann, ist der Bezug auf einen *Standard* sinnvoll, insbesondere wenn man Produkte mit sehr unterschiedlichen Werkstoffen miteinander vergleicht.

In der Regel geschieht das durch *Monetarisierung*, d. h. es werden Kosten und Preise berechnet. Das ist für die aktuelle Betriebsführung sicher notwendig, verschleiert aber mitunter die realen Verhältnisse. Preise werden u. a. durch Angebot und Nachfrage bestimmt. Aus manchen Regionen erhalten wir aber z. B. Rohstoffe zu Konditionen, die durch das legitime Gewinnstreben der Lieferanten einerseits und der Notwendigkeit des Massenverkaufs infolge von Monokultur oder anderer Abhängigkeit vom Kunden (z. B. technologische Rückständigkeit) andererseits bestimmt sind. Die sogenannten Industrie-Nationen leben gut auf Kosten der übrigen Welt. Gleichzeitig wird dort der Ausverkauf der Natur vorgenommen – und das führt letztlich auch zu Problemen bei uns. Monetarisierung stellt somit zwar ein gutes Werkzeug für kurzfristige Analysen dar, ist aber politischen Belastungen ausgesetzt.

Eine andere Methode der Quantifizierung geht über die für die einzelnen Schritte notwendigen *Energieumsätze* inklusive der im Stoff enthaltenen Energie. Die Energie gilt also als eine Art objektiver internationaler Währung.[2] Dabei muss freilich beachtet werden, dass die *realen* Energieumsetzungen ein-

---

[2] Ein instruktiver Vergleich nach dieser Methode wurde von PLEHN [3] für Verpackungen von Büchern publiziert. (Projekt 2)

gesetzt werden müssen und nicht die theoretischen Tabellenwerte. So ist z. B. der Energieaufwand bei der Aluminiumproduktion aus Bauxit auch ohne Berücksichtigung des Wirkungsgrades der Stromerzeugung etwa dreimal so hoch wie die Verbrennungsenthalpie des Al (umgerechnet auf Bauxit).

Die Wirkungsbilanz

Während die Sachbilanz auf relativ harten Daten beruht, wird die Erstellung der Wirkungsbilanz vor allem beim Vergleich von unterschiedlichen Wirkungskomponenten nicht ganz eindeutig. Das Umweltbundesamt hat 10 Kategorien vorgeschlagen:
1. Verbrauch von Rohstoffen
2. Treibhauseffekt (**GWP** = **G**lobal **W**arming **P**otential)
3. Ozonabbau
4. Beeinträchtigung der Gesundheit des Menschen
5. Direkte Schädigung von Organismen und Ökosystemen
6. Bildung von Photooxidantien (→ Sommersmog)
7. Versauerung von Böden und Gewässern
8. Eintrag von Nährstoffen in Böden und Gewässer
9. Flächenverbrauch
10. Lärmbelastung

12.1.4 Die Abwägung von Umweltbelastungen – ein schwieriges Unterfangen

Zur Bewertung von Primärdaten

Aus den Positionen der Sachbilanz lassen sich unter den oben genannten Gesichtspunkten für jeden Prozessschritt Belastungen der Umwelt konkret ableiten und im Vergleich konkurrierender Produkte relativ gut werten, solange man bei *einer* Wirkungskomponente bleibt. Schon beim Vergleich verschiedener Komponenten der gleichen Kategorie ist aber eine Normierung nötig.

Das ist z. B. zum Thema „Versauerung" relativ einfach, man bezieht SO_2, SO_3 und NO_x auf die Oxonium- bzw. Wasserstoffionen-Äquivalente (und rechnet dann mitunter auf „SO_2-Einheiten" um):

$SO_2 + 3\,H_2O \rightarrow 2\,H_3O^+ + SO_3^{2-}$; $SO_3 + 3\,H_2O \rightarrow 2\,H_3O^+ + SO_4^{2-}$;
$2\,NO_2 + \tfrac{1}{2}O_2 + 3\,H_2O \rightarrow 2\,H_3O^+ + 2\,NO_3^-$
1 mol SO_2 (= 64 g) ≙ 1 mol SO_3 (= 80g) ≙ 2 mol NO_2 (= 92 g)

Bei Auflösung der entsprechenden Luftverunreinigungen in Wasser kann von vollständiger Dissoziation ausgegangen werden, so dass die unterschiedlichen Säurestärken nicht ins Gewicht fallen. Der Bezug auf SO_2-Äquivalente ist also nicht abwegig. Ähnlich wird bei den Klimagasen verfahren. Man setzt das GWP von CO_2 = 1 und bezieht darauf die Wirksamkeit anderer Klimagase.

12.1 Eine kurze Sachinformation

Bei vielen anderen Items ist das schwieriger. Das wird ganz besonders deutlich in der Position „Verknappung". Die Gegenüberstellung von Bedarf aus der Sachbilanz mit dem Angebot ist zunächst objektiv und neutral. Der „Investor" wählt bei alternativen Ausgangsstoffen für die Produktion das gegenwärtig wirtschaftlichste Angebot. Die Herkunft spielt dabei eine untergeordnete Rolle, solange die Belieferung gesichert ist. In der Chemie wird so gegenwärtig Erdöl/Erdgas gegenüber Kohle bevorzugt. Nun sagt eine Shell-Studie das Versiegen der Erdölvorkommen in 40 Jahren voraus. Daraus folgt z. B. eine notwendige politische Entscheidung für die nähere Zukunft:
Wann reaktivieren wir unsere einheimischen Rohstoffreserven, in diesem Falle die Kohle – und wie viel müssen wir zum Erhalt der Erfahrungsträger im Bergbau investieren, um rechtzeitig die Rohstoffbasis wechseln zu können? Ganz abgesehen von ethischen Fragen haben kleinere Staaten kaum noch die Möglichkeit, ihre „essentials" wenigstens zeitweilig durch Bombardements unbotmäßiger Lieferanten zu sichern. Sie benötigen den technologischen Vorsprung für eine friedliche Lösung. Neben der objektiven Massenbilanz gerät so eine Zeitachse ins Kalkül, die stark abhängig von politischen Grundauffassungen und Machtpositionen ist. Das betrifft auch andere globale Probleme, z. B. die Reinhaltung der Luft mit dem Schwerpunkt „Treibhauseffekt" oder den Umgang mit Wasserressourcen. Es geht also um Nachhaltigkeit. Aus pragmatischen Gründen ist es aber sinnvoll, einen Vergleich auf der Basis „Stand der Technik" durchzuführen – ohne den Blick auf die Zukunft zu vernachlässigen (Trendanalyse). Für die konkreten Belastungspositionen empfiehlt sich der direkte Vergleich (z. B. Tabelle 1–3). Er kann anhand der ermittelten Daten für viele alternative Produkte durchgeführt werden. Bei der Reduktion auf zwei konkurrierende Produkte kann man z. B. anschaulich das Bild einer Balkenwaage wählen (Bild 2). Allerdings ist bei unterschiedlichen „Gewichten" die Frage ihrer *Wichtung* offen.

Schon bei Entfernungen um 100 km
ist der Treibstoffverbrauch bei Mehrwegflaschen
größer als bei Blockverpackungen.

Bild 2: Symbolhafte Abwägung einer Belastung durch konkurrierende Produkte oder Produktionswege

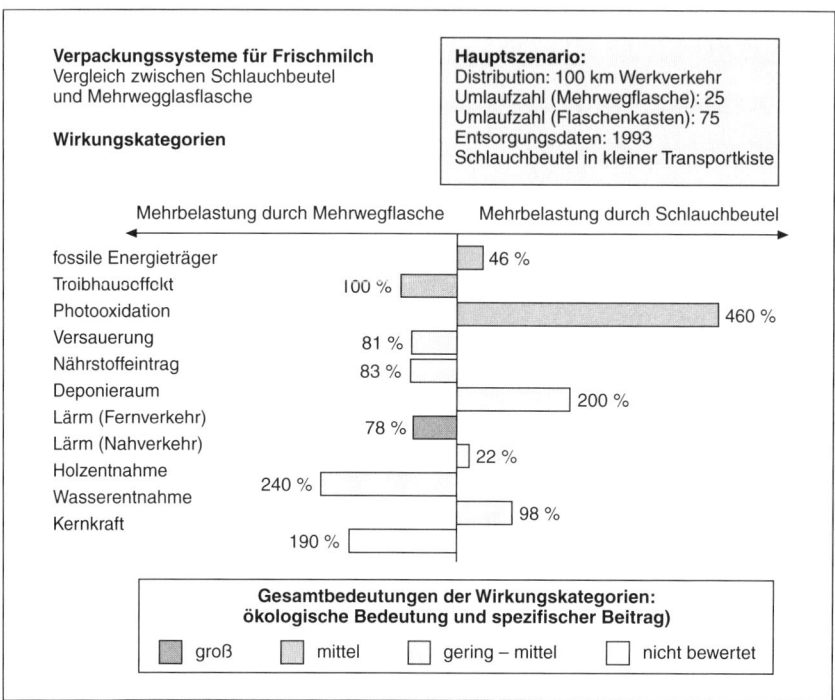

Bild 3: *Grafische Präsentation einer Wirkungsbilanz nach Kategorien, dargestellt am Vergleich von Mehrwegflaschen mit Milchschlauchbeuteln*

In der Praxis hat sich insbesondere für Präsentationszwecke der Gebrauch von Balkendiagrammen bewährt, in denen die günstigere Variante als Standard gesetzt und der Überschuss in Prozent ausgewiesen wird (Bild 3 und 4).

Die nur bei einem Vergleichsprodukt gemessenen Belastungen müssen in absoluten Werten angegeben werden. Hier bei der Mehrwegflasche Cr(aquat.): 0,32 mg; S^{2-}: 3,54 g, bei der Weißblechdose: F (atmosphärisch) 19,47 mg (aquat.); PAK: 947,62 mg; Sn: 211,6 mg.

Vom Dissens zum Konsens

Die EN 14040 empfiehlt in 5.3. eine Gewichtung/Abwägung der unterschiedlichen Belastungen und damit eine *Bewertung der Primärdaten*, die recht schwierig sein kann. Das wird schon in der Reihenfolge der Kategorien deutlich: Der Industrievertreter setzt die Verknappung („Reichweite") auf Platz 1 (nichts geht mehr ohne Rohstoffe!), der Mediziner oder der Seelsorger sehen die Positionen 4 und 5 vorn (Leben und Gesundheit haben Vorrang!), die Fischer vielleicht Position 5.

12.1 Eine kurze Sachinformation

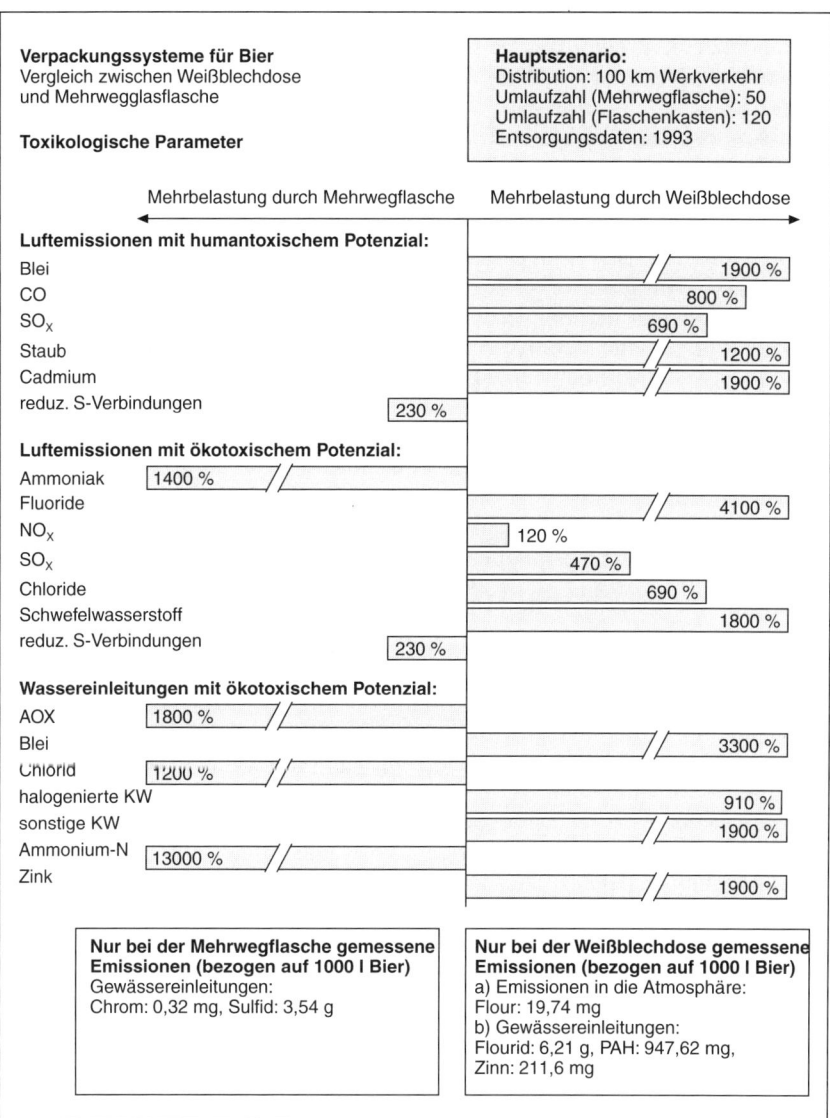

Bild 4: Beispiel der Darstellung einer Wirkungsbilanz über toxikologische Einzelparameter

Vielleicht ist auch der Treibhauseffekt schwerwiegender als der Verbrauch an Rohstoffen, eine Erkenntnis, die sich auf Grund der in den letzten Jahren ständig ansteigenden Zahl von Naturkatastrophen aufdrängt und zur Vermutung führt, dass nicht das absehbare Versiegen der Vorräte an fossilen Energieträgern, sondern die Klimaveränderungen für die Limitierung des wirtschaftlichen Wachstums sorgen werden, wenn man nicht das Leben vieler Menschen aufs Spiel setzen will.

Es gibt Versuche, hier einen Konsens zu erreichen. In jedem Falle ist für Transparenz zu sorgen. Das ist in erster Linie über die Primärdaten möglich.

In der *Auswertung* nach 5.4. der EN erfolgt die kritische Sichtung beider Bilanzteile, wobei an den Schwachstellen Veränderungen durchgeführt werden können und so eine iterative Verbesserung des Prozesses erreicht werden kann. Damit ist aber noch keine **Entscheidung** gefallen. Hierzu müssen weitere Fragen beantwortet werden, die nicht zur Ökobilanz gehören, z. B.:
- Was ist technisch machbar?
- Was ist innen- und außenpolitisch machbar?
- Welche Auswirkungen hat die Entscheidung auf die Konkurrenzfähigkeit (im In- und Ausland)?
- Welche sozialen Folgen hat eine Veränderung?
- usw.

Kritische Prüfung und Bericht

Die EN 14040 empfiehlt unter Abschnitt 7 die *kritische Prüfung* aller Teile der Ökobilanz durch unabhängige Gutachter. Diese Prüfung kann auch intern erfolgen, muss aber durch nicht an der Erarbeitung der Studie beteiligte Sachverständige vorgenommen werden. Es soll damit eine größere Glaubwürdigkeit des Materials erreicht werden. Diese Gutachten, Stellungnahmen und Empfehlungen müssen in den Bericht zur Studie aufgenommen werden, der unter Abschnitt 6 der EN gefordert wird.

Der *Bericht* muss den angesprochenen Zielgruppen vollständig und korrekt mitgeteilt werden, das betrifft insbesondere die Mitteilung an Dritte.

Da es sich um allgemeingültige Verfahrensweisen wissenschaftlicher (und administrativer) Arbeit handelt, sollte der Lehrer auch formelle Kriterien bei einer Übung im Rahmen des Unterrichts abfordern. Dazu gehören:

a) Auftraggeber und Ersteller der Ökobilanz; Datum des Berichts; Erklärung, dass die Studie nach den Anforderungen dieser EN durchgeführt wurde
b) Festlegung des Ziels und des Untersuchungsrahmens
c) Sachbilanz: Datensammlungs- und Berechnungsverfahren
d) Wirkungsabschätzung: Methodik und Ergebnisse
e) Auswertung: Ergebnisse; Annahmen; Einschränkungen (Szenarien); Beurteilung der Datenqualität
f) Kritische Prüfung: Namen und Zugehörigkeit von Gutachtern; Berichte zur kritischen Prüfung; Stellungnahmen zu Empfehlungen

12.2 Vorschläge für Projekte

12.2.1 Projekt 1: Getränkeverpackungen

Möglicher Ablauf

Ausgangssituation: Schulhausputz
Eine Gruppe von Schülern hat den Inhalt der Schulpapierkörbe überprüft. Es wurden gefunden: Einwegflaschen, Getränkedosen, Blockverpackungen, Folienbeutel, Altpapier – also ein Verpackungsmix ohne Mehrwegflaschen. Der Müllberg wird in der Schule ausgestellt.
Daraus resultiert die Frage: „Was wird aus den Materialien, die ja eigentlich Wertstoffe (Sekundärrohstoffe) sind?"

Entscheidungsproblem: Entsorgung von Wertstoffen oder „Einwegfreie Schule"?
Die Überprüfung der Entsorgung (Exkursion zur Sortieranlage oder Deponie?) zeigt: Der Inhalt der Gelben Tonne (wenn vorhanden) geht zum „Grünen Punkt", der Sortieranlage eines Verwerters, der Rest wird als Mischmüll zur Deponie oder Müllverbrennungsanlage gebracht.
Diese offensichtliche Verschwendung führt zu einem Aufruf, eine „Einwegfreie Schule" einzurichten. In Konfrontation mit dem Müllberg sind alle erst einmal dafür, dann setzt aber eine Differenzierung ein: Dem einen ist die Mehrwegflasche zu schwer, zumal er sie (gereinigt) zurückbringen soll, der andere stellt fest, dass sein Kiosk gar keine Mehrwegflaschen führt, bei einem weiteren arbeitet der Vater im Getränkehandel, er hat Kenntnis davon, dass es Quoten für Verpackungen gibt, der Mix also völlig legal ist usw.
Es bauen sich also Lobbys auf, wie im richtigen Leben. Alle suchen nach Argumenten. Diese sind zunächst emotional und gewohnheitsbedingt:
- Mehrweg ist öko.
- Mehrwegflaschen sind unbequem.
- Man muss die Wirtschaft ankurbeln.
- Aus Dosen trinken ist „in".
- ...

Formierung von Arbeitsgruppen
Der Lehrer schlägt vor, das Problem über eine „Ökobilanz" näher zu untersuchen. Er regt an, pro und kontra in Arbeitsgruppen zu diskutieren, z. B.:
1. Die „Durchblickenden" – Schülerinitiative zur bedingungslosen Eliminierung von Getränke-Einwegverpackungen
2. „Förderer der einheimischen Wirtschaft" (Unternehmer und Betriebsräte)
3. „Liberalisten", für beschränkungsfreien Handel (Getränkegroßproduzenten und „IG Genuss und Transport")
4. „Umwelt- und Gesundheitsbehörde"
usw.

Der Lehrer bietet sich als Datenbank an. Er übernimmt ferner die Funktion eines „Prüfers nach Abschnitt 7 EN 14040".
Ziel der Arbeiten sollen Vorschläge für ökologisch vertretbare Regelungen wirtschaftlicher Prozesse sein. Die Ergebnisse werden in einem Bericht formuliert, der infolge der objektiven Datenlage vielleicht konsensfähig ist, aber wie im richtigen Leben nicht zwangsläufig zu Veränderungen führt, da es außer Ökologie auch noch andere Einflussgrößen gibt.
Die „Interessengruppen" recherchieren für ihre Lobbys nicht nur einseitig, sie überprüfen auch mögliche Gegenargumente. Die Arbeitsmethoden sind vielfältig. Neben der eigenen Literatursicht werden „Expertisen" eingeholt und dabei auch Lehrer anderer Disziplinen (z. B. Biologie, Physik, Geographie, Religion ...) interviewt, technische Lösungen für eventuelle Probleme im Experiment vorgestellt und im Bericht öffentlichkeitswirksame Darstellungsformen geübt.
Es könnte sinnvoll sein, *drei Teilbilanzen* zu erstellen, um bei unterschiedlichen Szenarien variabel zu sein:
1. Eigentlicher Produktlebensweg
2. Elektroenergieerzeugungsbilanz im Energiemix
3. Transportbilanz.

Tipps für die Vereinfachung der Arbeiten:

Ökobilanzen dieser Art bedeuten monatelange Arbeit von Profiteams. Bild 5 vermittelt einen Eindruck davon, wenn man allein die Recyclings-/Entsorgungsprozesse genauer untersucht.

Man muss also in der Schule auf das Machbare reduzieren, trotzdem aber einen Eindruck von der Komplexität der Probleme selbst bei derartigen scheinbaren Bagatellprodukten ermöglichen.
Mein Vorschlag daher: Die Sichtanalyse der Verpackungen sollte möglichst vollständig sein, also z. B. bei der Saftflasche nicht nur das Glas, sondern auch Etiketten, Farbaufdruck, Verschluss (mitunter aus mehreren Komponenten!), eventuell Alu- oder Plastzusatzversiegelung usw. erfassen.
Bei der Weißblechdose muss man schon ein bisschen schneiden und kratzen, um den Aufbau zu sehen: Eisenblech + Verzinnung + Lacküberzug + Aufdruck, bei der Compound-Dose kommt noch der Alu-Deckel hinzu. Die Nebenbestandteile können beim Produktlebensweg in der Sachbilanz nur als Input genannt werden. Sie spielen aber bei der Wirkungsbilanz mitunter eine nicht unbedeutende Rolle, z. B. Lacke/Farben/PVC als Quelle möglicher Dioxin-Emissionen bei der thermischen Verwertung der Abfälle.

12.2 Vorschläge für Projekte

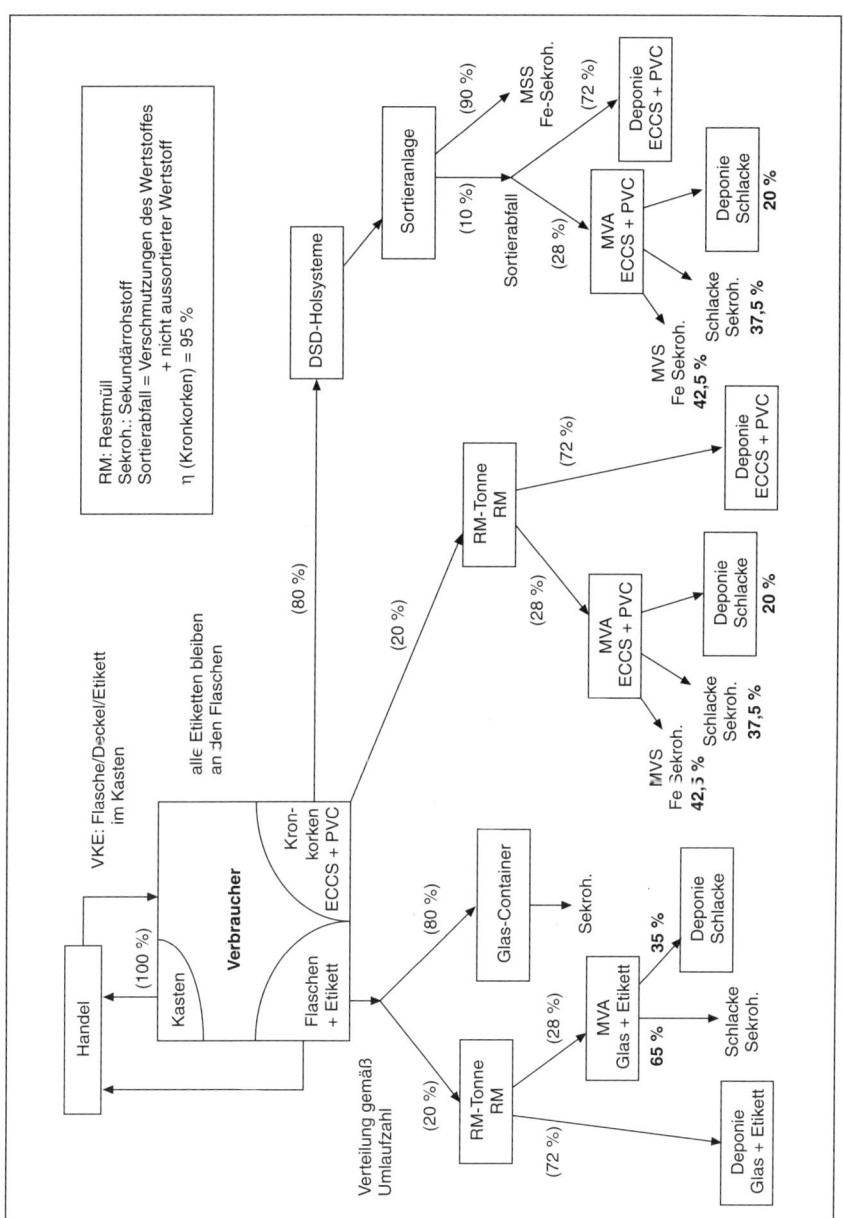

Bild 5: *Kreislauf- und Entsorgungsschema von Mehrweg-Bierflaschen*

Erläuterungen: ECCS: Electrocally Chromium Coated Steel, eine besondere Weißblechsorte RM: Restmüll, MVA Müllverbrennungsanlage

Teilbilanz Elektroenergie

Man geht in Deutschland von etwa 30 % Kernstrom aus. Der Rest entfällt fast ausschließlich auf fossile Heizkraftwerke. Die alternativen Energien werden nur gering genutzt. Das bedeutet, dass nach dem CARNOTschen Kreisprozess (ohne Kraft-Wärme-Kopplung) ein maximaler Wirkungsgrad von 40 % zu erwarten ist, die durch Kraft-Wärmekopplung in Deutschland erreichte Wirkungsgradverbesserung ist relativ bescheiden. Etwa 5 % Verlust ergeben sich noch aus der Stromübertragung. Das muss bei der Position „Rohstoffe" berücksichtigt werden.

Teilbilanz Transport

Der Transport dieser Produktgruppe wird fast ausschließlich just in time über LKW realisiert. Neben den Entfernungen und den Transportgutmassen spielen auch die Relationen der Auslastung des Transportraums (Lastfahrt : Leerfahrt : Leergutfahrt) eine große Rolle.

Leerguttransporte bewegen bei Mehrwegsystemen „viel Luft" (leere Flaschen), so dass der Nutzguttransfer nur die reichliche Hälfte der gefahrenen Kilome-

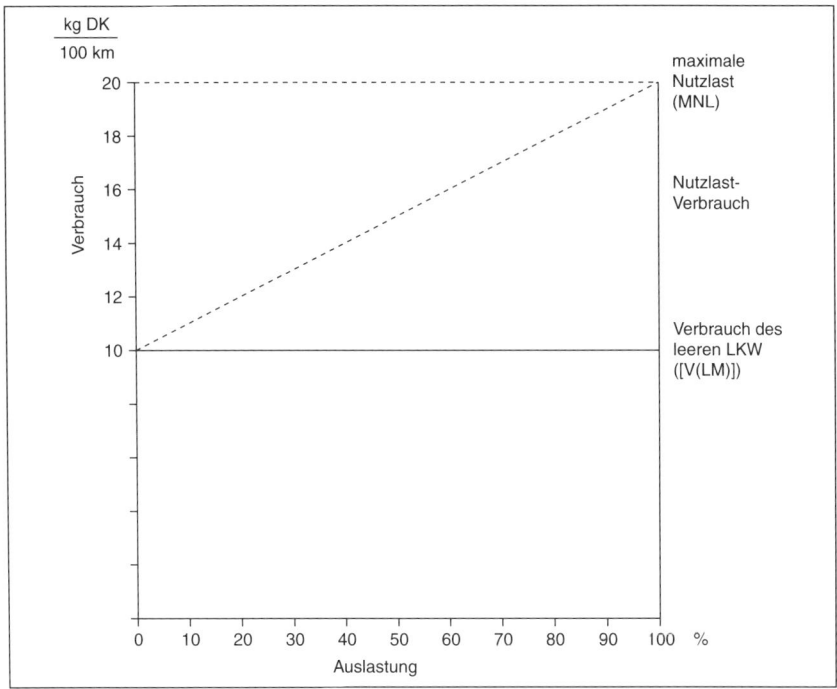

Bild 6: Diagramm zur näherungsweisen Ermittlung des Verbrauchs von Dieselkraftstoff (DK) bei verpackten Getränken in Abhängigkeit von der Auslastung des LKW (Methodik des IFEU)

12.2 Vorschläge für Projekte

ter ausmacht. Bei Einwegverpackungen sind die Recyclings-/Entsorgungsfahrten in der Regel kürzer, der Lkw muss trotzdem zurück, die Auslastung ist dann ein Problem der Organisation von Rücktransportgut.

Zur Arbeit mit dem Nomogramm: Der obere Teil der Grafik kann zur Demonstration des Strahlensatzes oder zum Üben von Proportionen dienen. Bei der Nutzung als Nomogramm wird bei der vorgesehenen Nutzlast (hier 40 % oder 5 %) eine Orthogonale errichtet. Im Schnittpunkt mit der Diagonalen (10 kg DK-MNL) wird senkrecht auf die Verbrauchsachse projiziert, womit man den Verbrauch des LKW inkl. seines Eigenverbrauchs erhält. Übernimmt man die Grafik als Projektionsfolie, so kann dieses Verfahren unter Zuhilfenahme eines Zeichendreiecks oder eines Overlays mit einem rechten Winkel demonstriert werden. Bei Anwendung auf andere LKW-Typen muss die Grafik wegen des anderen Leer- und Maximalverbrauchs angepasst werden.

Aufgabe: Ein LKW (zugelassenes Gesamtgewicht 7,5 t) hat eine maximale Nutzlast (MNL) von ca. 3,75 t. Bei voller Auslastung des Fahrzeugs wird ein mittlerer Verbrauch von 20 kg DK/100 km angenommen. Der Leerverbrauch beträgt im Durchschnitt 10 kg DK/100 km.

a) Wie viel kg Milch lassen sich mit diesem Fahrzeug zum Händler transportieren, wenn die Verpackung (Flasche) 40 % des Transportgutes ausmacht?

Lösung: zu a): 2250 kg Milch

b) Wie viel DK/100 km entfallen dann pro kg Milch?

Lösung zu b): Bei 10 kg DK/100 km [für Milch + Flaschen] + 10 kg DK/100 km [für Verbrauch des leeren LKW] werden 20 kg DK/100 km zum Transport von 2250 kg Milch verbraucht, also 0,0089 kg DK/100 km pro 1 kg Milch. Dazu kommt der Anteil des Leergutrücktransports (siehe d) von 14 kg DK/100 km pro 2250 kg Milch, also 0,062 kg DK/100 km pro 1 kg Milch. Gesamtaufwand also **0,0151** kg DK/100 km für 1 kg Milch.

c) Wie viel Milch kann das gleiche Fahrzeug transportieren, wenn die Verpackung (Blockpack) nur 5 % Gewichtsanteil ausmacht und wie viel kg DK/kg Milch werden benötigt?

Lösung zu c): 95 % von 3,75 t MNL = 3,56 t Milch;
20 kg DK/100 km : 3560 kg = 0,0056 kg DK/kg Milch (im Blockpack)
Leertransportanteil [siehe Aufgabe *d)*]: 10,5 : 3560 = 0,0029 kg DK/kg Milch.
Gesamt-DK-Aufwand also **0,0085** kg DK/kg Milch/100 km im Blockpack!

d) Wie hoch ist der Aufwand an DK für den Leergut-Rücktransport in einem 100 km-Szenario?

Lösung zu d):
- *Flaschenrücktransport:*
  40 % von 3,75 t = 1,5 t (Tara); Tara + LM = 5,25 t
- *Verbrauch (V) für Leerguttransport:*
  40 : 100 = V (Tara) : 10 [V(MNL)]; V(Tara) = 4 kg DK/100 km
  V (Leerguttransport) = V (Tara) + V (LM) = 14 kg DK/100 km
  (Der Leergut-Rücktransport kann auch aus der Grafik Bild 6 abgelesen werden.)

- *Blockpackungsrücktour:*
  5 % von 3,75 t = 0,188 t (Tara)*; Tara + LM = 3,938 t;
  5 : 100 = V (Tara) : 10; V (Tara) = 0,5 kg DK/100 km ;
  V[LM (des LKW)] 10 kg DK/100 km;
  V (Tara) + V (LM) = 0,5 + 10 = 10,5 kg DK/100 km

Mögliche Zusatzfragen:
e) Wie verändert sich das Bild bei einem 200 km-Szenario?
f) Wie verändert sich das Bild bei einem LM-Verbrauch von 15 kg DK/100 km?
g) Wie verändert sich das Bild bei 28 kg DK/100 km bei maximaler Auslastung eines 20-Tonners (LM = 5 t)?

Fazit: Wer hätte gedacht, dass er bei jedem Liter Milch ein Schnapsgläschen Diesel (15,1 g) nur für den Transport mitverbraucht?

Einige mögliche Schlussfolgerungen:
- Wir kaufen Produkte aus dem Umland (Gruppen 1, 2, 4).
- Es sollte eine „Wassertransportsteuer" erhoben werden, so dass die tatsächlichen Kosten vom Kunden getragen werden, der ein spezielles Getränk aus weiter Ferne trinken will (Gruppe 4; Protest aus Gruppe 3 und der Fraktion „Genießer" aus Gruppe 1).
- Es sollten mehr Getränke-Essenzen (ähnlich Fruchtdicksaft) und Technologien (wie Heimsodagerät) entwickelt werden, die durch Verdünnung das richtige Getränk ergeben, z. B. Bier in Pillen (Gruppen 1 und 2, speziell „Wasserwerke", Protest der Fraktion „Genießer" und Gruppe 3).

Konsens: Der „Verpackungsmix" ist aus der Sicht der Transportbelastungen offensichtlich sinnvoll, es kommt auf die Randbedingungen an.

Zu den anderen Teilbilanzen

a) Flaschen

1. *Start:* Abbau der Ausgangsstoffe Sand, Kalk, Kochsalz.
Belastungen: Landschaftsverbrauch, Energieverbrauch, Emission von Staub, CO_x, SO_x, NO_x, Lärm.

2. *Vorprodukt Soda und Pottasche:* Aus NaCl bzw. KCl (Gewässerbelastung mit Salzfrachten, besonders $MgCl_2$).

---

* Diese Rechnung ist stark vereinfacht. Beim Rücktransport der Blockpackungen werden in der Regel nur die Paletten transportiert. Es wäre bei einer guten Logistik Zuladung möglich, die die Transportbilanz verbessern usw. ...

12.2 Vorschläge für Projekte

- *Nach Solvay:*

  $NaCl + NH_3 + H_2O + CO_2 \rightarrow NaHCO_3 + NH_4^+ + Cl^-$

  Nachfrage: Wieso funktioniert das? → MWG-Fällungsgleichgewichte oder Le Chatelier-Brown

  $2\ NaHCO_3 \rightarrow Na_2CO_3 + H_2O + CO_2$

  Kreislauf-/Abproduktprozesse:

  $CaCO_3 \rightarrow CaO + CO_2$ Kalkbrennen
  $CaO + H_2O \rightarrow Ca(OH)_2$ Kalklöschen
  $Ca(OH)_2 + 2\ NH_4^+ + 2\ Cl^- \rightarrow CaCl_2 + 2\ NH_3 + 2\ H_2O$

  Emissionen: Wie bei 1; zusätzliches Abprodukt *Calciumchlorid*. Es sollte daran erinnert werden, dass das Ammoniak-Soda-Verfahren einen großen Fortschritt gegenüber dem Leblanc-*Verfahren* mit dem Umweltgift CaS als Abprodukt darstellt.

- *Durch Neutralisation der Alkalihydroxide mit CO_2:*

  Vorprozess: Kathode: $2\ Na^+ + 2\ H_2O + 2e \rightarrow 2\ Na^+ + 2\ OH^- + H_2$
  Anode: $2\ Cl^- \rightarrow Cl_2 + 2e$

  Koppelprodukt Chlor aus der Chloralkalielektrolyse.

  „Neutralisation": $2\ Na^+ + 2\ OH^- + CO_2 \rightarrow Na_2CO_3 + H_2O$

3. *Glasschmelze und Flaschenfabrik:*
Input: Sand, Kalk, Soda/Pottasche, Zusätze, Scherben (ca. 70 %),
Energie (Gas, Kohle, Öl, Elektroenergie)
Output: Produkt Glasflasche; Emission von CO_x, SO_x, NO_x

4. *Reinigung:* Kritische Stelle bei der Mehrweg-Milchflasche. Hygiene (und Gefahr des Verderbens der Milch) verlangen extrem harte Reinigung (mit erheblichen Gewässerbelastungen). Das gilt abgeschwächt auch für andere Getränke.

5. *Lagerung:* Photolysegefahr in Weißflaschen ist bei Frischmilch wegen kurzer Umlaufzeit unbedeutend, spielt aber bei H-Milch, Fruchtgetränken und Bier schon eine Rolle (Ausweg: Braunflasche).

6. *Recycling und Deponie:* Ökologisch unbedenklich und technisch unproblematisch. Hier spielt bei Mehrwegflaschen die *Umlaufzahl* eine wichtige Rolle. Sie liegt bei Bier bei etwa 50, bei Milch weit darunter (ca. 15 bis 25). Damit wird dieser Parameter zu einer wichtigen ökonomischen und ökologischen Größe.

7. *Transport:* Trotz großer Leermasse in der Gesamtbilanz bis etwa 100 km vertretbar.

b) Blockverpackungen

Es handelt sich um Verbundwerkstoffe aus Spezialkarton (gleichzeitig Werbeträger), PE-Folie und, insbesondere bei H-Milchpacks, Al-Folie (Warum?). Papier und Al-Produktion sind technisch und energetisch aufwendig und stark umweltbelastend.

1. *Papier:* (siehe Projekt 2, Bild 7, S. 192)

2. *Aluminium:* Die weltweite Verknappung „guter" Bauxiterde führt zu hohen Transportkosten bzw. größerem technologischen Aufwand. Die Nutzung reichlich vorhandener einheimischer Aluminiumvorräte rechnet sich noch nicht wegen der noch größeren Kosten und Umweltbelastungen. Die wichtigsten Positionen:

- *Alkalischer Aufschluss* (NaOH oder Soda) und Reinigung zum Al_2O_3: Hoher Energieaufwand, auch bei den Aufschlusschemikalien, Abprodukt Rotschlamm mit Grundwassergefährdungs-Potenzial
- *Schmelzflusselektrolyse unter Kryolith-Zusatz:* Extremer Energieaufwand, Fluorid-Emission
- *Weiterverarbeitung:* relativ günstig in ökonomischer und ökologischer Hinsicht
- *Recycling des Aluminiums*: Im Prinzip sehr gut möglich, aber in dieser Applikation kaum vertretbar

3. *PE-Folie:* siehe Projekt 2, Bild 8, S. 195

4. *Herstellung des Verbundwerkstoffs:* Unproblematisch (Kalander). Insgesamt ist die Herstellung des Packs infolge des geringen Materialeinsatzes pro Liter Getränk insbesondere bei Packungen ≤ 1 l vertretbar, wenn man noch die geringeren Transportkosten berücksichtigt.

5. *Recycling und Deponie:* Es gibt Technologien zum rohstofflichen Recycling. Sie sind aber sehr aufwändig, so dass die thermische Verwertung oder die Deponie überwiegt.

c) PE-Schlauchbeutel

1. Produktionsmodule, siehe Projekt 2
2. Sehr günstige Transportaufwendungen
3. Einfaches Recycling
4. Sonstiges: Einkauf und Verwendung wegen fehlender Formstabilität und Materialempfindlichkeit erschwert, z. B. als Pausengetränk-Behälter untauglich.

Insgesamt bis auf 4. allen anderen betrachteten Verpackungen überlegen.

12.2 Vorschläge für Projekte 189

d) Getränkedose

Für Milchgetränke unüblich, für CO_2-haltige Getränke aber im Vormarsch. Wichtig bei dieser Entwicklung ist die Senkung des Dosengewichts von 83 g (1951) auf 26,3 g (1999). Das Recycling erfolgt für den Eisenanteil zu etwa 80 %, leider geht der Zinnüberzug in die Schlacke und in die Stahlschmelze über und wird dort nur in wenigen Spezialstählen (z. B. für Transformatorenbleche) benötigt. Das lange bekannte Recyclingverfahren über die Umsetzung mit Chlor zum $SnCl_4$ rechnet sich offenbar nicht mehr.
Die Weißblechindustrie argumentiert mit den verringerten Zinnauflagen (ca. 1 bis 5 g/m²) und den logistischen Problemen: Das Verpressen zu den „Brühwürfeln" könnte erst nach der Entzinnung erfolgen. Der Transportaufwand steigt damit enorm. Die bisherige dezentrale Verwertung des Dosenschrotts müsste wegen der zusätzlichen Chlorbehandlung wahrscheinlich zugunsten weniger Aufbereitungsanlagen aufgegeben werden – wieder neue Transportbelastungen.

Aufgabe: Der einzige deutsche Weißblechhersteller produziert jährlich 637 000 km Weißblech mit einer Coilbreite von etwas über 1 m. Wie viel Zinn wird nach den obigen Angaben jährlich dafür verbraucht? (Achtung: Es wird beidseitig verzinnt! Zinnauflage: 1–5 g/m².)

Lösung: Ergebnisspanne von 1 274 t (für 1 g/m²) bis 6 370 t (für 5 g/m²).

Nachsatz: Wenn man heute eine Ware kauft, ist sie zumeist verpackt. Manchmal macht die Verpackung mehr aus an Wert und Volumen als die Ware selbst. Weshalb also der Aufwand? Ist es nur die künstliche Volumenvergrößerung zur Erhöhung des Kauffiebers? Wohl kaum. Verpackungen sollen die Ware schützen – vor Umwelteinflüssen, aber auch vor manchen Kunden. Sie sollen Transport und Verkauf erleichtern, sie sind Werbeträger und insgesamt seit der Dominanz der Selbstbedienung bei vielen Artikeln unverzichtbar. Es arbeiten heute etwa 130 Industriezweige auf diesem Sektor, mit vielen technischen Detaillösungen, die den obigen Anforderungen Rechnung tragen. Viel liegt aber auch am Kunden, welche Verpackung er favorisiert. Dass es auch für Fachleute schwer ist, hier zu einem einwandfreien Urteil zu kommen, zeigen die vorstehenden Beispiele.
Es ist aber auch eine Frage, ob in jedem Fall überhaupt eine Verpackung nötig ist. Das betrifft z. B. das Projekt 2, in dem die Verpackung einzelner Bücher untersucht werden soll. Es geht dabei um die Verpackung von Massenware, z. B. Schulbücher oder Unterhaltungsliteratur, nicht etwa um Kunstbildbände, die vielleicht im Schuber verkauft werden. Wenn hier, den Sinn dieser Verpackungen bezweifelnd, dennoch dieses Beispiel vorgestellt wird, dann nur deshalb, weil es die vielleicht einfachsten Verpackungsmittel betrifft und die dazu nötigen Produktlebenswege und die dazugehörenden Daten überschaubarer sind als die der Getränkeverpackungen.

12.2.2 Projekt 2: Buchverpackungen aus Papier und PE

Vorüberlegungen
Ausgangsfrage: Was ist mehr „Öko" als Verpackungsmaterial: Papier oder PE-Folie?
Zur Verfügung gestellt werden danach die Tabellen 1–3, deren Werte von PLEHN zusammengetragen wurden.

	Kraftpapier		Sulfitpapier	Altpapier
	ungebleicht	gebleicht	gebleicht	
Sammlung des Altpapiers				0,3 GJ/t
Holztransport	0,2 GJ/t	0,2 GJ/t	0,2 GJ/t	–
Zellstofferzeugung	43,1 GJ/t	44,7 GJ/t	44,4 GJ/t	–
Papierherstellung	8,5 GJ/t	8,5 GJ/t	8,5 GJ/t	6,4 GJ/t
Papiertransport	0,6 GJ/t	0,6 GJ/t	0,3 GJ/t	0,3 GJ/t
Energieäquivalenzwert (Summe)	52,4 GJ/t	54,0 GJ/t	53,4 GJ/t	7,0 GJ/t

Tabelle 1: *Energiegehalte und -aufwendungen bei der Papierherstellung*

Verbrennungsenthalpie von Erdöl (roh, unterer Heizwert)	42,6 GJ/t
Erdöltransport	1,0 GJ/t
Naphtagewinnung	3,6 GJ/t
Ethylenerzeugung	16,0 GJ/t
Polymerisation	6,1 GJ/t
Extrusion	3,7 GJ/t
Energieäquivalenzwert (Summe)	73,0 GJ/t

Tabelle 2: *Energiegehalte und -aufwendungen bei der Herstellung von PE-Folie*

Mit diesen Parametern können die Schüler zunächst nichts anfangen; man muss sie den Modulen der Ökobilanz zuteilen. Daher:
Aufgabe: Woraus resultieren die angegebenen Energiewerte?
Voraussetzung: Grundkenntnisse zu Reaktionswärmen
Übung: Umrechnung von kalorischen Daten
Faktenwissen: Erarbeitung wichtiger technologischer Schritte bei der *Papier- und Folienproduktion* und des *Recyclings* (vgl. dazu Schulbücher aus dem Einzugsgebiet)

Ergebnis: Nicht alles, was aus Natur kommt, ist auch „Öko", es kommt auf die Randbedingungen an.

Zur Aufgabe: Ableitung der Produktlebenswege für Buchverpackungen unter Nutzung der Tabellendaten (siehe oben) zur Papier- und Folienproduktion, Formulierung als Bericht. Je nach den Voraussetzungen und der Leistungsfähigkeit der Schüler kann eine mehr oder weniger detaillierte Betrachtung der Technologie erfolgen.

12.2 Vorschläge für Projekte

	Verpackung aus						
	Polyethylen	Polyethylen	Polyethylen	Sulfitpapier, gebleicht	Kraftpapier, ungebleicht	Kraftpapier, gebleicht	Altpapier
Dicke bzw. Flächenbez. Masse des Verpackungsmaterials	15 µ	30 µ	45 µ	40 g/m²	80 g/m²	80 g/m²	90 g/m²
Materialverbrauch für 100 000 Bücher in kg	180	360	540	700	1 400	1 400	1 575
Gesamtenergieverbrauch in GJ	23	36	49	37	73	76	11 + 22,5 (Eigenenergie des Altpapiers)
Luftverunreinigende Emissionen in kg SO_2 NO_x $CH^{1)}$ CO Staub	7,9 4,2 0,8 0,3 0,4	9,7 5,5 1,6 0,5 0,5	11,6 6,8 2,3 0,7 0,6	29,6 5,3 1,1 10,0 2,7	14,4 7,6 1,0 2,3 2,5	14,4 7,6 1,0 2,3 2,5	5,5 3,8 0,3 0,4 0,4
Abwasserbelastungen in kg $CSB^{2)}$ $BSB5^{3)}$ $CH^{1)}$ Phenole $AOX^{4)}$	0,1 0,003 0,0006 0,00003 –	0,2 0,006 0,0013 0,00006 –	0,3 0,009 0,002 0,0001 –	79,5 34,6 – – 3,2	12,7 7,1 – – –	94,6 35,6 – – 4,9	9,4 1,1 – – –

[1] CH = Kohlenwasserstoffe
[2] CSB = chemischer Sauerstoffbedarf
[3] BSB5 = biologischer Sauerstoffbedarf über 5 Tage
[4] AOX = adsorbierbare Halogenorganika

Tabelle 3: Vergleich wichtiger Parameter der Ökobilanzen verschiedener Buchverpackungen

Grundfrage: Ist ein Einschlagen von Büchern zum Verkauf überhaupt nötig? Eigentlich nur im Selbstbedienungs-Bereich! Wegen der Übersichtlichkeit des Alternativvergleichs soll trotzdem öko-bilanziert werden.

Festlegung der Systemgrenzen: Bei der Holzgewinnung wird der Aufwand der Forstwirtschaft nicht berücksichtigt bzw. im Heizwert des Holzes impliziert. Die Erdölbereitstellung wird ebenfalls vernachlässigt. Für die Konkurrenzrohstoffe beginnt also die Analyse mit dem Transport. Vernachlässigt werden auch Aufwendungen für die Errichtung und Erhaltung der Anlagen zur Produktion.

Der Papierlebensweg

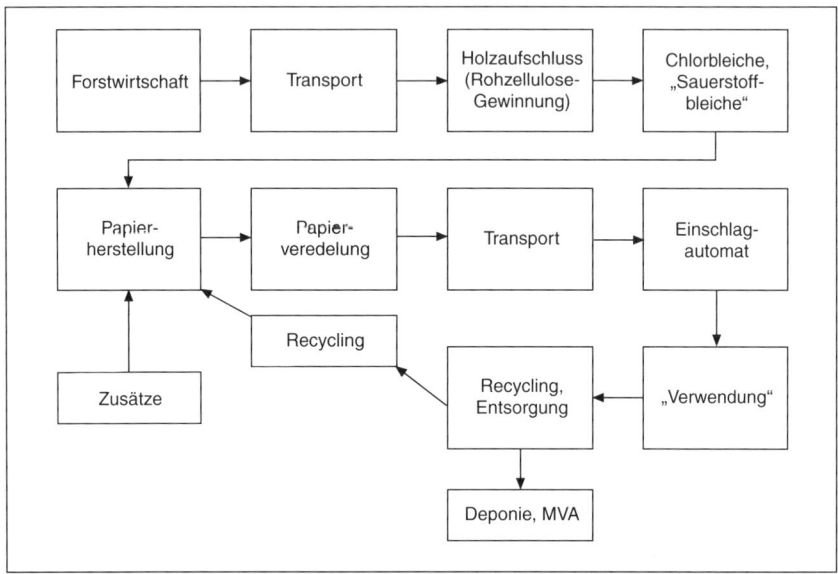

Bild 7:

Informationen des Lehrers und zu erarbeitende Kommentare:

1. *Transport:* Es wird angenommen, dass nur deutsches Holz für das Sulfitpapier und schwedisches Holz für Kraftpapier verwendet wird. Die Transportaufwendungen sind somit gering. Der Ansatz ist vereinfacht, da ca. 80 % des deutschen Neuzellulosebedarfs importiert werden, und das nicht nur aus Schweden. Umweltbelastungen: CO_x, CH, NO_x, Staub.

2. *Holzschliffgewinnung:* Einsatz mechanischer Energie aus dem Elektronetz zum Entrinden, Häckseln, Mahlen. Umweltbelastungen: Staub, Elektroenergieherstellungsemissionen (pauschalisiert).

3. *Aufschluss:* Der Aufschluss zur Beseitigung des Lignins (ca. 50 % der Holzmasse) verlangt den Hauptanteil der Energie in der Papierherstellung.

Beispiel: Sulfitverfahren

Abprodukte: Ligninsulfonsäuresole → verwendbar zur Futterhefegewinnung und als Rohstoff für weitere Synthesen (siehe Versuch 2 und 3), meist aber entsorgt über Klärwerke oder Verbrennung, Quelle hoher CSB/BSB-Belastung der Gewässer. Beim Sulfatverfahren analoge H_2S-haltige Abprodukte. Weitere Belastungen: SO_2, CO_x, CH.

12.2 Vorschläge für Projekte

4. *Chlorbleiche:* Quelle von AOX, für Einschlagpapier eigentlich nicht nötig und gegebenenfalls nach dem Stand der Technik über die „Sauerstoffbleiche" (Versuch 4) zu realisieren.
5. *Papierherstellung:* Zellstoff und Zusätze wie Leim, Beschwerungs- und Glättungsstoffe (Bariumsulfat, Kaolin, Kalk usw.) (Zusatzbilanz nicht ausgewiesen!) → Papiermaschine (Entwässern, Trocknen, Aufrollen, Schneiden). Belastungen aus Energiegewinnung und Rollenlärm.
(Für die Herstellung einer Tonne Papier werden auf der Papiermaschine etwa 2,5 t Heißdampf benötigt.)
6. *Papierveredelung:* Bedrucken, Kaschieren, Streichen usw. (Entfällt hier, eventuell Stempelaufdruck beim Einschlagen)
7. *Transport:* siehe oben
8. *Einschlagautomat:* Elektroenergieeinsatz
9. *Entsorgung/Recycling:* 70 % gehen etwa in die Altpapiersammlung, der Rest wird entsorgt, zum großen Teil gegenwärtig auf Deponien. Die Verrottung erfolgt dort ohne Probleme unter Bildung der Klimagase CO_2 und CH_4, die enthaltene Restenergie ist zumeist verloren.
In der Arbeit von PLEHN ist die Verwertung von Koppelprodukten wie Lignin, Tallöl, Harze usw. nicht ausgewiesen. Sie würden die Ökobilanz aber nur geringfügig aufbessern (siehe dazu auch Versuche 2 und 3).

Fazit: Die Papierherstellung gehört zu den übelsten Umweltbelastern. Das fällt in Deutschland nur auf Grund der Verlagerung der Produktion in Staaten mit geringeren Umweltauflagen nicht so auf. Das Argument, dass es sich um die Nutzung nachwachsender Rohstoffe handelt, ist angesichts der gegenwärtigen Praxis, überwiegend gutes Stammholz einzusetzen, das fast 100 Jahre zum Wachstum benötigt und zumeist aus Kahlschlagtechnologien stammt, mehr als fragwürdig. Dass dazu Wälder in anderen Regionen vernichtet werden, macht das Problem nicht ungeschehen. Abgesehen von der Unmoral des Raubbaus bei anderen kommt die Rache der Natur, z. B. über Klimaveränderungen, auch auf uns zurück.
Es bleibt die Frage des Einsatzes geringwertiger Ausgangsstoffe, z. B. Ausforstungsholz, Abfallholz oder Einjahrespflanzen (Stroh, Schilf, Chinagras usw.). Hier hat die Papierindustrie z. T. technologische Mehraufwendungen zu leisten, die das Produkt verteuern. Vor allem spielen aber logistische Fragen, die sich aus dem Totvolumen beim Transport ergeben, eine sehr stark limitierende Rolle. Hierzu wären regionale Wirtschaftsplanungen nötig, die die Nutzung vor allem von Koppelprodukten (wie Stroh) absichern. Es ist abzusehen, dass eine derartige Praxis notwendig werden könnte.

Versuche:

Versuch 1: Holz enthält Lignin

Nachweis mit salzsaurer Phloroglucinlösung nach BLUME, HILDEBRAND, HILGERS: Umweltchemie im Unterricht, S. 159, Versuch 11.2. Gegenprobe: Zellstoff + Phloroglucin-Reagenz → negatives Resultat.
Ergänzung : Zeitungspapier oder vergilbte alte Papiere enthalten Holzschliff bzw. Ligninreste: positive Reaktion.

Versuch 2: Verwertung des Koppelproduktes Ligninsulfonsäure

Ligninsulfonsäure kann als Fließverbesserer für Beton verwendet werden. Siehe dazu BLUME, HILDEBRAND, HILGERS: Umweltchemie im Unterricht, S. 203, Versuch 17.1. Sie kann auch als Ausgangsstoff für weitere Synthesen dienen, z. B. zur Herstellung von Vanillin (BLUME, HILDEBRAND, HILGERS: Umweltchemie im Unterricht, S. 204, Versuch 17.2).

Versuch 3: Bleiche von Rohcellulose

In BLUME, HILDEBRAND, HILGERS: Umweltchemie im Unterricht S. 206, Versuch 17.3 ist die Bleiche von selbst hergestellter Rohcellulose mit ammoniakalischer H_2O_2-Lösung beschrieben. Der Bleicheffekt kann auch mit vergilbten Papieren oder mit hellen Furnierstückchen (z. B. Ahorn, Fichte, Kiefer usw.) demonstriert werden.

Versuch 4: Papierrecycling

Etwa 70 % des Altpapiers in Deutschland werden heute recycelt. Die Bedruckung stellte in früheren Zeiten ein echtes Hemmnis für eine qualitätsgerechte Wiederverwendung dar. Heute wurden in Zusammenarbeit von Papier- und Druckindustrie Druckfarben und „Deinking"-Verfahren entwickelt, die dieses Manko beheben. Mit Hilfe des Deinking kann aus Altpapier „Bütten handgeschöpft" oder gar Kunstdruck-Qualität hergestellt werden. Die Verfahren sind so effizient, dass manche Hersteller ihr Recyclat extra anfärben, damit der Kunde auch glaubt, dass es sich um „Öko"papier handelt. Eine Einschränkung stellen durchgefärbte Papiere (z. B. die „Gelben Seiten" des Telefonbuchs) dar, sie können oft nicht entfärbt werden und erscheinen im ansonsten weißen Papier als farbige Pünktchen.Versuch 11.3 in BLUME, HILDEBRAND, HILGERS: Umweltchemie im Unterricht, S. 169, stellt eine Versuchsbeschreibung zum Deinking vor. Vergleichen Sie das Ergebnis mit einem Ansatz aus den „Gelben Seiten".

12.2 Vorschläge für Projekte

Der PE-Folien-Lebensweg

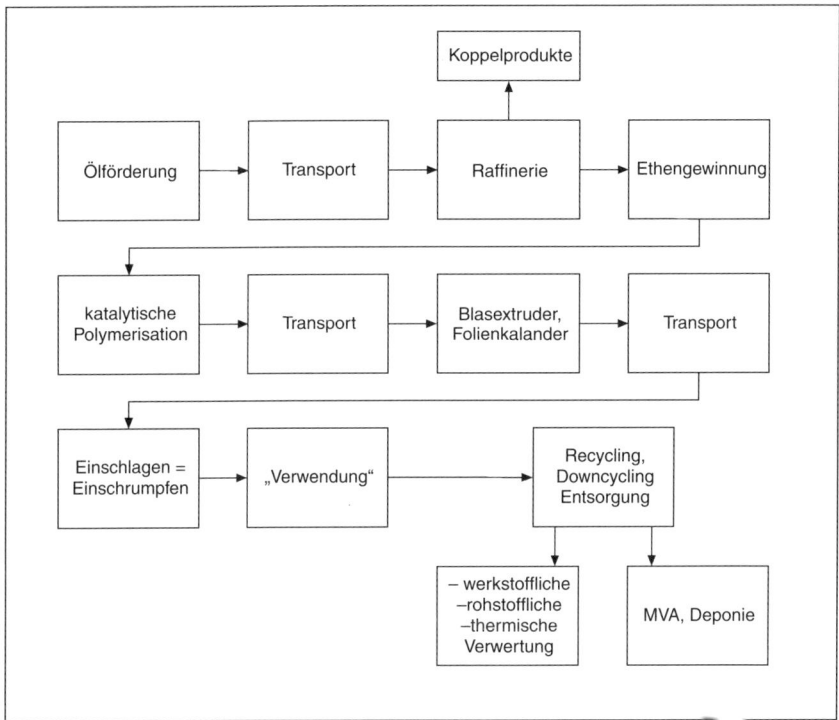

Bild 8:

Kommentare: Zum Zwecke des Vergleichs beginnt die PLA mit dem Transport des Rohöls. Die Fragen der Beurteilung der Förderungskosten sind ohnehin problematisch. Der technisch-physikalische Vorgang ist an sich ohne großen Aufwand zu realisieren. Schwierig wird es erst, wenn man die Fragen der Prospektion betrachtet. Wie will man so etwas aufrechnen?

Transport: Da Liefer- und Verarbeiterländer oft weit auseinander liegen, ist der Transportaufwand des Erdöls größer als beim Holz. Zu Grunde liegt wahrscheinlich ein Mix aus Tanker/Pipeline-Transport, der wesentlich teurere Bahntransport dürfte in der heutigen Zeit nur eine untergeordnete Rolle spielen. Nicht erfasst wurden bei den logistischen Umweltbelastungen die Havarien auf dem Transportweg und der Bevorratung. Obwohl Tankerhavarien, Pipelinebrüche, Tankfahrzeugunfälle oder Vorratstankbrände bzw. -zerstörungen die Medien immer wieder beschäftigen, wurde nur der bestimmungsgemäße Transportvorgang zugrunde gelegt, was unter versicherungsrechnerischen Gesichtspunkten auch verständlich ist. Es ist aber in der Schule zu erwarten, dass den Jugendlichen die monetarische und auch die energetisch-sachliche Betrachtung dieses Aspekts nicht ausreicht.[3, 4]

Ethengewinnung: Die Ethengewinnung erfolgt in der Regel in den Raffinerien oder naheliegenden Werken durch Steamcracking neben einer Vielzahl von anderen wertvollen Koppelprodukten, die in der Bilanz in Form von Energieäquivalenten mitberücksichtigt wurden, so dass ihr Anteil die Ethenbilanz nicht beeinträchtigt. An dieser Stelle erfolgen auch die meisten umweltrelevanten Belastungen, sie sind durchweg niedriger als in der Papierfabrikation mit Ausnahme der beim Papier nicht vorhandenen Phenolabgabe.
Die Weiterverarbeitung erfolgt in der Regel in nahegelegenen Werken.

Polymerisation: Die Polymerisation des Ethens zum Polyethen wird zumeist mit Ziegler-Natta-Katalysatoren (seit einiger Zeit zunehmend mit Ferrocen-Katalysatoren) unter bestimmten Druck- und Temperaturverhältnissen zum gewünschten Polymerisationsgrad geführt. Der angegebene Energiebedarf ist ein Summenparameter für alle Aufwendungen zur Steuerung der Reaktionsverhältnisse und der Herstellung bzw. Regenerierung von Katalysator, Hilfsmitteln und Additiven für **LDPE** (**l**ow **d**ensity **p**oly**e**then).

Extrusion: Im Blasextruder wird das PE-Pulver oder -Granulat aufgeschmolzen, durch einen Spalt/Düse verpresst und dabei zu einem Folienschlauch aufgeblasen. Nach Randverschneidung erfolgt das Aufrollen. Für die Verwendung als Schrumpffolie ist davor noch ein Streckungsvorgang nötig, um die statistische Knäuelung der Polymereinheiten in eine Fernordnung zu überführen.

Aufschrumpfen: Dem Einschlagen der Bücher mit Papier entspricht das Aufschrumpfen mit Schrumpffolie. Der Vorgang ist technologisch einfacher als beim Papier, erfordert aber zusätzlichen Elektroenergieaufwand für die Wärmeerzeugung zur Aufhebung der durch die Streckung erzwungenen Polymereinheitenordnung.
Diese, wie auch alle anderen Elektroenergieaufwendungen, müssen mit dem Wirkungsgrad von Kraftwerken im Energiemix ($\eta \leq 38\,\%$) und den Übertragungsverlusten (ca. 5 %) beauflagt werden.

Recycling: Das Recycling von PE ist relativ einfach. Schon manuelles Auslesen auf der Sortierstraße ist für die geübte Arbeitskraft problemlos, bei Kleinrückständen ergibt die Dichtetrennung ausreichend reines PE. Unterschiedliche Additive (Weichmacher, Stabilisatoren) für manche Verwendungszwecke sowie Verunreinigungen aus der Verwendung/Sammlung führen aber zu einem gewissen Downcycling, d. h., die Qualität der Recyclatfolie ist in der Regel etwas schlechter als die aus Erdöl. Das soll die stoffliche Verwertung vermeiden.

---

3 Umweltrelevante Transporthavarien werden unter anderem in [7] als Schätzwerte referiert.
4 Für die militärische Sicherung der Förderung eines Barrels Erdöl gibt die US-Regierung ca. 100 \$ aus. Der Weltmarktpreis beträgt zur Zeit ca. 25 \$. Quelle: H. SCHEER, B1 Februar 2000

12.2 Vorschläge für Projekte

Stoffliche Verwertung: Bei der stofflichen Verwertung erfolgt die Depolymerisation zu Ethen bzw. erdölähnlichen Produkten, die dann zur Herstellung neuer Chemieprodukte, z. B. auch für PE-Folien, dienen können. Hierfür gibt es bereits Anlagen, sie rechnen sich aber wegen der gegenwärtigen Rohölpreise noch nicht und sind in Bezug auf die Energiebilanz neben der Prozessenergie aus der Depolymerisation noch mit den Aufwendungen belastet, die mit ihrer Rückführung in den Produktionsablauf neuer Chemikalien beginnen.

Thermische Verwertung: Thermische Verwertung bedeutet nüchtern Verbrennung in geeigneten Prozessen, z. B. in Hüttenwerken, der Zementindustrie usw. Dieser vom „Grünen Punkt" zur Zeit stark preferierte Weg ist angesichts der Energiedifferenz zwischen Herstellungsaufwand und Heizwert eindeutig eine Verschleuderung von Ressourcen. Es ist Lowtech, erfordert lediglich schlecht bezahlten Sortieraufwand (den der Privatkunde trägt) und ergibt keine Absatzprobleme, da die Sortierer dem Abnehmer noch Geld zahlen. Wenn hier keine Änderungen erfolgen, sollte der Gesetzgeber überprüfen, ob der Umweg über den Grünen Punkt noch sinnvoll ist oder ob die ohnehin vorgesehene thermische Behandlung allen kommunalen Mülls (MVA) nicht gleich zweckmäßigerweise auch für alle synthetischen Verpackungsmaterialien erfolgt.

„Verwertung" in Müllverbrennungsanlagen (MVA): Beachtliche Folienmengen finden den Weg nicht in den Gelben Sack. Beim Entsorgen in MVA tragen sie dazu bei, den Einsatz wertvoller Primärenergien zur Verbrennung des Restmülls zu verringern, übrigens mit ähnlichem Effekt wie Papier. Der Vorteil gegenüber dem „Grünen Punkt" besteht aber nur darin, dass die Sortierungs- und Transportkosten reduziert werden.

Deponie: Der schlechteste Weg der Entsorgung besteht in dem, was wir heute „geordnete" Deponie nennen. Die „Ordnung" bezieht sich meist auf den Zaun um das Gelände und bei den neueren Anlagen um Maßnahmen zum Schutz des Grundwassers (Abdichtung nach unten) und der Atmosphäre (Abdichtung nach oben, Abfangen der Zersetzungsgase und deren Verbrennung, z. T. in Blockheizkraftwerken). Sinnvoller wäre hier die getrennte Deponie von Wertstoffen, wenn sich ihre Wiederverwertung heute noch nicht rechnet. Die dafür notwendigen Aufwendungen sind wir eigentlich unsern Kindern schuldig, auf deren Kosten wir unsere gegenwärtige Verschwendung betreiben. Ein weiteres Problem ergibt sich, wenn wir unsere Unkenntnis über das Verhalten des Restmülls betrachten, bei dem sich die Struktur ständig, auch durch „Öko"maßnahmen, ändert. So ist der Abbau der organischen Substanz zu Biogas (CH_4 und CO_2) in den Deponien durchaus nicht in dem Maße zu erwarten, wenn der Inhalt der „Biotonne" fehlt, der insbesondere als Lebensgrundlage für die anaerobe Zersetzung bewirkenden Mikroorganismen dient (In New York wurden kürzlich bei Probebohrungen in Deponien noch gut erhaltene, 25 Jahre alte, Telefonbücher zutage gefördert!).

Versuche:

Versuch 5: Dichtetrennung von Polymeren

Ein Gemenge von PVC- und PE-Schnitzeln wird in Wasser eingerührt. Das PE schwimmt auf, die PVC-Stücke sinken ab. Zum Nachweis wird die *Beilstein-Probe* genutzt, die beim PE negativ, beim PVC positiv ausfällt.

Versuch 6: Pyrolyse von PE

Als Beispiel für die rohstoffliche Verwertung des PE kann die Depolymerisation des PE entsprechend BLUME, HILDEBRAND, HILGERS: Umweltchemie im Unterricht, S. 144/147, Versuch 10.4 demonstriert werden.

Gesamtbewertung

Beim Gesamtvergleich ergibt sich unter den Gesichtspunkten der Ökobilanz ein eindeutiger Vorteil der dünnen PE-Folie, wenn man sich auf den Einsatzzweck „Einschlagen von Büchern" bezieht. PLEHN hat das pro 1 000 (Tabelle 3, S. 191) getan. Ich teile allerdings nicht seine Auffassung, dass man den Energiegehalt des Altpapiers nicht berücksichtigen muss, weil Papier in der Regel nicht zu Heizzwecken dient. Eine derartige Verfahrensweise stellt den ganzen Ansatz dieser Art von Ökobilanz in Frage, denn verlorene Energie ist eben weg, ob bei Alt- oder Neupapier oder PE-Folie.
Ganz andere Aspekte ergeben sich freilich aus den Funktionen einer Verpackung, z. B. als Werbeträger. Das beginnt schon mit dem Materialgefühl: „aaah – Naturstoff" oder „iiih – Plaste!" (siehe Umfrage). Man kann die Papierverpackung auch mit Zusatzinformation bedrucken, z. B. um den „Waschzettel" zu schonen (was man meist nicht tut). Bei der Folie entfällt das: Bucheinband bzw. Schutzumschlag werben für sich.
Im Allgemeinen hat der Verbraucher keinen Einfluss darauf, wie ihm ein Buch verpackt wird. Im Laden erhält er zudem meist noch eine Tüte dazu, und wer denkt bei dem bisschen Verpackungsmaterial gleich an die Umwelt?

12.2.3 Projekt 3: Biodiesel

Das Gebäude des Deutschen Bundestags besitzt eine autonome Energieversorgung. Der notwendige Strom wird über ein Diesel-Blockheizkraftwerk erzeugt. Die Abwärme dient an kalten Tagen zu Heizzwecken. Thermische Überschussenergie wird in einer günstig gelegenen Grundwasserlinse gespeichert und kann dort gegebenenfalls zum Teil rückgeholt werden. Eine pfiffige Lösung. Die Diesel werden mit **RME** (**R**apsöl**me**thylester) betrieben.

12.2 Vorschläge für Projekte

Fragen:
1. Ist der RME – Einsatz angesichts leerer Staatskassen vertretbar, wenn man nur die Ökonomie sieht (Sachbilanz)?
2. Stellt Bio-Diesel einen ökologischen Durchbruch dar (Ökobilanz)?
3. Welche anderen Beweggründe könnten die Entscheidung beeinflusst haben? Sind es eher politische Gründe, (z. B. Imagepflege), Gedanken an die Zukunft oder soziale Aspekte (Arbeitsplätze auf dem Lande)?

Zu 1: Besonders in ländlichen Gebieten dürfte es relativ leicht möglich sein, die einzelnen Etappen des Rapsanbaus bis zur Anlieferung in der Ölmühle zu verfolgen und den Energieaufwand zu überprüfen. Die dann folgenden Schritte der Ölgewinnung (Vorbereitung, Pressen, Extraktion, Reinigung, Umesterung) lassen sich der Literatur entnehmen bzw. abschätzen. Man wird schon nach halbquantitativen Schätzungen feststellen, dass der Biodiesel viel zu teuer ist (z. Zt. etwa 1,1 €/l), dass der energetische Nutzungsgrad von etwa 1,2 nicht besonders ermutigend ist und eine Verbesserung von Ernteerträgen, Ausbeuten usw. mit noch höherem Energieaufwand erkämpft werden muss.

Zu 2: In der Wirkungsbilanz müsste noch die Belastung der Umwelt durch Abgase, Düngung, PSM usw. mit berücksichtigt werden.

Zu 3: Der Rapsanbau zur Kraftstoffgewinnung führt somit kaum zur Lösung des Energieproblems, er ist aber zu Zeiten der Krise in der Landwirtschaft als ein Mittel zur sozialen Stützung der Landbevölkerung und zum Erhalt von Erfahrungsträgern (Bauern) durchaus sinnvoll.

Eine quantitative Energiebilanz zum Biodiesel und erforderliche Informationen finden sich bei KALTSCHMITT/REINHARDT (Hrsg.) (Braunschweig/Wiesbaden 1997) neben vielen anderen Energiebilanzen von nachwachsenden Energieträgern. Die beiden Folienvorlagen (Bild 9 und 10) dienen als Leitfaden.

Die in der Lebensmitteltechnologie seit langem praktizierte Gewinnung von raffiniertem Rapsöl gibt noch keinen Dieseltreibstoff. Die meisten Motoren würden verharzen. Deshalb erfolgt eine Umesterung des natürlichen Triglycerids mit Hilfe niederer Alkohole, insbesondere mit Methanol, schematisch:

$$
\begin{array}{l}
H_3C - OOCR^1 \\
| \\
H_3C - OOCR^2 \quad + \quad 3\ CH_3OH \rightarrow \quad H_3C - OH \quad + \quad 3\ R^{1-3}COOCH_3 \\
| \\
H_3C - OOCR^3
\end{array}
\quad
\begin{array}{l}
H_3C - OH \\
| \\
H_3C - OH \\
| \\
H_3C - OH
\end{array}
$$

„Rapsöl"   Methanol   Glycerin   „RME"

Das frei werdende Glycerin ist Wertstoff und verbessert die Bilanz; es müssen aber Hilfsstoffe eingesetzt werden, die z. T. Abprodukte ergeben.

Weitere Aktivitäten zur Ökobilanz sind in einer Zusammenfassung des Umweltbundesamtes (Berlin 1997) enthalten. Eine neuere Ökobilanz von Getränkepackungen ist in Arbeit.

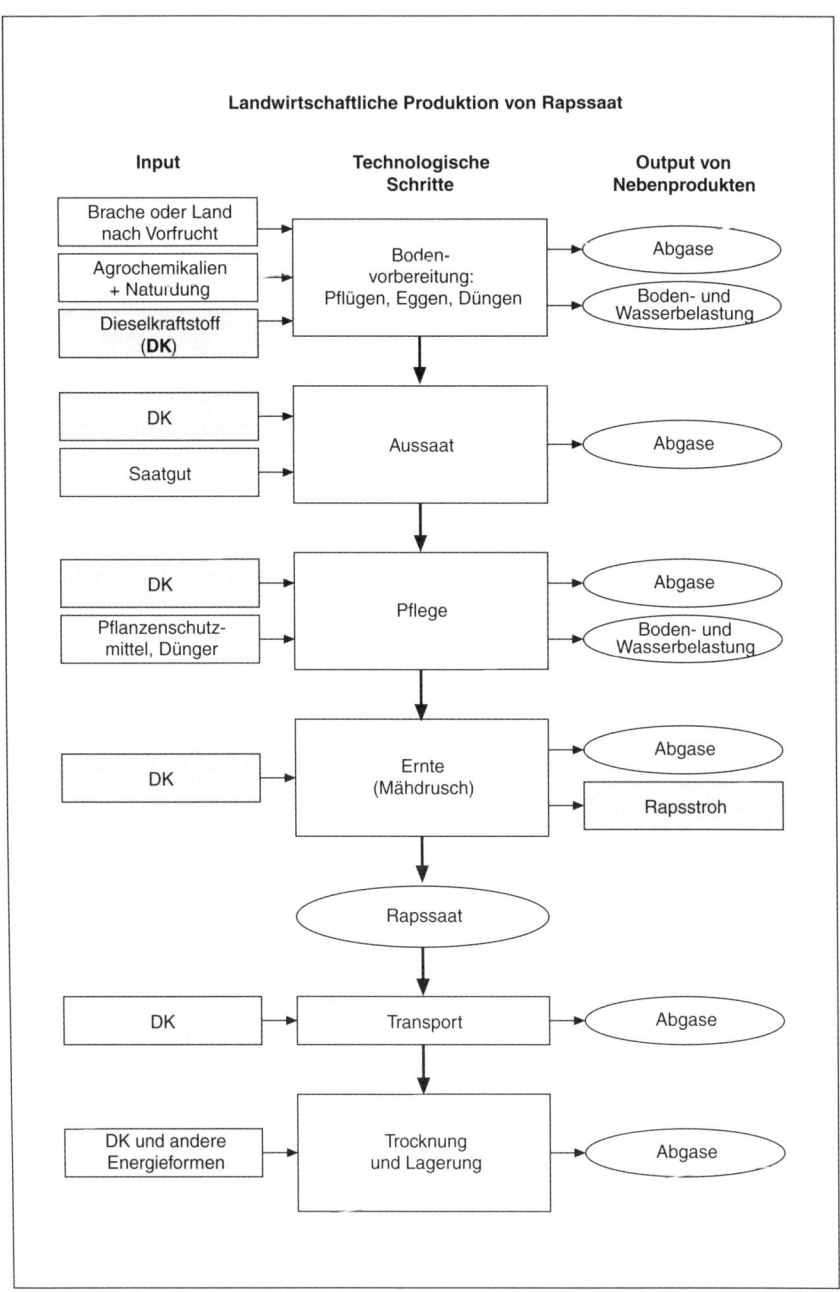

Bild 9: Blockschema zur Produktion von Rapssaat

12.2 Vorschläge für Projekte

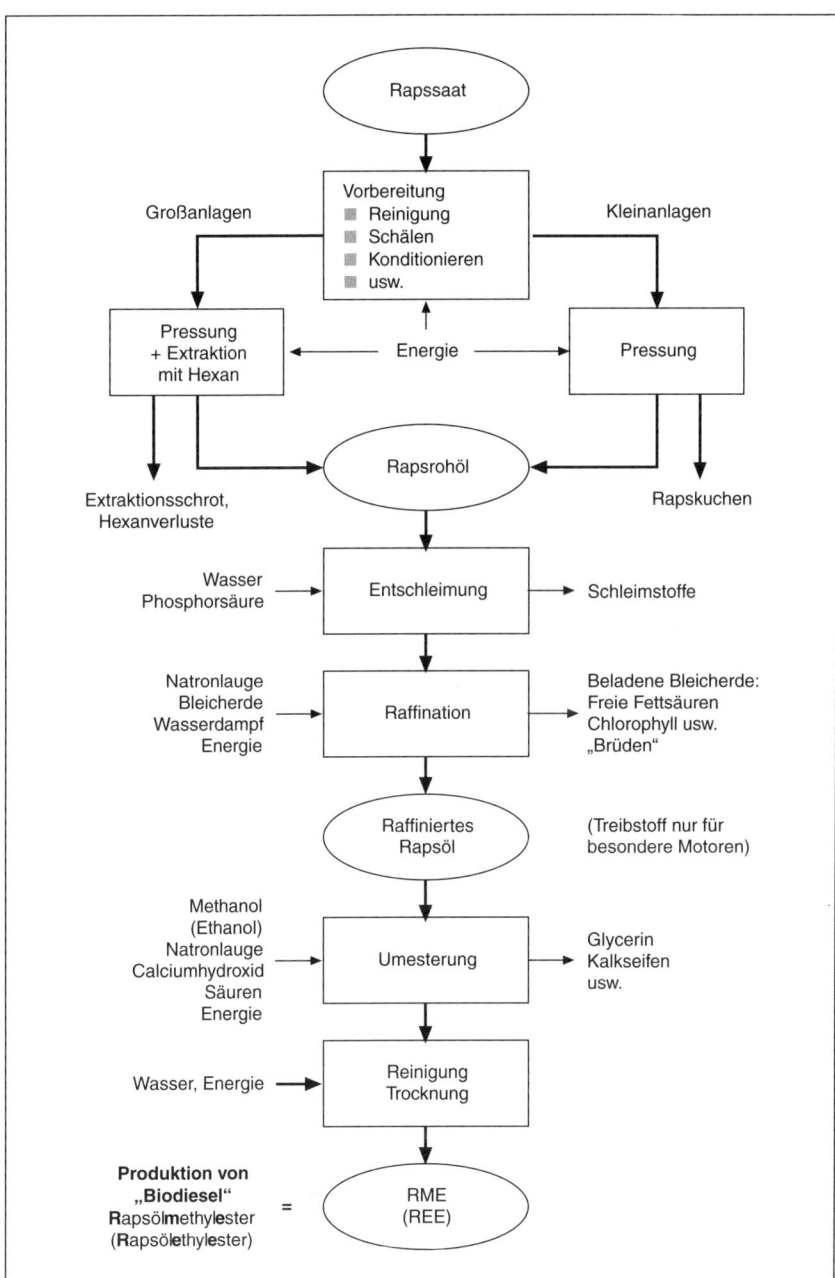

Bild 10: Blockschema zur Produktion von Rapsöl und Rapsölmethylester

Anhang: Zwei Aufgaben zur Öko-Problematik

Aufgabe zur „Versauerung": Deutschland hat sich im Helsinki-Protokoll verpflichtet, die SO_x-Emission bis 1993 gegenüber 1980 um 30 % zu verringern. Ermittelt wurden folgende Emissionen: 1980: 7 514 Tsd. t; 1993: 3 082 Tsd. t; 1996: 1 851 Tsd. t.
a) Um wie viel % erfolgte jeweils eine Reduzierung gegenüber 1980?
b) Wie viel Schwefelsäure entspräche das, wenn man vollständige Oxidation des SO_2 zu SO_3 annehmen würde?
c) Deutschland umfasst 357 028 km². Wie viel Schwefelsäure wäre dann in den Jahren 1980, 1993 und 1996 jeweils pro km² niedergegangen?

Lösungen:
a) 1993 um 59 %; 1996 um 75 %
b) Molmasse SO_2: 64; Molmasse H_2SO_4: 98; 1 t $SO_2 \triangleq 1{,}53$ t H_2SO_4
7 514 Tsd. t $SO_2 \triangleq 11\,496$ Tsd. t H_2SO_4; 3 082 Tsd. t $SO_2 \triangleq 4715$ Tsd. t H_2SO_4 1 851 Tsd. t $SO_2 \triangleq 2\,832$ Tsd. t H_2SO_4
c) 1980: 32,2 t H_2SO_4; 1993: 13,2 t H_2SO_4; 1996: 7,9 t H_2SO_4

Aufgabe zur Glasherstellung: Bei der Glasherstellung werden Soda, Kalk und Quarzsand zusammengeschmolzen. Das ist verbunden mit einem *Brennen* von Kalk und Soda, wobei unter CO_2-Entwicklung formal die Oxide entstehen. Die Bruttozusammensetzung des einfachen Glases wird mit $Na_2O \cdot CaO \cdot 3SiO_2$ angegeben.
a) Wie viel Gramm und Liter CO_2-Gas entsteht bei der Zersetzung der beiden Carbonate bei der Herstellung von 1 000 Milchflaschen (1 Flasche wiegt 390 g)?
b) Warum verwendet man trotzdem Soda und nicht NaOH, obwohl ein großer Teil der Soda durch Einleiten von CO_2 in NaOH gewonnen wird?

Lösung: $Na_2O \cdot CaO \cdot 3\,SiO_2$
a) Die „Molmasse" des Glases beträgt $62 + 56 + 3 \cdot 60 = 298$ g.
1 000 Flaschen wiegen 390 kg = 390 000 g; 390 000 g : 298 g = 1 308,7 „Mol".
Je Formeleinheit Glas entstehen 2 CO_2 aus den Carbonaten, d. h. in unserem Fall:
$2 \cdot 44$ g $\cdot 1\,308{,}7 = 115\,167$ g CO_2.
Das Molvolumen wird für ein ideales Gas unter Normbedingungen mit 22,4 l angegeben. Daher entstehen $2 \cdot 22{,}4 \cdot 1\,308{,}7 = 58\,630$ l CO_2 allein aus der Zersetzung der Carbonate, die Hälfte davon aus der Soda.
b) Unterrichtsgespräch: Das macht man so seit mehreren tausend Jahren. Für die Soda spricht: NaOH ist stark ätzend → Arbeitsschutz; der Wassergehalt von „Ätznatron" stört; durch die OH^--Ionen verstärkte Korrosion der Öfen; CO_2-Entwicklung fördert die Durchmischung der Glasschmelze.

DIE ANEKDOTE (von Horst Fiedrich)

Die Entsorgung des Augiasstalls – eine Umweltsünde

Die Sage berichtet, dass der König Eurystheus Herakles den Auftrag gab, den Stall des Augias (König in Elis, der in vielen Jahren eine Menge Viehherden angesammelt hatte) innerhalb nur eines einzigen Tages auszumisten. Herakles bewältigte die schier unlösbare Aufgabe bravourös, indem er die Flüsse Alpheos und Peneos um und durch den Stall leitete, so dass sie den ganzen Mist einfach wegspülten. Lebte Herakles heute, so wäre er kein Held, sondern ein Umweltsünder.[5]

---

[5] Aus: Chemie in Labor und Biotechnik, Umschau Buchverlag Breidenstein Frankfurt/Main, 45 (1994), H. 11, S. 583.

13 Zu den Ursprüngen der Worte

Heinrich Schönemann

13.1 Die Wurzeln der Wörter freilegen heißt, sie verstehen lehren

„Gewöhnlich glaubt der Mensch, wenn er nur Worte hört,
es müsse sich dabei doch auch was denken lassen."
(GOETHE, J. W. von: Faust I, Hexenküche)

Was GOETHE hier ironisch meint, gilt LAVOISIER als Axiom. „Dass wir nur mit Hilfe der Worte denken", heißt es schon in der Einleitung desjenigen Chemiebuches, das – erstmalig 1789 während der „chemischen Revolution" in Paris erschienen – den Startschuss zur Entwicklung der heutigen Chemie markiert (LAVOISIER, A. L. 1803). Deswegen war es auch nur logisch, dass dieses Lehrbuch aus dem Plan erwuchs, eine einheitliche Nomenklatur der Chemie zu schaffen.
Gerade die Fachausdrücke und die Nomenklatur selbst sind es aber, die häufig Schülern den Weg zur Chemie versperren und sie dieses Fach als undurchschaubar erleben lassen. Es kommt also im Unterricht darauf an, diese Wörter mit *Inhalt und mit Verständnis* zu füllen; Ihr Inhalt ergibt sich aus dem sachlichen Zusammenhang, in dem sie be- und erarbeitet werden. Ein umfassendes Verständnis für die Wörter kann nur dadurch erreicht werden, dass man die „Wurzeln der Wörter" freilegt, also erklärt, was sie ursprünglich bedeuteten und wer sie in welchem Zusammenhang formulierte.
Da die meisten Fachausdrücke erst während oder nach der chemischen Revolution – also in den letzten 220 Jahren – geprägt und in aller Regel nur einer (der griechischen) Sprache entnommen worden sind, lassen sich diese „Wurzeln" im Allgemeinen zweifelsfrei erkennen: Die Ausdrücke lassen sich häufig bis auf ihre jeweiligen Erstveröffentlichungen zurückverfolgen. Da andererseits die beiden klassischen Sprachen Griechisch und Latein diejenigen Sprachen sind, aus denen fast alle Fremdwörter der Wissenschaften entwickelt wurden, führt die Etymologie der Chemieausdrücke automatisch zu Vernetzungen mit anderen Wissensbereichen. Aus diesem Grund sollten die etymologischen Betrachtungen niemals isoliert durchgeführt werden, sondern immer auch Beziehungen zu Fremdwörtern aus anderen Bereichen herstellen.

Ausgerechnet für den Begriff *Chemie* selbst gilt die oben erwähnte Eindeutigkeit in der etymologischen Erklärung nicht: Das Wort ist sehr alt, und es sind verschiedene Deutungsversuche unternommen worden, es zu erklären:

So wurde es mit den griechischen Wörtern *chein*, gießen bzw. *cheuma*, Guss, in Verbindung gebracht. Danach würde es „Gießkunst" bedeuten, also der Metallurgie entstammen. Es könnte dann daraus das Wort *chemeia*, Chemie, entwickelt worden sein.
Eine andere Ableitung führt zu dem alten ägyptischen Wort *kemi*, schwarz. Damit war ursprünglich die schwarze Erde des Nil gemeint, später übertrug man den Begriff auf Ägypten insgesamt und auf die Kunst, die die ägyptischen Priester beherrschten, nämlich die „Chemie".
Am wahrscheinlichsten ist jedoch, dass es ein chinesisches Wort ist und ursprünglich *himya* (oder *kimiya*), goldmachender Saft, bedeutete. Über Handelswege kam es dann zu den Arabern.
Sicher ist auf jeden Fall, dass die Araber dem Grundwort (*chemeia* oder *kemia* oder *kimiya*) ihren Artikel „al" voran stellten: Das Wort *Alchemie* bedeutete also ursprünglich nur: die Chemie. Erst später bekam es die Bedeutung „Goldmacherkunst". Seinen negativen Beigeschmack erhielt dieser Begriff erst im 18. Jahrhundert: Als man feststellte, dass alle Behauptungen einer erfolgreichen **Transmutation** (lat.: Umwandlung (von wertlosem Material in Gold)) auf Betrug beruhten, entfernte man die Vorsilbe *al-* und trennte die *Chemie* von der *Alchemie* ab.
Der Artikel *al-* taucht auch noch auf in den *Alkalien* und im *Alkohol*. Dieser Begriff leitet sich ab vom arab. *al kuchel*, feines, schwarzes Pulver. Damit war unter anderem die Schminke gemeint, mit der sich die Damen der Antike die Wimpern tuschten (vermutlich Grauspießglanz, Sb_2S_3; griech.: *stimma*, lat.: *stibium*). Aus dem lateinischen *stibium* wurde dann das Symbol für Antimon: Sb. *Theophrast* PARACELSUS (1493–1591) übertrug dann den Begriff „Alkohol" auf die feinsten Bestandteile des Weingeistes und führte so seine heutige Bedeutung ein.
Der Begriff „Chemie" wurde von fast allen europäischen Sprachen übernommen; im Niederländischen heißt es jedoch *scheikunde* (Scheidekunde). Der Begriff „Scheiden" für das chemische Trennen oder Zerlegen tritt auch im Deutschen auf: So beschäftigt sich die **D**eutsche **G**old- **u**nd **S**ilberscheideanstalt (DEGUSSA) mit der Abtrennung dieser Elemente aus Legierungen, und mit *Scheidewasser* kann man Gold vom Silber trennen: Silber reagiert mit der konzentrierten Salpetersäure, Gold nicht. Um diesen „König der Metalle" aufzulösen, muss man schon *Königswasser* nehmen, eine Mischung aus konzentrierter Salzsäure und konzentrierter Salpetersäure.

13.2 Ammoniak – ein Wortfossil

Warum eine Verbindung aus Chlor und Wasserstoff Chlorwasserstoff (Hydrogenchlorid) heißt, ist leicht zu verstehen. Aber warum wird die Verbindung aus Stickstoff und Wasserstoff nicht als Stickstoffwasserstoff, sondern als **Ammoniak** bezeichnet?
Die Spur dieses Wortes führt uns 3 500 Jahre zurück, und zwar zu den alten Ägyptern. Diese verehrten unter anderem den Gott *Amun* oder *Ammon* als den „Vater der Götter". Mehrere Pharaonen nannten sich nach diesem Gott, z. B. *Amenophis* und *Tutanchamun* (er regierte 1347–1339 v. Chr.).
Er wurde in vielen Tempeln verehrt; die berühmteste Anlage steht in der Libyschen Wüste. Sie war in der Antike ein berühmtes Orakel. In der Nähe gab es eine Substanz, die man nach ihrem Fundort als *sal ammoniacum* („ammonisches Salz") bezeichnete.
Heute wissen wir zwar, dass diese Substanz nicht identisch mit den Ammoniumverbindungen ist, aus denen man Ammoniak herstellen kann. Ihre Namen haben diese Verbindungen aber von dort erhalten.

13.3 Atom – das Unteilbare

Die wohl wichtigste naturwissenschaftliche Theorie überhaupt, die Atomtheorie, wurde in ihren Grundzügen vor ca. 2 500 Jahren von griechischen Philosophen entwickelt. Deshalb ist es auch kein Wunder, dass der Zentralbegriff dieser Theorie, eben das „**Atom**", ein klassischer griechischer Ausdruck ist: *atomos* bedeutet unteilbar.
Zu Grunde liegt diesem Wort das Verb *temnein*, schneiden. Dessen Stamm „*tem*" oder „*tom*" ist heute auch noch erhalten in der „Ana-tomie" (dem Aufschneiden von Leichen), der Tomo-graphie, dem Mikro-tom usw. Die Vorsilbe „*a-*" (vor Vokalen: „*an-*") bewirkt die Verneinung; dieses so genannte Alpha privativum entspricht der lateinischen Vorsilbe „*in-*" und der deutschen Vorsilbe „*un-*"; also: *a-tomos*, unscheidbar, unteilbar. Genau in dieser Bedeutung, nämlich als letztes, dann nicht mehr weiter zu zerlegendes unvorstellbar kleines Teilchen wird es von Demokrit aus Abdera (ca. 460–370 v. Chr.) im Zusammenhang mit seiner Atomvorstellung verwendet.
Demokrit und sein Lehrer Leukipp aus Milet (5. Jahrhundert v. Chr.) sind die Begründer dieser Vorstellung. Sie waren (wie z. B. auch Homer) Ionier und die von ihnen und anderen ionischen Philosophen betriebene „ionische Aufklärung" schaffte die Grundlagen für unsere heutige Philosophie und Naturwissenschaft (vgl. dazu das Kapitel „Von Ionen und Ioniern", S. 104).
Die Römer übersetzten den Begriff „*atomos*" auf klassische Weise: *dividere* heißt trennen (vgl. Division, Dividende usw.). Zusammen mit der verneinenden Vorsilbe „*in-*" ergibt sich dann *individuus*, unteilbar, Atom. Später bekam

dieses Wort eine weitere Bedeutung: (unteilbare) Person, Individuum. Mit dieser Bedeutung ist es dann in das Griechische zurückgekehrt. Deswegen hat das Wort „atomos" im heutigen Griechisch zwei Bedeutungen: 1. Atom und 2. Person.

13.4 Wie die Elemente zu ihren Namen kamen

Elementnamen – nicht nur Schall und Rauch

Es lohnt sich, die Namen der Elemente unter die Lupe zu nehmen, denn in ihnen sind häufig Informationen über die Geschichte dieser Elemente und/oder die Umstände ihrer Entdeckung versteckt.
Haben z. B. mehrere Elemente ähnlich klingende Namen oder sind ihre Namen nach dem gleichen „Strickmuster" erstellt, dann stehen ihre Entdeckungen und/oder Benennungen in aller Regel in einem sehr engen Zusammenhang.

Verborgen, untätig, fremd – die Edelgase

So klingen nicht nur die Namen der Edelgase **Neon, Argon, Krypton** und **Xenon** ähnlich, sie sind auch nach demselben Muster gebildet. Es handelt sich jeweils um griechische Adjektive, die eine bestimmte Eigenschaft ausdrücken: *to neon*, das Neue (verwandt mit dem lat. *novus* und dem deutschen *neu*); *to argon*, das Untätige (aus *a-ergon*: a-, un-, ohne; *ergon*, Arbeit, Werk, das deutsche *Werk* hängt damit zusammen; also: ohne Arbeit, untätig); *to krypton*, das Verborgene; *to xenon*, das Fremde.
Entdeckt und benannt wurden diese Elemente von den englischen Chemikern und Physikern *William* RAMSAY (1852–1916, Nobelpreis für Chemie 1904, Schüler von BUNSEN) und *William* RAYLEIGH (1842–1919, Nobelpreis für Physik 1904) zwischen 1894 und 1898.

Der Name **Radon** weist darauf hin, dass es sich um ein Zerfallsprodukt des **Radium** handelt; deswegen wurde es bei seiner Entdeckung (1900) zunächst als Radium-Emanation (lat. *emanare*, hinausfließen) bezeichnet. **Radium** selbst wurde von seinen Entdeckern, dem Ehepaar CURIE (*Marie*, 1867–1934; *Pierre*, 1859–1906) nach der Strahlung benannt: lat. *radius*, Stab, Radspeiche, Strahl). Frau CURIE bekam zwei Nobelpreise: einen allein für Chemie (1911) und einen gemeinsam mit ihrem Mann und ihrem Doktor-Vater *Antoine Henry* BECQUEREL (1852–1908) für Physik (1903).

Namensgeber Spektralanalyse

Der Name **Helium** hängt mit dein griechischen Sonnengott Helios zusammen und erinnert an seine höchst bemerkenswerte Entdeckungsgeschichte: Am 18.08.1868 fand in Indien eine totale Sonnenfinsternis statt, die auch von europäischen Astronomen beobachtet wurde. Dabei setzte man die kurz zuvor (1860) von BUNSEN und KIRCHHOFF entwickelte *Spektralanalyse* ein und fand im Emissionsspektrum der Sonnencorona neben den Wasserstoff-Linien eine intensive gelbe Linie in der Nähe der beiden Natrium-Linien (D_1, D_2). Etwa zur gleichen Zeit fand man sie auch im Spektrum der Protuberanzen (JANSSEN, LOCKYER). Diese Linie wurde D_3-Linie genannt. Da man sie keinem irdischen Element zuordnen konnte, nahm man an, dass es sich um ein noch unbekanntes, auf der Sonne vorhandenes Element handele, das **Helium**. Wie genau man damals schon die Wellenlängen bestimmen konnte, geht aus einem Vergleich der Werte von 1872 (in Klammern) mit den heutigen Werten hervor:

$\lambda(D_1)$ = 589,59 nm (589,48 nm);
$\lambda(D_2)$ = 588,99 nm (588,90 nm);
$\lambda(D_3)$ = 587,56 nm (587,1 nm).

1882 fand man diese Linie auch in Gasproben, die man aus Vesuv-Lava isolierte, 1890 dann in Gasproben aus Cleveit, einem uranhaltigen Mineral. 1895 konnte es bei der Destillation der verflüssigten Luft in der Edelgas-Fraktion aufgefangen und spektroskopisch identifiziert werden.

Ebenfalls spektroskopisch identifiziert wurden die Elemente **Caesium, Rubidium, Thallium und Indium**. Die Namen erhielten sie wegen ihrer typischen Flammenfarben: lat. *caesius*, himmelblau; lat. *rubidus*, dunkelrot (vgl. Rubin, Rubrik, die rot gemalte Überschrift). Beide Elemente wurden 1860/61 von *Robert Wilhelm* BUNSEN (1811–1899) und seinem Freund *Gustav Robert* KIRCHHOFF (1824–1887) entdeckt und benannt. Thallium leitet sich ab vom griechischen Wort *thallos*, grüner Zweig (*William* CROOKES (1832–1919)); Indium vom Indigoblau (*Ferdinand* REICH (1799–1882) und sein Assistent *Theodor Hieronymus* RICHTER (1825–1898), Bergakademie Freiberg).

Namen verweisen auf Vorkommen

Die Namen **Kalium** und **Natrium** wurden 1809 von dem deutschen Chemiker *Ludwig Wilhelm* GILBERT (1769–1824) nach ihrer Herstellung aus Kali bzw. Natron benannt. Er gab von 1799 bis 1824 die „*Annalen der Physik*" heraus, die sich zur bedeutendsten naturwissenschaftlichen Zeitschrift des 19. und beginnenden 20. Jahrhunderts entwickelte und in der unter anderem auch PLANCK und EINSTEIN veröffentlichten. Für beide Elemente hatte ihr Entdecker *Humphry* DAVY (1778–1829) die Namen **Pottassium** und **Sodium** vorgesehen. Auch sie weisen auf die Ausgangsstoffe hin: Soda und Pottasche. Mit Letzterem ist Kaliumcarbonat gemeint: Man laugte Pflanzenasche mit Wasser aus und dampfte die Lösung in eisernen „Pötten" ein.

Auch die Namen **Magnesium, Calcium, Strontium** und **Barium** wurden aus ihren Vorkommen abgeleitet: Magnesium nach dem Magnesia. Dieser Name weist auf die in Kleinasien (in der Nähe des Mäander) gelegene ionische Stadt Magnesia hin: Dort fand man den (griech.) „magnetis lithos" (*lithos*, Stein; also Stein aus Magnesia). Später wurde er als *Magnetit* (Magneteisenstein, Fe_3O_4) bezeichnet. Daher kommt der Name **Magnet**. Durch Verwechslung wurde Braunstein (MnO_2) ebenfalls als „Magnesia" bezeichnet und als „Magnesia nigra" (*niger*, lat.: schwarz) von der „weißen Magnesia" (magnesia alba, Magnesiumcarbonat) unterschieden. So hat also die Stadt Magnesia bei zwei Elementen (**Mangan, Magnesium**) und beim **Magneten** Pate gestanden.

Calcium leitet sich vom Begriff Kalk ab. Dieses Wort kommt aus dem Lateinischen: *calx*, Genetiv *calcis*, Kalk, Stein. Hängt man an den Wortstamm die Endung für Verkleinerungen (*-ulus*; vgl. Urs-ula, kleine Bärin), dann erhält man *calculus*, kleiner Stein, Rechenstein, Rechnung. Daraus ist dann das Kalkulieren geworden.

Strontium leitet sich von Strontianit ($SrCO_3$) ab. Dieses Mineral wurde in der Nähe des schottischen Dorfes Strontian gefunden.

Barium weist auf sein Vorkommen im Baryt hin ($BaSO_4$, auch Schwerspat genannt; griech. *barys*, schwer, vgl. Barometer).

Die genannten Erdalkalimetalle wurden ebenfalls von *Humphrey* DAVY 1808 durch Elektrolyse hergestellt; allerdings ist es nicht sicher, ob er immer die reinen Metalle erhalten hat.

Beryllium weist auf den Beryll hin, einen schon in der Antike bekannten Edelstein (griech. *beryllos*) der Zusammensetzung $Be_3Al_2(Si_6O_{18})$. Auch der **Smaragd** (griech. *smaragdos*), eine grüne Abart des Beryll (grün wegen des Ersatzes einiger Aluminium-Ionen durch Chrom-Ionen) war damals bekannt. So berichtet der römische Admiral *Gaius Secundus* PLINIUS in seiner historia naturalis (vgl. den Hinweis zu PLINIUS im Kapitel 5): „Nero princeps gladiatorum pugnas spectabat smaragdo." („Kaiser Nero betrachtete die Kämpfe der Gladiatoren mit einem Smaragd.") Etwa um 1300 begann man dann, geschliffene Berylle als Vergrößerungsgläser zu verwenden; davon leitet sich das Wort **Brille** ab, und auch der **Brillant** kommt daher.

Da einige Beryllium-Verbindungen süß schmecken, wurde das Element zunächst auch **Glucinium** genannt, abgeleitet vom griechischen Adjektiv *glykys*, süß. Diese Bezeichnung war besonders in Frankreich gebräuchlich, sie hat sich aber nicht durchgesetzt. „Glykys" selbst lebt aber noch im Namen mehrwertiger Alkohole weiter; diese schmecken alle süß: **Glykol, Glycerin, Glucose**.

Lithium wurde 1817 von einem BERZELIUS-Schüler (J. A. ARFVEDSON, 1792–1841) in einem Mineral (Petalit, $LiAl(Si_2O_5)_2$) entdeckt. Da es in einem Gestein vorkam und nicht in Salzen (wie Natrium und Kalium), wurde es nach dem griechischen Wort *lithos*, Stein, benannt. Vgl. dazu auch Litho-sphäre (*sphaira*, Kugel), Litho-graphie (*graphein*, schreiben) usw.

Der Name **Silicium** geht auf BERZELIUS zurück, der es 1823 durch Reduktion von Siliciumtetrafluorid mit Kalium erhielt. Er verweist auf den Ausgangsstoff, die Kieselerde, und dessen lateinischen Namen *silex*, Kieselstein. In England und den USA wurde und wird statt dessen der Name **Silicon** gebraucht. Im Deutschen sind **Silicone** etwas anderes, nämlich Silicium-organische Verbindungen. Sie leiten sich formal von der Orthokieselsäure $Si(OH)_4$ dadurch ab, dass OH-Gruppen durch organische Reste R ersetzt werden und dann Kondensationen durchgeführt werden. Da die Kondensationsprodukte einer Verbindung $R_2Si(OH)_2$ sind die Formel $(R_2SiO)_x$ haben und diese formal derjenigen der Ketone (R_2CO) ähnelt, wurde für diese Stoffgruppe 1904 der Name **Silicon** (aus: Silico-Ketone) eingeführt (F. S. KNIPPING).

Namen als „Kampfansagen"

Die Namen **Oxygenium, Hydrogenium** und **Nitrogenium** sind – trotz der latinisierenden Endung *-ium* – griechischen Ursprungs. Sie wurden während der „chemischen Revolution" in Paris geprägt.

Das griechische Verb *gennan* bedeutet erzeugen, im Lateinischen wird daraus *generare* (vgl. Generator, Gen-Technik, Halogene, ...). Das griechische Adjektiv *oxys* bedeutet scharf, sauer (vgl. das Kapitel: „Die doppelt gemoppelte Säure", S. 218). LAVOISIER wählte 1779 für die „Lebensluft", die 1772/74 unabhängig voneinander von dem deutschen Chemiker *Carl Wilhelm* SCHEELE (1742–1786) und dem englischen Chemiker *Joseph* PRIESTLEY (1733–1804) gefunden worden war, den Namen **Oxygenium**, „Säure erzeugender Stoff", später im Deutschen verkürzt zu **Sauerstoff**.

Für die „entzündliche Luft" (1766 von dem Engländer *Henry* CAVENDISH (1731–1810), als „inflammable air" identifiziert und charakterisiert) wählte er den Namen **Hydrogenium**, „Wasser erzeugender Stoff", verkürzt zu **Wasserstoff** (griech. *hydor*, Wasser; vgl. Hydrat, Hydrant, hydrophil, ...).

LAVOISIER wählte diese Namen ganz bewusst für den Kampf gegen die Phlogiston-Theorie. Er war sich nämlich darüber im klaren, „daß wir nur mit Hülfe der Worte denken" und setzte diese Elementnamen ein, um seinen neuen Vorstellungen zum Wesen der Verbrennung und zur Zusammensetzung der Säuren und des Wassers zum Durchbruch zu verhelfen. Dieses Verfahren wurde schon von seinen Zeitgenossen kritisiert: Sie hielten es nicht für richtig, Theorien, die sich später als überholt erweisen können, durch Elementnamen zu „verewigen". Dieser Einwand ist berechtigt: Heute könnte man eher den Wasserstoff als Säureerzeuger (Oxygenium) bezeichnen (vgl. das Kapitel: „Die Evolution des Säurebegriffs", S. 218) und der Sauerstoff könnte stattdessen Hydrogenium genannt werden.

Die Abneigung gegen die Verknüpfung theoretischer Vorstellungen oder zufällig gefundener Eigenschaften mit der Vergabe von Namen führte unter anderem dazu, dass der deutsche Chemiker *Martin Heinrich* KLAPROTH (1743–1817) vorschlug, den Namen Glucinium in **Beryllium** umzuwandeln. Für das Metall, das er 1790 aus der Joachimsthaler Pechblende isolierte, wählte er deshalb auch einen unverfänglichen Namen aus der griechischen Mythologie, **Uran**, und zwar in Anlehnung an den kurz zuvor von F. W. HERSCHEL entdeckten Planeten. Die im Periodensystem jenseits (lat. *trans*) des Uran angeordneten Elemente sind dann die **Transurane**. Dem Uran folgen die Planeten Neptun und Pluto; so wurden dann auch die 1940 gefundenen Elemente **Neptunium** und **Plutonium** genannt.

Für die 1772 von CAVENDISH isolierte „phlogistisierte Luft" schlug Lavoisier zunächst den Namen **azotisches Gas** vor, abgeleitet von der griechischen Vorsilbe *a-*, un-, ohne, und dem Substantiv *zoe*, Leben (vgl. Zoo-logie usw.), also: „Gas, in dem Leben nicht möglich ist". Als man dann feststellte, dass man dieses Gas über die Stickoxide zur Salpetersäure umwandeln kann, wurde es **Nitrogenium** genannt (griech. *nitron*, Salpeter). Der Name „Azot" lebt heute noch fort in der **Diazotierung** (*di-*, zwei; also Einbau einer $-N_2-$-Gruppe in ein Molekül). Im Russischen heißt Stickstoff auch heute noch Azot.

Eine Elementeigenschaft gibt den Namen

Die Halogene **Chlor, Brom** und **Iod** haben ihre Namen nach typischen Eigenschaften der Elemente erhalten: Das griechische Wort *chloros* heißt gelbgrün; es wird schon bei HOMER (ca. 800 v. Chr.) zur Beschreibung frischen Grases verwendet. Der Name wurde von DAVY 1810 vorgeschlagen. Entdeckt wurde das Element als „dephlogistisierte (d. h. oxidierte) Salzsäure" 1774 von SCHEELE. *Bromos* (griech.) bedeutet Bocksgeruch, Gestank. Entdeckt wurde das Element 1826 von *Antoine Jérome* BALARD (1802–1876). Iod ist aus zwei griechischen Wörtern zusammengesetzt: dem Substantiv *ion* (lat.: viola, deutsch: Veilchen; alle drei Wörter hängen miteinander zusammen; vgl. auch violett) und der Endung *-eides*, aussehend wie. Daraus ergibt sich io-eides, wie ein Veilchen aussehend (Farbe des Iod-Gases). Auch dieses Wort wird schon bei Homer verwendet, und zwar für die Farbe des Meeres. Das *io-eides* wurde dann verkürzt zu Iod. Der Name wurde 1811 vorgeschlagen von *Louis Joseph* GAY-LUSSAC.
Die Endsilbe *-id* leitet sich ebenfalls von *-eides* ab; sie bedeutet also: aussehend wie, ähnlich.

Das **Fluor** hat seinen Namen vom **Fluorit** (**Flussspat**, CaF_2). Diese außerordentlich stabile Substanz spielte schon in der Metallurgie des 16. Jahrhunderts eine wichtige Rolle: Sie wurde zugesetzt, um den Schmelzpunkt der Erzgemische herabzusetzen und so die Verhüttung zu erleichtern. Zu Grunde liegt das lat. Verb *fluere*, fließen; vgl. dazu auch Influenz, Koblenz (aus *con-fluentes*, der Ort, an dem zwei Flüsse zusammenfließen), Fluss, …

13.4 Wie die Elemente zu ihren Namen kamen

Das **Astat** ist nach dem griechischen Adjektiv *a-statos*, unbeständig, gebildet worden, und zwar wegen seiner Radioaktivität. Es ist das seltenste natürlich vorkommende Element. Die Erdkruste enthält nicht mehr als 45 mg Astat. Das Wort *statos* hängt über das lateinische *stare*, stehen, mit Begriffen wie Stativ, Statur, Staat, stabil, stehen, ... zusammen.

Der Begriff **Halogene** bedeutet „Salzerzeuger", abgeleitet von den griechischen Wörtern *(h)als*, Genetiv *(h)alos*, Salz, und *gennan*, erzeugen (siehe oben). Das Wort *(h)als* ist mit dem lat. *sal* und dem deutschen Salz verwandt. Vielen Ortsnamen sieht man es noch heute an, dass dort mit Salz gehandelt wurde: Salzgitter, Salzburg, Salzkammergut, Reichenhall, Schwäbisch-Hall, Halle, ...

Auch ein anderes Element hat seinen Namen nach einer seiner Eigenschaften: **Phosphor**, zusammengesetzt aus den griechischen Wörtern *phos*, Genetiv *photos*, Licht, und *phoros*, tragend (von *pherein*, tragen, lat. *ferre*; zum Ablaut von „e" auf „o" vgl. das Kapitel: „Atom – das Unteilbare", S. 205). Das Wort bedeutet also „Lichtträger" und bezieht sich auf die Eigenschaft des weißen Phosphors, an der Luft zu leuchten. Er wurde 1669 von dem Hamburger Alchemisten *Henning* BRAND, einer etwas zwielichtigen Gestalt, hergestellt. Als Ausgangsstoff diente ihm eine Tonne Soldaten-Urin, den er eindampfte und auf der Suche nach dem Stein des Weisen weiter bearbeitete. Dabei erhielt er dann schließlich diese leuchtende Substanz. Seine Entdeckung machte viel Furore, man versuchte, das Rezept geheim zu halten, um das Produkt zu „versilbern". Auch *Robert* BOYLE versuchte sich daran. Etwa 100 Jahre später gelang es dann SCHEELE, weißen Phosphor aus Knochen zu erhalten.

Das Wort phos, Licht, ist auch im **Phosgen** enthalten: *gennan*, erzeugen (siehe oben), also: durch Licht erzeugt. Kohlenstoffmonooxid und Chlor reagieren unter Lichteinwirkung miteinander zu diesem Stoff. Das wurde von *John* DAVY (1790–1868), einem Bruder des *Humphrey* DAVY, 1811 entdeckt. *Phos* tritt ebenfalls auf in **Photographie:** griech. *graphein*, schreiben; also: mit Licht schreiben.

Dieses Verb *graphein)* führt uns zum **Graphit**. Er ist so weich und schmierig, dass man mit ihm schreiben kann. Die andere Modifikation des Kohlenstoff ist extrem hart; das hat auch ihr den Namen gegeben: **Diamant**. Er kommt auch aus dem Griechischen: *a-damas*, un-bezwinglich. Damit war zunächst Stahl gemeint (wegen seiner Härte), später Diamant. Im Lateinischen ist *adamas* nur Stahl. In einem Chemie-Buch von 1747 heißt es zum Diamanten (KRÄUTERMANN, 1747, S. 154): „Adamas kommt von dem α-privativo und δαμαω, *domo*, ich zähme, zwinge, her; weil sich dieser Stein, wegen seiner Härte, bey nahe nicht zwingen läst.!"

Eine Verbindungseigenschaft gibt den Namen

Während die Namen der Halogene Chlor, Brom und Iod aus je einer Eigenschaft der Elemente gebildet wurden (siehe oben), stehen beim **Iridium** und **Osmium** Eigenschaften von Verbindungen im Mittelpunkt.

Beide Namen wurden von ihrem Entdecker *Smithson* TENNANT (1761–1815) 1804 vorgeschlagen: **Iridium** von *irio-eides*, wie ein Regenbogen (griech. *iris*) aussehend, weil die Iridium-Halogenide farbig sind. (Zur Endsilbe *eides* siehe die Bemerkungen zum Iod.)

Der Name **Osmium** weist auf den intensiven Geruch von Osmiumtetraoxid hin. Er kommt vom griechischen Substantiv *osme*, auch *odme*, Geruch. Dieses hängt mit dem Verb *ozein*, riechen, zusammen (vgl. lat. *odor*, Geruch; Deodorant, ...)

Das Verb *ozein* tritt noch im Namen eines anderen Elements auf: **Ozon**, riechend. Es wurde von *Christian Friedrich* SCHÖNBEIN (1799–1868), einem Freund LIEBIGS, ab 1840 als die stoffliche Grundlage des schon lange bekannten „elektrischen Geruchs" untersucht, erkannt und wegen des typischen Geruchs benannt. Den Namen wählte er wegen der zunächst vermuteten Ähnlichkeit mit dem Chlor und Brom (siehe oben).

Er selbst erinnerte sich später, dass er schon als 12-jähriger Junge einen Blitzschlag in die Kirche von Metzingen beobachtet und dabei einen „schwefelichten Geruch" (nach Schwefeldioxid) wahrgenommen hatte.

Eine ähnliche Schilderung gibt es in der ältesten uns erhaltenen Dichtung der griechischen Antike, der Ilias des HOMER (ca. 800 v. Chr.): Dort wird ein Kampf zwischen dem Trojaner Hektor und dem Griechen Ajax geschildert. Sie gehen zunächst mit Metallwaffen aufeinander los, und als diese unbrauchbar werden, nimmt Ajax einen der großen Steine, mit denen die Schiffe am Strand abgestützt werden, und schleudert ihn auf Hektor. Dieser fällt um, „so wie vom (Blitz-)Schlag des Vaters Zeus getroffen, die entwurzelte Eiche niederkracht und ein schrecklicher (griech. *deine*) Geruch (*odme*) nach Schwefel (*theeiou*) entsteht (*gignetai*)."

Jedes dieser letzten vier Wörter lebt heute noch fort: griech. *deine*, furchtbar, schrecklich, im Dino-saurier und als Deimos (Schrecken, der Satellit des Planeten Mars; der andere Satellit ist *Phobos*, Furcht (vgl. hydro-phob, ...); beides sind Begleiter des Krieges). Von *odme* leitet sich „Ozon" ab (siehe oben); *theion*, Schwefel, führt zu den Thio-sulfaten (vgl. das „Berliner Blau und die Folgen", S. 133) und *gignetai* hängt mit *gennan*, erzeugen, entstehen lassen, zusammen.

Namen mit Nationalkolorit

Der Name **Germanium** wurde vom Freiberger Chemiker *Clemens* WINKLER (1838–1904) 1886 für das von ihm im Argyrodit (vgl. die Erläuterungen zum Silber) gefundene Element gewählt. Diese Entdeckung spielte eine ganz entscheidende Rolle in der Entwicklung der Chemie, da sie gewissermaßen der Schlussstein beim Bau des Periodensystems war. Dieses Element war nach dem Vaterland des Entdeckers benannt worden, und sein Namensgeber hat es sich sicher nicht träumen lassen, dass es lange nach seinem Tod zu großen Verlusten bei den „germans" führen sollte: In der Luftschlacht um England wurden allein an einem Tag (September 1940) 185 deutsche Flugzeuge abgeschossen. Schließlich wurden die Verluste so groß, dass die Aktion beendet werden musste. Grund für diese unerwartete Katastrophe war der Einsatz des Radar. Für die Radarwellen erwies sich der Germanium-Detektor als besonders geeignet. Er wurde deshalb hier mit Erfolg eingesetzt, ohne dass man die theoretischen Grundlagen verstand – aber das gab und gibt es ja sehr häufig in der Chemie.

Der Nationalismus bei der Benennung von Elementen war zu WINKLERS Zeiten nichts Ungewöhnliches: Das Element **Gallium** weist auf Frankreich hin (lat. *Gallia*). Es war von einem Franzosen (*Paule-Emile* LECOQ DE BOISBAUDRAN, 1838–1912) 1875 gefunden worden und von MENDELEJEW in seinen Eigenschaften vorausgesagt worden, spielte also in der Geschichte des Periodensystems der Elemente eine ähnliche Rolle wie Germanium. Man munkelte allerdings auch, dass der Entdecker seinen Namen verewigen wollte: Das französische Wort *le coq* bedeutet der Hahn, im Lateinischen ist das *gallus*.

Der Name **Polonium** wurde 1898 vom Ehepaar CURIE (vgl. die Erläuterungen zum Radium) zu Ehren der Heimat von Frau CURIE gewählt. Polen existierte damals nicht als selbstständiger Staat.

Der Name **Rhenium** verweist auf das Rheinland, die Heimat von *Ida* TACKE (1896–1978), die 1925 zusammen mit ihrem späteren Mann *Walter* NODDACK (1893–1960) 1925 dieses Element entdeckte und benannte.

Einiges zu Metallnamen

Der Name des beim Germanium erwähnten Minerals (Argyrodit) hängt mit dem griechischen Wort *argyros*, Silber, zusammen Dieses wiederum ist mit *argos*, hell glänzend, verwandt. Das „*argos*" hat jedoch nichts mit dem „*argon*" untätig (Argon) zu tun. Beide Wörter treten schon bei HOMER auf. Ihr Zusammenhang ist klar: Silber ist ein hell glänzendes Metall. Im Lateinischen wird daraus **argentum**, Silber (**Ag**). Ein *argumentum* ist dann etwas, was hell oder klar gemacht wird, also ein „Argument". Argentinien ist das „Silberland".

Kombiniert man das griechische *argyros* mit *(h)ydor*, Wasser, (vgl. die Hinweise zu Hydrogenium), dann erhält man **Hydrargyrum (Hg)**, „Wassersilber, flüssiges Silber". Es wird schon bei PLINIUS (siehe oben) so genannt. Damit meint er das aus Zinnober (HgS) hergestellte **Quecksilber** im Gegensatz zum *argentum vivum*, lebendiges Silber, das elementar vorkam. Das deutsche Wort Quecksilber sagt dasselbe, denn „*queck*" (engl. *quick*) bedeutet „lebendig, schnell". So ist z. B. eine Quecke eine besonders schnell wachsende Pflanze.

Das Atomsymbol des Quecksilbers besteht also genau genommen aus dem „H" des Hydrogenium und dem „g" des Argentum.

Der Name **Kupfer** weist auf Zypern. Auf dieser Insel wurden in der Antike Kupfererze gefunden und verhüttet, daher der lat. Name *aes cyprium*, Erz aus Zypern.

Der Name **Gold** hängt mit dem Wort „gelb" zusammen und bedeutet ursprünglich: das Gelbe, Glänzende. Derselbe Zusammenhang besteht auch im Lateinischen: Dort heißt es **aurum**; das Atomsymbol **Au** wurde davon abgeleitet. Auch dieses Wort bedeutet ursprünglich „gelb", es hängt zusammen mit *aurora*, der (goldenen) Morgenröte. Im Französischen wird aus *aurum* „*or*", der Goldvogel (*oriolus oriolus*, Pirol). Im Französischen heißt er *l'oriot* und war das Wappentier derer VON BÜLOW, und *Bernhard-Victor* VON BÜLOW machte ihn zu seinem Künstlernamen.

Die Namen **Cobalt** und **Nickel** weisen auf Berggeister (Kobolde) und „nickelige" Gesellen hin, die den Hüttenleuten schon im 17. Jahrhundert zu schaffen machten: Sie suchten wertvolle Kupfererze, fanden auch Mineralien, die auf den ersten Blick Kupfer enthielten, also – je nach Reaktionsbedingungen – blaue oder grüne Lösungen ergaben, sich dann aber doch nicht als kupferhaltig erwiesen. Man sah sich deshalb von diesen Berggeistern in die Irre geführt. Der Grund für das Verhalten der Cobalt- und Nickelerze ist heute leicht zu erklären: Er liegt in der ausgeprägten Neigung der entsprechenden Ionen, farbige Komplexe zu bilden.

Aber nicht nur Kobolde leben in den Bezeichnungen von Metallen fort, sondern auch der Name einer ganz außergewöhnlichen Frau: *Marie* CURIE (1867–1934), Nobelpreise 1903 und 1911, von EINSTEIN charakterisiert als „... unter allen berühmten Menschen der einzige, den der Ruhm nicht verdorben hat." *Wilhelm* OSTWALD berichtete, wie sie in einem ungeheizten, zur Ecole de Physique et Chimie in Paris gehörenden Schuppen schuftete. Ihre Verzweiflung über den tragischen Unfalltod ihres Mannes trieb sie zur Hingabe an ihre wissenschaftliche Arbeit. Dies schmälerte ihre Liebe und Fürsorge für ihre beiden Töchter nicht. Eine der beiden, Irene, wurde ebenfalls mit dem Nobelpreis geehrt. Unnötig zu erwähnen, dass hier vom **Curium** die Rede ist.

13.5 Von „alten" Metallen und neuen Wochentagen

Das griechische Wort *metallon* bedeutet „Bergwerk", ein Hinweis auf die Fund- und Abbaustätte der Erze, aus denen die Metalle gewonnen wurden. Erz selbst heißt *chalkos*. Der Begriff ist noch in den **Chalkogenen** erhalten (*gennan*, erzeugen, also: Erz-bildner) und im Mineralnamen **Chalkopyrit**. Es bedeutet aber auch: aus Erz, d. h. Kupfer, Bronze, Metall. Man sah also keinen Unterschied zwischen dem Erz und dessen Reduktionsprodukt, sondern nahm an, dass das Metall lediglich bei diesem Vorgang aus dem Erz herausgeschmolzen wird. Diese Vorstellung galt noch bis zum Ende des 17. Jahrhunderts, obwohl die Verhüttungstechnologie selbst erheblich weiterentwickelt worden war. Sie ist auch heute noch die gängige Vorstellung von Schülern, die das erste Mal mit diesem Problem konfrontiert werden. Abgelöst wurde sie erst durch die Phlogiston-Theorie des preußischen Arztes und Chemikers *Georg Ernst* STAHL (1660–1734), die er 1697 veröffentlichte.

Im Lateinischen ist das „*metallum*" Metall; erst in zweiter Linie wird es wieder zum „Bergwerk". Hier tritt also ein Bedeutungswandel in umgekehrter Richtung ein. Über das Französische werden daraus die Wörter **Medaille** und **Medaillon** (ursprünglich: Münzen aus Metall).

Nicht nur in der biblischen Tradition, sondern in der gesamten Antike spielte die Zahl **sieben** eine besondere Rolle. Da fügte es sich gut, dass man damals auch *sieben* Metalle kannte: Gold, Silber, Quecksilber, Kupfer, Eisen, Zinn und Blei. Das entsprach genau der Zahl von sieben besonderen *Himmelskörpern*, die deshalb auffällig waren, weil sie ihre Stellung am Himmelsgewölbe ständig änderten: Sonne, Mond, Merkur, Venus, Mars, Jupiter und Saturn. Man nannte sie **Planeten**, weil sie am Himmel „umherwandern" (griech. *planetes*, umherirrend, Wandelstern; von *planan*, wandern; das **Plankton** kommt ebenfalls daher). Später wurde der Begriff „Planet" dann auf die Planeten im heutigen Sinn beschränkt. Die Sterne, die am Himmel „festgenagelt" schienen, waren dann die Fixsterne (lat. *fixus*, festgeheftet; vgl. fixieren, Kruzi-fix usw.).

Dem damaligen Weltverständnis folgend nahm man nun Beziehungen an zwischen diesen besonderen Himmelskörpern und den Metallen. Da man andererseits diese Himmelskörper auch Göttern zuordnete und die Götter wiederum den *sieben Wochentagen*, ergeben sich Beziehungen, die auf Jahrtausenden alten Denktraditionen beruhen und sich bis heute gehalten haben. Das wird deutlich, wenn man die Namen der Wochentage in den verschiedenen europäischen Sprachen betrachtet oder die Symbole, mit denen zunächst die Gestirne bezeichnet wurden. Dabei ist es bemerkenswert, dass die ältesten von ihnen – die für Sonne und Mond – von vielen Kulturen unabhängig voneinander verwendet wurden. Später wurden sie dann auf die Götter und Metalle übertragen. Auch sie sind heute noch im Gebrauch, so z. B. die Zeichen für Mars und Venus als Geschlechtssymbole oder das Zeichen für Silber als Punzierung auf der Rückseite von Silberwaren (mit einer Lupe erkennbar).

Allerdings sollte man mit Interpretationen vorsichtig sein: So ist z. B. eine Beziehung zwischen dem Kriegsgott Mars und dem Eisen aus heutiger Sicht naheliegend (Waffenmaterial), nicht aber aus der Sicht der Antike, denn das Eisen ist wegen seiner außerordentlich komplizierten Herstellung ein „jüngeres" Metall. Seine Verwendung in Kriegen setzte erst recht spät ein.

In der folgenden Tabelle sind die Zusammenhänge dargestellt. Die Namen der Wochentage, die mit den Göttern in Verbindung stehen, sind unterstrichen.

Symbole – Metalle – Gestirne – Götter – Wochentage

Symbole	☉	☽	♂	☿	♃	♀	♄
Metalle	Gold	Silber	Eisen	Quecksilber	Zinn	Kupfer	Blei
Gestirne	Sonne	Mond	Mars	Merkur	Jupiter	Venus	Saturn
Götter	Helios	Luna	Mars	Merkur	Jupiter Donar	Venus Freya	Saturn
Wochentage	Sonntag	Montag	Dienstag	Mittwoch	Donnerstag	Freitag	Samstag
Französisch	dimanche	lundi	mardi	mercredi	jeudi	vendredi	samedi
Englisch	sunday	monday	tuesday	wednesday	thursday	friday	saturday
Niederländisch	zondag	maandag	dinsdag	woensdag	donderdag	vrijdag	zaterdag
Italienisch	doménica	lunedi	martedi	mercoledi	giovedi	vernerdi	sàbato

13.6 Vom Wandel der Definitionen

Die Begriffe „Verbrennung" und „Oxidation" werden üblicherweise im Anfangsunterricht behandelt. Dabei wird z. B. an der Reaktion unedler Metalle (Eisen, Magnesium, ...) mit Luft erkannt, dass eine solche Verbrennung eine *Reaktion mit Sauerstoff* ist, bei der sich der Ausgangsstoff mit Sauerstoff verbindet. Das Produkt ist dann ein **Oxid**, die Reaktion eine **Oxidation**. Beide Begriffe werden erläutert durch den Hinweis auf den Fachausdruck für Sauerstoff, **Oxygenium**.

Sind dann im späteren Verlauf des Unterrichts die *Wertigkeiten* und/oder *Ionenladungen* bekannt, entpuppt sich dieser Vorgang als eine Reaktion, die mit einer *Erhöhung der (positiven) Wertigkeit/Ladung* verbunden ist – vom Oxygenium, dem eigentlichen Namensgeber dieser Reaktion, ist dann keine Rede mehr.

13.6 Vom Wandel der Definitionen

Das wird noch deutlicher, wenn man das Innere der Atome und deren Veränderungen bei der Oxidation betrachtet. Dann ist die dritte Definition fällig: Die Oxidation ist eine *Elektronenabgabe*. Sauerstoff ist nun nicht mehr nötig, um ein Metall zu „verbrennen". Das gelingt z. B. auch mit Chlor.
In der Organik ist eine vierte Definition hilfreich: die Oxidation als *Abgabe von Wasserstoff*.

Soll man nun Schülern zumuten, eine einmal gelernte Definition im Laufe der Schulzeit zu verändern, also für *einen* Begriff *mehrere* Definitionen zu lernen? Geht man der Sache auf den Grund, gibt es nur eine Antwort: Man kann es nicht nur, man *muss* es den Schülern zumuten – jedenfalls dann, wenn man im Unterricht nicht nur Fakten vermitteln, sondern auch Einblicke geben will in die Vorgehensweise der Naturwissenschaften, speziell der Chemie.
Diese hat sich als eine ihrem Wesen nach empirische Wissenschaft entwickelt aus der Beobachtung, Sammlung und Systematisierung von *Phänomenen*, also Vorgängen, die offensichtlich im *Kontinuum* ablaufen. Die dann geprägten Definitionen entstammten diesem Erfahrungsbereich. Diese Betrachtungsweise wurde später ersetzt bzw. weiterentwickelt durch die Vorstellung vom *Diskontinuum*, also dem Aufbau der Materie aus Atomen und Molekülen. Und es gelang sogar, in das „Innere" der zunächst als unteilbar gedachten Atome zu blicken. Damit mussten auch die ursprünglich aus dem Bereich der Phänomene entwickelten Definitionen erweitert oder neu interpretiert werden.

Einen solchen Bedeutungswandel haben nun alle grundlegenden Begriffe und Definitionen der Chemie mitgemacht. Neben dem oben genannten Beispiel „Oxidation" sei hier noch die Entwicklung des Begriffes „Element" angeführt: Das *Element* wurde um 1780 von LAVOISIER als ein *Stoff* definiert, der sich durch chemische Operationen nicht weiter zerlegen lässt. Diese Definition stammt eindeutig aus dem Bereich der Phänomene. Sie geht von einer Betrachtung des Kontinuums aus.
Der Einstieg in die Welt des Diskontinuums stammt von DALTON (1803): Jedes Element besteht aus *Atomen* bestimmter Sorte, die sich von den Atomen anderer Elemente unter anderem durch die Masse unterscheiden (vgl. „Die ‚Geburtsurkunde' der Formelschreibweise", S. 59). Diese Definition wird im Laufe des Erkenntnisfortschritts verfeinert: Nicht die Masse des Atoms ist entscheidend, sondern der Aufbau des *Atomkerns*: Ein Element ist ein Stoff, dessen Atome dieselbe Zahl von Protonen haben. Diese Definition hat sich ganz erheblich von der zuerst Genannten entfernt.
(Ein weiteres Beispiel zum Begriff „Säure" findet der Leser auf S. 218).
Für den Unterricht bedeutet das: Es muss auf jeden Fall herausgestellt werden, dass – und warum – die grundlegenden Definitionen einem ständigen Erkenntnisfortschritt unterworfen sind und dass natürlich auch die jeweils neuesten Definitionen später durch weitergehende ersetzt werden. Deswegen darf dieser in der Natur der Sache liegende Wandel der Definitionen nicht verschwiegen werden. Er sollte sogar an geeigneten Stellen problematisiert werden.

13.7 Viermal sauer, zweimal flüchtig – dies alles in Einem

Die Fachsprache der Chemiker aller Nationen besteht fast ausschließlich aus Wörtern, die einen griechischen oder lateinischen Ursprung haben. Wenn man sich die ursprüngliche Bedeutung einzelner Wörter genauer ansieht, erkennt man einige Merkwürdigkeiten. Am Beispiel des Namens **Oxalsäure** kann man das gut zeigen:
Das griechische Adjektiv *oxys* bedeutet sauer; davon leitet sich das Wort *oxos* für Essig ab. Im Lateinischen werden daraus *acidus* bzw. *acetum*, im Französischen *acide* bzw. *acétique*, im Englischen *acid* bzw. *acetic*, im Deutschen *Essig*. Griechen und Römer benutzten für die Eigenschaft „sauer" und die Substanz „Essig" praktisch jeweils die gleichen Wörter. Sie kannten eben nur *eine* Säure, nämlich den Essig.
Als dann um 1780 aus dem Sauerklee (*oxalis acetosella*; beide Wörter sagen das Gleiche) eine Säure hergestellt wurde, nannte man sie zuerst *Sauerkleesäure*, dann *Oxalsäure* („saure Säure"); das ist „doppelt gemoppelt".
Später stellte man die Dicarbonsäure *Oxalessigsäure* und aus dieser dann den **Oxalessigsäureethylester** her. Dieser Name ist besonders merkwürdig: Der Begriff *Ester* wurde aus *Essigäther* entwickelt. Früher nannte man alle niedrig siedenden Flüssigkeiten *Äther* (griech.: Himmelsluft, flüchtig; heute beschreibt man mit *Ether* eine ganz bestimmte Stoffklasse). Da das „*-ethyl-*" mit *Äther* zusammenhängt, enthält der Name *Oxalessigsäureethylester* letztendlich viermal den Begriff *sauer* und dazu noch zweimal den Begriff *flüchtig*.

13.8 Die Evolution des Säurebegriffs

Antike: Säure = Essig

Hannibal wollte seinen Weg durch die Kalkalpen bahnen. Mit Essig sollte der Kalkstein zersetzt werden. Es wäre auch mit einer anderen Säure nicht gelungen. Doch in der Antike war nur Essig bekannt. Er entsteht ohne Einwirkung des Menschen, wenn Wein längere Zeit der Luft ausgesetzt wird (Oxidation des Ethanol zu Ethansäure).

17. Jahrhundert: Säure und Salz – alles eins?

Bekannt waren die Mineralsäuren (Schwefelsäure, Salpetersäure, Salzsäure). So stellte GLAUBER um 1648 aus Kochsalz und konzentrierter Schwefelsäure Chlorwasserstoff her und aus diesem Salzsäure.
Die Säuren wurden der Gruppe der Salze zugeordnet. Unter Salzen verstand man Stoffe, die sich in Wasser gut lösen und – von Ausnahmen abgesehen – einen hohen Schmelzpunkt haben. Man unterschied dabei: *Laugensalze, alkalische Salze, Mittelsalze, Säuren*.

13.8 Die Evolution des Säurebegriffs

Die *Säuren* hatten dabei folgende Eigenschaften:
- Sie schmecken sauer.
- Sie schäumen mit bestimmten Laugensalzen (Carbonaten) auf, dabei verlieren beide Ausgangsstoffe ihre Wirkung (Neutralisation).
- Sie „zerfressen" bestimmte (unedle) Metalle unter Entwicklung „brennbarer Luft" (Wasserstoff).
- Sie bewirken bei bestimmten Pflanzenfarben charakteristische Farbänderungen.

LAVOISIER (um 1780): Säuren ohne Wasserstoff

In der zweiten Hälfte des 18. Jahrhunderts wurden viele organische Säuren entdeckt, hauptsächlich von SCHEELE (1743–1786), so z. B. Oxalsäure, Weinsäure, Milchsäure, Zitronensäure, Apfelsäure ... sowie Berlinerblausäure (Blausäure). Außerdem entdeckte er 1772 „Feuerluft" (Sauerstoff) und 1774 „dephlogistisierte Salzsäure" (oxidierte Salzsäure, Chlor).
Bei seinen Versuchen über Verbrennungsvorgänge erkannte LAVOISIER (1743–1794), dass diese „Feuerluft" die „Verkalkung" (Oxidation) der Metalle bewirkt und bestimmte Elemente (Schwefel, Phosphor, ...) in Säuren umwandelt. Deswegen nannte er diese „Feuerluft" das *„Säure erzeugende Prinzip"* (Oxygenium) (griech.: *gennan*, erzeugen). Auf Deutsch hieß es dann *„Säure bildender Stoff"*, Sauerstoff.
LAVOISIER: Säuren entstehen durch die Reaktion bestimmter Elemente mit Sauerstoff. Grundlage dieser Theorie waren die Reaktionen der Nichtmetalle Schwefel und Phosphor mit Sauerstoff. Dass die entstehenden Nichtmetalloxide mit Wasser reagieren müssen, um Säuren zu werden, wurde damals nicht berücksichtigt.

LIEBIG (1838): Wasserstoff tritt in seine Rechte

Nach der Theorie von LAVOISIER darf das Oxidationsprodukt der Salzsäure („oxidierte Salzsäure") kein Element sein, es muss vielmehr das Oxid eines noch unbekannten Elements sein.
Trotz vieler Versuche konnte dieses unbekannte Element jedoch nicht gefunden werden. Stattdessen erkannte DAVY (1778–1829) 1810, dass die oxidierte Salzsäure selbst ein Element ist. Er vermutete deshalb, dass der *Wasserstoff* die entscheidende Komponente der Säuren sei. Das neue Element nannte er nach seiner Farbe Chlor (griech. *chloros*, grün-gelb).
Mit dem Auffinden zweier weiterer Stoffe, die dem Chlor sehr ähnlich waren, ebenfalls als Elemente identifiziert wurden (Iod 1811, Brom 1825) und auch sauerstofffreie Säuren lieferten, war die Theorie von LAVOISIER endgültig widerlegt.
LIEBIG (1803–1873) stellte dann, ausgehend von der Untersuchung organischer Säuren, die folgende Definition auf (1838): „Säuren sind hiermit gewisse Wasserstoff-Verbindungen, in denen der Wasserstoff vertreten werden kann durch Metalle." Dabei entstehen Salze und der Wasserstoff wird frei.

Arrhenius (1887): Das Wasserstoff-Ion als Agens

Arrhenius (1859–1927) präzisierte die Liebig-Definition im Rahmen seiner Untersuchungen über die elektrolytische Dissoziation: Säuren sind Stoffe, die in wässriger Lösung in H^+-Ionen und negativ geladene Säurerest-Ionen dissoziieren.

Brönsted (1923): Nicht nur im wässrigen Medium

Bei der Arrhenius-Definition befinden sich die Säuren stets in *wässriger Lösung*. Brönstedt (1879–1947) erkannte 1923, dass Säure-Base-Reaktionen auch in *nichtwässrigen Lösungsmitteln* ablaufen können, und erweiterte die Arrhenius-Definition: Säuren sind Protonendonatoren („Brönstedt-Säuren"), Basen sind Protonenakzeptoren („Brönstedt-Basen"). Säure-Base-Reaktionen sind Protonenübergänge.

Hier wurde also nicht mehr das Verhalten von *Stoffen* betrachtet (Kontinuumsbetrachtung), sondern von *Molekülen und Ionen* (Diskontinuumsbetrachtung).

Lewis (1923): Tausch von Elektronenpaaren

Voraussetzungen für die Definitionen von Liebig, Arrhenius und Brönstedt ist, dass die als Säure betrachtete Substanz H-Atome enthält, die im Sinne dieser Definitionen reagieren (als H^+-Ionen bzw. *Protonen*).

Diese Einschränkung entfällt, wenn man statt der Protonen die Elektronen betrachtet und mit Lewis (1923) definiert: Säuren sind Elektronenpaar-Akzeptoren, Basen sind Elektronenpaar-Donatoren. Säure-Base-Reaktionen sind damit Elektronenpaarübergänge.

Da nicht jeder Stoff H-Atome enthält, die ggf. als Protonen abgespalten werden können, aber jeder Stoff Elektronen enthält, ist der Anwendungsbereich dieser Definition größer als der der vorangegangenen. Allerdings sind diese zur Behandlung der üblichen Säure-Base-Reaktionen besser geeignet. Die Lewis-Definition wird hauptsächlich in der Organischen Chemie verwendet.

Jander (1949): Zurück zu Lösemitteln

Die Arrhenius-Definition lässt sich erweitern, wenn man den grundlegenden Gedanken auf wasserähnliche Lösungsmittel überträgt. Das sind Lösungsmittel, die – wie Wasser – eine Eigendissoziation haben. Dabei gilt nach Jander (1892–1961): Die Säure liefert das lösemitteleigene Kation, die Base liefert das lösemitteleigene Anion.

Beispiele: Natriumhydroxid (NaOH) ist eine Base im Aquo-System. Natriumamid ($NaNH_2$) ist eine Base im Ammono-System. Ammoniumchlorid (NH_4Cl) ist eine Säure im Ammono-System.

Diese Definition ist besonders geeignet für Reaktionen in anorganischen Lösungsmitteln.

14 Heiterer Ausklang (Anekdoten)

Horst Fiedrich

Abgemildert

Max F. PERUTZ (geb. 1914, österreichisch-englischer Chemiker, Nobelpreis 1962 für seine röntgenographischen Strukturuntersuchungen von Proteinmolekülen) führt folgendes Beispiel für die oft dramatischen Vorlesungen von *Linus* PAULING an: Am Tisch stand ein großer, anscheinend mit Wasser gefüllter Becher. PAULING erschien, nahm einen Natriumwürfel aus einer Flasche, warf ihn von einer Hand in die andere (harmlos, solange die Hände trocken sind) und warnte die Hörer vor der heftigen Reaktion mit Wasser. Dann warf er das Natrium in den Becher. Während sich die Studenten vor der erwarteten Explosion duckten, erkläre PAULING nonchalant: „Aber seine Reaktion mit Alkohol ist viel milder."
(PERUTZ, M. F.: Naturwissenschaftliche Rundschau 48 (1995), H. 12, Wissenschaftliche Verlagsgesellschaft Stuttgart, S. 455.)

Abgeurteilt

Im Jahre 1789 will ein nicht mit Namen Genannter in Paris, im Hof des Arsenals „ein ganz besonderes Schauspiel erlebt" haben, in welchem *Antoine Laurent* LAVOISIER (1743–1794) Gericht über das *Phlogiston* gehalten hat. LAVOISIER und einige seiner Freunde hätten sich in Richtertalaren an einen Tisch gesetzt und den Ankläger Sauerstoff vorgerufen. Es meldete sich ein strammer junger Mann und hielt eine Anklagerede. Er beschuldigte das Phlogiston, die Wissenschaft auf falsche Wege geleitet zu haben und forderte das Todesurteil. Dann trat der Verteidiger, ein gebrechlicher alter Herr, in der Kleidung der Zeit STAHLS vor das Gericht. In ungeschickter Verteidigungsrede trug er die schwachen Argumente der Phlogistiker vor. Es wurde eine Konfrontation verordnet, in deren Rahmen der Sauerstoff seinen Gegner unter großer Heiterkeit der Anwesenden lächerlich machte. Dann fällte das Gericht sein Urteil: *Phlogiston* wurde zum Feuertod verurteilt. Die Priesterin hatte das Urteil zu vollstrecken. Sie war Madame LAVOISIER. In weißem Kleid verbrannte sie auf einem kleinen Scheiterhaufen ein Exemplar des Buches von STAHL.
(SZABADVÁRY, F.: Antoine Laurent Lavoisier, Wissenschaftliche Verlagsgesellschaft Stuttgart 1973, S. 120.)

Addiert

Amadeo AVOGADRO (1776–1856) erzählte einmal *Karl Friedrich* GAUß (1777–1855) von den Gesetzmäßigkeiten der Chemie. „Außer der Mathematik", sagte GAUß, „gibt es keine Gesetzmäßigkeiten, und die Physik ist nur die Dienerin der Mathematik." Darüber war AVOGADRO sehr aufgebracht. Die Mathematik sei nur der Abstrakt von Physik und Chemie und, wenn diese Naturwissenschaften befehlen, müsse selbst die Mathematik schweigen. „Die Mathematik ist die Krone aller Wissenschaften", erklärte GAUß. „Chemie und Physik", erwiderte AVOGADRO, „sind das Haupt, das diese Krone trägt." In seinem Laboratorium verbrannte AVOGADRO vor den Augen GAUß' zwei abgemessene Liter Wasserstoffgas durch Hinzufügen von einem Liter Sauerstoff zu nur zwei Litern Wasser, das in gasförmigem Zustand blieb. „Seht Ihr", sagte AVOGADRO, „wenn die Chemie es will, können zwei und eins auch einmal wieder nur zwei ergeben und nicht drei, wie Ihr Zehnmalklugen das meint. Ein Gasgesetz, verehrter Meister, kann so wichtig sein wie ... ein algebraischer Fundamentalsatz."
(HAAS, W.: Humor in der Technik, Vulkan Verlag Essen 1958, S. 33.)

Angeschwärzt

1845 erlebte Schwefelwasserstoff seinen vielleicht spektakulärsten Einsatz. *Sir Lyon* PLAYFAIR (1818–1898; Prof. für Chemie in Manchester und Edinburgh) sollte einen Bericht über die sanitären Verhältnisse im Buckingham Palace verfassen und entdeckte dabei, dass sich diese in einem besorgniserregend vernachlässigten Zustand befanden. „Durch den Hof führt der Hauptkanal, und der ganze Palast ist damit ohne jedwede Abdeckung verbunden." Die Folgen demonstrierte er den Angestellten, die für die Erhaltung des Bauwerkes zuständig waren, sehr eindringlich. Er ließ einen Kellerraum mit Bleiweiß streichen und über Nacht versiegeln. Die Wände waren am nächsten Morgen schwarz. PLAYFAIRS Bericht wurde geheim gehalten und das Leitungssystem des Palastes sofort ausgebessert. Die Angelegenheit führte nicht nur dazu, dass sich PLAYFAIR mit Prinz ALBERT anfreundete, sondern verschaffte ihm zudem eine Karriere als wissenschaftlicher Berater der Regierung.
(BROCK, W. H.: Viewegs Geschichte der Chemie, Vieweg & Sohn Verlagsgesellschaft, Braunschweig/Wiesbaden 1997, S. 117.)

Aufgedeckt

Richard P. FEYNMAN (1918–1988, einer der genialsten Physiker des 20. Jahrhunderts, Nobelpreis 1965) war das einzige Mitglied des Untersuchungsausschusses zur Aufklärung der CHALLENGER-Katastrophe, das *nichts* mit der NASA zu tun hatte. Mit einem Experiment von genialer Einfachheit zerriss er das Gewebe der Halbwahrheiten und Verschleierungen, mit der die Ursachen

dieser Tragödie unwissentlich oder wissentlich vernebelt wurden. Die Klage eines seiner Freunde über die bei Kälte brüchigen Dichtungsringe seines Oldtimer-Vergasers brachten ihn auf die Spur. Blitzartig wurde ihm die Ursache der Tragödie klar. Er wusste, dass die Feststoffraketen der Nebentriebwerke aus mehreren Rohrstücken bestehen, die durch *Dichtungsringe* miteinander verbunden sind. Diese Ringe müssen dem hohen Druck der Verbrennungsgase von 63 Torr standhalten. Bei den CHALLENGER–Raketen waren sie *kälteempfindlich* und vertrugen keine Außentemperaturen unter 8 °C. In der Nacht vor dem Start sank die Quecksilbersäule jedoch bis auf 3 °C und weniger herab. Als eine turnusmäßige Sitzung der Kommission begann, verlangte er eisgekühltes Wasser. Außerdem zeigte er eine Zwinge und ein Stück des Dichtungsringes vor, den er sich mit Hilfe von Freunden besorgt hatte. Dies waren die einzigen Requisiten für sein entscheidendes Experiment. Hier ein authentischer Bericht: *„Er nahm ein Stück dieses Dichtungsring-Gummis, steckte es in die Zwinge, um es zusammenzupressen, so wie es in der Verbindungsstelle des Raumschiffes zusammengepresst wird, legte es in Eiswasser, um es auf die Temperatur zu kühlen, die am Tag des Starts herrschte und demonstrierte, dass der O-Ring nicht in seine ursprüngliche Form zurückschnellte."*
(Gribbin, J. und M., 1997, S. 332.)

Damit war erklärt, warum schon 0,44 Sekunden nach dem Start schwarzer Rauch aus einer brüchigen Dichtung austrat, der alsbald zu einer Stichflamme wurde, die den Außentank traf und seine Hülle wie ein Schweißbrenner aufschnitt. Die Flamme breitete sich blitzschnell aus und setzte den flüssigen Wasserstoff und Sauerstoff des Haupttriebwerkes in Brand. Voller Entsetzen mussten das Bodenpersonal, die zahlreichen Beobachter und die Zuschauer am Bildschirm mit ansehen, wie die Raumfähre im riesigen Feuerball der Knallgasexplosion verschwand. 74 Sekunden nach dem Start waren sieben Besatzungsmitglieder Opfer der Flammen geworden.
FEYNMAN's persönlicher Bericht an den Präsidenten REAGAN schließt mit den Worten: „Eine erfolgreiche Technik setzt voraus, dass Wirklichkeitssinn vor Werbung kommt, denn die Natur lässt sich nicht betrügen."
(FISCHER, E. P.: Einstein & Co., Piper Verlag, München 1995, S. 214.)

Aufgestoßen

Eine ungenutzte Energiequelle ist durch Untersuchungen des Highway Department in Fort Worth (USA) erkannt worden: Zehn Kühe geben jährlich genügend Kohlenwasserstoffe beim Rülpsen ab, um damit den Energiebedarf für Kochen und Heizen eines Einfamilienhauses zu decken. Alle Kühe Amerikas zusammen entlassen etwa 50 Mio. t Kohlenwasserstoffe pro Jahr in die Luft.
(Nachrichten aus Chemie und Technik 23 (1975), H. 9, S. 166.)

Ausgedünstet

Es wird berichtet, dass NAPOLEON seine Josephine sehr anregend fand, was wohl zu einem nicht geringen Teil an ihrem Körpergeruch lag. Überliefert ist seine berühmte Botschaft, die er ihr aus dem Hauptquartier des Heeres zukommen ließ: „Bitte nicht waschen, komme nach Hause."
Man nimmt an, dass es eine direkte Verbindung zwischen der Nase und der Hypophyse (Hirnanhangdrüse) gibt. Dort werden die menschlichen Sexualhormone produziert. Doch gibt es nach dem gegenwärtigen Stand unseres Wissens keinen Duftstoff, der das sexuelle Verhalten des Menschen so stark lenkt, dass dagegen keine Willensentscheidung mehr ankäme. Bei Tieren ist das anders.
(EMSLEY, J.: Parfüm, Portwein, PVC, WILEY-VCH, Weinheim 1997, S. 23.)

Ausgespieen

Justus VON LIEBIG (1803–1873) fragte bei einem Examen einen nicht besonders beschlagenen Kandidaten: „Was ist HNO_3?". Der Kandidat wusste es nicht, sagte aber trotzdem: „Ich weiß es nicht, aber es liegt mir auf der Zunge!" – „Dann würde ich es sofort ausspucken", meinte LIEBIG, „denn dies ist nichts anderes als Salpetersäure!"
(ZENTNER, K.: Von Leuten, die Geschichte(n) machten, Lübbe Verlag, Bergisch Gladbach 1972, S. 142.)

Bauklötzer gestaunt

John DALTON (1766–1844) war mit zwölf Jahren bereits hauptamtlich als Lehrer tätig. Er entwickelte auch eine chemische Zeichensprache mit Atom- und Molekülsymbolen. Er war stolz auf sein System und versuchte es auch seinen Schülern nahe zu bringen. In der Vorlesung benutzte er zur Versinnbildlichung der Atome würfelförmige Holzklötzchen, blaue für das Element Sauerstoff, gelbe für den Wasserstoff, grüne für Chlor. Als DALTON einem seiner Studenten die Examensfrage stellte: „Was sind Atome?" kam die Antwort wie aus der Pistole geschossen: „Atome sind verschiedenfarbig bemalte Holzblöckchen, die Dr. DALTON erfunden hat." Die wesentlich einfachere und logischere Zeichensprache, die BERZELIUS wenige Jahre später entwickelte, verurteilte DALTON in Bausch und Bogen. „Die Sprache kommt mir wie Hebräisch vor!". BERZELIUS seinerseits bezeichnete die DALTONschen Symbole als „grauenhaft".
(SCHWENK, E.: Sternstunden der frühen Chemie, Verlag C. H. Beck, München 1998, S. 111 f.)

Blamiert

Bei einem Festessen wurde *Justus* VON LIEBIG von seinem Tischnachbarn, einem Regierungsbeamten, gefragt: „Was ist eigentlich der Unterschied zwischen

Chlorophyll und Chloroform, Herr Professor?" Im ersten Moment war LIEBIG, der sich im Allgemeinen nicht so leicht aus der Fassung bringen ließ, dann doch etwas verblüfft über eine so hochgradige Unwissenheit. Dann aber erklärte er, ohne eine Miene zu verziehen: „Ja, das ist ungefähr der gleiche Unterschied wie zwischen Aspik und Pik-As!"
(BUSCHA, A. und J.: Gelehrte Wortspiele, BI & F. A. Brockhaus, Leipzig 1990, S. 80.)

Chaotisch

Sir *Robert* BOYLE (1627–1691) war kein Freund der Ordnung. So reichte er oft während des Druckes größere Einschübe und Anhänge nach, was zur Folge hatte, dass es nur wenige Exemplare seiner zahlreichen Bücher gibt, die seine Abhandlungen in der richtigen Reihenfolge mit einwandfreier Paginierung enthalten. Außerdem weigerte er sich grundsätzlich, die Korrekturfahnen zu lesen. Fast in jedem Vorwort entschuldigte er sich, dass er wegen seines Augenleidens oder seiner Nierensteine die Korrekturen nicht gelesen habe. Irgendwie kam ihm auch stets ein Teil seiner Unterlagen und Aufzeichnungen abhanden. Einmal gab er sogar einen eigenen kleinen Sonderdruck heraus, in dem er sich – etwas voreilig – bei seinen Lesern und Freunden dafür entschuldigte, dass sie in Zukunft überhaupt keine Veröffentlichungen mehr von ihm zu lesen bekommen könnten, da während seiner längeren Abwesenheit von zu Hause die schriftlichen Unterlagen zu einigen hundert Experimenten auf unerklärliche Weise verschwunden seien, und über den Rest der Papiere habe sein Gehilfe aus Versehen konzentrierte Schwefelsäure gegossen.
(KRÄTZ, O.: Das Rätselkabinett des Doktor Krätz, WILEY-VCH, Weinheim 1996, S. 7 und 177.)

Detoniert

Die Heppenheimer Apotheke war für den jungen *Justus* LIEBIG das Ziel der Sehnsucht. Der Aufenthalt fand ein jähes Ende. LIEBIG hantierte in seinen Mußestunden mit Knallquecksilber, nicht etwa, um aus Spielerei Knallerbsen herzustellen, sondern um die chemische Natur dieser geheimnisvollen Substanz zu ergründen. Dabei kam es zu einer gewaltigen Explosion; der Dachstuhl der Apotheke flog in die Luft und der hoffnungsvolle Lehrling aus der Apotheke.
(VOLHARD, J.: Magische Blätter 5 (1924), H. 5, S. 144.)

Eingedeutscht

Als sich im Jahre 1910 die Zeitschrift des Allgemeinen Deutschen Sprachvereins im Bemühen um eine „Entfremdwortung" kritisch zu Nomenklaturfragen in der Chemie äußerte, schaltete sich die „Chemikerzeitung" in die Polemik

ein und veröffentlichte in humoristischer Form „Vorschläge" für Eindeutschungen (Auswahl):
Analytiker – Scheidler; **Atom** – Kleinchen; **Bürette** – Messspritzrohr; **Chemiker** – Scheide- und Fügekünstler; **Diastase** – Zuckermutter; **Eisen(III)-oxid** – Dreifach versauerstofftes Doppel-Eisen; **Eisen(II)-oxid** – Zweifach versauerstofftes Doppel–Eisen; **Hygroskopie** – Wassersucht; **Indikator** – Messspritzendpunktanzeiger; **isolieren** – bloßstellen; **Katalysator** – Scheidungskitzler; **Molekül (elementarer) Gase** – Doppelkleinchen; **Organiker** – Kohlenstoffverbindungsscheide- und Fügekünstler; **oxydieren** – versauerstoffen; **Pipette** – Saugpfeifchen; **Qualitative Analyse** – Was-drin-Scheidung; **Quantitative Analyse** – Wie viel-drin-Scheidung; **reduzieren** – entsauerstoffen; **Spektroskop** – Brechlinienrohr; **Sublimation** – feste Verdampfungsstoffaufsaugung; **titrieren** – messspritzen; **Ultramarin** – Übermeerblau; **Wasserstoffperoxyd** – versauerstofftes H_2O.
(KAUS, E.: Chemikerzeitung 34 (1910), Nr. 103, S. 919.)

Entlarvt

Max VON LAUE (1879–1960, Nobelpreis für Physik 1914 für die Entdeckung der Röntgenbeugung an Kristallen, bewies die Existenz von Raumgittern in Kristallen und machte die Dimensionen von Kristallgittern messbar) benutzte für seine Vorlesungen das Modell eines Kristallgitters als Demonstrationsobjekt. Die einzelnen Atome waren in dem Modell durch bunte Kugeln dargestellt. Ein Witzbold unter den Studenten montierte vor Beginn der Vorlesung unbemerkt einen Tischtennisball in das Gitter. Max von Laue betrat den Hörsaal und blickte unwillig immer wieder auf das Modell. Dann huschte ein Lächeln über sein Gesicht: „Ich hatte doch gleich das Gefühl, dass hier etwas nicht stimmt. Aber meine Herren, so dumm ist die Natur wirklich nicht, derart eklatante Fehler zu machen. Den kann nur ein Esel fabriziert haben."
(OETZEL, E., POLTE, W.: Der gescholtene Thales, Urania Verlag, Leipzig/Jena/Berlin 1989, S. 131.)

Geniert

Ein Hörer der Chemievorlesungen bei *Friedrich* WÖHLER erinnert sich: „Wenn WÖHLER ein Thema berühren musste, bei dem er selbst als fördernder Forscher beteiligt war, so namentlich beim Aluminium, dann erwähnte er seinen Namen grundsätzlich nicht. Wir quittierten ihm aber jedes Mal mit dem üblichen Beifallsgetrampel, dass wir Bescheid wussten. Es schien ihm auch Spaß zu machen, wenn er seine Vorlesung mit einem Knalleffekt schließen konnte. WÖHLER stellte sich dann etwas abseits und hielt sich beide Ohren zu. Den stärksten Knalleffekt, bei dem die Fenster klirrten, gab er uns mit Jodstickstoff zum Besten."
(WALDEYER-HARTZ, W. v.: Lebenserinnerungen, Verlag Friedrich Cohen, Bonn 1920, S. 76.)

Geschmiert

Die Arbeiten von **Hermann** STAUDINGER (1881–1965, Prof. in Karlsruhe, Zürich und Freiburg i. Br., Nobelpreis 1953 für die Begründung der makromolekularen Chemie) belegten, dass sowohl biologische Materialien, z. B. Eiweiß, Baumwolle, Seide, Naturkautschuk, als auch synthetische Kunststoffe, z. B. Phenolharze und Aminoplaste, aus riesigen Molekülen – von ihm Makromoleküle genannt – bestehen. Noch in den 20er Jahren – zu lesen in STAUDINGERS „Arbeitserinnerungen" (Heidelberg, 1961, S. 79) – sagte der Freiburger Nobelpreisträger *Heinrich* WIELAND zu *Hermann* STAUDINGER: „Lieber Herr Kollege, lassen Sie doch die Vorstellung mit den großen Molekülen, organische Moleküle mit einem Molekulargewicht über 5 000 gibt es nicht. Reinigen Sie Ihre Produkte, wie z. B. den Kautschuk, dann werden diese kristallisieren und sich als niedermolekular erweisen."

Auch Ironie oder gar der Entzug des Wortes auf einer Chemikerversammlung konnten ihn von der verpönten „Schmierenchemie" nicht abbringen.

(MÜHLHAUPT, R.: Von der Alchemie zu modernen Werk- und Effektstoffen, Chimia 51 (1997), Nr. 3, S. 79; STEINHOFER, A. H.: Chemie in unserer Zeit 1 (1967), Nr. 4, S. 125.)

Geträumt

Einmal eilte in St. Blasien auf der Promenade der erfolgreiche Schriftsteller *Hermann* SUDERMANN auf *Emil* FISCHER zu: „Wie bin ich glücklich, Exzellenz, Ihnen einmal meinen Dank ausdrücken zu können für Ihr wundervolles Schlafmittel Veronal. Sie haben mich gerettet. Ich brauche es nicht einmal einzunehmen, es genügt mir schon, es auf meinem Nachttisch liegen zu haben!"
– „Das ist ja ein merkwürdiges Zusammentreffen", antwortete *Emil* FISCHER freundlich. „Wenn ich schwer einschlafe, greife ich nämlich zu einem Ihrer Romane. Das wirkt unfehlbar, und es wirkt schon, wenn ich das schöne Buch auf meinem Nachttisch liegen sehe." – „Da ist der dumme Kerl davongelaufen", fügte *Emil* FISCHER lachend hinzu.

(WILLSTÄTTER, R.: Aus meinem Leben, WILEY-VCH, Weinheim 1949, S. 212 f.)

Harntreiben

Hennig BRAND hütete natürlich ängstlich sein Geheimnis und teilte es nur gegen hohe Vergütung anderen mit. *Gottfried Wilhelm* LEIBNIZ (1646–1716) hatte durch zwielichtige Vermittler davon erfahren und veranstaltete eine Phosphordarstellung im Großen, indem er den von der gesamten Garnison der Stadt Hannover gesammelten Harn verarbeiten ließ. (In ähnlicher Weise wurde bei der Berliner Maifeier 1933 auf dem Tempelhofer Felde der männliche und der weibliche Harn getrennt gesammelt, um daraus die neu entdeckten Hormone zu gewinnen.)

(LOCKEMANN, G.: Geschichte der Chemie in kurzgefasster Darstellung, Bd. I, Walter de Gruyter & Co., Berlin 1950, S. 83 f.)

Kapituliert

1791 kapitulierte der Generalstabschef des Phlogistonlagers, **Richard** KIRWAN (1733–1812, irischer Chemiker und Jurist). Er schrieb an *Claude Louis* BERTHOLLET (1748–1822, franz. Chemiker, Prof. in Paris): „Ich strecke die Waffen und gebe das Phlogiston auf. Ich muß einsehen, daß sich durch keinen einzigen Versuch die Existenz des Phlogistons ... beweisen läßt." Diese Nachricht machte LAVOISIER weniger Freude. Denn warum adressierte KIRWAN seinen Brief an BERTHOLLET? Man streckt die Waffen vor dem Generalissimus! Wer ist denn der Oberfeldherr der neuen Chemie? Wen hält das Ausland dafür? In diesem Punkt erwies es sich als nachteilig, dass LAVOISIER nicht Professor an einer Hochschule war. Ein Professor hat Schüler, LAVOISIER hatte keine ...

(SZABADVÁRY, F.: Antoine Laurent Lavoisier, Wissenschaftliche Verlagsgesellschaft Stuttgart 1973, S. 121.)

Komponiert und kondensiert

Von *Alexander* BORODIN (1833–1887), der unter anderem unabhängig von WURTZ die Aldolkondensation fand, berichtet einer seiner Schüler: „Er verbrachte ganze Tage inmitten seiner Studenten, ... die sich bei ihm wie zu Hause fühlten. ... Die Studenten nahmen ihre Mahlzeiten in seiner Wohnung ein, die auf demselben Flur lag wie sein Labor. Die Wohnung war zugleich ein Asyl für viele herrenlose Katzen. BORODIN war ein großzügiger Lehrer: „Ungeduldig wurde er nur, wenn seine Schüler nachlässig arbeiteten. ‚Wie kann man in einem so schönen Laboratorium einen so grauenvollen Gestank machen.' ... Nie vergaß er jedoch seine Musik. Oft hörten wir die Töne seines Klaviers." (KRÄTZ 1996, S. 98 ff.) So verwundert es nicht, dass seine musikalischen Werke heute wesentlich bekannter sind als seine respektablen Leistungen als Chemiker. So fesselt seine musikalische Sprache „durch prägnante Rhythmen, durch verschleierte Melancholie und die edle Wärme im Lyrischen" (HAUSSWALD, G. 1957). Am bekanntesten ist wohl seine Oper „Fürst Igor", die von RIMSKI-KORSAKOW und seinem Schüler GLASUNOW vollendet wurde. Musikalisches Genie und chemische Begabung können einander durchaus beflügeln.

Liquidiert

Das Institut von *Niels* BOHR (1885–1962, Nobelpreis 1922) erlitt nach der Besetzung Dänemarks durch deutsche Truppen (1940) keinen nennenswerten Schaden. Der Geldschrank, zu dem der kommandierende Offizier den Schlüssel hatte, blieb unberührt; unter anderem stand darin eine große Flasche ohne Etikett, die mit einer klaren Flüssigkeit gefüllt war. *Niels* BOHR bewahrte in diesem Geldschrank verschiedene Goldmedaillen auf, die zwei deutschen Kollegen gehörten. Auf einigen von ihnen, speziell auf den Nobelpreismedaillen standen die Namen der Empfänger. In der Hitlerzeit war Privatgold gegen hohe Strafe an den Staat abzuliefern. In dieser Situation kam *Georg* VON HEVESY

14 Heiterer Ausklang (Anekdoten)

(1885–1966, ungarischer Radiochemiker, Entdecker des Hafniums, Nobelpreis 1943) die Idee, die Medaillen in Säure aufzulösen und die Lösung bis nach dem Krieg aufzubewahren. Auf diese Art konnte man sowohl die Spuren verwischen als auch das Gold retten. Nach dem Krieg wurde das Gold wieder ausgeschieden, und es gelang *Niels* BOHR, die Medaillen neu prägen zu lassen.
(ROZENTAL, S.: Schicksalsjahre mit Niels BOHR, © Deutsche Verlagsanstalt GmbH, Stuttgart 1991.)

Meisterröstung

Von den Eigentümlichkeiten BUNSENS wird viel erzählt. So soll er zum Beispiel zum Abheben des Deckels von einem glühenden Porzellantiegel nie die Zange, sondern stets die Hände benutzt haben. Sie waren so widerstandsfähig, dass er an der Gebläselampe selbst sehr heißes Gas mit ihnen anfasste. Der dabei auftretende „Geruch nach geröstetem Bunsen" war unter den Schülern bestens bekannt. Unter diesen war eine Zeichnung im Umlauf, die den Meister zeigte, wie er mit den Fingern unmittelbar eine Porzellanschale in die heiße Flamme des Gasbrenners hebt. Darunter standen die Worte: „Man dampfe es ruhig ab."
(KISTNER, A.: Deutsche Physiker und Chemiker, Verlag der Joh. Kösel'schen Buchhandlung, Kempten/München 1908, S. 151.)

Nobelmarke

Marylin MONROE wurde einmal gefragt, was sie nachts im Bett trüge. Ihre Antwort entfachte einen Skandal: „Nur Chanel N° 5". Zu der Zeit, als sie dies sagte, war ihr Parfüm bereits seit 30 Jahren auf dem Markt, und 40 Jahre danach ist es immer noch ein Verkaufsschlager. Heute konkurriert es mit über 400 anderen Damendüften um die Gunst der Kundinnen, und jedes Jahr werden es mehr. (Chanel N° 5 ist eine Komposition aus dem ätherischen Öl der philippinischen Ylang-Ylang-Blüte und dem vollsynthetischen 2-Methylundecanal.)
(EMSLEY, J.: Parfüm, Portwein, PVC, WILEY-VCH, Weinheim 1997, S. 2.)

Orientiert

Manfred EIGEN (geb. 1927, Nobelpreis 1967 für Untersuchungen extrem schneller chemischer und biochemischer Reaktionen) wurde auf einem Treffen der Nobelpreisträger in Lindau gefragt: „Wenn nun ein Student durch die Tür käme und die etwas naive Frage an Sie stellen würde ‚Was soll ich tun, um eines Tages auch den Nobelpreis zu bekommen?' " – „Ja, ich würde ihm die Geschichte von dem jungen Mann erzählen, der, den Geigenkasten unter dem Arm, in New York auf der Straße einen Passanten anhielt: ‚Könnten Sie mir den Weg zur CARNEGIE HALL zeigen? ' Der Passant überlegt, schaut ihn von oben bis unten an und sagt: ‚Ich würde üben, üben, üben!' "
(DEÉS DE STERIO, A.: Nobel führt sie zusammen. Begegnungen in Lindau, Belser AG, Stuttgart/Zürich 1975, S. 135 f.)

Protokolliert

Um beim Fototermin auf den Lindauer Nobelpreisträger-Tagungen eine gute Stimmung zu gewährleisten, wird die so genannte „Maikäferrede" gehalten, eine kurze, launige Rede, die möglichst eine Beziehung zum Maikäfer haben soll. (Sie geht auf einen toten Maikäfer zurück, den Graf BERNADOTTE, Ehrenprotektor der Treffen, 1951 zum Anlass nahm, um den Fotografen freundlichere Gesichter für das Gruppenfoto der Teilnehmer zu präsentieren.) Die erste Maikäferrede fiel auf *Richard* KUHN. Er demonstrierte in Abwandlung einer auf EINSTEIN zurückgehenden Anekdote in scherzhafter Weise am Maikäfer die Art, in der Naturforscher logisch zu denken pflegen: Ein Gelehrter setzt einen lebenden Maikäfer auf seine Hand und ruft laut und vernehmlich: „Maikäfer flieg!". Er beobachtet, dass der Maikäfer nach einigem Warten und Wiederholen der Aufforderung tatsächlich davonfliegt. Der Gelehrte trägt die von ihm mehrfach gemachte Beobachtung in sein Laborjournal ein. In Abwandlung des Experiments werden dem Maikäfer die Flügel gestutzt; sodann wird beobachtet, dass nunmehr das Insekt auch bei wiederholter lauter Aufforderung dem Befehl „Maikäfer flieg!" nicht mehr zu folgen vermag. Der Gelehrte schreibt als Schlussfolgerung aus diesem Versuch in sein Laborjournal stolz die neue Erkenntnis: „Stutzt man einem Maikäfer die Flügel, so kann er nicht mehr – hören!"

(DEÉS de STERIO, A.: Nobel führt sie zusammen. Begegnungen in Lindau, Belser AG, Stuttgart/Zürich 1975, S. 78.)

Randaliert

Ein Schüler LIEBIGS, *Karl* VOGT, schreibt: „Ich konnte ihn, als ich seine Vorlesungen hörte, vollkommen nachmachen, mit allen Redewendungen, Intonationen, und namentlich mit dem so wiederholten Schlusse: Sie sehen, meine Herren, diesen Niederschlag, dieser Niederschlag ist chromsaures Bleioxyd! Sie sehen, meine Herren, Sie sehen – das heißt Sie sehen nichts, denn der Versuch ist missglückt. Dabei schleuderte er das Reagenzglas in die Ecke und ETTLING, sein besonnener Assistent, zuckte die Achseln und deutete auf die Lösung von Bleiessig hin, statt deren der Professor in der Hast eine Wasserflasche ergriffen hatte."

(KRÄTZ, O., PRIESNER, C.: Liebigs Experimentalvorlesung, WILEY-VCH, Weinheim 1983, S. 6.)

Suggeriert

Hermann STAUDINGER erzählte gern die Geschichte eines Kandidaten, der zum schwarzen Examensanzug eine knallviolette Krawatte trug: „Wissen Sie, es war wie eine Suggestion. Ich fragte den Kandidaten nach ‚Kristallviolett' und da er gut Bescheid wusste, fragte ich ihn weiter nach anderen Triphenyl-

methanfarbstoffen. Das ganze Farbstoffgebiet habe ich ihn abgefragt. Er machte ein sehr gutes Examen. Später gestand er mir, dass er die violette Krawatte aus reiner Berechnung angezogen hätte. Wissen Sie, der junge Mann hat das gute Examen verdient."
(Nachrichten aus Chemie und Technik 12 (1964), Nr. 7, S. 137.)

Taktiert

Francis Harry COMPTON CRICK (geb. 1916, brit. Biochemiker, ab 1977 Prof. am Salk Institute in La Jolla/Kalif.) und sein amerikanischer Kollege *James D.* WATSON (geb. 1928, ab 1968 Direktor des Cold Spring Harbor Laboratory in Long Island/N.Y.), die in gemeinsamer Arbeit unter *Max F.* PERUTZ in Cambridge (England) 1953 die Raumstruktur (Doppelhelix) der DNS aufgeklärt und dafür 1962 den Nobelpreis erhielten, waren in ihrer gegenseitigen Beurteilung nicht gerade zimperlich. So schätzte CRICK ein: „Jim und ich kamen auf Anhieb glänzend miteinander aus, teilweise, so vermute ich, weil wir beide von Natur aus jugendlich arrogant, skrupellos und ungeduldig waren; dazu kam bei beiden ein etwas schlampiges Denken."
WATSON gestand in seinem Buch („Die Doppel-Helix", erschienen 1968), dass er zu allem entschlossen war, um die DNA-Struktur noch vor seinen Konkurrenten zu entdecken. So hatte er z.B. gehofft, seine attraktive Schwester als eine Art Lockvogel einsetzen zu können, um sich Zugang zum Labor von *Maurice* WILKINS (engl. Biochemiker, war an der Aufklärung der DNS-Struktur mit beteiligt und erhielt den Nobelpreis 1962 zusammen mit CRICK und WATSON) zu verschaffen. Später hatte er die Freundschaft von *Peter* PAULING ausgenutzt, um dessen Vater auszuspionieren ... Es war ihm auch nicht geglückt, Informationen über die Arbeit anderer Konkurrenten von einem Mitglied der Kommission zu erlangen, die mit der Finanzierung ihrer Forschungsprogramme befasst war. Als das Buch schließlich erschien, löste es eine Lawine von Kontroversen aus, die es in kürzester Zeit zum Bestseller machten ...
Der ehrliche *Jim* alias *James* WATSON, präsentierte sich als typischer Vertreter einer neuen Generation von gefühllosen, zynischen, amoralischen jungen Wissenschaftlern, in deren Wirkungskreis offenkundig die Rücksichtslosigkeit und die technische Raffinesse der Geschäfts- und Industriewelt Einzug gehalten hatte.
(GELIUS, R.: Wer und was ist es? – Chemie in unserer Zeit 23 (1999), Nr. 1, WILEY-VCH, Weinheim, S. 61; DI TROCCHIO, F.: Der große Schwindel. Betrug und Fälschung in der Wissenschaft, Campus Verlag, Frankfurt/New York 1995, S. 64 f.)

Unsinn

Generationen von angehenden Chemikern lernten über die Entdecker des Phosphors, *Hennig* BRAND (um 1630 bis nach 1692) und *Johann* KUNCKEL (1638–1703), nur einen historisch unkorrekten, wegen seiner Albernheit aber unvergesslichen Vers:
In einem Keller, tief und dunkel, / Laborierten Brand und Kunckel. / Sie planschten in dem Harn herum. / Und fanden so den Phosphorum.
In Wirklichkeit gab es keine Zusammenarbeit der beiden Alchemisten. Der Hamburger *Hennig* BRAND gilt als der Erstentdecker. Er postulierte, dass die zur Herstellung des Steins der Weisen benötigte „Urmaterie" möglicherweise in den Körperflüssigkeiten zu finden sei. Darum sammelte er aus den Hamburger Kasernen eine Tonne Urin und dampfte diesen bis zu einer sirupartigen Konsistenz ein. Diese Flüssigkeit destillierte er und erhielt ein rot gefärbtes „Urinöl", aus dem Kristalle ausfielen. Beim Glühen dieses Rückstandes bildete sich ein weißer Staub, der im Dunklen deutlich leuchtete. Zur Taufe des Phosphors siehe: „Die Namen einiger Elemente.", S. 211.
Erst LAVOISIER erkannte ihn als chemisches Element.
(TRUEB, L.F.: Die chemischen Elemente, S. Hirzel Verlag, Stuttgart 1996, S. 297.)

Vergehen

Friedrich WÖHLER schrieb – im Zusammenhang mit dem Versuch der Schlichtung eines Streits zwischen LIEBIG und dem franz. Chemiker MARCHAND wegen Atomgewichtsbestimmungen – am 9. März 1843 an LIEBIG: „Versetze Dich in das Jahr 1900, wo wir wieder zu Kohlensäure, Ammoniak und Wasser aufgelöst sind und unsere Knochenerde vielleicht wieder Bestandteil der Knochen von einem Hund ist, der unser Grab verunreinigt – wen kümmert es dann, ob wir in Frieden oder Ärger gelebt haben ..., aber Deine guten Ideen, die neuen Tatsachen, die Du entdeckt hast, sie werden, gesäubert von all dem, was nicht zur Sache gehört, noch in den spätesten Zeiten bekannt und anerkannt sein."
(HOFMANN, A. W. (Hrsg.): Aus Justus Liebigs und Friedrich Wöhlers Briefwechsel in den Jahre 1829–1873, Vieweg, Braunschweig 1888, S. 224.)

Verheizt

Walther NERNST (1864–1941; Nobelpreis 1920) besaß ein großes landwirtschaftliches Gut, Zibelle. Als er an einem kalten Wintermorgen den Kuhstall betrat, fand er diesen höchst angenehm warm und fragte, ob hier denn geheizt sei. Als er erfuhr, dass es allein die Körperwärme der Kühe sei, verkaufte er die Kühe und legte das Geld in einer Karpfenzucht an: „Man muss Tiere züchten, die im thermodynamischen Gleichgewicht mit ihrer Umgebung sind. Warum soll ich für mein Geld den Weltraum heizen?" Und er fügte hinzu: „Ich habe mir einen Zoologen für die Tiere zugelegt. Das geschäftliche mache ich selbst."
(EHLERS, A.: Lieber Hertz! Physiker und Mathematiker in Anekdoten, Birkhäuser Verlag, Basel/Boston/Berlin 1994, S. 78.)

14 Heiterer Ausklang (Anekdoten)

Verkostet

Nicht nur Farben, sondern auch andere Sinneswahrnehmungen zog **Richard Kuhn** (1900–1967, Biochemiker; Nobelpreis 1938) gerne als Erkenntnishilfen hinzu. Als ihm nach wochenlanger chromatographischer Trübsal die erste Probe des neuen Tetrasaccharids in der Kristallisierschale präsentiert wurde, spatelte er zur Bestürzung der Assistenten einen nicht geringen Teil der kärglichen Ausbeute auf seine Zunge und verkündete dann kennerhaft – die Substanz wie einen erlesenen Wein „beißend": „Es schmeckt ähnlich wie Milchzucker, nur etwas weniger süß!" (Mehr als 2000 l Frauenmilch wurden verarbeitet, um die höheren Oligosaccharide, welche die Lactose in geringen Proportionen begleiten, an Batterien chromographischer Säulen zu trennen und in genügender Menge rein zu gewinnen.)
(Baer, H.: Liebigs Annalen der Chemie 161(1993), Nr. 11, WILEY-VCH, Weinheim, S. XII.)

Verliebt

Oder: Wer gab dir, Minne, solche Macht?
Im Dezember 1992 sorgte in England ein Fall für Schlagzeilen. In Littledean, einem kleinen Dorf in Gloucestershire, verliebte sich ein Schwein namens Doris in den Zeitungsboten und verfolgte ihn die Dorfstraße hinab. Der junge Mann fand schließlich in einer Telefonzelle Zuflucht. Von dort rief er die Polizei zu Hilfe, die ihn von den Zudringlichkeiten der närrischen Zwei-Zentner-Sau erlöste. Er wusste nicht, dass er Doris eine unwiderstehliche chemische Botschaft sandte: Mit seinem Schweiß dünstete er Androstenon aus. Androstenon ist der Sexuallockstoff des Keilers. Schweinezüchter machen sich dies zunutze, indem sie vor der künstlichen Besamung ihre Sauen an einer Dosis Androstenon aus der Spraydose schnüffeln lassen. Interessanterweise wird diese Verbindung auch von der Trüffel gebildet. Die Trüffelschweine, es handelt sich ausschließlich um Sauen, können diese Delikatesse aufspüren, selbst wenn sie bis zu einem Meter tief unter der Erdoberfläche wächst.
(Emsley, J.: Parfüm, Portwein, PVC, WILEY-VCH, Weinheim 1997, S. 24.)

Weißgewaschen

Im Gießener Anzeiger war zu lesen: In den 40er-Jahren des vorigen Jahrhunderts kam ein Bauer mit einem Beutel voll Silbergeld nach Gießen, um seine Steuern zu bezahlen. Das Geld hatte er in einen Korb voll Eier gelegt. Ein faules Ei war unterwegs entzwei gegangen und das ganze Silbergeld war durch den Schwefelwasserstoff schwarz geworden. Das aber nahm der Steuerbeamte nicht an und wies das Bäuerlein schroff ab ... Es erfuhr schließlich, dass am Bahnhof im Laboratorium ein Mann sei, der schwarzes Geld weiß machen könne. Diesen Mann, es war *Justus* von Liebig (1803–1873), fand es auch. Im Nu war von seinem Assistenten durch Waschen mit Säure das Geld weiß ge-

macht. „Es kostet nichts." – „Nun, dann trinken Sie und Ihr Gesell (und dabei drückte er LIEBIG ein Sechskreuzerstück in die Hand) wenigstens einen guten Schoppen." Der Gesell aber war der spätere Professor WILL.
(KOHUT, A.: Justus von Liebig. Sein Leben und Werk, Verlag Emil Roth, Gießen 1904, S. 73 f.)

X für U

Oder: *Die großen Männer sollte man ehren*
Aber man sollte ihnen nicht glauben. (Brecht)
Einmal warf BERZELIUS während einer Vorlesung seinen Zuhörern vor, dass sie keine Beobachtungsgabe hätten. „Wenn ich Ihnen eine Substanz zeige, sehen Sie nur oberflächlich hin." Er nahm dann ein gefülltes Glas, steckte einen Finger hinein und kostete. Dann gab er es weiter. „Das bloße Zusehen reicht nicht aus, man muss oft Geruch und selbst Geschmack bei allzu ähnlichen Substanzen zu Hilfe nehmen." Da der große Wissenschaftler gekostet hatte, taten es ihm die Studenten gleich. Alle waren entsetzt, denn die Flüssigkeit schmeckte furchtbar. Drauf BERZELIUS: „Sehen Sie, wie recht ich hatte. Sie hätten merken müssen, daß ich den Mittelfinger, mit dem ich in der Flüssigkeit war, nicht in den Mund gesteckt habe, sondern den Zeigefinger."
(DORN, W., LÜTGEN, K.: Humor in der Technik, Vulkan Verlag, Essen 1949/50, S. 132.)

Zerredet

In seiner Göttinger Zeit war NERNST einmal als Sachverständiger bei einer Schwurgerichtsverhandlung gegen einen Brandstifter zugezogen, der überführt und geständig war, Feuer an einen Heustadel gelegt zu haben. NERNST's mehrstündige Ausführungen über die Selbstentzündung von Heu und über Katalyse im Allgemeinen waren so eindringlich, dass das Gericht den Brandstifter freisprach.
(WILLSTÄTTER, R.: Aus meinem Leben, WILEY-VCH, Weinheim 1949, S. 201.)

Zerstoben

Max BODENSTEIN (1871 –1942, Physikochemiker, Prof. in Leipzig, Hannover und Berlin, Mitbegründer der modernen Reaktionskinetik, untersuchte insbesondere die Chlorknallgasreaktion, führte unter anderem den Begriff „Kettenreaktion" ein) erzählte selbst gern die Geschichte von einem großen Elektrolyseur, in dem er Chlor und Wasserstoff herstellte und der durch unvorsichtiges Manipulieren seinerseits explodierte. BODENSTEIN wurde jedoch dabei nicht verletzt, denn der allseitige gleichmäßige Überdruck hatte das Glasgefäß in winzige Staubkörnchen zerplatzen lassen, die sich nur als weißes Pulver über Gesicht und Haare legten.
(CREMER, E.: Chemische Berichte 100 (1967), Nr. 2, WILEY-VCH, Weinheim, S. XXIV und CXII.)

Literaturverzeichnis

ARENDT-DÖRMER: Technik der Experimentalchemie. Heidelberg 1954, S. 254
AYLWARD/FINDLAY: Datensammlung Chemie in SI-Einheiten, Physik-Verlag/VCH, Weinheim 1986, S. 90/91
BALL, PH.: Chemie der Zukunft – Magie oder Design. VCH, Weinheim 1996
BECKER, H.-J. ET AL.: Fachdidaktik Chemie. Aulis, Köln 1994
BERLYNE, D. E.: Konflikt, Erregung, Neugier. Klett, Stuttgart 1974
BERZELIUS, J. J.: Essai sur la théorie des proportions chimiques et sur l'influence chimique de l'éctricité. Paris 1819
BERZELIUS, J. J.: Versuch über die Theorie der chemischen Proportionen und über die chemischen Wirkungen der Electricität; nebst Tabellen über die Atomgewichte der meisten unorganischen Stoffe und deren Zusammensetzungen. Bearbeitet von K. A. BLÖDE, Dresden 1820
BLIEFERT, C.: Umweltchemie. WILEY-VCH, Weinheim 1997
BLUME ET. AL.: Chemie für Gymnasien (Sachsen). Berlin 1996, S. 141
BLUME ET. AL.: Chemie für Gymnasien, Themenheft 3. Berlin 1994, S. 22
BLUME, HILDEBRAND, HILGERS: Umweltchemie im Unterricht. Cornelsen, Berlin 1996
BUCK, P.: Chemieunterricht aus seiner lebensunwirklichen Isolation lösen. Ein Vorschlag. In: SUMFLETH, E. (Hrsg.): Chemiedidaktik im Wandel – Gedanken zu einem neuen Chemieunterricht. Festschrift für Alfred Gramm. Lit Verlag, Münster 1999
BUGGE: Buch der großen Chemiker, Band 2. Weinheim 1965
BÜHLER, A./GRAF, E.: Das Streichholz als chemischer Apparat. In: Chemie in der Schule, Heft 3/2000, S. 165 ff.
BUKATSCH, F./GLÖCKNER, W. (Hrsg.): Experimentelle Schulchemie. Studienausgabe in neun Bänden. Aulis, Köln 1977
CD-ROM: Jacke wie Hose? – PLA von Textilien. Stiftung Verbraucherinstitut, Berlin 1997
Chemie heute Sekundarbereich II. Schroedel Schulbuchverlag, Hannover 1994
Chemie heute. Schroedel Schulbuchverlag, Hannover 1994
CHRISTEN, H. R.: Chemie auf dem Weg in die Zukunft. Diesterweg, Frankfurt 1988
DERS. : Chemieunterricht. Eine praxisorientierte Didaktik. Basel 1990
Das große Buch der Mineralien und Edelsteine. Neuer Kaiser Verlag, Klagenfurt 1996
DAUNDERER: Handbuch der Umweltgifte (4. Bd. ab 1990). Landsberg/Lech
Empfehlungen der Kultusministerkonferenz: Richtlinien zur Sicherheit im naturwissenschaftlichen Unterricht, Hannover 1995
EN ISO 14040; CEN 1997/DIN Beuth-Verlag, Berlin 1998
ENGELS, S./NOWAK, A.: Auf der Spur der Elemente. Leipzig 1971
Europäische Akademie für Umweltfragen. Stuttgart/Leipzig 1997
FARADAY, M.: Naturgeschichte einer Kerze. Franzbecker, Bad Salzdetfurth 1979
FENT, K.: Ökotoxikologie. Stuttgart 1998
FIGUROWSKI, N.: Die Entdeckung der chemischen Elemente mit Biographien ihrer Entdecker. Stuttgart 1960

FLAUBERT, G.: Madame Bovary. Berlin 1963
FRAEDRICH (Hrsg.) Landschaftsökologie. Bayerischer Schulbuch-Verlag, München 1997
FRANKE, D./CLAUS, U./FESTER, H.-D.: Lebensmittelchemie im Unterricht der gymnasialen Oberstufe, nli berichte 32, Hannover 1987
GEBELEIN, H.: Alchemie. Diederichs, 1996
GOETHE, W. v. : Faust I, Hexenküche
GRAF, E.: Hospitiert und kommentiert, in: Chemie in der Schule 7–8, 1996, S. 266–268
GRAF, E.: Motivation im Chemieunterricht – Motivationsaufgabe der Lehrer im Spannungsfeld von Führen und Wachsen lassen, in: Chemie in der Schule 4, 1999, S. 193
GRAF, E.: Wie chemisch muss der Chemieunterricht sein? Gedanken zu zeitgemäßen Veränderungen, in: Chemie in der Schule 5, 1998, S. 310–316
GRAF, E.: Zum Energieaspekt bei chemischen Reaktionen. In: NiU-Chemie 10 (1999) Nr. 54, S. 30 ff
DERS. : Lernzirkel im Chemieunterricht. Auer, Donauwörth 2001
GRELL, J./GRELL, M.: Unterrichtsrezepte ... Weinheim /Basel 1993
HÄUSLER, K./SCHMIDKUNZ, H.: Tatort Chemie. Oldenbourgh, München 1986
HOLLEMAN-WIBERG, Lehrbuch der Anorganischen Chemie. Berlin, 101. Auflage, Berlin 1995
HÜCKEL, W. Anorganische Strukturchemie. Stuttgart 1948, S. 879
JACOB, O./HOFMANN, W.: Grundlagen der Organischen Chemie 1. C. C. Buchner Verlag, Bamberg 1985
JANSEN, H./PEPER, R./FICKENFRERICHS: Die Reaktivitätsreihe der Metalle. NiU (Chemie) 2 (1991) Nr. 8, S. 14–20
JANSEN, W. u. a.: Entwicklung und Wandel von Theorien, in: PdN-Ch 35 (1986), S. 17 ff.
KALTSCHMITT, M./REINHARDT, G. A. (Hrsg.): Nachwachsende Energieträger. Vieweg, Braunschweig/Wiesbaden 1997
KRÄTZ, O.: 7 000 Jahre Chemie. Nikol Verlagsgesellschaft, Hamburg 1999
KSOLL, P./VÖGTLE, F.: Marie Curie. Reinbek bei Hamburg. 1988
KUHN, T.: Die Struktur wissenschaftlicher Revolutionen. Suhrkamp, Frankfurt 1973
KUTSCHMANN, W.: Naturwissenschaft und Bildung. Der Streit der „Zwei Kulturen". Klett-Cotta, Stuttgart 1999
LAVOISIER, A. L.: System der antiphlogistischen Chemie, übersetzt von S. F. QUEISSER, H.: Kristalline Krisen. München/Zürich 1987
LAVOISIER, A. L., System der antiphlogistischen Chemie, übersetzt von S. F. Hermbstädt, 2. Auflage, Berlin und Stettin 1803, 14. Die französische Erstausgabe erschien 1789
LEVI, P.: Das periodische System, Aufbau-Verlag, Berlin 1988
LOBITZ, R.: Speisefette. AID Verbraucherdienst, Bonn 1988
Margarine-Institut für gesunde Ernährung (Hrsg.): Ölpflanzen Pflanzenöle Margarine, Vom Rohstoff zum Verbraucher. Hamburg 1987
MARKL, H.: Wir fordern ein Leben ohne Chemie – aber alles Leben in von Anbeginn Chemie, in: Hochschulwelt Nr. 2/Hamburg WS 1987/88, S. 465 ff.
MEYER, H.: Modelle; Basisartikel, in: UB 160; 14. Jahrg., Dezember 1990

Ostwald, W.: Schule der Chemie, Bd. I., Braunschweig 1903
Plehn, W.: Polyethylen- oder Papierverpackung: Umweltaspekte beim Buch, Verpackungs-Rundschau 41 (1990), S. 53–56
Pfeifer, P.: Praxisorientierter Chemieunterricht – konkret, in: NiU-Chemie 7 (1996) Nr. 31, S. 5 ff.
Popper, K. R.: Logik der Forschung. 8. Aufl., Tübingen 1994
Rayleigh und W. Ramsay: Argon, a new constituent of the atmosphere. Washington 1896, S. 43
Reiss, J.: Alltagschemie im Unterricht. Aulis Verlag Deubner & Co KG, Köln 1994
Roesky, H. W.; Möckel, K.: Chemische Kabinettstücke. VCH, Weinheim 1996
Rossa, E.: Spaß beiseite im Chemieunterricht? In: Chemie in der Schule, 46 (1999) 3, S. 129 ff.
Schlieper, C. A.: Grundfragen der Ernährung. Dr. Felix Büchner Verlag, Hamburg 1986
Schmidkunz, H.: Die thermische Energiespeicherung und deren Bearbeitung im Unterricht. In: NiU-Chemie 10 (1999) Nr. 54, S. 4 ff.
Schmidt, H.-J.: Fachdidaktische Grundlagen des Chemieunterrichts. Vieweg, Braunschweig 1981
Stäudel, L./Währmann, H.: Chemieunterricht zwischen Alltag, Technik und Umwelt, in: Chemkon 3/1999, Juni 1999, S. 114–117
Streit, B.: Lexikon Ökotoxikologie. Weinheim 1994
Strube, I.: Georg Ernst Stahl; Biographien hervorragender Naturwissenschaftler, Techniker und Mediziner, Band 76. Teubner, Leipzig 1984, S. 50
Strube, W.: Der historische Weg der Chemie. Bd. I. Deutscher Verlag für Grundstoffindustrie, Leipzig 1976, S. 62–75
Stumpf, K.: Die Projektion von Experimenten im Chemieunterricht, in: Der Chemieunterricht 11 (1980) 1
Suerbaum, U.: Krimi. Eine Analyse der Gattung; Philip Reclam jun., Stuttgart 1984
Trueb, L. F.: Die chemischen Elemente. Stuttgart/Leipzig, 1996, S. 81
Umweltbundesamt Texte 26/97. Materialien zu Ökobilanzen und Lebensweganalysen. Berlin 1998
Umweltbundesamt und Clemens Hölter GmbH, Stoffdatenbank „Ökobase Multimedia 7.0." Suchbegriff PCB
Umweltbundesamt. Texte 52/95: Ökobilanz für Getränkeverpackungen. Berlin 1995
Umweltmanagement Ökobilanz. Prinzipien und allgemeine Anforderungen
Wagenschein, M.: Verstehen lehren. 9. Aufl., Beltz, Weinheim/Basel 1992
Wahrig, G.: Deutsches Wörterbuch. Bertelsmann Lexikon Verlag, Gütersloh 2000
Wir und unsere Umwelt. 1997, Heft 3/97, S. 12
Woest, V.: Alltagsorientierter Chemieunterricht. Bremer Reihe Umwelterziehung, Band 3. Bremen 1996
Wolff, R.: Die Sprache der Chemie. Bonn 1971
Zewail, A. M.: Der Augenblick der Molekülbildung. In: „Chemische Forschung zwischen Grundlagen und Anwendung. Spektrum Akademischer Verlag, Heidelberg 1996

Register

Abkürzungen biochemischer
  Formeln 169
Additionsreaktion 137, 140
ADP 169
Aether 143, 218
Aethyl-Gruppe 144, 218
Affinität 144
Aktivierung 18, 21, 25
Aktivierungsenergie 109, 110
Alchemie 204
aliphatische Kohlenwasser-
  stoffe 144
Alltagschemie 135
Aluminium 65
Amethyst 143
Ammoniak 205
Analyse 122
Anion 80, 104
Anode 104
Anthocyan 133
AOX-Belastung 193
ARFEDSON 208
Argentum 213
Argon 206
Aron 206
aromatische Kohlenwasser-
  stoffe 144
ARRHENIUS 220
Astat 211
Atmung 112
Atmungskette 112
Atom 205
ATP 169
Aurum 214
AVOGADRO 222
azotisches Gas 210

BALARD 210
Barium 208
Baryt 208
BEQUREL 206
„Bergabtransport" 84, 85
Berliner Blau (Preußisch
  Blau) 133
Beryllium 208, 210
BERZELIUS 51, 59, 121, 148,
  157, 234
Biochemie
– Lehrinhalte 168
– und Biotechnologie 165
Biodiesel 198
Biphenyl 44
Biuretreaktion 148, 150
Blausäure 133

Blockverpackungen 188
BODENSTEIN 234
BOHR 79, 228
BORODIN 228
BOYLE 142, 211, 225
BRAND 211, 227, 232
Brenztraubensäure 168
Brillant 208
Brille 208
Brom 210
Bromlösung 139
BRÖNSTED 93, 220
BSB (biochemischer
  Sauerstoffbedarf) 33, 192
BUCHNER 162
BUNSEN 59, 207, 229
Butan 143
Buttersäure 23, 143
Butylgruppe 143
Butyraldehyd 143

Caesium 207
Calcium 208
CARLTON, W. 77
CHADWICK, W. 80
Chalkogene 215
CHALLENGER-Tragödie 53, 222
Chemie
– als Natur- und Kultur-
  wissenschaft 12, 14
– und Alltag 25
– und Schülerinteressen 14
– Wortherkunft 203
chemische Gleichung 56
chemische Reaktion
– Nutzen 16, 22
– schnelle 24
– spontane 21, 109
– umkehrbare 41
– und Wärme 19, 20
– Wesensmerkmale 56
chemisches Gleichgewicht
– am Beispiel von Salz-
  lösungen 95
– im Aquarium 41
– und Temperatur 95
Chlor 210
Cobalt 214
Coulombsche Kräfte 94
CRICK 231
CROOKES 207
CSB (chemischer Sauerstoff-
  bedarf) 33, 192
CURIE, *Marie* 206, 213, 214
CURIE, *Pierre* 206, 213
Curium 214
Cyanate 133
Cyanide 133

DALTON 87, 224
DANIELL 85
DAVY 104, 207, 210, 219
Decan 143
Deduktion 79
Deinking 194
DEMOKRIT 205
Deponie 197
Diamant 211
Dimethylharnstoff 151
Dipol 27
DNA 162 ff.
DÖBEREINER, W. 113, 121
Domänen 163
DUMAS, J. B. 51, 143

Edel
– Alltagsbedeutung 61
– als „Neigung" zur Reaktion
  mit Sauerstoff 64
– als „Neigung" von Metallen
– zur Ionenbildung 82
EDTA-Lösung 155
EIGEN 229
Einstiegsvariante 124
Elektrode 104
Elektroenergieerzeugungs-
  bilanz 182
Elektrolyse 104
Elektrolyt 104
Elektron 78, 89
Elektronentransfer 79
Elektronenpaarbindung 27
Elektronenpaartransfer 220
Element 60, 205
Endlager 98
– Risiken der 98
Endsilben 144
Energiediagramm 108
Enthalpie 108
Enzyme 119, 151
Enzymreaktionen 162
Enzymspezifität 151
Enzymtest mit Urease 151
Erwartungen der Schüler 14
Ester 137, 199, 218
Ether 218
Ethyl 218
exotherme Reaktion 106
Experiment
– als Frage an die Natur 66
– Überkreuzexperiment 62 ff.
– Überraschungs-
  experiment 67
– und Denken 62
– Versuchsidee 66
Extrusion 196

Register

Fachsprache und Alltagssprache 63, 68, 69
FARADAY, M. 89, 104
Fetthärtungsverfahren 137
FEYNMAN 222
finales Denken 54
FISCHER, E. 148, 171, 227
FLAUBERT 67
Fluor 210
Fluorit 210
Formeleinheit 58
Fotografie 211
Fotosynthese 96, 112
– und Kalkabscheidung 96
FRANKLIN 77, 78
freie Energie 160
Fließgleichgewicht 160

Gallium 213
GALVANI, L. 87
GAUß 222
GAY-LUSSAC 134, 210
Gefrierpunktserniedrigung 101
genetischer Code 164
Genom 162
Germanium 213
Gesetz der konstanten Proportionen 57
Gittertypen 94
Global Warming Potenzial (GWP) 176
Glucinium 208
Glucose 208
Glutathion 165
Glycerin 208
Glycol 208
Glycolyse 168
Gold 214
Graphit 211
GRAY 78
GUERICKE 78

Halbzellenkombinationen 84
Halogene 211
Harnstoff 148 ff.
HEISENBERG 79
Helium 207
HELMHOLTZ 89
Hexan 143
Holzessig 143
HOMER 210
HÜCKEL, W. 52
HUMBOLDT, A. v. 134
Hydrargyrum 214
Hydrierung 137
Hydrogenium 209
Hypothetische Aussage und Tatsachenaussage 62

Identifikation einer organischen Verbindung 130
Indium 207
Induktion 79
Instabilität von Systemen 111
Iod 83
Iodzahl 138
Ionen 82, 104
Ionier 105
Ionische Bindung 94
Ionisierung 82
Iridium 212
Isocyansäure 134
Isomerie 44, 123 ff., 133
Isotop 122

JANDER 220

Kalium 207
Kalkbildung
– und Kohlenstoffdioxid-Bilanz 96
– und Sauerstoffbildung 96
Kalkstein 96
Kalottenmodelle 141
Kältemischungen 101
Katalase 120
Katalysator 113, 121
Katalyse 113, 121
– durch Enzyme 120
– Etymologisches zur 122
– heterogene 115 ff., 152 ff.
– im Modellversuch 118
Kathode 104
Kation 81, 105
KFZ-Katalysator 116
KIRCHHOFF 207
KIRWAN 228
KLAPROTH 210
Knallsilber 133
KNIPPING 209
Kokosfett 136
Königswasser 204
Konsistenz von Fetten 137
Kreislauf- und Entsorgungsschema 183
Kristallsysteme 94
Krypton 206
Kugel-Stab - Modelle 141
KUHN 230, 233
Kupfer 214
Kupfer(II)-Ionen Nachweis 81

Ladungsausgleich 79
LA METTRI 161, 172
LAUE 226
LAVOISIER 70, 209, 219, 221

Lebewesen
– Fließgleichgewicht 160
– Homöostasie 161
– thermodynamische Definition 160
LECOQ DE BOISBAUDRAN 213
LEUKIPP 205
LEWIS 220
LICHTENBERG 77
LIEBIG 25, 133, 219, 224, 225, 230, 234
Lignin 194
Lithium 208
LOCKYER 207
Löslichkeit 94
– gesättigte Lösung 95
– Schwerlöslichkeit und Umwelt 95
Lösungsdruck 82
Lösungsidee 54

Magnesium 208
Magnesium-Ionen 81
– indirekter Nachweis 81
Magnet 208
Makrowelt 52
Mangan 208
Margarine 136
Methan 144
Methylgruppe 143
Methylengruppe 143
MIESCHER 162
Modellbaukasten 123
Modellbetrachtungen 52
Modellreaktion 119
Molbegriff 58, 131
Monetarisierung 175
Müllverbrennungsanlagen (MVA) 197

NAD$^+$/NADH - System 169
NAPOLEON III. 65
Natrium 207
Neon 206
Neptunium 210
NERNST 232, 234
Neutron 80, 89
Nickel 214
Nitrogenium 210
Nitron (Salpeter) 210
NODDACK 213
Nonan 143
Normalpotenzial 86
NORMANN 137
Nucleonen 89
Nucleophil (nucleophob) 89

Oberflächenspannung 27
Octan 143
Ökobilanz 174
Ölbildendes Gas 144
Olefin 144
Osmium 212
Osmose-Umkehrosmose 102
Osmotischer Druck 102
OSTWALD, *Fritz* 144
OSTWALD, *Walter* 144
OSTWALD, *Wilhelm* 71 ff., 122, 144
Oxalsäure 218
Oxalsäureethylester 218
Oxidation 68, 82, 216
Oxidationsmittel 68
Oxygenium 209
Ozon 212

Papierlebensweg 192
PARACELSUS 204
Paraffin 144
PASTEUR 161
PAULING 221
PCB 44 ff.
PCR-Methode 163
PE-Folien-Lebensweg 195
PELIGOT 143
Pentan 143
PE-Recycling 196
PERUTZ 221
PE-Schlauchbeutel 188
PESTALOZZI 13
Phlogiston 221
Phosgen 211
Phosphor 211
pH-Wert 39 ff.
PLAYFAIR 222
Plutonium 210, 213
– Plutonium 239 98
Polarität des Wassermoleküls 27
Polonium 213
POP (Persistent Organic Pollutants) 44
Pottassium 207
PRIESTLEY 209
Prinzip von LE CHATELIER 152
Produktlebensweg 182
Produktlinienanalyse (PLA) 174
Propan 143
Propionsäure 143
Propylgruppe 143
Proton 78, 89
Protonentransfer 220

Quecksilber 214

Radium 206
Radon 206
Rapsölmethylester (RME) 198 ff.
Redoxreaktion 62 ff., 80
– als Sauerstofftransfer 68
– als Elektronentransfer 80
– spontane Redox-Reaktion 109
Redoxreihe 69
Reduktion 68
Reduktionsmittel 69
REICHENBACH 144
Rhenium 213
Rhodanid - Ion 134
RICHTER 59
RITTER 80
ROSCOE 25
Rubidium 207

Sachbilanz 175
Salze 90 ff.
– basische Salze 91
– Bildungsarten 92
– Neutral- (Inert)-Salze 91
– physiologische Wirksamkeit 100
– Regelung osmotischer Druck 100
– saure Salze 91
Salzgehalt
– der Weser 98
– des Meeres 102
– und Klimaeinfluss 102
Sauerstoff 208
Säurebegriff 218 ff.
SCHEELE 209
Scheidewasser 204
Scheikunde 204
Schlüssel-Schloß-Prinzip 148
SCHÖNBEIN 212
Sedimentierung 96
Siedepunktserhöhung (Dampfdruckerniedrigung) 101
Silbercyanat 133
Silberfulminat (Knallsilber) 133
Silicium 209
Silicone 209
Sodium 207
Sonnenblumenöl 136, 140
Spannungsreihe 86
Spaßbatterien 87
STAHL 71, 83, 215, 221
Staubexplosion 17, 65
STAUDINGER 163, 227, 230
Stickstoff 209
STONEY 89
Strontium 208

Substrat 119
SUMNER 153
Symbole 59, 216
Synthetasen 165 ff
Systeme 111

TACKE 213
Thallium 207
Thiocyanat - Ion 134
Thioharnstoff 151
Toxizität 50
Transmutation 204
Transportbilanz 182
Transurane 210
Tutanchammun 205

Umesterung 137
Umweltprobenbank 49
Undecan 143
Uran 210
Urease 153
– Enzymtest mit U. 151
– Molare Masse der U. 154
– Reaktion der U. 153
– Substratspezifität der U. 154
– Vergiftung der U. 154

VAN-DER-WAALS-Kräfte 136
Verwandtschaft 144
Vorsilbe al- 204

WAGENSCHEIN 13
Wasser 26 ff.
– in der Redoxreihe 70
– Kristallgitter 26
– Organozinnbelastung 34
– Sauerstoffgehalt 32
– Untersuchung 29
Wassermolekül 26
– Polarität 26
Wasserstoff 209
Wasserstoffbrücken 27
Wasserstoff-Normal-Elektrode 86
Wasserstoffperoxid 57
WATSON 231
WENZEL 59
WINKLER 213
Wirkungsbilanz 176, 178, 179
WÖHLER 148, 226, 232
Wortgleichung 55

Xenon 206

Zellgift 119
ZEWAIL 52
Zink-Kohle-Element 87